21世纪物流管理系列教材

Logistics Management Classics

Logistics Technology and Logistics Equipment

物流技术与物流装备（第二版）

陈子侠　蒋　军　彭建良　编著

中国人民大学出版社
· 北京 ·

前　言

现代物流通常由运输、物料搬运、仓储、配送、包装、流通加工、信息等环节组成。为实现高效、快捷、准确、安全的物流服务，要求各个环节必须实现高度的机械化、自动化和信息化。因此，没有现代物流技术与物流装备的支撑，就没有现代物流的实施和运作。

物流的发展离不开先进的物流技术与物流装备。在整个物流的实施和运作过程中，物流技术与物流装备是现代物流的主要技术支撑要素，对提高物流能力与效率、降低物流成本和保证物流服务质量等方面具有十分重要的影响。随着技术的进步，尤其是自动控制技术、信息技术和系统集成技术在物流装备中的应用，现代物流装备已经迈入自动化、智能化、柔性化的崭新阶段。

随着人们对物流技术与物流装备重要性的认识逐步提高，物流技术与物流装备的发展水平已成为企业生产力水平与物流现代化程度的标志。在现代化的物流管理系统中，从信息的自动采集、处理到信息的最后发布已经完全可以实现智能化，依靠功能完善的高水平的监控软件可以实现对物流各环节的自动监控，依靠先进的专家系统可以对物流系统的运行情况进行及时的诊断，对系统的优化提出合理化的建议。因此，物流技术与物流装备是物流系统现代化水平的重要标志。物流技术与物流装备作为生产力要素，对于发展现代物流，改善物流状况，促进现代化大生产、大流通，增强物流系统能力，具有十分重要的作用。

本书将物流技术与物流装备紧密结合，从物流技术与物流装备概述、运输技术与装备、仓储技术与装备、装卸搬运技术与装备、分拣技术与装备、物流包装及流通加工技术与装备、集装单元化技术与装备、物流信息技术与装备、现代物流技术与装备的发展、物流技术与装备的综合应用等方面，对物流技术与物流装备的基本理论与实践作了系统阐述。

本书除最后一章外，各章章前的要点与章后的思考题前后呼应。每章后出现的本章小结、关键术语、思考与练习题、案例分析等一线贯穿，整体一致。章后的案例大多来自我们的科研对象，或者是从真实案例中精心挑选出来的，起到了画龙点睛的作用。从某种意义上讲，这些案例是教材理论的延伸，与章节知识相互补充，真正体现了物流技术与物流装备的先进性和实用性的完美结合。通过研读案例，读者可以对相关知识有更深层次的理解和把握。尤其值得一提的是，本书为满足读者对现代物流技术与装备的实用化、节能化和环保化等前沿知识的需求，介绍了冷链物流技术装备、电子商务物流技术装备和绿色物流技术装备的基本知识及其发展趋势，同时结合我国高校物流实验室物流技术与物流装备的实际应用情况，综合分析一个具体物流项目或物流工程的运作所应考虑的各个方面，包括整体功能布局、装备结构原理、设备采购选型、成本预算、系统操作规范与要求等，完善了教材体系。

本书内容新颖，体现理论性与实践性的统一，适合作为高等院校物流管理、物流工程、电子商务、交通运输、物资管理等专业的教材，也可作为物流管理、物资运输等工业企业、商业企业的管理人员及技术人员的培训用书。对于希望了解物流技术与物流装备的各界人士，本书亦有重要的参考价值。读完本书后，读者会对物流技术与物流装备有一个新的认识。本书可帮助读者整体把握物流技术与物流装备知识，提升物流运作管理能力，使其成为满足现代物流管理需要的高层次、高素质的物流管理人才。

本书是在2010年第一版的基础上修订完成的，全书仍分为十章。由我和四川省人民政府口岸与物流办公室的蒋军同志、浙江工商大学的彭建良教授共同修订，我负责最终统稿。在编写过程中，浙江工商大学计算机与信息工程学院、宜宾学院、四川东方物流有限公司、四川宜宾港有限责任公司、四川安吉物流集团有限公司、四川宜海国际物流有限公司、宜宾市人民政府物流业发展办公室等单位提供了大量基础性材料，在此一并表示诚挚的感谢。

由于水平有限，修订时间仓促，书中难免出现疏漏和谬误，敬请各位专家、读者提出批评意见，及时反馈给我们，以便今后逐步完善。联系邮箱：865316272@qq. com。

陈子侠

目 录

第 1 章
物流技术与物流装备概述

本章要点

现代物流通常由运输、仓储、装卸搬运、配送、包装和流通加工、信息处理等环节组成。为达到高效、低成本、准确、快捷、安全的物流要求，各环节必须实现高度的机械化、自动化和信息化。因此，没有现代物流技术与物流装备的支撑，就没有现代物流的实施和运作。

本章将全面、系统地介绍物流技术与物流装备的概念与分类、物流技术与物流装备的地位和作用，以及物流技术与物流装备的合理配置原则。

1.1 物流技术的概念与分类

1.1.1 物流技术的概念

2006 年 3 月，国家质量监督检验检疫总局、中国国家标准化管理委员会颁布的国家标准《物流术语（修订版）》（GB/T18354—2006），将物流技术（logistics technology）定义为：物流活动中采用的自然科学与社会科学方面的理论、方法，以及设施、设备、装置与工艺的总称。

物流技术包含流通技术或物资输送（含静止）技术，与生产技术有所不同。生产技术是为社会生产某种产品，为社会提供有形物质的技术；物流技术是将生产出的物资进行移送、储存，为社会提供无形服务的技术。也就是说，物流技术的作用是将各种物资从生产者一方转移给消费者一方。物流技术和生产技术的区别如表 1—1 所示。

表 1—1　物流技术和生产技术的区别

物流技术	生产技术
为社会提供无形服务	为社会提供有形物资
间接、被动地适应多样化需求	直接与科学技术动向相适应

物流技术是以科学知识和实践经验为依据而创造的物流活动手段，是人们在物流活动中所使用的各种物质手段、作业流程、工艺技巧、劳动经验和工作方法的总称。物流技术可以表现为抽象的概念，如规划设计、图纸、说明、物流预测、计算机程序，也可以表现为实物形态，如在运输、装卸、储存、包装、流通加工、配送及信息交互处理等物流活动中所使用

的工具、仪器和设备及其他物资设备。

现代物流技术除了自身功能技术之外，更多地是社会科学和自然科学各领域技术创新成果的综合和集成，如物流信息与网络技术、物流管理技术、物流标识技术、物流仓储技术、电子数据交换技术和卫星跟踪定位技术等。

1.1.2　物流技术的分类

物流技术可以按多种标准进行分类。

1. 按形态分类

物流技术按形态可以分为物流硬技术和物流软技术。

(1) 物流硬技术。物流硬技术是指组织物资流动所涉及的各种机械设备、运输工具、站场设施及为物流服务的电子计算机、通信网络设备等方面的技术，如自动导向搬运车、自动化立体仓库、大型货运专运船、集装箱装置等。

(2) 物流软技术。物流软技术是指以提高物流系统整体效益和供应链运营效用为中心的技术，如物流网络布局、物流量预测、物流中心选址设计、物流设施的厂内规划布局、物流装备的优化集成、各项物流功能作业的组织管理、配送线路优化设计等。

现代物流技术呈现多元化的趋势，传统单一的技术类型已在逐渐减少，多项技术的融合以及跨领域结合的趋势越来越明显，多学科、多领域、多区域的合作对于物流的影响是深远的。特别是在信息社会，对于信息的获取、识别、处理、再生以及共享成为人们日常生活中不可或缺的一个重要组成部分。信息化不仅改变了人们的生活方式、工作方式、学习方式、交往方式和思维方式，而且对物流产生了极其深刻的影响。近年来，地理信息系统（GIS)、全球定位系统（GPS）和遥感（RS）三项技术（统称3S技术）在社会各个领域不断渗透，已经成为物流产业中越来越受关注和重视的新型应用技术，也必将促使物流产业格局发生巨大的变化。

目前，我国物流业以跨越式发展的态势，在物流技术的研究与应用领域迅速发展，以互联网为基础的物流信息系统得以广泛应用，物流设施与物流装备的配套化、集成化、自动化和标准化程度不断提高。

2. 按科学原理分类

物流技术按科学原理可分为物流信息与网络技术、物流机械与电子技术、物流自控技术、物流标识技术、物流跟踪技术与定位技术、绿色物流技术、物流运筹技术等。

3. 按物流功能运作分类

物流技术按功能运作可分为物流运输技术、物料搬运与装卸技术、物流库存技术、物流包装技术、物流集成技术、物流流通加工技术、物流信息技术等。

(1) 物流运输技术。物流运输技术是铁路、公路、水路、航空及管道运输基础设施的布局及修建、载运工具运用工程、交通信息工程及控制、交通运输经营和管理的工程领域所采用的各种技术的总称。简单地讲，物流运输就是以改变“物”的空间位置为目的的活动，也是对“物”进行空间位移的活动。运输对于物流的作用是不言而喻的，没有运输就没有物流可言。运输是物流的主要功能要素之一，可以创造“场所效用”，也是“第三个利润源”的主要来源之一。物流运输需要综合考虑运输距离、运输环节、运输工具和运输费用，以期实现物流运输的合理化和利益的最大化。

卫星导航技术与跟踪系统同运输行业的完美结合不断地推进物流运输的高效与高速发展，带给物流运输又一次重大变革。GPS已大量应用于车辆导航与跟踪。根据预测，未来几年里，全世界在GPS车载系统上的投资将年均增长60.8%。目前，我国已有数千家企业成功开发和销售GPS车载系统。在物流领域，GPS主要用于货物运输系统中的车辆定位、跟踪和调度。通过GPS和计算机网络，企业可实时收集货物的动态信息。由于GPS具有高精度、全天候、高效率、多功能、操作简便等优点，因此能够对物流运输产生如虎添翼的作用。

中国北斗卫星导航系统（BeiDou Navigation Satellite System，BDS）是中国自行研制的全球卫星导航系统，是继美国全球定位系统（GPS）、俄罗斯格洛纳斯卫星导航系统（GLONASS）之后第三个成熟的卫星导航系统。北斗卫星导航系统和美国的GPS、俄罗斯的GLONASS、欧盟的GALILEO，是联合国卫星导航委员会认可的四大卫星导航系统。2014年11月23日，国际海事组织海上安全委员会审议通过了对北斗卫星导航系统的航行安全通函，这标志着北斗卫星导航系统正式成为全球无线电导航系统的组成部分，取得了面向海事应用的国际合法地位。

(2) 物料搬运与装卸技术。在物流活动中，物料搬运与装卸连接运输、储存活动，发生次数频繁，作业形式复杂，并且是劳动密集型作业。为了保证物流安全、顺畅，降低物流成本，必须特别重视搬运与装卸环节。

现代物流搬运与装卸技术正朝着机械化、自动化、集成化和智能化方向发展，既减轻了工人的劳动强度，又极大地提高了工作效率。

(3) 物流库存技术。它是对物资的储存、保管、缓冲等所采用的各种技术的总称。现代化仓库已成为促进各物流环节平衡运转的物流集散中心。仓库结构的代表性变化是高度自动化的集保管和搬运于一体的高层货架系统，货架高度可以达30～40米，具有20万～30万个货标，由计算机集中控制，自动进行存取作业。货架的结构各式各样，目前还出现了小型自动仓库（如回转货架仓库），可以更灵活地摆放货物，也可用计算机实行联网控制，实现高度自动化。仓储管理系统（ware-house management system，WMS）是一个实时的计算机软件系统，能够按照运作的业务规则和运算法则，对信息、资源、行为、存货和分销运作进行更完善的管理，使其最大限度地满足有效产出和精确性的要求。

(4) 物流包装技术。它是使用包装设备并运用一定的包装方法，将包装材料附着于物流对象的技术。它不仅保护商品的质量和数量，而且在物流运输过程中有利于物资的运输和保管，能提高装卸效率和转载率，促进销售。从总体上讲，物流包装技术包括包装材料、包装设备和包装方法等。

包装材料常常是包装改革的对象，新材料往往导致新的包装形式与包装方法的出现。对于物流包装材料的要求是：比重小，机械适应性好；质量稳定，不易腐蚀和生锈，本身洁净；能大量生产且便于加工；价格低廉。

目前常用的物流包装材料有纸与纸制品、纤维制品、塑料制品、金属制品以及防震材料等，正朝着能耗低、对环境损害小的方向发展。包装技术涉及防震、防潮、防水、防锈、防虫和防鼠等。

现代物流对包装技术不断提出新要求，尤其在环境问题日益突出的今天，包装注重绿色环保，在物流行业大力倡导采用能够循环使用、再生利用或降解腐化，且在产品的整个生命周期内对人体及环境不造成危害的适度包装。另一个要求是包装的智能化。物流信息化发展和管理的一个基础条件就是包装的智能化。在物流活动中，信息大部分是由包装来携带的，包装上除了标明内装物的数量、重量、品名、生产厂家、保质期及搬运储存所需条件等信息外，还应贴有商品条形码、流通条形码等，以便实现电子数据交换（electromic data interchange，EDI)。智能化的包装是形成物流信息管理的有力媒介。另外，包装的系统化、标准化和合理化也在不断加强。

(5) 物流集成技术。物流集成技术是指物流系统中应用的集成技术，包括软硬件技术应用的集成，网络版与单机版技术应用的集成，光机电信息技术的应用集成，工业过程自动化、物流装备自动化、信息采集自动化等技术应用的集成等。其目标是通过信息化、全球化的系统集成及创新，使物流产品和系统达到新的功能和水平。昆明船舶设备集团有限公司（简称昆船集团）是中国船舶重工集团公司控股的，将光、机、电和信息技术相结合，集科、工、贸于一体的大型企业集团。该企业应用德国、美国、日本、瑞典等国顶尖技术开展全球化、信息化的系统集成和创新，精心优选了世界顶尖厂商如西门子（Simens)、罗克韦尔(Rockwell)、惠普、ABB、NDC、甲骨文（Oracle)、赛威传动（SEW）等公司的关键零部件和关键软件（如激光导引软件、数据库软件、仿真软件等)，自己开发单机版和网络版软件，开展物流系统集成化设计。目前，昆船集团已完成的系统项目成果有：

● 建成了可进行高架堆垛机、工业机器人、激光导引运输车和计算机仿真综合试验的物流试验室，具有世界先进水平。

● 开发了青岛物流项目。其规模大（7.5 万件），立体仓库高达 24 米，拥有全部由计算机监控、机器人装卸的大型物流系统。

● 开发了玉溪红塔集团技术中心中试项目。该项目有物流设备 309 台套，实现了机器人三工位堆垛、拆码，采用了先进的无线标识技术（5 000 个电子标签可读写产品批次、日期、重量、产地等)，提高了物流的信息化程度。

● 开发了红河物流项目。该项目涉及辅料、配方、成品、备件、自动搭配五个系统，共有 1 395 台套设备、14 728 个货位，采用了 6 台巷道堆垛机、5 台工业机器人、22 辆激光导引无人驾驶自动车。

(6) 物流流通加工技术。社会生产在向大规模生产、专业化生产转变之后，变得越来越复杂，生产的标准化和消费的个性化也随之出现，生产过程中的加工制造常常无法满足消费者的需求。于是，加工活动开始部分地由生产及再生产过程向流通过程转移，在流通过程中形成了某些加工活动，这就是流通加工。流通加工可以以少量的投入获得很好的效果。它是高效的加工方式，自然得到了很大的发展。所以，从技术上讲，流通加工可能不需要采用太多的先进技术，但这种方式是现代观念的体现，在现代社会再生产过程中起着重要的作用。

(7) 物流信息技术。它是物流现代化极其重要的领域之一，计算机网络技术的应用使物流信息技术达到新的水平。从数据采集的条形码系统、仓储管理系统到办公室自动化系统中的计算机，各种终端设备及软件都在日新月异地发展，并得到了广泛应用。物流信息技术的发展主要体现在以下几个方面：

1）数字化的高端多媒体摄像监控应运而生。工业视频系统开始向数字化方向转变，通过高分辨率、低照度变焦摄像头和大屏幕电视墙，对物流系统现场中的人身及设备安全进行实时观察和监控。职能式摄像机将在代码识别、机械测量、产品防伪、质量跟踪、包装、电子和医疗行业中得到应用。

2）射频识别（radio frequency identification，RFID）将成为未来物流领域的关键技术。RFID技术应用于物流行业，可大幅提高物流管理与运作效率，降低物流成本。另外，从全球的发展趋势来看，随着RFID相关技术的不断完善和成熟，RFID技术有望成为推动现代物流加速发展的润滑剂。

3）公共物流信息平台的建立将成为物流发展的突破点。公共物流信息平台是指为物流企业、物流需求企业和政府及其他相关部门提供物流信息服务的公共商业性平台，其本质是为物流生产提供信息化手段的支持和保障。公共物流信息平台的建立，能实现对客户的快速反应，也能加强与协作单位的沟通。

4）物流信息安全技术将日益受到重视。借助网络技术发展起来的物流信息技术，在享受网络飞速发展带来的巨大好处的同时，也随时可能遭遇安全危机，例如，网络黑客无孔不入的恶意攻击、病毒的肆虐、信息的泄露等。应用安全防范技术，保障企业的物流信息系统或平台安全、稳定地运行，是企业将长期面临的一项重大挑战。

4. 按服务领域分类

物流技术按服务领域可分为民用物流技术和军用物流技术。民用物流技术包括社会化的物流配送技术和流通加工技术，军用物流技术包括军事后勤保障技术、军事运输与储存技术以及军事伪装技术等。

1.1.3　现代物流发展对物流技术的新要求

实践证明，物流技术是现代物流的核心，是物流现代化的重要标志。如果说物流是企业脚下的金矿，那么物流技术就是挖出金矿的藏宝图。高效的物流运作完全是建立在强大的高技术支撑之上的。先进的物流技术和物流管理是提高物流能力、推动现代物流迅速发展的两个车轮，二者缺一不可。物流技术与现实物流活动全过程紧密联系，物流技术水平的高低直接关系到物流活动功能的完善和物流活动目标的有效实现，现代物流发展对物流技术提出了新的要求。

1. 适应物流一体化或者集成化的要求

物流一体化可以分为横向一体化和纵向一体化。横向一体化就是空间上的集成，实现不同企业的物流业务的联合化、共同化处理，可以大大提高资源利用率，减少车次，减少物流作业量，降低物流成本，提高经济效益；纵向一体化就是不同物流功能、物流环节的集成化运用，能简化和减少物流环节，减少物流作业量，降低物流成本，提高资源利用率和数据利用率，提高作业处理速度和处理效率。

2. 适应物流进一步专业化、高科技化的要求

只有在专业化的基础上实现集成，才能算是现代物流。低水平的简单集成不能叫做现代物流，最多只能叫做分销物流，或者叫做传统物流。如物流配送，包含了制定配送计划、仓库管理、分拣、装卸、传输、包装、运输、客户管理等各个环节，每个环节都是专业化的，需要有分工，有专门化的操作。有的是专人作业，有的还要进一步分工。又如分拣环节，涉及条形码技术、识别技术、分路传送技术等。又如运输环节，涉及车辆驾驶、信息反馈、卫星定位技术等。正是因为达到了高度专业化，所以各项物流作业才更加有效。

3. 适应物流信息化的要求

物流作业处理必须及时地通过相应的物流信息反映出来，以便及时进行信息处理，根据信息处理的结果及时进行决策，并将决策信息及时用于指导和控制物流作业的运作。通过输

入的信息，计算机系统会代替大脑进行复杂的系统优化，完成烦琐的计算与处理工作，指导和控制物流作业达到最好的效果。

4. 适应物流网络化的要求

网络化即系统化，它包括空间结构的网络化和逻辑结构的网络化。空间结构的网络包括物流配送网络、分销网络、计算机系统网络等，逻辑结构的网络包括物流信息系统的功能结构、处理逻辑结构等。

1.1.4 现代物流技术的特征

1. 物流技术形态的多元性

物流技术有物质形态与信息形态等多种形态。

2. 物流技术的中介性

物流技术可以作为联系物流科学与实践的中间环节，将两者结合起来，成为物流实践的直接力量。在物流活动中选择和运用合适的硬技术和软技术很重要，从这个角度说，物流技术是一种应用技术；另外，因为物流技术必须与多样化需求相适应，需要制定规划以促进硬技术的开发，所以，物流技术也有开发技术的性质。物流技术水平的高低直接关系到物流活动各项功能的完善和物流活动目标的有效实现。

3. 物流技术应用的广泛性、集成性、综合性和交叉性

物流技术不是其他技术的简单相加或直接应用，而是综合应用的结果。因此，现代物流技术具有各个领域技术应用的广泛性、集成性、综合性和交叉性。例如，机械电子技术、动力技术在运输、装卸、储存作业中的综合应用，就形成了交通运输技术、自动装卸技术、集装技术、高层货架技术和安全报警技术等，所产生的这些物流技术具有新的性质和内容。

近年来，物流技术在全球快速发展，其特点是将各个环节的物流技术进行融合，形成最优系统。像GPS/GIS/GSM、计算机技术、网络技术等多项高新技术相结合形成的物流车辆运营管理技术，以计算机和通信网络为中心的情报处理技术与运输、保管、配送、制造资源计划（manufacturing requirement planning，MRPⅡ）技术、企业资源计划（enterprise relationship planning，ERP）技术相结合形成的物流“生产—仓储—配送”技术等，都是最优系统的代表。

此外，由于物流技术的发展落后于生产技术，物流科学的历史也比生产、加工科学的历史短，因此一些学者把这种现象称为物流的后进性。

1.2 物流装备的概念与分类

1.2.1 物流装备的概念

物流的发展离不开先进的物流装备（即物流设施与设备）。物流装备是现代物流的主要技术支撑要素，在整个物流活动中，对于提高物流能力与效率、降低物流成本和保证物流服务质量等具有非常重要的作用。随着技术的进步，尤其是自动控制技术、信息技术和系统集成技术在物流设备中的应用，现代物流设备已经迈入自动化、智能化、柔性化的崭新阶段。

物流装备是在生产、流通、消费和军事等领域中，为了实现各种物资从供应地到消费地

的空间转移和时间转移，并保证物资高效、快捷、准确、安全的流转和有效监控而采用的设施与设备。

随着人们对物流技术及装备重要性的认识逐渐提高，物流技术及装备的发展水平已经成为企业生产力水平与物流现代化程度的标志。在现代化的物流管理系统中，从信息的自动采集、处理到最后发布已经完全可以实现智能化，依靠功能完善的高水平的监控软件可以实现物流各环节的自动监控，依靠先进的专家系统可以对物流系统的运行情况及时进行诊断，对系统的优化提出合理化的建议。因此，物流技术及其装备是物流系统现代化水平的主要标志。物流技术及装备作为生产力要素，对于发展现代物流，改善物流状况，促进现代化的大生产、大流通，增强物流系统能力，显然具有十分重要的地位和作用。

图 1—1 列出了支持各物流环节涉及的主要物流装备。例如，货物运输要依靠铁路、公路、水路、航空、管道等多种运输方式或多式联运；货物的中转、移位要依靠自动化程度较高的物料装卸搬运技术与装备；货物的储存要依靠货架、自动存取装备；货物的配送要依靠分拣、车辆调度、车辆配载、路径优化、GPS 和 GIS 等集成技术装备。所有上述各物流环节涉及的物流装备都离不开信息技术。可以说，信息技术的应用是现代物流最主要的特征。

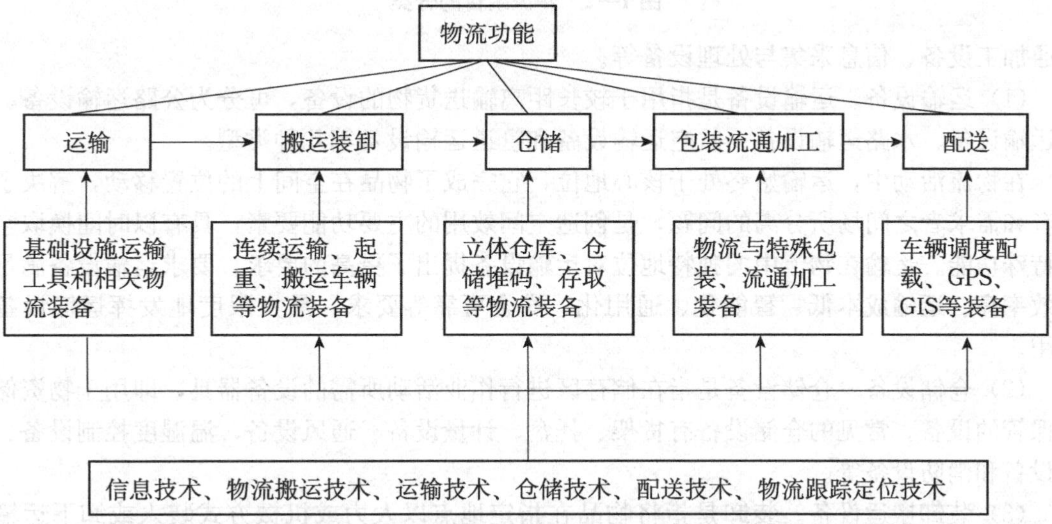

图 1—1　支持各物流环节涉及的主要物流装备

1.2.2　物流装备的分类

掌握物流装备的分类，是从总体上把握物流装备的关键。根据物流活动的不同需求，可从不同的角度对物流装备进行分类。总体看来可分为两大类：一类是物流设施，另一类是物流设备（如图 1—2 所示）。

1. *物流设施*

物流设施包括公路、铁路、航道、管道及机场、港口、货运站场和通信基站等基础设施，这些基础设施的建设水平和通过能力直接影响着物流各环节的运行效率。

2. *物流设备*

物流设备按功能可划分为运输设备、仓储设备、装卸搬运设备、集装设备、包装设备、

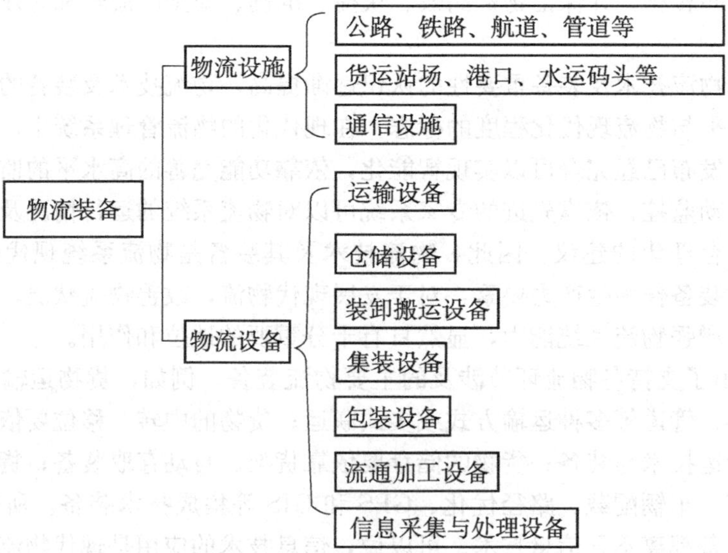

图 1—2 物流装备的分类

流通加工设备、信息采集与处理设备等。

（1）运输设备。运输设备是指用于较长距离输送货物的设备，可分为公路运输设备、铁路运输设备、水路运输设备、航空运输设备和管道运输设备等几种类型。

在物流活动中，运输始终处于核心地位，它完成了物品在空间上的位置移动，解决了供给者和需求者之间场所分离的问题，是创造空间效用的主要功能要素，具有以时间换取空间的特殊功能。运输在物流中的独特地位对运输设备提出了更高的要求，要求运输设备满足运输效率高、运输成本低、智能化、通用化、安全可靠等要求，最大限度地发挥运输设备的作用。

（2）仓储设备。仓储设备是指在储存区进行作业活动所需的设备器具，即用于物资储藏和保管的设备。常见的仓储设备有货架、托盘、计量设备、通风设备、温湿度控制设备、养护设备和消防设备等。

（3）装卸搬运设备。装卸是指将物品在指定地点以人力或机械方式装入或卸下运输设备。搬运是指在同一场所内，以对物品进行水平移动为主的物流作业活动。物料装卸搬运设备是指用于搬移、升降、装卸较短距离运输物料的装备。它是物流系统中使用的频率最高、数量最多的一类装备，是物流装备的重要组成部分。

在物流系统中，装卸搬运是将各环节相互连接的必不可少的作业，产品从出厂到送到用户手中，往往要经过多次周转，每经过一个流通终端或转换一次运输方式，都必须进行一次装卸搬运作业。装卸搬运的工作量、所花费的时间以及耗费的人力、物力，在整个物流过程中都占有很大的比重。因此，装卸搬运设备的合理配置直接影响运输效率和运输成本。

一般而言，物料装卸搬运设备主要配置在工厂、中转仓库、配送中心、物流园区以及货运站场、港口码头等地，涉及范围较广。

按照装卸搬运设备的用途和结构特征，可以分为间歇式装卸搬运设备、连续传输设备、装卸搬运车辆设备、管道输送设备等。

1）间歇式装卸搬运设备。间歇式装卸搬运设备是在对物料进行装卸搬运时，用于不连续地装取货物和卸载货物的机械设备。间歇式装卸搬运设备的最主要和最常见形式是起重器械。起重器械包括桥式起重机、动臂旋转式起重机和缆索式起重机。起重器械在物料装卸搬运时利用吊钩、抓斗、电磁吸盘和其他专用吊具（如集装箱吊具、夹钳等）起卸货物，通过提升机械实现货物垂直和水平方向的位移。

随着国际市场竞争的加剧，国外起重运输（物料搬运）器械的科技含量明显提高。近年来，起重器械在发达国家的发展趋势如下：

①采用新理论、新技术和新手段。进一步开展对物料搬运器械的载荷变化规律、动态特性、疲劳特性和可靠性的试验研究；推广采用优化设计、可靠性概率设计、极限状态设计、虚拟样机设计、CAD/CAE 设计等现代设计方法。

②向自动化、智能化和信息化，以及成套化、系统化和规模化方向发展。将各种物料搬运器械单机组合为成套系统，使生产设备与物料搬运设备有机结合，即通过计算机对物料搬运系统进行动态模拟仿真，寻求最佳匹配组合，将这类自动、智能的设备纳入系统的多级计算机信息控制与管理网络，并配有自监测、自诊断维护装置。

③向大型化、高效化、节能化发展。最大的桥式起重机起重量达 1 200 吨；斗轮堆取料机的最高生产率达 8 000～10 000 吨/小时；自动化立体仓库巷道堆垛机的最快运行速度为 400 米/分钟；最大的带式输送机带宽为 3.2 米，输送能力为 37 500 吨/小时，单机最大输送距离超过 30 公里；等等。

④向模块化、通用化、简易化、多样化方向发展。对进行系列生产的通用类物料搬运设备采用模块组合方式，以较少的零部件组成多品种、多规格、多用途的系列产品。

⑤重视产品的合理人机关系、外观造型与表面涂装，有利于提高作业效率和舒适度，保障操作安全。

2）连续传输设备。连续传输设备是在对物料进行装卸搬运时，用于连续不断地将物料从一处输送到另一处的机械设备。连续传输技术的种类有很多，主要包括带式输送技术、螺旋式输送技术、埋刮板式输送技术、斗式提升技术、辊子输送技术和悬挂式输送技术。以上单个技术或多个技术的组合，促成了各种连续传输机械设备在现代物流装卸搬运系统中的广泛使用。

3）装卸搬运车辆设备。装卸搬运车辆设备是指具有物料装卸搬运和移位功能的各种车辆，在现实中常见的设备是各种工业车辆，被用来实现规则形状成件物料（如箱形、包形）的水平运输和空间位移。常见的车辆类型有：叉车，又分通用叉车和高架叉车，主要应用于集装箱堆场等空箱堆码作业；巷道堆垛机，主要应用于立体仓库；自行式搬运小车（AGV），主要应用于物流中心、仓库及企业生产物料搬运；集装跨运车，主要应用于集装箱堆场；正面吊运机，主要应用于集装箱堆场；车辆式货物升降台，主要应用于机场货物装卸搬运；等等。

4）管道输送设备。管道输送设备是指在管道内利用泵机对物料进行输送的机械设备。管道输送的基本类型包括管道气力输送、管道浆液输送、管道液体输送和管道容器输送等。

目前在物料装卸搬运这种较短距离的物料输送中主要依靠气力输送。采用这种技术的物料装卸搬运设备主要是气吸机，其特点就是利用泵机产生的气压差，通过气力带动固体的物料向前移动，当抵达规定的目的地时，通过分离器将气与物料分离。固体物料从悬浮状态卸入存仓，可实现物料的最终搬运输送。一般而言，气吸机主要用于散粮等颗粒度不大的散料装卸系统，最有代表性的是港口码头的散粮卸船系统。

（4）集装设备。集装设备是指用集装单元化的形式进行储存、运输作业的物流设备。货物经过集装单元器具的集装和组合包装后，其搬运活动性有所提高，随时处于准备流动的状态，便于储存、装卸搬运、运输等环节的合理组织，便于实现物流作业的机械化、自动化和标准化。集装设备主要包括集装箱、托盘、滑板、集装袋、集装网与货捆等。

（5）包装设备。包装设备是指完成全部或部分包装过程的机械设备。它按功能可划分为灌装机械、充填机械、裹包机械、封口设备、贴标机械、清洗设备、干燥机械、杀菌机械、捆扎机械、拆卸机械、多功能包装机械及完成其他包装作业的辅助包装设备。

（6）流通加工设备。流通加工是物品在从生产地到使用地的转移过程中根据需要进行的包装、分割、计量、分拣、组装、价签贴附、标签贴附等简单作业的总称。它是商品流通中的一种特殊形式，能够弥补生产过程加工程度的不足，更有效地满足用户多样化的需求，更好地衔接生产与需求，促进销售，是一种高效、辅助性的加工活动。

流通加工设备是指用于物品包装、分割、计量、分拣、组装、价签贴附、标签贴附、商品检验等作业的专用机械设备。它是完成流通加工任务的专用机械设备，根据加工对象的不同，可分为金属加工机械、木材加工机械等。

（7）信息采集与处理设备。现代物流系统广泛且深入地使用了现代信息技术，并配备了相应的装备，如在自动化立体仓库中广泛采用条形码信息系统。物流信息技术面向物流各个环节的管理信息，根据不同的需求，又可形成各种运输管理信息系统、装卸搬运计划与调度系统、仓储管理信息系统、分拣配送与车辆调度系统等。

总体来讲，在现代物流系统中，使用最多的物流信息技术装备主要有条形码技术装备、射频识别技术装备、电子数据交换技术装备、卫星定位系统技术装备、地理信息系统技术装备等。

1.2.3　物流装备的发展趋势

现代物流的一个显著标志是物流技术与物流装备的现代化程度。随着用户需求和科学技术水平的不断提高，在今后的几年里，物流装备的发展将呈现先进化、信息化、多样化与专业化、标准化与模块化、系统化与可扩展化、人性化与智能化、绿色化与节能化等特点，特殊的物流装备的发展将得到重视。

1. 先进化

与所有工业装备已经走过的历程一样，物流装备的性能将越来越先进，自动化程度也将越来越高。具体体现在：

（1）速度更快。仓库规模的扩大与对客户的快速响应显然是一对矛盾。要做到在极短的时间内完成拣选与配送任务，必须提高物流新生力量的运行速度，增强其处理能力。因此，堆垛机、拣选系统、输送系统等物流装备一定会朝着高速运转目标而努力。

（2）准确度更高。除了更快的运行速度之外，准确度也是客户对物流装备的一致要求。没有准确度，速度再快也没有意义。因此，各厂商纷纷采用先进的技术，满足客户对物流装备高准确度的要求。

（3）稳定性更好。配送中心为满足客户的即时性需要，对物流系统的稳定、可靠运行提出了很高的要求；在制造企业，物流装备不是生产设备，但能够对生产设备的高效率运行起到很大作用，同样不允许因经常发生故障影响正常生产。所以，为保证物流系统连续安全运转，物流装备的稳定性和可靠性越来越受到各厂商的重视，使得物流装备的使用期限逐渐延长。此外，物流装备的先进性还体现在生产工艺的不断进步，这使产品性能得到很好的控制。

2. 信息化

人们对信息的重视程度日益提高，要求物流与信息流实现在线或离线的高度集成，使信息技术逐渐成为物流技术的核心。物流装备与信息技术紧密结合、实现高度自动化是未来发展的趋势。目前，越来越多的物流装备供应商已从单纯提供硬件设备转向提供包括控制软件在内的总物流系统，并且在越来越多的物流装备上加装电脑控制装置，实现了对物流装备的实时监控，大大提高了工作效率。物流装备与信息技术的完美结合已成为各厂商追求的目标，也是其竞争力的体现。现场总线、无线通信、数据识别与处理、互联网等高新技术与物流装备的有效结合，已成为越来越多的物流系统的发展模式。无线数据传输设备在物流系统中发挥着越来越大的作用。运用无线数据终端技术，可以把货物接收、储存、提取、补货等信息及时传递给控制系统，实现对库存的准确掌控。借助联网计算机指挥物流装备准确操作，可以几乎完全消灭差错，缩短系统的反应时间，使物流装备得到有效利用，将整体控制提升到更高的水平。将无线数据传输系统与客户计算机系统连接，实现共同运作，则可为客户提供实时信息，从而极大地改善客户整体运作效率，全面提高客户服务水平。

3. 多样化与专业化

为满足不同行业、不同规模的客户对不同功能的要求，物流装备的形式越来越多样，专业化程度日益提高。许多生产物流装备的厂商都致力于开发生产多种多样的产品，以满足客户的多样化需求，也同时将此作为自己的发展方向。它们所生产的物流装备也由全行业通用型转向针对不同行业特点设计制造，由不分场合转向适应不同环境、不同工况要求，由一机多作转向专机专用。此外，自动化立体库、分拣设备、货架等都有按行业、用途、规模等不同标准细分的多种产品。许多厂商还可根据用户的特殊情况为其量身定做各种物流装备，体现了更高的专业化水平。

4. 标准化与模块化

当前，经济全球化特征日渐明显，中国企业的国际化进程加快。在这种形势下，物流装备也需要走向全球化，而且只有实现了标准化和模块化，才能与国际接轨。因此，标准化与模块化成为物流装备发展的必然趋势。标准化既包括硬件设备的标准化，又包括软件接口的标准化。通过实现标准化，可以轻松地与其他企业生产的物流装备或控制系统实现对接，为客户提供多种选择和系统实施的便利性。模块化可以满足客户的多样化需求，允许客户按不同的需求自由选择不同功能的模块，灵活组合，增强了系统的适应性。同时模块化可以根据货物存取量的增减和供货范围的变化调整现有空间，以便实现空间的最佳利用。

5. 系统化与可扩展化

客户对物流装备系统整合的要求越来越高。供应商应当按客户的实际情况制定系统方案，将不同用途的物流装备进行有机整合，以达到最佳效果。自动化立体库、无人搬运车、分拣系统、机器人系统等各种装备功能各异，各有所长，只有在整体规划下选择最合适的产品，并进行综合利用，才能使其各显其能，发挥出最大效益。为使系统容易整合并达到最佳效果，最好选择同一家公司的物流装备。因此，供应商也开始向提供一整套物流产品的方向发展。如大福、村田、冈村、西门子德马泰克等公司都可自行设计生产全套物流装备，满足客户的整体需求。同时，客户对物流系统的投入往往不是一步到位的，而是按需配置，这就要考虑今后系统的可扩展性。当然，在物流装备实现模块化设计后，可较容易地根据需求进行扩展。有些物流装备也可通过改变控制软件完成系统的调整或扩展。

6. 人性化与智能化

物流会朝着速度更快、准确度更高和稳定性更好的方向发展。人们的需求总是在不断变化，同时会对已有服务提出更高的要求，所以物流技术和装备的发展将会以人的需求为根本点，使其技术和产品更加人性化与智能化，以降低工人的劳动强度，改善劳动条件，使操作更轻松自如。例如，林德公司推出多项改进设计，使叉车更加人性化：叉车的低重心设计，使驾驶员上下车更加方便；设置侧向座椅，使驾驶员操控叉车更容易；配有电子转向器，无论搬运多重的货物，所需的转向力均小于10牛顿，仅为传统堆垛车转向力的1/10，使操作更加轻松；具有自动对中功能与故障自我诊断功能，使叉车更加智能化。又如，堆垛机的地上控制盘操作界面配有触摸式大屏幕，采用人机对话方式，堆垛机的各种状态与操作步骤均能清楚地显示出来，即使初次使用也能操作自如。今后，智能化操作盘将成为更多自动仓库系统供应商的优先选择。

7. 绿色化与节能化

传统的物流业发展模式将物流作为一个相对独立的系统，这样就使物流具有明显的外部成本与外部效益。在这种模式下，物流产业对资源占用、能源消耗只需付出很低的成本，对环境污染的补偿十分有限，甚至无须补偿，造成了物流产业外部成本的增加。这就导致物流独立于社会、环境系统之外，以牺牲社会利益为代价追求自身经济利益的最大化。随着“绿色物流”理念在全球的推广和人们环保意识的增强，有些企业在选用物流装备时会优先考虑对环境污染小的绿色或节能产品。因此，有远见的物流装备供应商也开始关注环保问题，并采取有效措施以达到环保要求。如采用新的装置与合理的设计，降低设备的震动、噪声与能源消耗量等。

8. 特殊的物流装备的发展得到重视

物流概念的宽泛性和物流产业的复合性，决定了很多原来属于其他领域的技术装备都可以整合到物流系统中。在这一思路下，随着中国物流专业化的发展，一些特殊的物流装备得到发展。例如：冷链物流中的保温设备、温控设备、监控设备、冷库设备等；危险品物流中的安全设备、监控设备、隔离设备、跟踪设备、消防设备等；物流运输中的配套件、捆扎设备、撑紧和填充产品等；仓储中心的周边设备；信息化领域的自动识别产品、RFID产品与设备等。所有这些产品与设备都将随着物流专业化的发展得到广泛应用。

总之，客户需求与科技进步将推动物流装备不断向前发展。物流装备的供应商应随时关注市场需求的变化，采用更加先进的技术，提供客户满意的产品与服务，提高物流行业的整体发展水平。

1.3 物流技术与物流装备在物流系统中的地位和作用

物流技术与物流装备是现代物流系统的主要支撑要素，担负着各项物流作业的任务，影响着物流活动的每一个环节。在整个物流活动中，它们对于提高物流能力与效率、降低物流成本、保证物流服务质量等具有十分重要的地位与作用，也是提高物流系统总体水平及运行效率的基本保证。物流技术与物流装备在物流系统中的地位和作用主要体现在以下几个方面。

1. 物流技术与物流装备构成了现代物流运作的基础

现代物流之所以能充分体现出高度机械化、自动化、信息化和智能化的时代特征，完全依靠现代物流技术的支撑，没有物流技术装备做后盾，就不会有现代物流的运作。无论是社会的宏观物流，还是企业的生产物流，它们的共同特点都是各种原材料、在制品、成品、商品等在各自的领域内流转。这一流转过程的良好运作有赖于各种物流技术与物流装备。同时，从物流管理的角度来看，现代物流管理建立在信息与网络技术的基础之上。以美国为代表的发达国家将起重运输技术、信息技术、企业管理与经济作为现代物流的三大支柱，其中物流技术包括了前两项内容，从中可以看出物流技术与物流装备在现代物流中的重要性。所以说，现代物流技术与物流装备构成了现代物流运作的基础。

2. 物流技术与物流装备是物流系统中的重要资产

科学技术的发展，无疑会使物流装备的技术含量和技术水平日益提高，现代物流技术与物流装备一方面是技术密集型的生产工具，另一方面也是资金密集型的社会财富。物流技术与物流装备是进行物流活动的物质基础，是实现物流各种功能的技术保证，同时也是能否实现物流现代化、科学化、自动化的重要决定因素。配置这些装备需要投入大量的资金和相应的专业知识，同时在采用相关技术和购置相关的设备后，为了维护设备的正常运转，发挥设备的效能，在设备的长期使用过程中还需要及时不断地更新技术和投入大量的资金。这使得物流技术与物流装备成为企业举足轻重的资产，企业必须给予足够的重视。

物流技术与物流装备得到正确、合理的配置，是保证物流系统正常运转的基础，是提高物流运作效率的根本途径，也是降低物流运行成本、提高经济效益的关键。

3. 物流技术与物流装备影响了物流活动的各个环节

在物流活动的全过程中，一个高效的物流系统离不开先进的物流技术与物流装备。从物流的功能来看，物料或商品需要经过包装、运输、装卸、储存等作业环节，这些作业环节及其辅助环节的高效完成，都需要相应的物流技术与物流装备的支撑和良好运作。物流活动的每一个环节，在物流活动中都处于十分重要的地位。离开了物流技术与物流装备，物流系统就无法运行，服务水平及运行效率就可能极低。

4. 物流技术与物流装备是实现高效优质的物流服务的决定性因素

现代企业间的竞争实际上是看谁能获取并完美履行订单，而其中最关键的因素是如何实现优质的物流服务，即通常所说的“7R”。“7R”即将适当的产品（right product），以适当的数量（right quantity）、适当的质量（right quality）、适当的价格（right price），在适当的时间（right time）送达到适当的地点（right place），并交给适当的客户（right customer）。因此，没有相应的现代物流技术与物流装备的支持，没有装卸搬运、运输、仓储、包装、流通加工、分拣配送和信息传递等物流环节的协同工作，要真正达到上述“7R”的服务目标是不可能的。从全球范围来说，物流企业与“7R”的服务目标还有很大的差距。“7R”被众多物流学家公认为当前物流服务中比较突出的瓶颈之一。我国物流企业在这方面的差距更大，究其原因，一方面是物流管理上的问题，另一方面是物流技术与物流装备跟不上相应生产需求的问题。因此，物流技术与物流装备是实现高效、快捷、优质物流服务的决定性因素。

5. 物流技术与物流装备保证系统安全运行和物流增值服务的实现

避免货物在流通过程（特别是运输装卸过程）中发生物理上的损伤及化学上的变质，降低破损率，直至实现“零破损”，是实现物流安全运行和优质服务的重要标准。通过包装和流通加工、集装容器和集装运输等物流技术，可以大幅降低货物和商品在生产加工领域和流通领域的破损率，甚至可以实现“零破损”。另外，对于易燃、易爆、易腐蚀或有放射性的危险物品，必须保证它们在流通过程中的安全，要采用特殊的物流容器、包装材料和特种运输工具，确保万无一失，不出事故。

同时，利用包装及流通加工等物流技术不仅有利于货物的运输、装卸搬运、仓储、分拣和配送，还可以大幅提高物流效率和运行的安全性，实现物流的增值服务。

6. 物流技术与物流装备使现代物流与电子商务的无缝结合成为可能

随着互联网络和电子商务的出现，企业实现了与上游的供应商、下游的客户、中间环节的金融机构和政府部门的及时沟通与协调，这种“直通方式”使企业能准确、迅速、全面地了解市场需求信息，实现基于客户订单的生产模式，消费者可以直接在网上获取有关商品或服务的信息，实现网上购物。但电子商务的发展遇到了三个瓶颈：电子数据签名的法律依据，网上支付的安全性及金融行业的运营机制，高效快捷和准时安全的优质服务，其中商品的准时配送问题尤为突出。

企业可以通过改革机制和变更法律程序来解决前两个瓶颈，但是物流配送一方面需要建设配套的物流基础设施，另一方面还需要有高效的物流管理方法，更需要依靠分拣技术及装备、装卸搬运技术及装备、运输技术及装备、储存保管物流技术及装备，只有这样，才能实现现代物流与电子商务的无缝结合。图 1—3 显示了现代物流与电子商务无缝结合的总体框架。其中，CRM（custom relationship management）是指客户关系管理，它突出了企业以客户而非生产为中心的指导思想；ERP 是指企业资源计划，它以顾客需求为驱动，面向整个供应链管理的一种企业管理信息系统。物流中心既可以是本企业内部物流部门，也可以是专业的物流第三方企业。

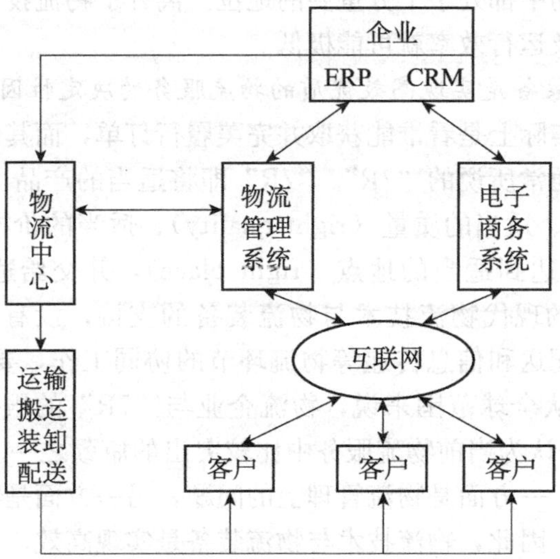

图 1—3 现代物流与电子商务的无缝结合

1.4 物流技术与物流装备的合理配置

企业的成功离不开先进的物流技术。企业只有掌握了先进的物流技术，结合企业自身的特点，通过合理的设计和选型，从物流管理的最佳实践中获得经验，并取得专业化服务支持，才能建立起先进、适合的物流系统。

使用现代物流技术与物流装备可使物流效率得到不断提高。在进行物流技术与物流装备的配置时，必须考虑物流系统的目标，即物流系统付出低成本，获得高效服务。因此，在进行物流技术与物流装备的配置时应遵循以下几个原则。

1. 物流技术与物流装备配置的合理性原则

物流技术与物流装备配置的合理性原则主要体现在：合理采用现代化物流机械系统、合理选用适合的物流机械装备和合理配置物流机械装备。

（1）合理采用现代化物流机械系统。现代化物流机械系统可以较大地改善劳动条件，减轻劳动强度，提高作业的安全性、效率和效益。在进行物流系统的整体规划时，必须首先从系统的角度把物流机械系统及其装备看成物流系统的一个子系统，然后根据物流系统的规划目标及实际情况，确定一个可行的物流机械装备配置方案。通常而言，那些作业量很大，尤其是重大货物、启动频繁、节拍短促而有规律的作业，适宜采用物流机械系统；那些要求高效率、高精度的作业，或者工作环境会影响工人的健康、工作场所存在危险的作业，适宜采用自动化系统。

（2）合理选用适合的物流机械装备。合理选用适合的物流机械装备是指所选的装备在使用过程中能充分地发挥其性能，不造成装备的功能性浪费。在选择物流机械装备时，既要考虑装备所含技术的先进性，又要考虑装备购置和使用的经济性。另外，随着人们对生存环境的不断重视，在选择装备时还必须考虑装备的环保性，不能对环境造成破坏。在选择和配置相关的装备时，一定要注意系统的整体优化问题，即使单个装备的性能最优，整个系统的性能也不一定能达到最优。因此，一定要根据所确定的机械系统类型，合理地选择装备的类型和具体型号，使整个系统的作业效率达到最高，而运行成本最低，这是人们希望达到的理想目标。

（3）合理配置物流机械装备。物流机械装备的合理配置是指不仅各环节本身所用的机械装备需要进行合理配置，而且各物流环节之间的物流机械设备也要进行合理配置，每个环节自身的装备配置只能保证自身环节的作业功能及效率的实现，而只有各环节之间选用的装备配置合理，才能使整个物流系统的功能及运行效率达到最优。

2. 确保物流系统快速、及时、准确、经济的原则

经过前期的输入和系统自身的转化之后，物流系统需要向外界输出服务，而物流系统能否合理利用物流技术与物流装备，以最低的物流成本提供高效、优质的服务，为客户创造出最大的价值，是降低物流运行的总成本、提高物流运作的总效益、赢得持久竞争优势的关键。小到生产企业内部的物流，大到企业外部的物流，都需要快速，装卸搬运和运输周转也需要快速，这样可以充分利用时间，提高经济效益。为了保证物流系统快速、及时准确，并保证装备货物的安全、消耗的费用最低，必须考虑如何合理配置和广泛使用现代化物流装备。

3. 物流技术与物流装备选用的标准化原则

实现物流技术与物流装备应用的标准化，可以降低购买成本和管理费用，提高物流作业的机械化水平，改善劳动条件，提高物流效率和经济效益。选用标准化的集装设备，有利于装卸、搬运、运输、仓储等作业的一体化和对物流技术与物流装备的充分利用；有利于国内外物流的接轨，提高物流运行效率，降低物流运行成本。此外，选用标准化的集装单元装备，可以有效防止在物流过程中出现货物损失，节省包装费用，减少库房的使用量，缩短货物的周转期。

4. 物流技术与物流装备配置的灵活性与适用性原则

物流系统中采用的物流技术与物流装备应能够适应不同的物流环境、物流任务和实际作业需求，满足使用方便、充分考虑到人体工效学的因素、容易操作、不易出错等要求。

5. 提高空间利用率和减少人力搬运的原则

在使用托盘和集装箱进行堆垛时，采用架空布置的悬挂输送机、立体库、梁式起重机、高层货架等，都可以减少占地面积，提高土地利用率，达到充分利用空间的目的。

在进行物料搬运时，人机工程的要求就是尽量减少搬运的次数，缩短人员步行的距离，减少弯腰的搬运作业。同时在作业过程中，应尽量减少作业人员上下往返作业、弯腰的次数以及人力码垛的范围和次数，充分提高人力搬运的效率。

本章小结

物流技术是指物流活动中采用的自然科学与社会科学方面的理论、方法，以及设施、设备、装置与工艺的总称。物流技术可以从以下几个方面进行分类：按形态分类、按科学原理分类、按物流功能运作分类、按服务领域分类。

物流的发展离不开先进的物流装备。物流装备是现代物流的主要技术支撑要素，在整个物流活动中，对提高物流能力与效率、降低物流成本和保证物流服务质量等具有非常重要的作用。物流装备是在生产、流通、消费和军事等领域中，为了实现各种物资从供应地到消费地的空间转移和时间转移，并保证物资高效、快捷、准确、安全的流转和有效监控所需的设施和设备。根据物流活动的不同需求，物流装备主要分为两类：一类是物流设施，另一类是物流设备。

随着用户需求的变化和科学技术水平的不断提高，在今后的几年里，物流装备的发展将呈现先进化、信息化、多样化与专业化、标准化与模块化、系统化与可扩展化、人性化与智能化、绿色化与节能化等特点，特殊的物流装备的发展将得到重视。

物流技术与物流装备配置要遵循以下原则：物流技术与物流装备配置的合理性原则，确保物流系统快速、及时、准确、经济的原则，物流技术与物流装备选用的标准化原则，物流技术与物流装备配置的灵活性与适用性原则，提高空间利用率和减少人力搬运的原则等。

关键术语

物流技术　物流装备　物流设备　物流设施

思考与练习题

1. 简述物流技术的概念及分类。
2. 简述物流装备的概念及分类。
3. 简述物流装备的发展趋势所具备的特点。
4. 简述物流技术与物流装备在物流系统中的地位和作用。
5. 简述物流技术与物流装备在物流活动中进行合理配置的一般性原则。

第2章

运输技术与装备

本章要点

运输是物流系统的主要活动，它通过物品的转移创造物品的时间效用和空间效用。人员或物资在不同地点之间的移动均属于运输活动的范畴，只有借助合适的运输装备，采用正确的运输技术，才能使运输活动符合人类的要求。全球化的发展及科技的进步，使各国运输产业快速成长，也使得运输产业的发展更趋人性化，人们可以根据不同的需要，采用各种不同的运输技术与运输装备。

本章将扼要介绍运输的概念、分类和特点，详细阐述公路运输、铁路运输、水路运输、航空运输和管道运输（简称“公、铁、水、航、管”运输）的技术与装备的基本知识和应用特点。

2.1 运输概述

2.1.1 运输与物流的关系

国家标准《物流术语》中对运输的定义是：用运输设备将物品从一个地点运送到另一个地点的物流活动，其中包括集货、分配、搬运、中转、装入、卸下、分散等一系列操作环节。运输是物流作业中最直观的要素之一，它提供空间效用和时间效用两大功能。但物流中提到的运输与一般意义上所说的运输并不完全相同，它们之间有诸多不同之处，主要体现在以下两个方面：

（1）两者所指的劳动对象不同。从运输和物流的定义可以看出，一般意义上的运输是指人员与物品利用交通工具在一定范围内产生的空间位移，它既包括物品的空间位移，也包括人员的空间位移。但是物流中所称的运输仅指物品在供应地与需求地之间的实体运送，不包括人员的空间位移。两个概念所指的对象范围不同。

（2）两者的工作范围不同。一般意义上的运输是指流通领域的运输，并不包括生产领域的运输。物流中的运输作为物流系统中的一个主要组成部分，不仅包括流通领域的运输，而且包括生产领域的运输。

总而言之，物流运输是指流通领域和生产领域中货物的运输。以“公、铁、水、航、管”五种主要运输方式构成物流运输体系。

物流与运输具有密切的关系，具体表现在以下几个方面：

1. 物流管理是运输发展到一定阶段的产物

物流和物流管理都是在现代运输相当发达后才在我国出现的，而此时发达国家已进入完善的运输化阶段；当我国开始重视社会物流效率问题时，发达国家已进入后运输化阶段。

2. 运输是达到物流目的的手段

物流服务的“7R”目标强调物流服务的本质，即将商品送达客户的手中，使商品处于一种可以被利用的状态。运输本身不是物流的目的，而是达到物流目的的手段。物流服务率等于存货服务率与配送服务率的乘积。如果存货能够随时满足订货需求，所订货物可以在规定的时间内准确地送到客户的手中，那么客户的物流服务率为100%。显然，要达到上述物流目的，必须依靠高效的运输活动。

3. 运输在物流系统中扮演功能性角色

物流是一个系统，运输是物流系统的功能性要素，称为子系统。物流部门通过物流系统的运输功能解决物资在生产地点和需求地点之间的空间距离问题，创造出商品的空间效用，实现其价值，满足社会需要。运输与物流的关系反映了系统要素与系统整体之间的关系。运输与物流的其他功能要素（如储存、装卸、搬运、包装、流通加工、配送、信息处理等）之间存在密切的联系，共同构成了物流系统。仅靠运输是无法实现物流系统最优化的。

4. 运输系统成为社会物流系统的一个有机组成部分

运输系统是社会经济中物流系统的组成部分，与人们是否形成明确的物流概念无关。随着运输系统的逐步完善，现代运输体系逐渐成为社会经济运转的良好条件，物流管理的地位随之突出，运输业也逐渐适应了社会生产对物流的需要。随着社会化大生产的进一步发展，人类在从事物流活动和物流管理时越来越具有自觉性，运输也逐步融入社会的物流体系。

5. 运输与物流体系相互影响

随着物流结构的变化，运输体系不断发生新的变化并与之相匹配，运输业的进步更是从一开始就决定了物流体系的变化。作为运输业中的一次革命，集装箱运输所需的不同运输方式之间的多式联运快速发展，并紧随现代物流管理的步伐，反映出交通运输业为适应现代物流发展而产生的深刻变化。

2.1.2 运输在物流系统中的作用

1. 运输是物流系统的最核心的功能要素

通常而言，运输功能创造了物品的空间效用，储存功能创造了物品的时间效用，流通加工功能创造了物品的形态效用，物流系统的其他功能活动都是围绕这三大功能进行的。但是，三者在物流中的地位是不同的。在社会化大生产的条件下，产品的生产和消费在空间上背离的矛盾不但不会消除，反而会呈现出扩大的趋势，这种趋势直接影响到物流业，特别是对运输业务的需求越来越大，在客观上突出了运输功能的核心作用。在物流系统的三大功能中，运输功能的主导地位和核心作用日益显著，成为物流系统最核心的功能要素。

2. 运输是实现物流合理化的关键

物流的合理化是指在各物流子系统合理化的基础上形成最优的物流系统整体功能。物流系统由七个功能要素的子系统构成，其整体合理化是在各物流子系统合理化的基础上，通过各物流子系统之间的有机结合实现的。在物流系统整体功能合理化的过程中，运输是实现物流合理化的关键。

3. 完善运输体系是实现物流社会化的基础

目前，物流运输业正不断发展与完善。大力发展公路、铁路、水运、航空、管道等方式的联合运输，鼓励货物运输的高速化和集装箱化，建立集约化的物流中心，对物资进行及时与共同的配送，是运输业的主要发展方向。运输业的基础层是由公路、铁路、水运、航空运输公司组成的，它们对运输工具进行调度，确保运输的时间与质量，以满足客户的要求。只有这样，每个企业才能通过运输网络以较低的成本构建自己的供应链，实现自己的物流规划，从而为物流社会化的实现提供基础条件。

2.1.3 加快综合运输体系建设，促进我国物流业的健康发展

1. 国外发展现代综合运输体系的经验

在日本，佐川急便公司是由一个人和一根扁担起家的崇尚“飞毛腿”精神的知名公司。佐川急便公司从公路运输业务做起，逐步发展到与航空、铁路、水路运输联运，同时提供增值服务，目前已成为日本第一大物流服务提供商。它与以提供搬家服务为主的宅急便公司合占日本国内市场的半壁江山，并且与三井物流等一批骨干企业一起，共同构建了日本的国家物流供应体系。日本物流的特点是城市物流组织出色，其人性化的服务和严格的质量保障体系为各国业界所称道。

美国的物流体系建立在强大的物质基础上，以 UPS、J. B. HANT 等骨干企业为代表的企业集团，可提供快速、便捷的物流服务。UPS 是一家全球性的快运公司，拥有独立的水路、公路、航空运输系统，以及与国家铁路网联通的铁路运输专线，信息技术和装备先进，是全球唯一能做到美国国内 24 小时内送达，其他国家 48 小时内送达的服务提供商，以迅捷著称。J. B. HANT 公司则采取提供不同物流服务的发展模式。该公司专门提供集装箱的陆地与水路联运，与目的地物流服务提供商以合作方式结成战略合作伙伴，共同为客户提供物流服务，是全球大宗货物运输价格竞争力最强的公司之一。美国物流发展的特点是提供综合物流的特色服务，满足个性化需求，对市场的应变能力较强。

德国的物流体系建设采取国家与企业合作发展的模式。我们以不来梅地区为例加以说明。不来梅是德国北部的一个港口城市，辐射区域内大型工业企业的数量较多，人口相对密集，资源丰富。当地政府为有效整合运输资源，划出港口附近的数百亩荒滩，建设货运中心枢纽。政府负责完成“三通一平”（即通路、通电、通水和平整土地），衔接货运中心与港口码头，成立由政府代表、专家代表、进入中心企业代表组成的三方管理委员会，负责协调货运中心的运营事务。该货运中心采取招标、减税等措施，组织和吸引运输、货代企业入驻，通过限制该中心以外的车辆进城等手段，扶持该中心开展城市物流业务。港区内另外划出保税区域，吸引投资方建设成品汽车中转站，该站目前已成为欧洲最大的成品汽车转运地。另辟园区吸引投资方建设专业化程度很高的物流基地，为辖区内以奔驰汽车总装配公司为首的工业企业提供生产物流服务。通过一系列的精心规划，不来梅地区不仅培育了法格（FAGE）公司这样的知名物流服务提供商，而且很好地整合了公路、水路运输资源，使该地区成为德国重要的物流服务基地，政府也通过资方投标等方式，并依靠工地升值获得了可观的财政收入。概括起来，德国物流的发展特点是以市场经济的手段实现政府行为，通过发展物流业实现多赢。

在荷兰，物流业是国民经济支柱产业之一。荷兰是传统的航运大国，曾经强盛一时。随着国际航运竞争的日趋激烈，荷兰的政府和企业在充分发挥航运优势的同时，加强了航运与陆上运输的衔接。由于荷兰的国土面积较小，因此它采取的策略是：通过组织规模较小的道路运输企业，参与阿姆斯特丹和鹿特丹港区物流中心的网络运营，借助现代通信技术，为欧洲国家提供物流服务。荷兰以仅占欧洲约 1/40 的国土面积，为全欧洲提供了近 1/4 的物流服务，其物流业的成就堪称世界物流业之最。

综上所述，我们可以得出国外发展现代综合运输体系的经验：

- 现代物流业在发达国家占有重要地位。
- 发展物流业要因地制宜，突出特色。
- 政府和企业扮演不同的角色。
- 各种运输方式需要密切配合。

2. 我国综合运输体系建设存在的问题及改进措施

纵观我国由传统运输服务向现代物流服务的发展，借鉴发达国家物流业的成功经验，应该认识到我国的综合运输体系建设存在以下几个问题：

(1) 各种运输方式之间以及基础设施的规划和建设之间都缺乏沟通和衔接，各个环节尚不能有效发挥应有的作用。改革开放以来，我国交通基础设施建设发展迅速，有效促进了国民经济的发展。但是，由于条块分割的管理体制的局限，各行其是，投入大、产出小的项目并不鲜见。例如，一些空港建在距中心城市 20 公里以外的非经济区，仅仅考虑到由乘客疏散带来的城市交通压力问题，却未重视空港货运与区域物流系统衔接的问题。又如，有的港口建设货场单纯考虑疏港，而不纳入区域物流系统运作，投入使用后增加了货主成本，导致货主宁愿绕行以寻找总费用最低的港口接货。铁路和公路建设也存在重线轻网的问题。

(2) 在各种运输方式之间，物流或运输组织重复投入，缺乏战略上的合作和实际经营中的配合，社会资源浪费现象比较严重。从理论上讲，各种运输方式都有独特的运营体系和优势。近年来航空货运发展迅速，其距离长、时间短、效率高的优势，被贵重物品货主或紧急商机货主广泛接受；水运虽受到航道限制，但其距离长、运量大及价格相对低廉的优势，对水运货主具有很大的吸引力；尽管铁路运输受到路网通过能力和编组时间的限制，但它目前仍然是陆地组织大宗货物运输的骨干力量；管道运输自成体系，主要运送石油、天然气等产品，而且规模较小。航空、水路和铁路运输的共同特点是以点、线结合的方式组织运输，完成每宗货物的运输委托或物流服务，都必须与道路运输进行有效的衔接，因为只有通过道路运输才能实现“门到门”的服务目标。目前，道路运输企业已经能提供高效快速的服务，大大优化了物流服务供应链的各个环节，缩短了时间，降低了费用。由于货运代理环节不顺等因素的限制，各种运输方式之间的优势互补、相互配合还要继续加强。例如，航空、铁路、水路运输企业分别组建道路运输组织，导致不同程度的不良竞争和资源浪费。

(3) 在开发、利用现代信息技术和资源方面障碍重重。要建设和完善物流服务供应系统，现代信息技术是一个重要环节。由于条块分割和壁垒的客观存在，近年来各运输公司之间以及行业内部，在信息基础设施建设以及软件开发方面竞相加大投入力度，限制和封锁信息的现象比较普遍，使得一些项目不能充分发挥应有的效能，甚至形成新一轮高科技、高投入的不良资产。从宏观经济的角度看，信息对称是市场平衡并实现充分竞争、良性发展的基本要素。现代综合运输体系的“公、铁、水、航、管”五种运输方式，共同构成了“大交通”，五种方式之间应加强信息技术和资源方面的衔接与合作，逐步实现共同开发、资源共享，只有这样，才能充分发挥信息技术的积极作用，构建统一有效的区域和全国物流服务供应系统。

(4) 五个运输领域（尤其是道路运输领域）缺乏大型骨干企业，航空、铁路运输管理机制仍需深化改革。建设现代综合运输体系，需要各种运输方式在市场经济条件下实现体制、机制上的趋近，政企分开，公平竞争。目前，民航、铁路部门正在加大改革力度，逐步实现政企分开，网运分离，这将为建设综合运输体系扫清体制方面的障碍。然而，道路运输领域缺乏大型骨干企业的问题依然比较严重，凭借现有企业的规模和实力，尚无法在区域物流中心的建设中发挥主导作用；没有相互衔接的区域物流中心群体，就不能实现建设全国物流服务供应系统的目标。目前比较现实的选择是：区域内各运输领域的骨干企业实现跨行业的强强联合，用经济手段处理利益关系，共同开发、建设区域物流中心。

综上所述，我们可以得出如下结论：

(1) 物流的发展与建设现代综合运输体系密切相关。满足各类需求的物流服务供应系统是实现现代综合运输体系的目标，健全的现代综合运输体系是物流发展的基础和保障。

(2) 应该加强各种运输方式之间的沟通和配合，发挥各自的优势，降低成本，初步构建区域物流系统并逐渐加以完善，充分利用现代信息技术和先进装备，建立起现代物流网络，提供方便、快捷、经济的服务；逐步削减行业之间和行业内部壁垒，创造有利于建设现代综合运输体系的政策环境。

(3) 应该鼓励并扶持大型骨干企业集团在建设区域乃至全国物流服务供应系统中发挥主导作用。

(4) 应该重视并加快区域性和全国性物流服务供应系统的规划和建设，运用经济手段实现政府调控，减少社会资源的浪费。

2.2 公路运输技术与装备

2.2.1 公路运输的发展

公路运输指在公路上运送旅客和货物，是交通运输系统的组成部分之一，主要承担短途客货运输任务。由于现代物流所用的运输工具是汽车，因此，公路运输一般即指汽车运输。在地势崎岖、人烟稀少，铁路和水路运输都不发达的边远和经济落后地区，公路运输是主要的运输方式，公路具有运输干线的作用。

公路运输是19世纪末随着现代汽车的诞生而产生的，早期主要承担短途运输任务。第一次世界大战结束后，随着汽车工业的发展和公路里程的增加，公路运输得到发展，除了以短途运输为主外，开始进入长途运输领域。第二次世界大战结束后，公路运输发展迅速，欧洲许多国家以及美国、日本等国建立了比较发达的公路网络，同时汽车工业的发展又为公路运输提供了雄厚的物质基础，使其在运输业中占有主导地位。在许多经济发达国家，随着高速公路的大量出现、集装箱直达运输的推广及汽车大型化的发展，公路运输正在逐步摆脱载重量、运输成本等方面的劣势。在陆地运输中，一些国家的公路运输已逐步取代铁路运输，成为长途客运乃至货运的重要运输方式。在公路运输最发达的国家，公路运输完成的客货周转量占各种运输方式总周转量的90%左右。

在我国，随着经济的发展，公路运输迎来了更大的发展机会，在取得巨大经济效益的同时，使社会运力的紧张状况得到缓解，自身的服务水平也有了较大的提高。但我国公路运输的现状与快速发展的国民经济和社会需求量相比，仍有较大的差距，需要国家加快制定相关的方针政策，推动公路运输行业的集约化、规模化和组织化经营；逐步加大对科技的投入力度，加快公路运输的法制化进程，使公路运输市场体系更加规范，公路运输服务体系更加优质、安全和高效。

公路运输的定义有广义和狭义之分。广义的公路运输是指货物和旅客等运输对象借助一定的运载工具，沿着公路的某个方向做有目的的空间移动。在公路运输的漫长发展历史中，运输工具主要经历了非机动车和机动车的过程。目前就全球而言，由于汽车运输已成为公路运输的主要工具，因此狭义的公路运输就是指汽车运输。运输对象可以分为货物和旅客两类。物流运输中的公路运输专指汽车货物运输。经过一百多年的发展，当今西方经济发达国家的陆地运输已经改变了以铁路运输为中心的局面，公路运输逐渐成为现代交通运输中的主要运输方式之一。

2.2.2 公路运输的特点

公路运输是所有运输方式中影响最广泛的一种，主要特点如下：

(1) 公路运输可以实现“门对门”的直达运输。公路运输线路呈网状分布，可以实现“门对门”的直达运输，从起点装运，至终点卸运，空间活动范围大。这一特点是其他任何运输方式所不具备的，因而公路运输在直达性方面具有明显的优势。

(2) 公路运输速度快。国外相关资料显示，在中、短途运输中，平均来讲，公路运输的运送速度比铁路运输快4～6倍，比水路运输快近10倍。在公路运输的过程中，途中不需要中转，换装环节少，因此运输速度较快，特别是对于某些限时运送的货物，或为适应市场临时急需的货物，公路运输较其他运输方式有明显优势。

(3) 公路运输营运灵活、方便。其较强的灵活性可以满足用户的多种需求。它既可以成为其他运输方式的接运方式，又可以自成体系，机动灵活。公路运输能灵活制定运营时间表，可随时调拨，运输中伸缩性极大。此外，汽车载重量可大可小，可装载少到几百千克，多达上千吨的货物；既可单车运输，又可拖挂运输，对货物批量的大小具有很强的适应性。

(4) 公路运输受外界地形和气候条件的影响小。汽车可随处停靠，可深入到城乡的各个角落，对地形气候条件的适应能力较强。在一些目前还没有条件开通铁路、航空和水路运输的偏僻地区，公路运输的任务更重。

(5) 公路运输的投资少，经营方式简单，获得的效益很高。公路运输不像铁路运输那样需要铺设铁轨、安装信号设备以及购买其他昂贵的固定设施，只需花费较少的费用购置汽车。若私人投资的资金有限，可采用一人一车的经营方式，也可通过租赁汽车的方式经营业务，前期投入较少，即使经营失败也不会有很大的损失。同时，经营方式简单，容易操作，取得相关执照后便可开始运营。由于原始投资回收期短，资金周转速度快，因而公路运输容易扩大再生产，可获得高收益。

(6) 公路运输的技术性强，货损比率小。随着新技术的运用，汽车的动力性能、安全性能、运输监控性能等都有所提高，特别是这些技术在专用车辆、集装箱车辆上的广泛使用，保证了公路运输质量，减少了货物运输过程中的损坏和出错比率。

（7）公路运输的载运量小，安全性差。由于一般桥梁、公路都有限重，再加上汽车自身的承载量有限，因此，尽管汽车载重能力已提高到一定的水平，但与火车、船舶等相比，装载量仍较小。另外，受到车辆品种复杂、道路状况复杂、驾驶人员人为疏忽等因素的影响，公路运输发生的交通事故较多，安全性较差。

（8）公路运输成本高，对环境污染大。由于汽车的载重量有限，劳动生产率低，因此在运输（特别是长途运输）中单位运输成本远高于铁路、水路运输，加之受当前汽车燃料的限制，在空气污染、噪声、震动方面，公路运输的危害较大。公路运输的成本是铁路运输的11.1～17.5倍，水路运输的27.7～43.6倍，管道运输的13.7～21.5倍，但比航空运输成本低，只相当于航空运输的6.1%～9.6%。

总之，公路运输比较适宜在内陆地区运送短途的旅客和货物，可以与铁路、水路联运，为铁路、港口运送旅客和货物，也可以深入山区及偏僻的农村进行旅客和货物运输，以及在远离铁路的地区进行干线运输。

2.2.3 公路运输的分类

1. 按货运运输方式分类

（1）整车运输。整车运输是指同一收货人的货物一次性到达同一站点，且需要配送装运3吨以上的货物运输，或者货物重量在3吨以下，但其性质、体积、形状需要一辆3吨以上的车辆一次或一批运输到目的地的运输。

（2）零担运输。零担运输是指托运人托运的一批货物不足整车的货物运输。

（3）集装箱运输。集装箱运输是指将适箱货物集中装入标准化集装箱，采用现代化手段进行装卸的货物运输。在我国又把集装箱运输分为国内集装箱运输及国际集装箱运输。

（4）联合运输。联合运输是指一批托运的货物需要两程或两种方式的运输。目前我国的联合运输有公铁联运、公水联运、公铁水联运等。联合运输实行一次托运、一次收费、一票到底的全程负责制。

（5）包车运输。包车运输是指应托运人的要求，经双方协议，将车辆包给托运人安排使用，并按时间或里程计算运费的运输。

2. 按托运货物种类分类

按托运货物种类，公路运输可分为普通货物运输和特种货物运输。普通货物运输是指对普通货物的运输，普通货物分为一级、二级、三级三个等级。特种货物运输是指对特种货物的运输，特种货物包括超限货物、危险货物、贵重货物、鲜活货物等。

3. 按托运速度分类

按托运速度，公路运输可分为一般货物运输、快件货物运输和特快专运。一般货物运输是普通速度运输，也称慢运。快件货物运输的速度从货物受理当日15点起算，运距在300公里以内的24小时运达，运距在1 000公里以内的48小时运达，运距在2 000公里以内的72小时运达。特快专运是指按托运人要求在约定的时间内运达。

4. 按其他标准分类

公路运输还可按其他标准分类。按运输对象可分为旅客运输、货物运输；按货物运输区域可分为区域内运输、区域间运输、跨区域运输；按运输工具性能可分为普通车运输、特种车运输；按运输货物量可分为小批量运输、中批量运输、大批量运输；按运输货物协议形式可分为长期合同运输、临时协议运输；按车辆载重可分为小型微型车运输、普通载重车运输、大型载重车运输；等等。

由于公路货物运输货种繁多，货物的批量大小不同，各种货物对装运车辆的要求也有所不同，因此公路货物运输企业需要以多种运输类别满足货物托运人的各种要求。

2.2.4 公路运输的技术装备

2.2.4.1 公路设施

公路是指城市间、城乡间、乡村间主要供汽车行驶的公共道路。公路主要由路基、路面、桥梁、涵洞、隧道、公路渡口、防护及支撑工程、公路用土地及公路附属设施组成。此外，还有为满足行车需要而设置的行车标志、加油站、路用房屋、通信设施、附属工厂及绿化栽植等。

1. 公路的分类

(1) 按行政等级，公路可以分为国家公路、省公路、县公路、乡公路（分别简称为国道、省道、县道、乡道）以及专用公路五个等级。一般把国道和省道称为干线，县道和乡道称为支线。

国道是指具有全国性的政治、经济意义的主要干线公路，包括重要的国际公路，国防公路，连接首都与各省省会、自治区首府、直辖市的公路，连接各大经济中心、港站枢纽、商品生产基地和战略要地的公路。国道中跨省的高速公路由交通运输部批准的专门机构负责修建、养护和管理。

省道是指具有全省（自治区、直辖市）性的政治、经济意义，并由省（自治区、直辖市）公路主管部门负责修建、养护和管理的公路干线。

县道是指具有全县（县级市）性的政治、经济意义，连接县城和县内主要乡（镇）、主要商品生产和集散地的公路，以及不属于国道、省道的县际公路。县道由县、市公路主管部门负责修建、养护和管理。

乡道是指主要为乡（镇）村经济、文化、行政服务的公路，以及不属于县道以上公路的乡与乡之间及乡与外部联络的公路。乡道由当地人民政府负责修建、养护和管理。

专用公路是指专供或主要供厂矿区、林区、农场、油田、旅游区、军事要地等与外部联系的公路。专用公路由专用单位负责修建、养护和管理，也可委托当地公路部门修建、养护和管理。

(2) 根据我国现行的《公路工程技术标准》（JTJ001—1997），公路按使用任务、功能和适应的交通量分为高速公路、一级公路、二级公路、三级公路、四级公路五个等级。

其中，高速公路是指经国家公路主管部门验收认定，符合高速公路工程技术标准，具有交通安全设施、管理设施和服务设施，专供机动车高速行驶的公路。高速公路的特点是具有机动车专用、分道行驶、全部立交、控制出入等功能，且标准高、设施完善。与一般公路相比，高速公路具有车速快、通行能力大、运输费用省、行车安全四大优点，其中车速快是其最显著的优点，也是高速公路与其他公路的根本区别。

小资料

高速公路是专供汽车分向分车道行驶并可全部控制出入的多车道公路。四车道高速公路能适应的将各种汽车折合成小客车的年平均日交通量为25 000～55 000辆，六车道高速公路能适应的将各种汽车折合成小客车的年平均日交通量为45 000～80 000辆，八车道高速公路能适应的将各种汽车折合成小客车的年平均日交通量为60 000～100 000辆。

一级公路是供汽车分向分车道行驶并可根据需要控制出入的多车道公路。四车道一级公路能适应的将各种汽车折合成小客车的年平均日交通量为15 000～30 000辆。六车道一级公路能适应的将各种汽车折合成小客车的年平均日交通量为25 000～55 000辆。

二级公路是供汽车行驶的双车道公路。一般能适应的交通量为每昼夜3 000～7 500辆中型载重汽车。

三级公路是主要供汽车行驶的双车道公路。一般能适应的交通量为每昼夜1 000～4 000辆中型载重汽车。

四级公路是主要供汽车行驶的双车道或单车道公路。双车道四级公路能适应的交通量为每昼夜1 500辆以下中型载重汽车。单车道四级公路能适应的交通量为每昼夜200辆以下中型载重汽车。

2. 公路的主要技术指标

公路的主要技术指标有行车速度、行车道宽度、路基宽度、极限最小平面曲线半径、停车视距、最大纵坡、桥涵设计车辆荷载及桥面车道数。

（1）行车速度，即设计车速。它是表明公路等级与使用水平的控制性指标，是通过公路几何设计所采用的车速。

（2）行车道宽度。公路上供车辆行驶的路面面层宽度，一般指行车道宽度。

（3）路基宽度。在一个横断面上两路肩外缘之间的宽度。

（4）极限最小平面曲线半径。在平面状线路中，路线转向处曲线的总称（包括圆曲线和缓和曲线）是平面曲线。

（5）停车视距。在汽车行驶时，驾驶员自看到前方障碍物时起，至到达障碍物前安全停止所需的最短距离。

（6）最大纵坡。根据公路等级与自然条件等因素所限定的路线纵坡最大值。最大纵坡是公路纵断面设计的重要控制指标，直接影响路线的长短、使用质量、运输成本和工程造价。

（7）桥涵设计车辆荷载及桥面车道数。以国家标准规定作为桥涵设计依据，涉及若干等级标准车辆和车队。桥涵设计车辆荷载包括计算荷载（汽车荷载）和验算荷载（履带车和平板挂车荷载）。

3. 运输场站配套装备

（1）公路货运站。公路货运站是进行货物集散、中转、运输、包装加工、仓储、中介代理、信息服务等运输组织和运输服务的场所，是运输服务的枢纽和中心。根据货运站的业务性质和专业分工的不同，公路货运站可分为整车货运站、公路零担货运站、公路集装箱中转站和物流中心。

（2）停车场（库）。停车场（库）的主要功能是停放和保管车辆。根据保管的条件可分为暖式车库、冷式车库、车棚和露天停车场四类；按其空间利用程度可分为双层停车场和多层停车场，多层停车场通常需要配备供车辆发生垂直位移的斜道、旋转车道或升降机。停车场（库）内还要按照车辆进场后的需求，安装清洗、例保、加油、检验等有关设备，以及必要的照明、卫生和消防设施。

4. 我国公路建设的现状

自新中国成立以来，特别是进入21世纪后，我国不断加大对基础建设的投资力度，公路建设取得了前所未有的大发展，交通状况在近几年内得到了根本性的改观。

(1) 公路基础建设取得历史性突破。到2013年底，全国公路总里程达435.1万公里，其中高速公路总里程达9.62万公里，位居世界第二。到“十二五”期末即2015年底，我国公路网规模将进一步扩大，公路总里程达到450万公里，高速公路总里程达到10.8万公里，覆盖超过90%的人口规模在20万以上的城市。

(2) 公路运输能力迅速增长。近年来，伴随我国公路建设的迅速发展，公路网络的不断完善，公路运输已成为服务范围最广、承担运量最大、运输组织最灵活、运输产品种类最多的运输服务领域。公路客货运输快速增长，国民经济能力显著增强。据统计，到2012年末，全国拥有公路营运汽车1 339.89万辆。其中，拥有载货汽车1 253.19万辆、8 062.14万吨位，平均吨位6.43吨/辆。在载货汽车中，普通载货汽车1 184.58万辆、6 963.29万吨位，平均吨位5.88吨/辆；专用载货汽车68.60万辆、1 098.85万吨位，平均吨位16.02吨/辆。

(3) 公路运输信息化水平明显提高。在公路运输信息化建设方面，各地普遍实行了政务公开，推广应用了公路运政管理信息系统、卫星全球定位和导航系统、行车记录仪、联网售票系统等先进设备，迅速普及了联网售票、电子屏幕显示、货运信息配载、汽车维修、综合性能检测等电子技术，有效提高了公路运输行业的管理能力和服务水平。

2.2.4.2 公路运输车辆

车辆是行驶在道路上用于装载客、货的运输工具。道路运输的车辆主要是汽车，也包括道路建设机械（如推土机、挖掘机、装载机、压路机等）和民间运输工具（如人力车、马车、拖拉机等）。这里的主要研究对象是汽车，它是能自行驱动而不依赖轨道远行的陆上运输工具，是公路运输的核心工具。

1. 汽车的类型

(1) 汽车按用途可分为运输汽车和特种用途汽车。

1) 运输汽车，又分为轿车、客车、货车和牵引汽车。轿车可以乘坐2～9个乘员（包括驾驶员），主要供私人使用。轿车可按发动机工作容积（发动机排量）分级。微型轿车的发动机工作容积为1升以下，普通级轿车的发动机工作容积为1～1.6升，中级轿车的发动机工作容积为1.6～2.5升。上述三种级别的轿车的主要特点是车型较小，结构紧凑，前排座椅是较舒适的乘坐位置，而后排座椅通常供辅助使用。因此，这些轿车最适宜作为车主自己的家庭用车。

中高级轿车的发动机工作容积为2.5～4升，如德国奔驰300系列轿车。高级轿车的发动机工作容积为4升以上，如美国通用汽车公司的凯迪拉克高级轿车，美国福特汽车公司的林肯高级轿车，英国劳斯莱斯高级轿车，德国奔驰500系列、560系列高级轿车。上述两种级别的轿车的主要特点是车型大、装备齐全考究、性能优良，较舒适的座位设置在后排。

客车可以乘坐 9 个以上乘员，主要供公共服务使用。按照服务方式不同，客车的构造亦不同，可分为城市公共客车、长途客车、团体客车、游览客车等类型。客车可按车辆长度分级：微型客车的长度为 3.5 米以下；轻型客车的长度为 3.5～7 米；中型客车的长度为 7～10 米；大型客车的长度为 10～12 米；特大型客车，分为铰接式客车（车辆长度大于 12 米）和双层客车（长度为 10～12 米）两种。

货车用于运载各种货物，其驾驶室内还可容纳 2～6 个乘员。由于所运载的货物种类繁多，因此货车的装载量及车厢的结构也各不相同，主要分为普通货车和专用货车两大类型。普通货车具有拦板，可运载各种货物（如图 2—1 所示）。专用货车通常由普通货车改装而成，其车厢是为专门运载某种类型的货物而设计的。专用货车包括：普通厢式货车（如图 2—2 所示），运载易腐食品的厢式保温车（如图 2—3 所示），运载砂土矿石的自卸式货车（如图 2—4 所示），运载液体、气体或粒状固体的罐式货车（如图 2—5 所示），运载易污货物的闭式车厢货车（如图 2—6 所示），运载大型货物的大型平板车（如图 2—7 所示）等。

货车可按其总质量分级：微型货车的总质量小于 1.8 吨，轻型货车的总质量为 1.8～6 吨，中型货车的总质量为 6～14 吨，重型货车的总质量大于 14 吨。

牵引汽车是专门或主要用于牵引挂车的汽车，通常可分为半挂牵引汽车（如图 2—8 所示）和全挂牵引汽车（如图 2—9 所示）。半挂牵引汽车后部设有牵引座，用来牵引和支承半挂车的前端。全挂牵引汽车本身带有车厢，其外形虽与货车相似，但其车辆长度和轴距较短，而且尾部设有拖钩。牵引汽车都装有挂车制动装置及挂车电气接线板等。

图 2—1　拦板式货车

图 2—2　普通厢式货车

图 2—3　厢式保温车

图 2—4　自卸式货车

图 2—5　罐式货车

图 2—6　闭式车厢货车

图 2—7　大型平板车

图 2—8　半挂牵引汽车

图 2—9　全挂牵引汽车

2）特种用途汽车。特种用途汽车根据特殊的使用要求设计或改装而成，主要执行运输以外的任务，如娱乐汽车、竞赛汽车和特种作业汽车。特种作业汽车是指在汽车上安装各种特殊设备进行特种作业的车辆，如商业售货车、环卫环保作业车、市政建设工程作业车、农牧副渔作业车、石油地质作业车、医疗救护车、公安消防车、机场作业车等。具有装甲或武器的作战车辆不属此列，而是被归入军事特种车辆。

（2）汽车按动力装置可分为活塞式内燃机汽车、电动汽车和燃气轮机汽车。

1）活塞式内燃机汽车。根据其使用的燃料不同，通常分为汽油车和柴油车。汽油和柴油在近期内仍将是活塞式内燃机的主要燃料，而各种代用燃料的研究工作也在大力开展，如以丙烷和丁烷为主要成分的液化石油气，甲醇、乙醇以及它们的衍生产品等。活塞式内燃机还可按其活塞的运动方式分为往复活塞式内燃机和旋转活塞式内燃机。

2）电动汽车。其动力装置是直流电动机。电动汽车的优点是无废气排出，不产生污染，噪声小，能量转换效率高，易实现操纵自动化。电动机的供能装置通常是化学蓄电池。传统式的铅蓄电池在重量、充电间隔时间、使用寿命、放电能力等方面还不太令人满意，从而限制了电动汽车的大范围普及。但是，在汽车公害、能源等社会问题进一步突出的今天，又会促使电动汽车的研究和推广工作加快步伐。目前，碱性蓄电池（镍-镉电池、镍-铁电池）的研究取得了较大的进展。这种电池性能好、重量轻，但是制造工艺较复杂，价格也偏高。此外，电动机的供能装置也可以是太阳能电池，或者其他形式的电源。

3）燃气轮机汽车。与活塞式内燃机相比，燃气轮机功率大、质量小，转矩特性好，对所使用的燃油无严格限制，但其耗油量大、噪声较大，制造成本也较高。

（3）汽车按行驶机构的特征可分为轮式汽车和其他型式的车辆。

1）轮式汽车。轮式汽车通常可分为非全轮驱动汽车和全轮驱动汽车两种。

2）其他型式的车辆。如履带式车辆、雪橇式车辆、气垫式车辆、步行机械式车辆等。

小资料

国产汽车型号规则

1988 年我国颁布了国家标准 GB9417—88《汽车产品型号编制规则》。汽车型号应能表明汽车的厂牌、类型和主要特征参数等。该项国家标准规定，国家汽车型号均应由汉语拼音字母和阿拉伯数字组成。汽车型号包括以下三个部分：

首部——由两个或三个汉语拼音字母组成，是识别企业名称的代号。例如，CA 代表第一汽车制造厂，EQ 代表第二汽车制造厂，TJ 代表天津汽车制造厂，等等。

中部——由四位阿拉伯数字组成。第一位数字代表该车的类型，第二位、第三位代表各类汽车的主要特征参数（如表 2—1 所示）。

表 2—1　　国产汽车型号规则表

<table>
<tr><th>车辆类别</th><th>表示数字</th><th>第二位、第三位数字的含义</th><th>第四位数字的含义</th></tr>
<tr><td>载货汽车</td><td>1</td><td rowspan="5">表示汽车总质量（吨）</td><td rowspan="9">代表产品的序号</td></tr>
<tr><td>越野汽车</td><td>2</td></tr>
<tr><td>牵引汽车</td><td>4</td></tr>
<tr><td>专用汽车</td><td>5</td></tr>
<tr><td>客车</td><td>6</td></tr>
<tr><td rowspan="2">轿车</td><td>7</td><td>表示汽车总长度（0.1 米）</td></tr>
<tr><td>8</td><td>表示汽车排气量（0.1 升）</td></tr>
<tr><td>半挂车及专用半挂车</td><td>9</td><td>表示汽车总质量（吨）</td></tr>
</table>

有些车的型号在四位数字后还有一些字母，这些字母没有确切的含义，是由生产厂家自定义的。举例说明，"BJ2020S"这个汽车型号中，"BJ"代表北京汽车制造厂，"2"代表越野车，"02"代表该车总质量为 2 吨，"0"代表该车为第一代产品，"S"为厂家自定义。又如"TJ7131U"这个汽车型号，"TJ"代表天津汽车制造厂，"7"代表轿车，"13"代表排气量为 1.3 升，"1"代表该车为第二代产品（不是指第一代产品），"U"为厂家自定义。再如"BK6180"这个汽车型号，"BK"（"北客"的缩写）表明了生产厂家，"6"表示此车是客车，"18"表示车的长度是 18 米。

---

2. 汽车主要性能参数和结构参数

汽车通常有以下性能参数和结构参数。

(1) 整车装备质量。汽车完全装备好的质量，包括润滑油、燃料、随车工具、备胎等所有装置的质量。

(2) 最大总质量。汽车满载时的总质量。

(3) 最大装载质量。汽车在道路上行驶时的最大装载质量。

(4) 最大轴载质量。汽车单轴所承载的最大总质量，它与道路通过性有关。

(5) 车长。汽车长度方向两极端点间的距离。

(6) 车宽。汽车宽度方向两极端点间的距离。

(7) 车高。汽车最高点至地面间的距离。

(8) 轴距。汽车前轴中心至后轴中心的距离。

(9) 轮距。同一车轿左右轮胎胎面中心线间的距离。

(10) 前悬。汽车最前端至前轴中心的距离。

(11) 后悬。汽车最后端至后轴中心的距离。

(12) 最小离地间隙。汽车满载时，最低点至地面的距离。

(13) 接近角。汽车前端突出点向前轮引的切线与地面的夹角。

(14) 离去角。汽车后端突出点向后轮引的切线与地面的夹角。

(15) 转弯半径。汽车转向时，汽车外侧转向轮的中心平面在车辆支承平面上的轨迹圆半径。转向盘转到极限位置时的转弯半径为最小转弯半径。

(16) 最高车速。汽车在平直道路上行驶时能达到的最大速度。

(17) 最大爬坡度。汽车满载时的最大爬坡能力。

(18) 平均燃料消耗量。汽车在道路上行驶时每百公里平均燃料消耗量。

(19) 车轮数和驱动轮数。车轮数以轮毂数为计量依据，n 代表汽车的车轮总数，m 代表驱动轮数。

3. 载货汽车技术的发展趋势

载货汽车技术的发展趋势是高速化、重型化、大功率、柴油化、环保化、高档化和电子化，重点关注经济性、动力性、环保性、安全性、舒适性和可靠性。

近几年来，发达国家的商用车制造企业纷纷投入巨资研发新一代产品，通过采用高新技术，最大限度地提升载货汽车的产品技术水平。如戴姆勒-克莱斯勒、沃尔沃、雷诺、依维柯等汽车公司，其主导产品在舒适性、安全性、动力性、经济性、环保性、可靠性等方面具有明显优势，处于国际领先水平。

由于世界各国的环保意识不断增强，为了减少大气污染，欧洲和美国、日本等国纷纷提高尾气排放标准。美国是世界上最早执行排放法规的国家，也是排放控制指标种类最多、排放法规最严格的国家，目前在全美实行的排放法规有美国环境保护局（EPA）制定的Tier标准以及加利福尼亚州空气资源局（CARB）制定的低排放机动车（LEV）标准。欧洲于2005年10月开始实施欧Ⅳ排放标准，并在2009年9月实施欧Ⅴ排放标准。为了达到排放法规的要求，商用车在整车和发动机的设计上需要广泛采用新技术。

我国于2004年7月1日在全国范围内实施欧Ⅱ排放标准。轻型汽车欧Ⅲ标准于2007年7月1日在全国实施。欧Ⅳ排放标准已于2010年7月1日起在全国实施，此后生产和销售的新车都须符合这个标准。此外，车载诊断系统也于2008年投入使用，该系统根据发动机的运行状况随时监控汽车是否尾气超标，一旦超标将马上发出警报。

综上所述，各国都对商用载货车的排放标准提出了更高的要求，这促进了商用车技术的研究与发展，主要表现在以下几个方面：

（1）改进内燃机技术，实现低排放和节能的要求，并逐渐向大功率转变。全球商用车内燃机的发展趋势是柴油机化，它建立在柴油机技术不断进步和发展的基础上。现代车用柴油机的震动、噪声、排放指标达到了与汽油机相同的水平。柴油机采用多气门技术、涡轮增压中冷、废气再循环、电控高压喷射、废气后处理（如氧化催化转化器、选择性还原催化转化器SCR、微粒捕集器）等技术，使其动力性、经济性和环保性达到了较高水平。

（2）采用机电一体化技术，提高汽车的安全性、舒适性和操控性。全球商用车已广泛采用机电一体化技术。

1）安全性。在商用车的动力性、经济性和环保性不断提高的同时，安全性的提高也提上了日程。发达国家商用车已广泛采用防抱制动系统、驱动防滑制动系统、电子控制制动系统、辅助制动系统（发动机排气制动和缓速器）、自适应巡航控制系统、卫星定位系统、车道偏离警示系统、夜视系统、前照灯自动调光系统、安全座椅、翻车警告系统、防止驾驶员打瞌睡系统、轮胎气压自动监测系统等。在欧洲已有1/3的汽车厂商采用了电子稳定程序。

我国商用车也已采用防抱制动系统和驱动防滑制动系统。在住房和城乡建设部颁布的《城市客车分等级技术要求与配置》（CJ/T162—2002）标准中规定，特大型、大型超一级、超二级、高级客车都必须安装防抱制动系统和缓速器。

2）舒适性。发达国家为商用车驾驶员提供的舒适度已接近轿车的水平。驾驶室较宽敞，各种设施齐全。在长途运输牵引车和旅游客车中，除豪华仪表板和内饰外，还有音响、冷暖空调、通信设备、卫星导航、冷热饮柜、电视机、衣柜等，另外，驾驶员的座椅采用空气弹簧悬架，可自动调节，大大提高了驾驶员的舒适度。

在我国的商用车上，已配备了音响设备、冷暖空调、通信设备、电视机等，目前又增加了GPS、微型冰柜等。

3）操控性。发达国家的商用车为驾驶员提供了便捷的操控装置：仪表板，其中央有信息显示屏，能显示完整的行车信息和车辆工作状况信息，如燃油经济性、驾驶时间、所有诊断信息等，使驾驶员一目了然；在驾驶室内安装小型换挡杆，上面有功能旋钮开关，驾驶员可通过旋钮开关选择前进、倒挡及两个方向上的巡航等功能。此外，还有电动玻璃升降器、电加热后视镜、电动驾驶室翻转装置（用于载货车）、电动备胎升降装置和自动充放气装置等。

美国和欧洲的大多数商用车已普遍使用液力机械式自动变速器，如奔驰 Actros、依维柯 Eurotrakker 等重型车。又如，沃尔沃 I-Shift 载货车上采用新型全自动变速器，它能按照道路坡度和车载质量，选择最合适的起步方式和换挡挡位。换挡控制杆安装在驾驶员座椅旁，驾驶员可方便舒适地进行操作。驾驶员也可方便地切换手动换挡方式，换挡杆的所有功能都能在仪表板显示器上显示出来。自动变速器在欧洲和美国的城市公共汽车、大型旅游客车、重型载货车中普遍采用，普及率已达 90%，在长途客车中也已广泛采用，在中重型载货车中的采用率已超过 50%。自动变速器具有操控省力、简单、驾驶员劳动强度低、行车安全性高、自动适应行驶阻力变化、起步加速平稳、能延长传动系统部件的寿命等优点。

我国商用车在驾驶员操控性方面还落后于发达国家，很多方便驾驶员操控的设施尚未配置。

(3) 商用车向专用化方向发展。随着各国经济的发展，专用汽车也有了快速发展。专用车是在货车和客车的基础上发展而来的。专用汽车具有特殊的用途，它的产量小、附加值高。它的范围非常广，包括工程自卸车、专用自卸车、厢式车、罐式车和半挂车等。

目前，我国专用车在货车市场中的占有率约为 25%，其中，厢式车在专用车中所占的比例已达 25%。专用车正朝厢式化、重型化、智能化、高档化、多极化方向发展，其中重型化尤为突出。

2.3 铁路运输技术与装备

2.3.1 铁路运输概述

交通运输业在人类社会中占有极其重要的地位，是国民经济中必不可少的重要组成部分。由于国民经济的运转要求运输业运量大、速度快、成本低、质量好，并能保证运输的经常性，因此拥有运量大、能耗低等优势的铁路运输在综合交通运输体系中占有与生俱来的主导地位。目前，铁路运输是最有效的陆上运输方式之一，它以两条平行的铁轨来引导火车行进。整个铁路系统由铁路车站、线路和信号、机车和车辆设备，以及铁路行车制度和列车自动控制系统组成。由于铁路运输能快速、大批量地运送货物，因而极大地改变了陆地货物运输的状况，可以为货物运输提供强有力的保证。

铁路运输是指利用机车、车辆设备等沿铺设轨道运行的运输方式。目前，它是我国货物运输的主要方式之一，主要承担长距离、大批量的货运任务，在干线运输中起主要作用。同时，铁路是国民经济的大动脉，铁路运输与水路干线运输、各种短途运输相衔接，形成了以铁路运输为主要方式的运输网络。

发展现代化铁路在国家现代化发展中处于重要地位，它既是一个国家现代化的重要内容和标志，也是一个国家现代化的基本保障。铁路的发展和现代化程度在一定意义上成为衡量一个国家现代化程度和社会文明程度的重要标志，而铁路现代化程度的提高，又极大地推动了社会经济的发展，加快了国家现代化的进程。

我国铁路建设表现出以下几个显著特征：

(1) 客运现代化与货运现代化并重。从国情和实际地理状况出发，我国铁路现代化的发展把发展客运与发展货运摆在同等重要的位置，无论是在路网建设方面，还是在机车、车辆设备方面，都实现了客货运现代化水平的同步提升。

(2) 新线建设与既有线改造并举。从建设发达完善的铁路网的总体布局出发，一方面以客运专线和大能力通道为重点，加快新线建设，另一方面以实现时速200公里及以上提速和重载运输为重点，对既有线进行大范围技术改造。

(3) 固定设备现代化与移动设备现代化同步展开。立足于固定设备与移动设备的协调发展，在加快建设发达完善的铁路网的同时，推进机车、车辆设备现代化，最大限度地发挥固定设备和移动设备的综合作用，提高我国铁路现代化的整体水平。

(4) 技术创新与管理创新配套推进。在加快铁路技术创新、大力发展运输生产力的同时，我国实现了铁路体制改革和管理创新的重要突破，为加快铁路发展提供了良好的体制保障。

总之，铁路运输是大宗货物运输和中长距离货物运输方面的传统方式，尤其适合幅员辽阔的大陆国家。它适合运送频繁的、稳定的大宗货物，适合运送中长距离的货物以及城市间的旅客。铁路运输作为国民经济的大动脉，在各种现代化运输方式中占有重要地位，同时也是运输效益的重要源泉。

2.3.2 铁路运输的特点

铁路运输已有100多年的历史，从其漫长的发展历程中，人们逐渐发现铁路最适宜承担中长距离并且运量大的货运任务。在此过程中，铁路运输形成了一些特点，既有其他现代运输工具所不能轻易取代的优点，也存在时代变迁中遗留下来的缺点。

1. 铁路运输的优点

(1) 运送距离长且运输能力大。铁路运输因采用大功率机车牵引列车运行，故可承担长距离、大运输量的运输任务。一列货车可装2 000～3 500吨货物，重载列车可装20 000多吨货物；单线单向年最大货物运输能力达1 800万吨，复线达5 500万吨。在运行组织得较好的地方，单线单向年最大货物运输能力达4 000万吨，复线单向年最大货物运输能力超过1亿吨。

(2) 价格低廉。由于列车运行阻力小，能源消耗量低，因此铁路运输价格低廉，中长距离运货费用较低。铁路单位运输成本低于航空与公路运输，有的比内河运输还低。

(3) 安全程度高。由于铁路运输具有专用路权，而且在列车行驶上具有高度的导向性，因此可以采用列车自动控制方式控制列车的运行，以达到车辆自动驾驶的目的。目前，最先进的列车已经可以通过计算机控制，使列车的运行实现全面自动化，甚至实现无人驾驶，从而可以大大提高运输的安全性，减轻司机的劳动强度。

(4) 可以实现高速运输。在实际运行中，一般铁路的时速为80～150公里，高速铁路运行时速可达220～350公里。

(5) 可以有效使用土地。因为铁路运输以客、货车组成的列车为基本运输单元，所以可以在有限的土地上进行大量的运输，与公路相比可以节省大量的土地，使土地资源达到最有效的利用。

(6) 污染性较低且能耗较小。铁路对外界的污染比公路要少。在噪声方面，铁路运输造成的噪声污染不仅比公路运输低，而且是间断性的，公路运输在城市道路上造成的则是持续性的高噪声污染。在空气落尘污染方面，美国的相关数据显示，铁路运送一吨货物的每公里落尘量约为公路的75%。同时，铁路运输的单位功率所能牵引的货物重量约为汽车的10倍。

(7) 受气候限制小，适应性强。由于铁路运输具有高度的导向性，因此只要行车设施无损坏，在任何气候条件下（如下雨、下雪），列车均可安全行驶。由于铁路运输受气候因素限制很小，因此是最可靠的运输方式。

(8) 可以方便地实现背驮式运输、集装箱运输及多式联运。

2. 铁路运输的缺点

(1) 资本密集，固定成本很高。铁路的投资多数属于固定资产，其原始投资数额比较大，同时投资风险也比较高。

(2) 建设周期较长。一条干线要建设5～10年，而且干线占地面积很大，随着人口的增长，将给社会增加更多的负担。

(3) 货物损耗较高。由于列车行驶时的震动与货物装卸不当，容易造成所承运货物的损坏，并且由于铁路运输过程中需要多次中转，也常导致货物遗失。

(4) 灵活性不高，发车频率低，营运缺乏弹性。公路运输一般可以随货源或客源所在地而变更营运路线，铁路运输则不行，在铁路运输中容易发生空车回送现象，从而造成营运成本的增加。

(5) 铁路按列车组织运行，在运输过程中需要进行列车编组、解体和中转改编等作业，占用时间较长，增加了货物的运输时间。

(6) 不能实现“门到门”的运输，通常要依靠其他运输方式的配合才能完成运输任务。

综上所述，铁路运输适合在内陆地区运送中长距离、大运量、时效性强、可靠性要求高的一般货物和特种货物，也比较适合运输散装货物、罐装货物以及开展集装箱运输。从投资效果看，在运输量比较大的地区之间建设铁路线比较合理。

2.3.3 铁路运输的技术装备

铁路运输的技术装备包括铁路线、铁路车站及枢纽、铁路机车、铁路车辆等。

1. 铁路线

铁路线是机车车辆和列车运行的基础。铁路线是由路基、桥隧建筑物（如桥梁、涵洞、隧道等）和轨道（如钢轨、轨枕、联结零件、道床、防爬设备和道岔等）组成的一个整体工程结构。

铁路等级是铁路的主要技术标准之一。我国铁路建设标准共划分为三个等级，即Ⅰ级、Ⅱ级、Ⅲ级，划分标准参见表2—2。

表2—2　　我国铁路建设标准的等级划分

铁路等级	铁路在路网中的意义	远期年客货运量
Ⅰ级	在路网中起骨干作用的铁路	≥15Mt（百万吨）
Ⅱ级	1. 在路网中起骨干作用的铁路	<15Mt（百万吨）
	2. 在路网中起联络、辅助作用的铁路	≥7.5Mt（百万吨）
Ⅲ级	为某一区域服务，具有地区运输性质的铁路	<7.5Mt（百万吨）

2. 铁路车站及枢纽

(1) 铁路车站。铁路车站既是办理铁路客、货运输的基地，又是铁路运输系统的基层生产单位。为了保证行车安全和线路必要的通行能力，铁路上每隔一定距离（约10公里）需要设置一个车站。铁路车站把每一条铁路线划分成若干长度不同的段落，每一段线路为一个区间。铁路车站就成为相邻区间的分界点。

由于铁路车站上除了正线以外，还配有其他线路，因此，铁路车站的定义就是设有配线的分界点。无配线的分界点包括非自动闭塞区段的线路所和自动闭塞区段的通过色灯信号机。

我国的铁路线上有大小车站 5 000 多个。按等级可分为特等站、一等站、二等站、三等站、四等站和五等站，按技术作业的不同可分为中间站、区段站和编组站，按业务性质可分为货运站、客运站和客货运站。下面介绍其中的几种车站：

1）中间站。中间站是为提高铁路区段通过能力，保证行车安全，以及为沿线城乡人民生活和工农生产服务而设置的，主要办理列车的到发、会让和越行，以及客货运业务。

中间站的作业包括以下几个部分：

- 旅客的乘、降，行李、包裹的承运、保管、装卸与交付。
- 货物的承运、保管、装卸与交付。
- 接发列车作业，包括接车、发车和放行通过列车。
- 摘挂列车的车辆摘挂作业，以及向货物线、岔线取送车辆的调车作业。

为了完成上述作业，中间站应根据作业的性质安装以下设备：

- 客运设备。包括旅客站舍（售票厅、候车室、行包房）、旅客站台、雨棚、跨越设备（天桥、地道、平过道）等。
- 货运设备。包括货物仓库、货物站台、货运室、装卸机械等。
- 站内线路。包括到发线、牵出线、货物线等，它们分别用于接发列车、进行调车和货物装卸作业。
- 信号及通信设备。

此外，某些中间站还设有机车整备设备、列车检查设备等，必要时还需设置安全线、存车线等。

2）区段站。区段站的主要任务是为相邻的铁路区段供应及整备机车，或更换机车乘务组，并为无改编中转货物列车办理规定的技术作业。此外，还办理一定数量的列车解编作业及客运、货运业务。在设备条件具备时，还从事机车、车辆的检修业务。

3）编组站。编组站是铁路路网上专门办理货物列车解体、编组作业，并为此设有比较完善的调车设备的车站。编组站的主要任务是根据列车编组计划的要求，办理各种货物列车的解体和编组作业，并按照运行图标注的时刻正点接发车。

编组站是铁路运输的重要生产基地，大量装卸货物的重车和卸货后回送的空车在汇集后被编成各种列车开往各自的目的地。因此，编组站被称为“编组货物列车的工厂”。

4）货运站。专门办理货运作业（包括组织货源和货流，办理货物的承运、保管和交付，货物的装车和卸车，计算和核收运输费用，填制货运票据等）的车站称为货运站。货运站按工作性质分为装车站、卸车站和装卸站，按办理货物的种类又可分为综合性货运站和专业性货运站。

办理多个不同品类货物作业的车站称为综合性货运站。它们主要为城市、企业、机关及居民服务，办理各种不同品类的整车、零担货物的发送及到达作业，以及与货运站相连接的工业企业线、岔线的作业，站内一般都有较大的货场。综合性货运站办理的业务主要有两类：转运作业，主要办理到达本站的小运转列车及摘挂列车的解体编组作业及车辆的取送作业；货物作业，主要办理货物的托运、保管、装卸、交付，货运票据的编制，车辆的清洗、修理。

专业性货运站只办理单一品类的货物作业，如办理煤、木材、矿石、矿物性建筑材料等大宗货物或危险货物的作业。

（2）铁路枢纽。铁路枢纽是铁路网的一个组成部分。在铁路网的交汇点或终端地区，由各种铁路线路、专业车站以及其他为运输服务的有关设备组成的总体，称为铁路枢纽。铁路枢纽是客货流从一条铁路转运到各接轨铁路的中转地区，也是所在城市客货到发及联运的地区。除枢纽内各种车站办理的有关作业外，在货物运转方面，有各铁路方向之间的无改编列车和改编列车的转线，以及负责枢纽地区车流交换的小运转列车的作业。在旅客运转方面有直通、管内和市郊旅客列车的作业。在货运业务方面，有各种货物的承运、装卸、发送、保管等作业。此外，还有供应运输动力、进行机车车辆检修等作业。

为了完成以上复杂而繁重的任务，铁路枢纽内需要配备成套的技术设备，内容如下：

1）铁路线路。包括引入线路、联络线、环线、工业企业专用线等。

2）车站。包括客运站、货运站、编组站、工业站、港湾站等。

3）疏解设备。包括铁路线路与铁路线路的平面和立交疏解、铁路线路与城市道路的立交桥和道口以及线路所等。

4）其他设备。包括机务段、车辆段、客车整备所等。

当需要在铁路网上修建几个专业车站以及连接这些车站的联络线、进站线路等设备时，铁路枢纽可形成三角形、十字形、顺列式、并列式、环形、混合式、尽端式等。

小资料

我国铁路枢纽约有500多个，一般是全国或者省（自治区、直辖市）的政治、经济、文化中心，工业基地和水陆联运中心等，具有代表性的铁路枢纽有：北京铁路枢纽、天津铁路枢纽、上海铁路枢纽、哈尔滨铁路枢纽、郑州铁路枢纽、武汉铁路枢纽、沈阳铁路枢纽、广州铁路枢纽、兰州铁路枢纽、重庆铁路枢纽。

3. 铁路机车

机车，即通常所说的火车头，是铁路运输的基本动力。由于铁路车辆大都不具备动力装置，因此列车的运行和车辆在车站内有目的的移动均需机车牵引或推送。根据机车的动力来源，可以将机车分为蒸汽机车、内燃机车、电力机车等。

（1）蒸汽机车。蒸汽机车（如图2—10所示）是将蒸汽的能量转换为机械功的往复式动力机车。蒸汽机的出现曾引起了18世纪的工业革命。直到20世纪初，它仍然是世界上最重要的原动机，后来才逐渐让位于内燃机和汽轮机等。

（2）内燃机车。内燃机车（如图2—11所示）以内燃机作为原动力，通过传动装置驱动车轮。根据机车上内燃机的种类，可分为柴油机车和燃气轮机车。因为燃气轮机车的噪声大、效率低于柴油机车，而且耐高温材料成本高，所以其发展落后于柴油机车。在我国，内燃机车通常是指柴油机车。

（3）电力机车。电力机车（如图2—12所示）是从接触网获取电能，用牵引电动机驱动

图 2—10　蒸汽机车

图 2—11　内燃机车

的机车。这里介绍的电力机车仅指用于铁路干线的一般客货运电力机车，且以交-直传动电力机车为主。

图 2—12　电力机车

电力机车具有以下特点：

1）可广泛利用多种一次能源。例如，可以由热力、水力、天然气甚至地热、原子能、太阳能等转换而来，只要有相应的发电站，便可以利用相应的能量。

2）功率大。由于在电力机车上没有产生能量的装置，也没有燃料储备，因而在同样的机车重量下，其功率要比自给式机车大。机车单位重量所具有的功率称为机车的比功率，是衡量机车技术水平的标志之一。目前，电力机车的比功率可达到 40～60 千瓦/吨。

3）速度快。由于电力机车功率大，因此可以获得较快的速度。目前，一般客运电力机车的运行速度已达 160～200 公里/小时，货运电力机车也可达到 120～140 公里/小时。随着新型机车的不断出现，电力牵引的高速动车运行速度已达 300～400 公里/小时。

4）效率高。电力机车本身的效率为 80%～85%，但从整个电力牵引系统考虑，其平均效率则不是固定的。这与供电系统的电能来源有关，在由水力发电站供电的情况下，电力牵引的效率可达到 60%～70%。

5）过载能力强。机车在启动、牵引重载列车和通过困难区段时，具有一定的过载能力是很有必要的。对于非自给的电力机车，由于其能量来自较强大的供电系统，因此机车的过载能力仅受牵引电机的限制，而牵引电机的过载能力是较强的。

6）运输成本低。电力机车检修工作量小，维修周期长，每两次大修之间运行公里数为蒸汽机车和内燃机车的两倍。因为电力机车运输能力的增加足以补偿电气化初期投资，所以电气化铁路的长远经济效益好。

7）司机的工作环境好，无烟气排放污染。电力机车不冒烟，不排废气，在通过长而大的隧道时，乘务人员和旅客可免受烟气之苦，拥有清洁的旅行环境。此外，电力机车可以将接触网电能转供列车使用而不影响牵引功率，不必装设车下柴油发电机组，也不用发电车，提高了列车的舒适度和经济性。

8）电力机车不受外界条件的限制，在山区和高寒地区，其优势更突出。

从现在的发展趋势看，电力机车将逐步取代内燃机车。主要原因是：

1）环保、高速、节约能源是未来工业发展的方向，而这些正是电力机车的特点。今后铁路运输的发展将顺应这一趋势，电气化铁路的里程将越来越长。

2）电力机车的构造比内燃机车简单，维修保养的费用低，而且电力机车功率大，电气化铁路的运力要比普通铁路大得多，最主要的是可以保护环境，节省大量的能源。

3）内燃机车一般采用交-直流传动，加上柴油机功率的限制，一般最大时速不超过 170 公里，这就决定了内燃机车不会有太美好的前景。而电力机车采用交流传动，速度可以达到 200 公里/小时以上，这样的高效率是内燃机车所无法比拟的。

4）电力机车的故障率低于内燃机车，驾驶也比内燃机车简单方便。

4. 铁路车辆

铁路车辆是运送旅客和货物的工具，一般不具备动力装置，需要连挂成车列后靠机车的牵引力前行。根据运送的对象不同，车辆可以分为客车和货车两类。其中，客车又包括软席座车、硬席座车和卧车，另有编挂在客车上的餐车、邮政车、行李车以及特种用途车等。货车又包括通用性棚车、专用型棚车、散料车、平车、冷藏车、敞车、罐车等。

为了适应不同货物的运送要求，货车的种类很多，一般来说，常用的铁路运输车辆装备主要有以下几种：

(1) 普通集装箱专用平车。普通集装箱专用平车（如图 2—13 所示）是最常见、使用最普遍的集装箱运输车辆。它具有结构简单、使用方便、便于维修管理的特点，是我国铁路集装箱运输车辆的最佳选择。

(2) 公铁两用车。公铁两用车（如图 2—14 所示）使铁路运输可以与公路运输直接相连，弥补铁路运输在“门到门”直达运输方面的不足。从全球范围来看，虽然公铁两用车在

图 2—13　普通集装箱专用平车

一些国家和地区已经开始使用，但是发展的速度并不是很快，主要原因是公铁两用车的结构比较复杂，使用和维修不方便，且成本较高，可卸式转向架的周转、存放和管理问题都难以解决。

图 2—14　公铁两用车

（3）双层集装箱车。双层集装箱车（如图 2—15 所示）是把集装箱叠放成两层进行运输的车辆，具有其他运输方式所无法比拟的优势。采用这种运输方式，集装箱车可以大幅提升运能，缓解运能与运力需求之间的矛盾。双层集装箱车是一种运输速度较快，且技术先进的货运新产品。中国南车集团北京二七车辆厂从 2002 年开始研制我国第一辆双层集装箱列车。这一独有的运输组织方式，在世界铁路史上是首创。

双层集装箱车作为一种新型运输方式的车辆，与现有的单层集装箱专用平车相比，具有良好的经济效益。首先是提高集装箱运输能力，与单层车相比，装箱能力可提高 43.9%～67.3%。其次是增加车辆载重，比单层车增加 50%～60%，可节约集装箱运输成本。据测算，在考虑线路改造投入的情况下，每万箱公里运营成本较单层车可下降 12%～13%，如果不计线路改造投入，运输成本可降低 25%～40%。最后是节省运输线路，在完成相同运输量的情况下，每开行一列双层集装箱列车，较单层集装箱列车运输可节省 0.4 条线，有利于降低铁路干线的繁忙程度，缓解我国铁路运能与运量的矛盾。

（4）背驮式运输车。背驮式运输是一种公路和铁路联合的运输方式，采用货运汽车或集

图 2—15　双层集装箱车

装箱车直接开上火车车皮运输，到达目的地后再从车皮上开下的方式。背驮式运输车是指将集装箱载货汽车或拖车原封不动地搭在平车或凹底平车上进行运输。它主要用于公铁联运，可减少换装次数，提高装卸效率，实现“门到门”的运输。例如，针对瓜菜经销商的需求，可采用背驮式运输方式来承运装有果蔬的汽车，即让装载果蔬的汽车开上铁路平板车，加固后用火车运至离目的地最近的且有汽车自卸站台的车站，这样汽车就能很快到达收货人的门口。背驮式运输的速度与汽车运输不相上下，而且背驮式运输省去了两次装卸，运输费远低于公路运输。

2.3.4　铁路运输技术装备的发展趋势

铁路作为陆地运输的主力军，在长达一个多世纪的时间里居于垄断地位。但是进入 21 世纪以来，随着汽车、航空和管道运输的迅速发展，铁路不断受到新浪潮的冲击。为了适应社会和经济发展的需要，满足货主和旅客在安全、准确、快速、方便、舒适等方面的需求，各国铁路纷纷进行大规模的现代化技术改造，同时对运输的组织工作进行改革，积极采用高新技术，在重载、高速运输和信息技术方面取得了新的突破，再加上现代管理和优质服务以及铁路的区域联网、洲际联网，使铁路增添了新的活力，在陆地运输中仍继续发挥着骨干作用，在现代化运输方式中占有重要地位。

在货物运输方面，集中化、单元化和大宗货物运输重载化是各国铁路发展的共同趋势。重载单元列车将同型车辆固定编组、定点定线循环运转。它首先用于煤炭运输，后来扩展到其他散装货物，在提高运能，减少燃油消耗，节省运营车、会让站、乘务人员等方面都有显著效果，因此在经济上受益很大。例如，有 60%的美国铁路货运量是由单元列车这种方式完成的。俄罗斯曾试验开行了重量为 43 407 吨的超长重载列车，列车由 440 节车厢组成，全长 6.5 千米，由 4 台电力机车牵引，景象十分壮观。

改进管理与控制系统，可使铁路的技术设备发挥更大的效用。由电子计算机、光导纤维、数字技术构成的信息系统，将改变传统的通信、信号两个领域的关系。今后的发展趋势是以计算机连锁取代目前的电气—机械连锁。另外，自动排列进路，可使密集列车运行作业最优化，并使调度员摆脱人脑速度和能力的限制。在电气化铁路上，采用最高用电量控制技术，即在峰值时，可自动暂时切断采暖等用电，以保证正常牵引用电。

在硬件方面，各国都在加强铁路机车车辆的技术改造。随着内燃机车代用燃料的出现，传统内燃机车发动机的重新优化已成必然。目前，大部分电力机车采用直流串励电动机，这种电机尽管有良好的牵引特性，但易发生空转。采用交流电力机车已是发展方向。对于货车来说，除采用大型货车外，还要在降低货车自重、提高轴重或增加轴数等方面下工夫。对于客车来说，为了达到高速化的目的，要重点向轻型化车辆发展。同时，转向架的结构、车体的结构也都在向轻量化发展。

随着新型材料的不断涌现，耐大气腐蚀的耐候钢、热镀锌钢板等金属材料，玻璃钢、泡沫聚氨酯、合成纤维布等聚合材料，精密陶瓷材料，以及光导纤维、超导材料都在铁路机车车辆、集装箱、线路、隧道、桥梁、通信以及接触网等各方面得到了普遍应用。

2.4 水路运输技术与装备

2.4.1 水路运输概述

水路运输是以船舶为主要运输工具、以港口或港站为运输基地、以水域（海洋、河、湖等）为运输活动范围的一种客货运输方式，是交通运输的重要组成部分。它在蒸汽机发明并用于交通动力前即已出现，是目前各主要运输方式中出现最早、历史最长的一种。

水路运输按其航行的区域范围大小，大体上可划分为海洋运输与内河运输两种形式。它们是以大自然赐予的海洋和河流作为交通线的。但是，并不是所有的河流湖泊都可以成为现成的水路。如果需要通航吨位较大的船舶，窄的河道需要加宽，浅的河道需要挖深，有时还得开挖沟通两条河流或两片海洋的运河，这样才能为大型内河船舶提供四通八达的航道网。

海洋运输是使用船舶等水运工具经海上航道运送货物和旅客的一种运输方式。它具有运量大、成本低等优点，但运输速度慢，且受自然条件影响大。海洋运输包括远洋运输、近洋运输和沿海运输。由于远洋运输和近洋运输都是通过船舶在国际港口之间进行货物运送，因此具有国际性，是国际贸易运输的主要方式。沿海运输是指利用船舶在沿海区域各地之间的运输，是沿海城市间大宗货物运输的重要工具。

内河运输是指利用船舶、排筏和其他浮运工具，在江、河、湖泊、水库及人工水道上从事的运输。内河运输是一种古老的运输方式，随着科学技术的进步，内河运输技术得到了很大的改进，从早期的单船运输发展到拖带运输，时至今日，效率高、操作灵活的顶推运输已经成为江河运输的主要方式。现代化载驳船的出现，又使内河运输与海洋运输紧密衔接、融为一体，减少了中间环节，加速了船货周转，降低了运输成本。

总体来讲，目前水路运输发展的主要趋势就是船舶大型化、技术专业化、经营联合化、管理信息化、全球运输化、泊位深水化、码头专用化和装卸自动化。

2.4.2 水路运输的特点

与其他运输方式相比，水路运输有其自身的优点和缺点，内容如下：

1. 水路运输的优点

（1）运量大。船舶可提供的货物运输舱位及装载量比陆地和空中运输要庞大。船舶在江河、湖泊以及海洋上航行，主要利用天然的航道运输货物。水上的航道四通八达，它的通航能力几乎不受限制，在运输长、大、重件货物时，与铁路、公路相比具有突出的优点。铁路、公路无法承担的几百吨重、几十米甚至几百米长的大重件，水路运输都可以完成。

（2）占地面积少，建设投资少。水路运输利用海洋和天然河流，不占用或很少占用耕地，可节约宝贵的土地资源。另外，由于水路运输可以利用天然水道，因此除了各种港口设施的建设外，沿海航道几乎不需要其他的投资。

（3）运输成本低，节约能源消耗。水路运输在所有运输方式中是运价最便宜的。将一吨货物运输同样的距离，水运（尤其是海运）消耗的能源最少；水运的运输成本约为铁路运输的 20%～30%，公路运输的 12%。

2. 水路运输的缺点

（1）受气候和港口条件的限制，准时性较差。由于水路运输受自然条件的影响较大，特别是受气候、季节因素的影响较大，如船舶遇暴风雨需及时躲避以防损害，遇枯水季节无法通行，一些远洋运行航线存在海盗劫持货船现象，因此呈现较大的波动性、危险性和不平衡性。水路运输受河流通航条件及海岸、港口条件的限制，其普遍性不如公路、铁路运输。此外，水路运输过程往往需要公路、铁路运输系统的配合才能完成，仅靠水路运输很难完成大宗货物的运输。

（2）运输速度较慢。船舶的平均航速较慢，一般为 15～50 公里/小时。一艘船一个航次的航行时间长，如远洋运输一般可达 2～3 个月。较长的运输周期会增加货主的流动资金占用量。

（3）购买船舶和建设港口的投资巨大。航运公司订造或购买船舶需花费大量的资金，投资回收期较长，且船舶一般没有移作其他用途的可能。港口基础设施的修建费用巨大，船舶大型化和装卸自动化的趋势导致港口设施建设的投资进一步增加。

水路运输是当前世界范围内普遍使用的一种重要运输方式，它主要用于远距离、大批量的散装货物和进出口货物的运输，旅客运输所占的比例较小。水路运输的运量大、成本低，非常适合大宗货物的运输，也可以承担原料、半成品等散货运输，如建材、石油、煤炭、矿石、粮食等。国家间的货物运输大部分是依靠水路运输完成的。

2.4.3　水路运输的技术装备

水路运输的技术装备主要是指港口、船舶及其附属技术装备。港口、船舶和物流的发展是相辅相成、互相促进的关系。

1. 港口

港口是将内陆的货物、旅客运往海外或船舶靠岸后将货物装卸运送至本地或内陆各地的设施。港口营运最主要的指标是港口年吞吐量。根据港口具体条件测定的最大吞吐量即为港口的通过能力。物流涉及整个供应链的综合运输，外贸货物的物流更以港口为最好的交汇点。现代港口是具有商业贸易、工业生产、仓储运输和社会服务功能的现代化、综合性的工业、商业中心和海陆空连为一体的水体交通运输枢纽。

（1）港口的分类。

1）港口按地理位置可分为河港、海港和河口港。

● 河港。指沿江、河、湖泊、水库分布的港口，如南京港、武汉港、宜宾港等。

● 海港。指沿海岸线（包括岛屿海岸线）分布的港口，如大连港、秦皇岛港、青岛港等。

● 河口港。指位于江、河入海处受潮汐影响的港口，如丹东港、营口港、福州港、广州港、上海港等。在我国，一般把河口港划入海港的范畴。

2）港口按服务对象可分为商港、工业港、渔港、军港和避风港等。

● 商港。指专门从事客货运业务的港口，也称为公共港。商港不但要有优良的自然条件，而且必须具备工商业比较集中、商品经济比较发达、交通方便等条件，并具有从事水、陆、空联运的各种设施。如上海、香港、鹿特丹和汉堡等港口都是世界上著名的商港。

● 工业港。指为邻近江、河、湖、海的大型工矿企业直接运输原料、燃料和产品的港口。

● 渔港。指专门从事渔业的港口。我国的渔港一般只用于渔船的停泊、装运物资等，现代化的渔港应具备各种鱼类的加工设备。

● 军港。指为军事目的而修建的港口。

● 避风港。指专为船舶、木筏等在海洋、大潮、江河中航行、作业遇到突发性风暴时避风用的港口。

3）港口按国家政策可分为报关港与自由港。报关港要求进入的外国货物和外国人向海关办理报关手续。在自由港，来港装卸货物和货物在港内储存与加工不需经过海关，也不需要交税。

4）港口从运输角度可分为支线集散型港口、海上转动型港口、水路腹地型港口。

（2）港口的技术装备。港口的技术装备用于完成船舶与车辆的装卸，货物的堆码、拆垛与转运等。根据港口运输作业的主要内容，港口的技术装备可以划分为：

1）起重技术装备。起重技术装备是周期性间歇动作的机械，港口起重技术装备主要包括门式起重机、装卸桥、轮胎起重机、塔式起重机、浮式起重机和港口装箱起重机等。

2）连续输送技术装备。港口连续输送技术装备是指按一定的运输路线从装料点到卸料点均匀连续输送物料的机械，一般适用于同一类型的货物（件货或散货）搬运，但不适用于搬运单件重量很大的货物。连续输送机械主要包括带式输送机、链式输送机、斗式提升机、气力输送机和螺旋式输送机等。

3）装卸搬运技术装备。装卸搬运技术装备是一些可用于水平搬运和堆码货物的机械，主要有叉车、牵引车、跨运车、单斗车、搬运车和平板车等。

随着水路交通运输的发展，为了适应船舶与码头的大型专业化发展的需要，港口装卸技术装备正朝大型化、高速专业化、标准化、系列化、自动化、安全可靠与减少污染等方向发展。

2. **船舶**

船舶是指能航行或停泊于水域进行运输或作业的工具，一般装有原动机或有动力驱动装置。船舶有多种分类方式，可按用途、航行区域、航行状态、推进方式、动力装置和船体数目等进行分类。比如，按用途可以分为军用船舶和民用船舶两大类。由于使用要求不同，船舶具有不同的技术性能、装备和结构。

（1）船舶的组成。船舶是由许多部分构成的，按各部分的作用和用途，可综合归纳为船体、船舶动力装置、船舶舾装三部分。

1）船体。船体的主要部分通常是指强力甲板以下的船体。船体的内部空间，沿船深方向由甲板来划分，沿船长及船宽方向则分别由横舱壁及纵舱壁来划分，由此形成船舶的各个舱室。船体可分为主体部分和上层建筑部分。

2）船舶动力装置。包括推进装置（主机经减速装置、传动装置来驱动推进器），辅助机械设备和系统（为推进装置的运行服务），船舶电站（为船舶的机械装置、照明设备等提供电力），以及其他辅助机械设备。我们通常把主机以外的机械统称为辅机。

3）船舶舾装。包括舱室内装结构、家具和生活设施、涂装和油漆、门窗、梯和栏杆、桅杆、舱口盖等。

（2）船舶的分类。

1）干散货船。干散货船（如图2—16所示）又称散装货船，是用以装载无包装的大宗货物的船舶。由于干散货船的货种单一，货物在装载运输中不需要包装成捆，因而在运输途中不怕挤压，便于装卸。通常人们把装载粮食、煤炭等货物的船舶称为散装货船。散装货船在第二次世界大战之后发展很快，到了20世纪80年代初，散装货船的数量仅次于油船，居商船的第二位。

图2—16　干散货船

2）杂货船。杂货船（如图2—17所示）又称普通货船、通用干货船或统货船，主要用于装载一般包装、纸袋、箱装和桶装的件货杂物。此类货船的件货杂物批量一般较小。常见的普通货船一般为双层甲板，配备完善的起货设备，货船和甲板分层较多，便于分隔货物。新型的杂货船一般为多用途型，既能运载普通件杂货，也能运载散货、大件货、冷藏货和集装箱。

杂货船是装载一般包装、袋装、箱装和桶装的普通货物船，其适应性较强。杂货船在运输船中占有较大的比重。一般所称的万吨级货船，是指它的载货量在1万吨或1万吨以上，其总载重量和满载排水量则还要大得多。万吨杂货船一般都是双层甲板船，有4～6个货舱，每个货舱的甲板上有货舱口，货舱口两旁装有能起重5～20吨的吊货杆。有些船上还备有起吊重货的重型吊杆，起重能力可达60～150吨。特殊要求的货船上还设有巨大的V形起重吊杆，可起重几百吨重的货物。为了提高装卸效率，有些货船上装有回转式起货吊车。

3）集装箱船。集装箱船（如图2—18所示）是专门运输集装箱货物的船舶，出现在20

图 2—17 杂货船

世纪 50 年代后期，是一种新型货船，其全部或大部分船舱用来装载集装箱。它的货舱口宽且长，货舱的尺寸是按装载箱的要求定制的。集装箱船通常用载运集装箱的数量表示其载重能力，为了便于比较载运不同规格集装箱船舶的载重能力，国际上通常采用标准箱作为换算单位。通常而言，集装箱船可分为普通集装箱船、可变换集装箱船和全集装箱船三种，也可分为全集装箱船和半集装箱船两种。

图 2—18 集装箱船

集装箱船的结构和形状与常规货船有明显不同。它外形狭长，单甲板，上甲板平直，货舱口宽度达船宽的 70%～80%，上层建筑处于船尾或中部靠后的位置，以让出更多的甲板堆放集装箱，甲板一般堆放 2～4 层集装箱，舱内可堆放 3～9 层集装箱。集装箱船装卸速度快，停港时间短，大多采用高航速，时速通常为 20～23 海里，最高可达 30 海里以上。近年来为了节能，一般采用经济航速，时速约为 18 海里。在沿海短途航行的集装箱船，航速仅为每小时约 10 海里。近年来，美、英、日等国进出口的杂货约有 70%～90%使用集装箱运输。

1996 年春季下水的 Rehina Maersk 号集装箱船，最多可装载 8 000TEU（twenty foot

equivalent unit，以 20 英尺的集装箱为标准）货物，该船型已建造了 6 艘，可以说，这个级别的集装箱船拉开了第六代集装箱船的序幕。

4）油船。从广义上讲，油船（如图 2—19 所示）是指散装运输各种油类的船。除了运输石油外，也可装运石油的成品油、各种动植物油、液态的天然气和石油气等。但是通常所称的油船多数是指运输原油的船，而装运成品油的船一般称为成品油船。油船运量巨大，载重量可以达到 50 多万吨，是船舶中承载量最大的。其结构一般为单底，随着当今社会对环保要求的提高，油船结构正向双壳、双底的形式转变。甲板上设有大的舱口，用泵和管道装卸原油，还设有加热设施，以便在温度过低时对原油加热，防止原油凝固而影响装卸。

图 2—19　油船

5）液化气船。液化气船（如图 2—20 所示）是用来专门装运液化天然气和液化石油气的船舶。专门装运液化天然气的船称为液化天然气船，专门装运液化石油气的船称为液化石油气船。

图 2—20　液化气船

天然气液化的临界温度在一个大气压时为－164℃。在如此低的温度下，一般船用碳素钢均呈脆性，因此液化天然气船的液货舱只能用昂贵的镍合金钢或铝合金制造。液货舱内的低温靠液化气本身蒸发带走热量来维持。蒸发出来的天然气极难再液化，通常只能作为船上锅炉的补充燃料。液货舱和船体构件之间有性能优良的绝热层，既可防止船体构件过冷，又可使液货的蒸发量维持在最低值。液货舱和船体外壳要保持一定的距离，以防在船舶碰撞、搁浅等情况下受到损坏。

液化天然气船设备复杂，技术要求高，体积比载重吨位相同的油船大，因此造价也高得多。液化天然气船一般都设有气体再液化装置，也可运送液化石油气。

6）冷藏船。大多数食品类货物，在常温条件下进行长时间的运输、保管容易发生腐败，失去食用价值。引起动物食品货物腐败的主要原因是微生物的作用，引起植物性食品货物腐败的主要原因是货物本身的呼吸作用。目前从事长距离运输的冷藏船（如图2—21所示）均配有制冷设备，制冷设备采用机械制冷方式保持食品的低温，同时在冷藏货舱周围铺设绝热装置，防止外界热量进入舱内。

图2—21　冷藏船

冷藏船的货舱为冷藏舱，常被隔成若干舱室。每个舱室都是一个独立的封闭的装货空间。舱壁、舱门均采用气密技术，并覆盖泡沫塑料、铝板聚合物等隔热材料，使相邻舱室互不导热，以满足不同货种对温度的不同要求。冷藏舱的上下层甲板之间或甲板和舱底之间的高度比其他货船的小，以防货物堆积过高而压坏下层货物。

冷藏船上有制冷装置，包括制冷机组和各种相关管系。制冷机组一般由制冷压缩机、驱动电动机和冷凝器组成。如果采用二级制冷剂，还包括盐水冷却器。制冷机组安装在专门的舱室内，要求在船舶发生纵倾、横倾、摇摆、震动时以及在高温高湿条件下仍能正常工作。常用的制冷剂有氨、二氯二氟甲烷、一氯二氟甲烷、一氯二氟甲烷和一氯亚氟乙烷的混合物。二级制冷剂一般为盐水。三级制冷剂是风扇供给的空气。根据货物所需的温度，制冷装置一般可将冷藏舱温度控制在15℃～25℃。

近年来，为提高冷藏船的利用率，出现了一种能兼运汽车、集装箱和其他杂货的多用途冷藏船，吨位可达2万吨左右。冷藏船航速高于一般货船，万吨级多用途冷藏船的时速超过20海里。

7）载驳船。载驳船（如图2—22所示）指专门载运货驳的船舶，又称母子船。其运输方式与集装箱运输方式相仿，因为货驳也可被视为能够浮于水面的集装箱。其运输过程是：将货物先装载于统一规格的方形货驳上，再将货驳装在载驳船上，载驳船将货驳运抵目的港之后，将货驳卸至水面，再由拖船分送至各个目的地。载驳船的特点是不需要码头和堆场，装卸效率高，便于海—河联运。目前较常见的载驳船主要有拉西式载驳货船和西比式载驳船。

图2—22　载驳船

(3) 船舶的主要技术指标。船舶的主要技术指标有船舶排水量、船舶主尺度、舱容和登记吨位、船体系数，以及主要技术装备的规格等。

小资料

大型集装箱船的主要技术指标

(1) 总载箱量（NT）和平均箱重（PW）。这是船东最关心的两个指标。总载箱量无疑也是大型集装箱船的主要技术指标，仅有较大的载箱量并不能满足船东的要求，还必须有较大的平均箱重。平均箱重是装载均质集装箱的重量指标，即在舱内或甲板上载有同一重量的集装箱时，要求船舶在规定载况下能满足载重量和稳定性要求所能达到的每箱最大重量。可见，如果平均箱重值低，载重时就达不到应有的载箱量，也就降低了载箱率，船舶的营运经济性就差。船东都希望在设计建造集装箱船时，将平均箱重指标提高，但平均箱重值过大会导致设计非常困难。

(2) 航速（VS）。作为一种高速班轮，航速对于集装箱船无疑是至关重要的，也是船东严格要求的一项基本技术指标。

(3) 主机功率（PS）和平均每箱海里油耗（f）。主机及其功率既要满足航速的需要，又要满足经济性的要求。平均每箱海里油耗既反映了经济性，又体现了快速性，是一项综合指标。f越小，其油耗就越低，这是所有运输船舶追求的目标。

(4) 每100立方米船体容积的载箱数（n）。这个指标集中体现了船的装载效率，n越大越好。

(5) 载重量系数（e）。载重量系数集中体现了集装箱船的船体重量、载重量和平均箱重等的关系。e越大，其平均箱重指标就越高，经济性也越好。

(4) 船舶的技术装备。为了使船舶能够正常营运，除了安装推进主机外，还必须具备其他的设备。对于一般的运输船舶来说，其主要设备包括舵设备、锚设备、系泊设备、起货设备、救生设备等。

2.4.4 水路运输中的新技术

1. 港航管理信息系统

港航企业的业务范围与一般企业不同，因此它们的管理信息系统也有所区别。港航管理信息系统通常包含以下三个层次的内容：

（1）作业层系统。将港航企业日常生产运行活动中收集到的原始数据输入系统，经过分析决策，做出各种生产运营的分析表格和决策信息。

（2）管理层系统。根据实现计划的要求，利用数据库中原有的数据做出各种综合分析，对某方面的发展趋势做出预测，并为管理提供服务。

（3）战略决策层系统。根据已有的数据分析对企业的发展战略做出辅助决策。

2. 电子数据交换

电子数据交换（EDI）是指利用计算机与通信的结合，在贸易伙伴计算机应用系统之间自动地实现按照标准格式进行数据的互相交换，并对此进行自动处理。通过利用 EDI 系统，港口企业可以使港口的计算机系统直接与用户、货主、海关、商检、理货等有关机构的计算机系统进行通信。

3. 全球卫星定位导航系统

目前，全球卫星定位导航系统（如美国 GPS、中国北斗）被广泛应用于内河及远洋船队最佳航程和安全航线的测定、航向的实时调度、监测及水上救援。

4. 电子海图系统及电子海图显示与信息系统

电子海图系统（electronic chart system，ECS）是通过将纸质地图信息经过数字化处理后，建立一个电子海图数据库，通过技术手段将各种不同比例尺的海图“无缝拼接”，实现海图之间的平滑切换和任意比例尺的无级缩放、漫游，克服了纸质地图在信息管理和信息查询方面的不足。它是继雷达、GPS 之后发展的导航领域的新技术产品，凭借其自身的优势，在世界航运业和水上安全监督方面得到了越来越广泛的应用。

电子海图显示与信息系统（electronic chart display and information system，ECDIS）是指在专用计算机的控制下，把海图信息、舱位信息、雷达信息、船舶动态参数集中处理，以图文和音响来综合表现航海情况的船用自动化系统。利用电子海图设备可以使制定航行计划变得更简单，方便形成、修改和提取关于转向点和航线库的数据，也可将航线按海图的各种比例显示出来，以便更加清楚地观察危险海域的情况，降低船舶在航行中的事故发生率。

5. 船载自动识别系统

船载自动识别系统（automatic identification system，AIS）是一种船舶导航设备，用于自动连续地发出本船静态、动态和航次信息，同时能自动接受周围船舶发出的相关信息，并与海岸基站进行信息交换，达到船舶避碰、领航调度和航运督理等航行辅助决策的目的。安装了 AIS 的船舶能够在不需要船舶驾驶员介入的条件下，周期性地通过 VHF 频道自动广播船舶的类型、船名等信息，避免发生船舶碰撞事故。

6. 全球海上遇险与安全系统

全球海上遇险与安全系统（global maritime distress and safety system，GMDSS）是一个符合《1979 年海上国际搜救公约》规定的全球性通信网络。它能够满足遇险船的及时报警，对遇险船的识别、定位，救助单位之间的协调通信，救助现场的通信，可靠、及时的预防措施以及日常通信等各项要求。

2.5 航空运输技术与装备

2.5.1 航空运输概述

航空运输是指使用飞机或其他航空器运送人员、货物、邮件的一种运输方式。它具有快速、机动的特点，是现代旅客运输，尤其是远程旅客运输的重要方式。它已成为国际贸易中运输贵重物品、鲜活货物和精密仪器不可或缺的方式。

随着世界经济高速发展，社会活动节奏不断加快，航空运输所具有的速度快、航线不受地形条件限制等优势，使其开辟了新市场。航空运输是一种科技含量高而密集的运输方式，高科技成果的出现和大型、高速运输飞机的发展，先进通信、导航设备和技术的应用，新一代空中交通管制的实施，机场及其设施的自动化、现代化以及运输管理系统的信息化，都促进了航空运输的发展，使 21 世纪的航空运输业发展到了一个新的水平。

从我国来看，航空运输方式与现代物流服务对其要求的运作方式还有较大差距，目前仍然采用由托运人交货、收货人取货的传统模式，没有实现物流的全程服务。这种航空运输所追求的目标是货物运输量的最大化，仅考虑了航空运输企业的生产要求，阻隔了物流服务和航空运输货物服务之间的有机联系，制约了物流服务体系的发展和完善。通常而言，航空快递企业从事的快件服务应该属于第三方物流服务，其经营特点就是“门到门”的快速的全程服务，但目前这类企业尚处于起步阶段，规模较小，运营的网络不健全，运输工具也不完备，有待进一步发展。

根据服务对象的不同，航空运输大体可以分为以下几类：

(1) 民用航空运输。民用航空运输是对社会公众开放的商业性的空中交通运输。它使用航空器把人员和物资从一地运到另一地，从事地理位置上的转移。航空货物运输是指将一地的货物通过航空器运往另外一地的运输，包括市区与机场间的地面运输。

(2) 国内、国际航空运输。国内航空运输是指货物的始发、经停和目的地都在同一国境内的运输。国际航空运输是指货物的始发、经停和目的地有一地与其他两个地点不在同一国境内的运输。

(3) 航空集装运输。航空集装运输是指利用航空集装设备装载货物、行李和邮件的运输。航空集装设备主要是指能够使用飞机内的滚轮系统进行传递和固定的集装设备，包括集装箱、集装板及与之配套使用的装运设备。我国民航企业已在宽体飞机上使用集装设备装运货物、行李和邮件。

2.5.2 航空运输的特点

1. 运输速度快

从飞机发明之日起，航空业就以它的快速而著称。直到今天，飞机运输仍然是最快捷的交通工具，常见的喷气式飞机的经济巡航速度大都在每小时 850～950 公里。快捷的交通工具大大缩短了货物的在途时间，对于那些易腐烂、易变质的鲜活商品，时效性、季节性强的报刊，节令性商品，以及抢险、救急品的运输，这一特点显得尤为突出。可以说，快速以及全球密集的航空运输网络使鲜活商品开辟远距离市场成为可能，从而让消费者享有更多的利益，这是我们从前可望而不可即的。

由于航空运输速度快，在途时间短，使货物在途风险降低，因此许多贵重物品、精密仪器也往往采用这种方式。当今国际市场竞争激烈，航空运输提供的快速服务使供应商可以对瞬息万变的国外市场行情做出迅速的反应，及时推出适销产品占领市场，获得较好的经济效益。

2. 不受地面条件影响，深入内陆地区

航空运输利用天空这一自然通道，不受地理条件的限制，除因航行的特殊需要外，一般航空线路比平行的地面线路都短。距离越长或地面地形越复杂、地面线路越迂回曲折，航空运输路程短的优势越明显。运程缩短意味着节省运输时间及社会劳动消耗。航空运输对于地面条件恶劣、交通不便的内陆地区非常合适，有利于当地资源类产品的出口，可以促进当地经济的发展。

航空运输使本地与世界相连，对外的辐射面广，而且航空运输较公路运输与铁路运输占用土地少，对于寸土寸金、地域狭小的地区发展对外交通无疑是十分适合的。

3. 安全性好

现代喷气式民航飞机的飞行高度一般在 1 万米以上，处在平流层，不受低空气流的影响，飞行平稳，因此，与其他运输方式相比，航空运输的安全性较好。航空公司的运输管理制度比较完善，在飞行中货舱与外界隔离，货舱的温度和湿度能得到适当的控制，货物的破损率较低。采用空运集装箱的方式运送货物更加安全。

4. 节约包装、保险、利息等费用

由于采用航空运输方式，货物在途时间短，周转速度快，因此企业存货可以相应减少。这一方面有利于资金的回收，减少利息支出，另一方面也可降低企业仓储费用。又由于航空货物运输拥有现代化的装卸装备，货物途中倒装次数少，因此安全、准确，货损货差少，保险费用较低。与其他运输方式相比，航空运输对包装的要求较低，货物的包装简单，包装成本降低。这些都会带来企业隐性成本的下降和收益的增加。

5. 运载量小，运输费用高

航空运输也有自己的局限性。首先，航空货运的运输费用比其他运输方式更高，不适用于低价值货物。其次，由于飞机的舱容有限，对大件货物或大批量货物的运输有一定的限制。最后，飞机飞行安全容易受恶劣天气的影响。但总体来讲，随着新兴技术得到更为广泛的应用，产品更趋向薄、轻、短、小、高价值，管理者更重视运输的及时性、可靠性，航空货运将会有更大的发展前景。

总之，航空运输促进了全球经济、文化的交流和发展，因为它能够快速直达，在整个交通运输体系中具有特殊的地位，并拥有很大的发展潜力。它与其他的交通运输方式分工协作、相辅相成，共同满足社会对运输的各种需求。

2.5.3 航空运输的方式

1. 班机运输

班机是指定期开航的定航线、定始发站、定途经站和定目的站的飞行。主要有两种方式：一是使用客货混合型飞机，既搭载旅客，又运送小批量的货物；二是使用全货机运输的定期的货运航班。

由于班机固定航线和停靠港，并定期开航，因此收发货人可确切掌握起运和到达的时间，保证货物能安全、迅速、准确地到达世界上各通航地点并进入市场，对运送国际市场上急需的商品、鲜活易腐货物以及贵重货物是非常有利的。但另一方面，由于班机运输多采用客货混合机型，航班以客运服务为主，货物舱位有限，不能满足大批量货物及时出运的要求，因此往往只能分批运输。此外，不同季节同一航线客运量的变化也会直接影响货物装载的数量，使得班机运输在货物运输方面存在很大的局限性。

2. 包机运输

(1) 整架包机。也称为包租飞机，是指航空公司或包机代理公司按照与租机人事先约定好的条件和费率，将整架飞机租给租机人，从一个或几个航空站装运货物至指定的目的地的运输方式。这种方式适用于运输大批量货物。

(2) 局部包机。局部包机是指由几家航空货运代理公司联合包租一架飞机，或者由航空公司把一架飞机的舱位分别卖给几家航空货运代理公司装载货物。这种包机方式适合运输重量在一吨以上，但不必使用整架飞机的货物。

3. 集中托运

集中托运方式是指航空货运代理公司把若干批单独发运的货物组成一整批货物，集中向航空公司托运，填写一份航空总运单发运到同一到达站，由集中托运人委托到达站的当地代理人负责收货、报关并分拨给各实际收货人的运输方式。这种托运方式可争取到比零星托运更低廉的运价，在国际航空运输中使用比较普遍，也是航空货运代理的主要业务之一。

集中托运的特点是：第一，节省运费。航空货运公司的集中托运运价一般都低于航空协会的运价，发货人可得到低于航空公司的运价，从而节省费用。第二，提供方便。将货物集中托运，可使货物到达航空公司到达地点以外的地方，延伸了航空公司的服务，方便了货主。第三，提早结汇。发货人将货物交与航空货运代理后即可取得货物分运单，并持分运单到银行尽早办理结汇。

集中托运方式已在世界范围内普遍开展，形成了较完善、有效的服务系统，对促进国际贸易发展和国际科技文化交流起到了良好的作用。集中托运已经成为我国进出口货物的主要运输方式之一。

4. 航空快递

航空快递是指具有独立法人资格的企业将进出境的货物从发货人所在地通过自身或代理的网络运达收货人的一种快速运输方式。它是目前国际航空货运中最快捷的运输方式。它不同于航空邮寄和航空货运，是由一个专门经营该业务的公司与航空公司合作，派专人以最快的速度在货主、机场、用户之间运送货物。

2.5.4 航空运输的技术装备

航空运输的技术装备主要包括航空港、航线与航班、航空器、集装装备等，它们共同构成了辐射式航线网络。

1. 航空港

航空港是航空运输系统中航线网络的经停点，又称航空站，是供航空运输使用的机场及其服务设施的总称。机场是供飞机起飞、降落、停放和进行组织、保障等活动的场所，场内设有为飞行服务的各种建筑物和设施等。航空港内的服务设施主要包括客、货运输设施，设有候机楼、货运站等。大型的航空港还配有商务、餐饮、娱乐中心、货物集散中心等附属设施，以满足旅客的需要，同时吸引周边地区的生产和消费。航空港按其所处的位置可分为干线航空港和支线航空港。按业务范围可分为国内航空港和国际航空港，其中，国际航空港经政府批准之后才可供国际航线的航空器起降运营。航空港内配有海关、移民边检、卫生、检验检疫等机构。国内航空港仅供国内航线的航空器使用，除特殊情况外不对外国航空器开放。

通常，航空港划分为飞行区、客货服务区和维修区三个部分。

(1) 飞行区。飞行区是指航空港的主要区域，也是占地面积最大的区域。在飞行区内主要有跑道、环形道、停机坪、指挥塔等设施。

(2) 客货服务区。客货服务区是指旅客、货物、邮件运输服务设施所在区域。主要包括候机楼、货运站、停车场、出入机场的交通设施等。

(3) 维修区。维修区是指飞机维修厂、维修机库、维修机坪等设施所在的区域，该区域内有为保证航空港正常运转和安全所需的各项设施。

一般而言，航空港内配有以下设施：

(1) 指挥塔。是指挥控制航空器进出航空港的中心，常建在有利于指挥、航空管制，以及维护飞行安全的地方。

(2) 跑道及滑行跑道。跑道供航空器起降之用，滑行跑道是航空器在跑道与停机坪之间出入的通道。

(3) 机坪。指供飞机停放和开展各种业务的场所。根据使用功能可以分为客机坪、货机坪、待机坪、停机坪和掉头机坪。

(4) 航站楼。指供旅客完成从地面到空中或从空中到地面转换交通方式的建筑，也是构成机场的主体建筑。

(5) 助航系统。指辅助安全飞行的设施，包括通信、气象、雷达、电子及目视助航设备。

(6) 输油系统。指为航空器补充油料的装备。

(7) 维护修理基地。指为航空器归航以后或起飞以前做例行检查、维护、保养和修理的场所。

(8) 货站。指提供航空货物专业装卸、搬运、分拣、计量、理货、仓储等服务的场所。

跑道的性能及相应的设施决定了什么等级的飞机可以使用这个机场，机场按这种性能分类，我们称之为飞行区等级。机场飞行区等级由数字与字母组成的编码来表示，数字表示飞机性能所对应的跑道性能和障碍物的限制，字母表示飞机的尺寸所要求的跑道和滑行道的宽度。因而对于跑道来说，飞行区等级的第一个数字表示所需要的飞行场地长度，第二个字母表示相应飞机的最大翼展和最大轮距宽度（如表 2—3 所示）。

表 2—3　　飞行区等级划分标准

第一个数字		第二个字母		
数字	飞行场地长度	字母	翼展	轮距
1	小于 800 米	a	小于 5 米	小于 4.5 米
2	800～1 200 米	b	5～24 米	4.5～6 米
3	1 200～1 800 米	c	24～36 米	6～9 米
4	1 800 米以上	d	36～52 米	9～14 米
—	—	e	52～60 米	9～14 米

目前我国大部分开放机场飞行区等级均在 4d 以上，其中厦门高崎、福州长乐、北京首都、沈阳桃仙、大连周水子、上海虹桥、上海浦东、南京禄口、杭州萧山、广州白云、深圳宝安、武汉天河、三亚凤凰、重庆江北、成都双流、贵阳龙洞堡、昆明巫家坝、拉萨贡嘎、西安咸阳、乌鲁木齐地窝铺、青岛流亭等机场均属目前最高飞行区等级——4e。

2. 航线与航班

民航从事运输飞行必须按照规定的线路进行，这种路线叫做航空交通线，简称航线。航线由飞行的起点、经停点、终点等要素组成，不仅确定了航班的具体方向、起讫与经停地点，还根据空中交通管理的需要，规定了航线的宽度和飞行的高度。一般情况下，航线的开辟是以大城市为中心，在大城市之间建立干线航线，再由大城市以支线航线的形式辐射至周边的中小城市。

航线按飞行地点可分为国内航线、国际航线和地区航线。国内航线是指航线的起讫点、经停点均在一国之内的航线。国内航线又分为国内干线、国内支线和国内地方航线。国际航线是指飞机飞行的线路跨越本国国境通往其他国家的航线。地区航线是指根据国家的特殊情况，在一国的境内与特定地区飞行的航线。

航班是指飞机定期从始发站按规定的航线起飞，经过经停点至终点站或不经过经停点直达终点站的运输飞行。航班按航线的特点可分为国际航班和国内航班，国际航班是指在国际航线上飞行的航班，国内航班是指在国内航线上飞行的航班。为方便运输和用户，每个航班均编有由字母和数字组成的航班号。

3. 航空器

航空器是指能够凭借空气的反作用而不是空气对地面的反作用在大气中获得支撑的任何器械，一般是指飞机。飞机是由动力装置产生前进推力，由固定机翼产生升力，在大气层中飞行的重于空气的航空器。飞机主要由机翼、机身、动力装置、起落装置、稳定操纵机构等组成。

(1) 飞机的分类。

1) 按推进装置，可分为螺旋桨式飞机、喷气式飞机。螺旋桨式飞机（如图 2—23 所示）是指用空气螺旋桨将发动机的功率转化为推进力的飞机。从第一架飞机诞生到第二次世界大战结束，几乎所有的飞机都是螺旋桨式飞机。在现代飞机中，除超音速飞机和高亚音速干线客机外，螺旋桨式飞机仍占有重要地位。支线客机和大部分通用航空中使用的飞机的共同特点是重量较轻、体积较小、飞行速度较慢、飞行高度较低，要求有良好的低速飞行和起降性能。螺旋桨式飞机能够较好地适应这些要求。

喷气式飞机（如图 2—24 所示）是一种使用喷气发动机作为推进力来源的飞机。螺旋桨式飞机是靠螺旋桨旋转时产生的力来使飞机向前飞行的，当螺旋桨的转速和飞机的飞行速度提高到一定程度时，就无法再靠加快螺旋桨转速使飞机飞得更快了。喷气式飞机所使用的喷气发动机靠燃料燃烧时产生的气体向后高速喷射的反冲作用使飞机向前飞行，可使飞机获得更大的推力，飞得更快。特别是在空气比较稀薄的 1 万～2 万米高空，喷气发动机更有着螺旋桨活塞发动机所不可比拟的优越性。

2) 按用途可分为客机、全货机和客货混合机。客机主要运送旅客，行李一般装在飞机的深舱内。直到今天，航空运输仍以客运为主，客运航班密度高、收益大。大多数航空公司都使用客机运送货物，但是因为舱位少，每次的运送量十分有限。全货机运量大，可以弥补

图 2—23 螺旋桨式飞机

图 2—23 螺旋桨式飞机

图 2—24 喷气式飞机

客机的不足，但经营成本高，只限在某些货源充足的航线使用。客货混合机可以同时在主甲板运送旅客和货物，并根据需要调整运输安排，是最具灵活性的一种机型。

3）按最大飞行速度可分为亚音速飞机和超音速飞机。

4）按航程可分为近程飞机、中程飞机和远程飞机。

5）按机舱特点可分为窄体飞机和宽体飞机。

（2）飞机的飞行性能，包括速度性能、高度性能和飞行距离三个方面。

1）速度性能，包括最大平飞速度、最小平飞速度和巡航速度。

最大平飞速度是指飞机在一定的高度上作水平飞行时，发动机以最大推力工作所能达到的最大飞行速度，通常简称为最大速度。这是衡量飞机性能的一个重要指标。

最小平飞速度是指飞机在一定的高度上维持定常水平飞行的最小速度。飞机的最小平飞速度越小，它的起飞、着陆和盘旋性能就越好。

巡航速度是指飞机在发动机每公里消耗燃油最少的情况下的飞行速度，这个速度一般为飞机最大平飞速度的70%～80%。保持巡航速度的飞行最经济，且飞机的航程最大。这是衡量远程轰炸机和运输机性能的一个重要指标。

2）高度性能，包括最大爬升率、理论升限和实用升限。

最大爬升率是指飞机在单位时间内所能上升的最大高度。爬升率的大小主要取决于发动机推力的大小。

理论升限是指飞机进行平飞的最大飞行高度，此时爬升率为零。由于达到这一高度所需的时间为无穷大，故称为理论升限。

实用升限是指飞机在爬升率为 5 米/秒时所对应的飞行高度。升限对于军用飞机来说有相当重要的意义，因为飞得越高就越安全。

3）飞行距离，包括航程和续航时间。航程是指飞机在不加油的情况下所能达到的最远水平飞行距离，发动机的耗油率是决定飞机航程的主要因素。在一定的装载条件下，飞机的航程越大，经济性就越好。续航时间是指飞机耗尽其可用燃料所能持续飞行的时间。

4. 集装装备

航空运输中的集装设备主要是指为提高运输效率而采用的托盘和集装箱等成组的装载设备。为使用这些设施，飞机的甲板和货舱都设置了与之配套的固定系统。由于航空运输的特殊性，这些集装设备从外形结构到技术性能指标都具有自身的特点。

2.6 管道运输技术与装备

2.6.1 管道运输概述

管道运输是以管道作为运输工具的一种长距离输送液体和气体物资的运输方式，是一种专门由生产地向市场输送石油、煤和化学产品的运输方式，是统一运输网中干线运输的特殊组成部分。图 2—25 显示的是输油管道。

图 2—25　输油管道

现代管道运输起源于 1865 年美国宾夕法尼亚的第一条原油管道，至今已有 150 年的历史。然而它的进一步发展则是从 20 世纪开始的。第二次世界大战后，随着石油工业的发展，管道的建设进入了一个新的阶段，各产油国竞相兴建大量石油及油气管道。从 20 世纪 60 年代开始，人们尝试采用大管径、长距离的管道，并逐渐建成成品油输送的管网系统，同时，开始尝试用管道输送煤浆。

目前管道运输凭借成本低、运量大、占地少、安全可靠、建设周期短、自动化程度高以及设备简单、可在较恶劣的自然环境下连续输送等优点，成为与铁路、公路、航空、水路并驾齐驱的五大运输方式之一。在目前的全球能源物资运输中，管道运输占有很大的比例，它完成的运量通常大大超出人们的想象。管道运输不仅可以输送石油、成品油、水、天然气、煤气等液体、气体介质，而且可以输送城市垃圾、工业原料、粮食、水泥、煤浆等固体散装物料。

2.6.2 管道运输的特点

管道运输是一种理想的运输技术，它具有以下特点：

(1) 运量大。管道运输是一种连续运输技术，每天 24 小时都可连续不断地运输，效率很高。一条管径 720 毫米的管道年输原油达 2 000 万吨左右，相当于一条铁路的全部运量。一条管径 1 220 毫米的管道，年输量可达 1 亿吨以上。

(2) 运距短，占地少。运输管道通常埋于地下，占用的土地很少，地下部分的长度占管道总长度的 95%以上，因此永久占用的土地少，大约仅为公路的 3%、铁路的 10%；允许的铺设坡度较铁路、公路大，因此便于选取捷径，缩短距离。

(3) 耗能少，运费低。国外输送每吨公里轻质原油的能耗不到铁路的 1/7，尤其在输送大运输量物料时，运输成本接近水路，因此在无水条件下，管道运输是一种最节能的运输方式。管道运输是一项连续工程，运输系统不存在空载行程，因而系统的运输效率高。理论分析和实践经验证明，管道口径越大，运输距离越远，运输量越大，运输成本就越低，管道运输的成本一般只有铁路运输的 1/5、公路运输的 1/20、航空运输的 1/66。目前，输气管道运输正朝大口径（1 400 毫米以上）、高压力方向发展，并不断研制和采用新材料、新技术、新工艺。采用大口径管线不仅可以增加输气能力，还能降低投资和输气成本。

(4) 建设周期短。与相同运量铁路的建设周期相比，管道运输系统的建设周期一般要短 1/3 以上。在地质地貌条件和气候条件相对较差的地方，大规模修建铁路的难度将更大，周期将更长。

(5) 投资少，管理方便。据计算，建设一条年运输能力为 1 500 万吨煤的铁路，需投资 8.6 亿美元，而建设一条年运输能力为 4 500 万吨煤的输送管道只需 1.6 亿美元。日常的管理人员也只有铁路运输的 1/7。

(6) 安全性好。管道运输安全、可靠、连续性强。由于石油天然气易燃、易爆、易挥发、易泄漏，采用管道运输方式既安全又可以大大减少挥发损耗，同时，由于泄漏导致的对空气、水和土壤的污染也可大大减少，也就是说，管道运输能较好地满足运输工程的绿色化要求。此外，由于管道基本埋于地下，其运输过程受恶劣多变的气候条件影响较小，可以确保运输系统长期稳定地运行。易燃的油气密闭于管道中，不易挥发泄漏，损耗小。

(7) 灵活性差。管道运输不如其他运输方式（如汽车运输）灵活，除承运的货物比较单一外，也不能随便扩展管线，很难满足“门到门”的运输服务要求。对一般用户来说，管道运输常常要与铁路运输、公路运输或水路运输结合起来才能完成全程输送。此外，当运输量不足时，运输成本会明显增大。

基于管道运输的上述特点，我们可以得出结论：它主要承担定点、单向、量大的流体状货物（如石油、天然气、煤浆、化学制品原料等）的运输任务。另外，在管道中利用容器包装运送固态货物（如粮食、砂石、邮件等），也具有良好的发展前景。

2.6.3 管道运输的分类

传统的管道运输见于城市生活和工业生产的自来水输送系统、污水排放系统、煤气或天然气输送系统及工业石油输送系统等。新兴的管道运输主要指用管道输送煤炭、矿石、邮件、垃圾等固体货物的运输系统。

管道按其铺设工程可分为架空管道、地下管道以及同时具有这两种形式的地面管道，其中地下管道应用得最为普遍。视地形情况，一条管道也可能同时具有其中两种形式。管道按其运输对象可分为液体管道、气体管道和水浆管道。

为运送固体货物服务的管道运输，一般有以下几种方式：

(1) 水力管道运输。将需要运送的粉末状或小块状的固体（一般是煤或矿石）浸在水里，依靠管内水流，浮流运行。管道沿线设有压力水泵站，维持管内的水压、水速。管道起点设有调度室，控制整个管道运输。终点设有分离站，把所运货物从水中分离出来，并进行入库前的脱水、干燥处理。这种水力管道运输的缺点是对固体货物损耗较大，管道磨损严重，一些不能与水接触的货物无法运输。

(2) 水力集装箱管道运输。运输原理与水力管道运输一样，不同之处是预先用装料机把货物装在由铝合金或塑料制成的圆柱形集装箱内，然后让集装箱在水流中运行。管道终点设有接收站，用卸料机把货物从箱内卸出，空箱从另一管道回路送回起点站。其优点是货物损失、能源消耗以及管道磨损都较小。

(3) 气力集装箱管道运输。它与水力管道运输的主要区别是用高压气流代替高压水流，推动集装箱在管道内运行。由于气流压力较大，集装箱大小和管道直径配合适宜，箱体沿管道壁顺气流运行，运输速度可达每小时20～25公里。管道两端设有调度室、装卸货站，用电子技术自动控制。气力集装箱管道运输除用来运输矿物、建筑材料外，在一些国家还用来运送邮包、信件和垃圾。其主要缺点是动力消耗太大，集装箱耐压技术要求高。

(4) 真空管道气压集装箱运输。在管道两端设立抽气、压气站，抽出集装箱前进方向一端的空气，在集装箱后面送入一定气压的空气，通过一吸一推使集装箱运行。这种管道运输对箱体和管壁的光滑度、吻合度要求较高，但动力消耗较小。

(5) 电力牵引集装箱管道运输。不用水流或气流推动箱体，靠电力传送带或缆索牵引集装箱在管道内的水中漂浮前进。使用这种方法，由于管道不承受压力，因此可用廉价材料制作。

近几十年来，管道运输在国内外发展得很快。迄今为止，尽管正在研究和开发的管道运输系统有水力管道、风动管道、集装胶囊管道和管道旅客运输系统，但应用最广泛的仍主要是液体输油管道及输气管道。

2.6.4 管道运输装备

1. 输油管道运输装备

长距离输油管道由输油站和管线两大部分组成。它是连接油田、炼厂、油库或其他用油单位的长距离输送原油或成品油的管道。原油管道的起点大多是油田，终点一般是炼油厂或转运原油的港口、铁路枢纽。成品油管道的起点常是炼油厂或成品油库，沿途常有较多的支线分油站。输油站包括首站、中间泵站、末站等，输油管道的起点称为首站，输油管道沿途设有中间泵站，输油管道末站接收输油管道送来的全部油品，供给用户或以其他方式转运。输油管道的线路（即管线）部分包括管道、沿线阀室、穿越江河山谷的设施和管道阴极防腐保护装备等。

(1) 离心泵和输油泵站。

1) 离心泵。它是一种将机械能（或其他能）转化为液体能的水力机械，也是国内外输油管线常采用的原动力设备，是输油管线的心脏。离心泵的种类很多，按泵轴位置可分为卧式泵、立式泵，按叶轮级数可分为单级泵和多级泵，按压力可分为低压泵和高压泵，按用途可分为井用泵、电站用泵、化工用泵、油泵等。由于输油压力大，长距离输油管道都由钢管焊接而成。为了防止土壤对钢管的腐蚀，管外包有防腐绝缘层。为了防止含硫原油对管内壁的腐蚀，有时采用内壁涂层的方法，可以起到降低管壁粗糙度、提高输量的作用。

2) 输油泵站。输油泵站的基本任务是为输油供给一定的能量，将油品输送到终点站。输油泵站包括生产区和生活区两部分，生产区又可分为主要作业区和辅助作业区。

(2) 输油加热炉。在原油输送过程中对原油采用加热输送方式的目的是使原油温度升高，防止输送过程中原油在输油管道中凝结，减少结蜡，降低动能损耗。通常采用加热炉为原油提供热能。加热炉的加热方法是将原油放在加热炉炉管内直接加热到所需的温度。管式加热炉有多种炉型，如箱式炉、斜顶炉、圆筒炉、间接式样加热炉。

2. 天然气管道运输装备

(1) 输气管道的组成。输气管道系统主要由矿场集气网、干线输气管道、城市配气管网以及与此相关的站、场等装备组成。天然气从气田的井口装置开始，经矿场集气、净化及干线输送，再经配气网送给用户，形成一个统一、密闭的输气系统。

(2) 输气管道运输装备。

1) 矿场集气装备。包括井场、集气管网、集气站、天然气处理厂、外输总站。

2) 输气站。又称压气站，其核心设备是压气机和压气机车车间。它执行的任务是对气体进行调压、计量、净化、加压和冷却，使气体按要求沿着管道向前流动。压气站可按作用分为调压计量站和储气库两类。

3. 固体管道运输装备

用管道输送各种固体物质的基本做法是将待输送固体物质破碎为粉末状，再与适量的液体配置成可泵送的浆液，通过管道将这些浆液输送到目的地后，再将固体与液体分离送给用户。目前，料浆管道主要用于输送煤、铁矿石、磷矿石、铜矿石、铝矾土和心灰石等矿物。配制浆液的液体主要是水，还有少数采用的是燃料油或甲醇等液体。料浆管道的基本组成部分与输气、输油管道大致相同，但还有一些制浆、脱水干燥设备。

尽管有许多人认为用管道输送固体物质是一种经济、可靠的方法，固体料浆管道的输送技术也确实有了较大的发展，但在料浆管道的优化设计与计算方法等方面还缺乏经过实践证明的、普遍适用的工艺技术，固体料浆管道的输送技术还在继续探索与发展之中。

管道运输的技术装备在国外的研究还包括新的输气工艺，如管道输送条件下的天然气密度的提高技术，着重研究在低温、高压下气态或液态输送天然气的技术，采用该技术可以大幅提高输气能力。通信系统是长输管道运行调度和指挥的重要工具，目前国内采用的大部分是有线载波通信。随着管理水平的提高，对通信系统的要求也越来越高，微波通信也开始得到应用。

2.6.5 管道运输的维护技术

1. 管道防腐技术

尽管管道系统具有便于管理、运行安全的特点，但由于其输送管道大多深埋于地下，因此日常维护有一定困难。尤其是对管道和储罐的腐蚀，不仅会造成因穿孔而引起的油、气、水跑漏损失与污染，而且可能引起火灾与爆炸。针对发生腐蚀的原因，通常可采取以下措施：选用耐腐蚀材料，如聚氯乙烯管材；在输送或储存介质中加入缓蚀剂抑制内壁腐蚀；采用内外壁防腐绝缘层，将钢管与腐蚀介质隔离；采用阴极保护法。目前国内外普遍采用的经济可靠的方法是防腐绝缘层加阴极保护的综合措施。

2. 管道清洗技术

管道运输是原油、天然气最主要的运输方式。由于油、气中含有各种盐类、杂质、硫化物、细菌等，管线在长期运行后会出现结垢、被腐蚀等影响生产的问题，因此，需对管道进行清洗、修复，输油（气）管道清洗技术也随之产生。清洗是一门工程技术，也是一个新兴的科学技术领域。管线清洗技术主要分为物理清洗法、化学清洗法、物理和化学结合清洗法三大类。

要对管线及设备进行更有效的清洗，必须对管线现状、清洗要求及相关信息、资料进行综合分析评价和优化组合，这样才能有计划地筛选出最好的制剂和方法，达到最佳清洗效果。

2.6.6 管道运输业的前景

到2010年底，我国已建油气管道的总长度约8.5万千米，其中原油管道2.2万千米，成品油管道1.8万千米，天然气管道4.5万千米，逐渐形成了跨区域的油气管网供应格局。今后几年是中国管道工业的黄金期，主要得益于中国经济的持续快速发展和能源结构的改变。正在建设的中俄输气管线、内蒙古苏格里气田开发后将兴建的苏格里气田外输管线、吐库曼和西西伯利亚至中国的输气管线等，不仅为中国，而且为世界管道业提供了发展机遇。

小资料

运输管道的种类

（1）原油管道。世界上的原油总运量中约有85%～95%是通过管道外运的。我国的原油管道始建于1958年，从克拉玛依油田到独山子炼油厂，全长147.2公里。管道的大规模建设是20世纪70年代之后随着石油工业的发展而兴起的，管道布局是石油生产地与炼油厂、化工厂等用油地相连，也有通过水陆联运、管道输送到海港、内河码头装油船再运到用油地的。我国目前拥有原油管道约8 000公里，管道原油运输量占管道总运输量的90%以上，原油外运量的70%以上是由管道运送的。我国输送能力最大的原油管道是大庆林源至铁岭的管道，管道直径720毫米，长516公里，双管输油能力为4 500万吨/年。最长的原油管道是山东的临邑至仪征的管道，管道直径720毫米，全长665公里。

（2）成品油管道。它可以运送一种油品，也可以运送多种油品，主要连接炼油厂与化工厂、电厂、化肥厂、商业成品油库及其他用户。我国成品油管道大部分都是管径小、距离近、输送油品单一的管道，只有两条除外：一是近期完成的抚顺至鞍山至大连的由原油管道改造而成的成品油管道，管道直径529毫米，长415.7公里，输油能力400万吨，可输送两种以上成品油；二是青海格尔木至拉萨的由非商业性管道改造而成的商业性管道，管道直径159毫米，长1 080公里。这两条成品油管道的投入使用，是我国成品油长距离输送网建设的良好开端。

(3) 天然气管道。它是输送气田天然气和油田伴生气的输气管道，由开采地或处理厂输送到城市配气中心，是陆地上大量运输天然气的唯一方式。我国目前天然气田主要在四川，全国现有天然气管道7 000多公里，其中近5 000公里的天然气管道在四川；伴生气主产于辽河、中原等东部油田，管道有2 000多公里。我国最长的输气管道为中原油田濮阳柳屯至沧州化肥厂的伴生气管道，管道直径426毫米，长362公里。

(4) 煤浆、矿浆管道。它是将原料粉碎后加水成浆状进行输送的管道。世界上第一条煤浆管道于1970年在美国建成并投入使用，年输送能力为450万吨。我国仅在厂矿内部短距离少量使用或试用，煤浆等通过管道实现外运目前尚处于研究阶段。

2.7 运输方式的合理选择

2.7.1 运输方式选择的影响因素

各种运输方式都有其特定的运输路线、运输工具、运输技术、经济特性及合理的使用范围，在“公、铁、水、航、管”五种基本运输方式的基础上，可以组成不同的综合运输。所以，只有在熟知各种运输方式的功能和特点的基础上，结合商品的特性、运输条件、市场需求，才能合理地选择和使用各种运输方式，获取较好的运输效益。为了选择正确的运输方式，在考虑降低运输成本的同时，必须考虑以下几个因素。

1. 价格

运输服务价格就是运输货物的在途运费加上提供额外服务的所有附加费或运输端点费用。如果使用外部运输服务，运输服务的总成本就是货物在物流两节点之间运输收取的费用加上所有附加费，如保险费、装卸费、终点送货费等。如果是自营运输，运输服务成本就是分摊到该次运输中的相关成本，如燃油成本、人工成本、维修成本、设备折旧和管理成本等。不同的运输方式，其运输成本相差很大。航空运输的成本最高，管道运输和水路运输的成本最低，公路运输的成本又比铁路运输高。但是这种成本比较是使用运费收入除以所运货物的总吨数得到的比值，并不能确切地反映各种运输方式的综合效益。在实际运营中，必须根据实际运费、运输时间、货物的性质及运输安全等条件进行综合比较。

2. 运输时间

运输时间通常指货物从起点运输到终点所耗费的平均时间。这一时间的长短可以从两个方面影响运输的费用：一方面，货物价值因其适用期有限可能造成损失，或因其时间价值的适用期有限而造成损失（如报纸、时装等）；另一方面，对于货物特别是高价值货物或货运量很大的货物来说，在运输中由其价值表现的资本占用费用可能占成本的很大部分。

因此，平均运输时间是一个重要的运输服务指标。采用不同的运输方式，货物的平均运输时间是不同的。有些运输方式能够提供起止点之间的直接运输服务，有些则不能。如果要对不同的运输服务进行比较，即使涉及一种以上的运输方式，也最好是用“门对门”运送时间来衡量。在考虑运输时间时，还要注意由各种运输方式组合后在多次运输之间出现的时间变化的问题，它是衡量运输服务的不确定性的指标。虽然起止点相同，但是因为天气、道路情况、中途暂停次数、合并运输所花费的时间等都会影响在途时间，所以即便使用同样的运输方式，每一次运输的在途时间也不一定相同。一般来说，运输时间的变化率的顺序与运输时间的顺序大致相同，也就是说，铁路的运输时间变化最大，航空运输最小，公路运输介于两者之间。值得注意的是，从变化率与平均运输时间的比值来看，航空运输最不可靠，公路运输则是最可靠的。

3. 灭失与损坏

灭失与损坏是运输过程中缺乏安全性的结果。因为各承运人安全运输货物的能力不同，所以运输中灭失与损坏的记录就成为选择承运人的重要因素。承运人有义务合理速遣货物，但如果货物的灭失与损坏有恰当的原因，承运人可免除责任。虽然在托运人准确陈述事实的情况下，承运人会承担给托运人造成的直接损失，但托运人应该在选择承运人之前就认识到会有一定的转嫁成本。托运人承受的最严重的潜在损失与客户服务有关。运输延迟或运到的货物不能使用意味着给客户带来不便，或者会导致库存成本上升，或者会造成缺货或延期交货增多。托运人如果进行索赔，需要花时间搜集相关证据，花费时间、精力准备足够的索赔材料，在索赔处理过程中还要占用资金；如果索赔只能通过诉讼解决，可能还要支付很高的费用。显然，对于承运人的索赔越少，说明用户对服务越满意。对于可能发生的货物破损，托运人的普通做法是增加保护性包装，而这些费用最终也一定是由用户承担的。

由此可见，价格、运输时间及货物的灭失与损坏直接或间接地影响着物流运输成本，因此，在选择运输方式时，上述三个因素是物流管理中需要考虑的基本因素。

2.7.2 运输方式的选择

每一种运输方式和运输工具都有各自的特点，不同种类的货物对运输的要求也不尽相同。选择运输方式时必须进行综合考虑，要权衡运输系统所要求的运输服务和运输成本，既可以使用单一运输方式，也可以将两种以上的运输方式组合起来使用。因此，合理选择运输方式是合理组织运输、保证运输质量、提高运输效益的一项重要内容。

1. 单一运输方式的选择

在决定运输方式时，应以运输工具的服务特性作为判断的基准。一般考虑以下几个因素：运费、运输时间、频度、运输能力、货物的安全性、信息、适用性、伸缩性、网络性和到达的及时性。对这些因素必须根据不同的运输需要来确定，一般认为运费和运输时间是最重要的选择因素，在具体选择时应从运输需要的不同角度进行综合权衡。从物流运输的基本功能来看，速度快是货物运输的基本要求，但是速度快的运输方式，其运输费用往往较高。同时，在考虑运输的经济性时，不能只依据运输费用作出判断，还要考虑货物保管费，同时，为了保证运输的安全、可靠、迅速，相关的成本也会增加。一般而言，运输服务与运输成本之间、运输成本与其他物流成本之间存在“效益背反”关系，所以在选择运输方式时，应当以总成本作为依据，不能仅考虑运输成本。在选择最佳运输方式或运输工具时，应该综合考虑上述各种因素，最重要的是平衡运输服务的速度和成本。

2. 多式联运的选择

多式联运是将两种或两种以上的运输方式组合起来提供运输服务，将货物从接管地点运至指定的交付地点的运输。多式联运的主要特点是：在不同运输方式间运输工具可以自由变换，以最合理、最有效的方式完成货物的运输过程。多式联运的组合方法有很多，但在实践中有些组合运输并不实用。现在，铁路与公路联运、公路或铁路与水路联运已得到较为广泛的应用。

由于两种以上运输方式的连接具有经济潜力，因此多式联运对托运人和承运人都有吸引力。多式联运的发展对物流计划者有很大的好处，它增加了系统设计中的可选方案，可以降低物流成本、改善服务。

3. 运输中间商的选择

运输中间商分为两种，一种是运输承包公司，另一种是运输代理人。运输承包公司是不拥有运输工具或只拥有少量短途运输工具，而以办理货运业务（或兼办客运业务）为主的专业运输业务企业。采用运输承包方式发运货物时，可以把有关货运工作委托给运输承包公司，由它负责办理货物运输全过程中发生的与运输有关的事务，并与掌握运输工具的运输企业发生托运与承运的关系。运输代理人主要出现在国际货物运输业务中。

在目前的物流环境中，由于各种新的运输方式不断出现，各种承运方式能够提供的服务和能力也在不断增长，这就使运输方式的选择比过去更加复杂，各种因素的评估也变得更加困难。因此，企业必须慎重考虑诸多因素，对各种运输方式进行定性和定量分析，以作出最佳选择。

2.7.3 运输方式的选择方法

若要对运输方式的选择做进一步的定量分析，则应考虑不同运输工具类型所提供服务的特征，其中最重要的是成本、速度和可靠性。因此，服务成本、速度和运达时间的确定性应作为运输方式的选择依据。常用的选择方法有：

1. 成本费用比较法

物流运输费用是承运单位提供运输劳务所耗费的费用，即运价。运价是由运输成本、税金和利润构成的。运输费用占物流费用的比重最大，是影响物流费用的重要因素。运输的速度和可靠性会影响托运人和买方的库存水平以及它们各自的在途库存水平。为了以最快的速度、最少的运输费用实现物资流转，必须对所选择的运输方式进行技术经济比较分析，即进行成本费用分析。如果选择速度慢、可靠性差的运输服务，物流渠道中就要有更多的库存。这样，就需要考虑库存持有成本可能升高而抵消运输服务成本降低的情况。因此，在考虑各种方案时，最合理的方案应该既能满足顾客需求，又能使总成本最低。

通过对运输成本与费用的分析，对同一批货物应分别计算其航空、铁路、公路、水路运输的成本费用，然后根据运输时间、运输条件、货物特征，选择合理的运输方式。如果是自营运输，还应加强对各种运输工具和运输设施的合理运用，运输工具、运输设施都属于固定资产，这类费用可称为相对固定费用。也就是说，在物流变动时，这部分费用的绝对额通常保持不变或变化较小。这部分费用水平与物流量呈负相关关系，即物流量增长时，费用水平反而下降，分摊到每一单位物资上的这一类物流费用就会减少。因此，应加强对运输工具和运输设施的合理运用，尽可能加快物流速度，扩大运输量，从而使这部分费用相对减少。

2. 竞争因素考虑法

运输方式的选择如果涉及竞争，则应采用考虑竞争因素的选择方法。当买方可以通过供应渠道从若干供应商处购买商品时，运输服务和价格就会影响到买方对供应商的选择。反之，供应商也可以通过供应渠道的运输方式来控制买方对供应商的选择。

买方的行为是将更大的购买份额转向能提供较好运输服务的供应商，供应商可以因为交易额扩大而获得更多利润去支付由于提供更好运输服务而增加的成本，从而鼓励供应商寻求更适合买方需要的运输服务方式，而不是单纯追求低成本。这样，对运输服务方式的选择就成为供应商和买方共同的决策。

3. 综合评价分析法

物流运输系统的目标是实现快速、安全和低成本的运输，但是，运输的速度性、准确性、安全性和经济性之间是相互制约的。若重视运输的速度性、准确性、安全性，则运输成本会增大；反之，若运输成本降低，运输的其他目标就不可能全面实现。因此，在选择运输方式或运输工具时，应综合考虑运输的各种目标要求，将定性分析与定量分析相结合，选择合理的运输方式或运输工具。如果从运输方式的经济性、迅速性、安全性和便利性四个维度进行选择，就可以采用综合评价的方法，得出合理的选择结果。

本章小结

运输是指人或物借助运力在空间上产生的位置移动，它是人类社会的基本活动之一。运输在物流系统中担当核心角色，是实现物流社会化的基础，是实现物流合理化的关键。运输方式有多种分类法，其中使用较多的是按运输设备及运输工具将其分为铁路运输、公路运输、水路运输、航空运输和管道运输。

公路运输是所有运输方式中影响最广泛的一种。它可以实现"门到门"的直达运输，其特点是：速度快，营运灵活、方便，受外界地形和气候条件影响小，投资少，经营方式简单，效益高，技术性能高，货损率低，但公路运输的载运量小，安全性差，成本高，对环境污染大。公路运输比较适宜在内陆地区运输短途旅客和货物，可以与铁路、水路联运，为铁路、港口集中疏运旅客和物资，可以深入山区及偏僻的农村进行旅客和货物运输，可以在远离铁路的区域从事干线运输。

铁路运输的运送距离长且运输能力大，价格低廉，安全性好，可以高速运输和有效使用土地，污染较小且能耗较小，受气候限制小，适应性强，可以方便地实现背驮式运输、集装箱运输及多式联运。但铁路运输的资本密集，固定成本很高，建设周期较长，货物损耗较大，灵活性不高，发车频率低，营运缺乏弹性。在运输过程中需要有列车的编组、解体和中转改编等作业环节，占用时间较长，因而增加了货物的运输时间。不能实现"门到门"的运输，通常要依靠其他运输方式配合才能完成运输任务。因此，铁路适合在内陆地区运送中长距离、大运量、时间性强、可靠性要求高的一般货物和特种货物，也比较适合运输散装货物、罐装货物和集装箱。从投资效果看，在运输量比较大的地区之间建设铁路比较合理。

水路运输的运量大，占用土地面积少，建设投资少，运输成本低，节约能源消耗，但受气候和港口条件的限制，准时性较差，运输速度较慢，购买船舶和建设港口的投资巨大。航运公司订造或购买船舶需花费大量的资金，投资回收期较长，且船舶一般没有移作其他用途的可能。港口基础设施的修建费用巨大，船舶大型化和装卸自动化的趋势使港口设施建设的投资进一步增加。水路运输主要用于远距离、大批量的散装货物和进出口货物的运输，非常适合大宗货物的运输，可以运输原料、半成品等散货，如建材、石油、煤炭、矿石、粮食等。国家间的货物运输大部分都是依靠水路运输完成的。

航空运输的速度快，在途时间短，货物在途风险较低，不受地面条件影响，可以深入内陆地区，安全性好，节约包装、保险、利息等费用，但航空运输的运载量小，运输费用高。由于航空运输可以快速直达，因此在整个交通运输体系中具有特殊的地位，并拥有很大的发展潜力。

管道运输是一种理想的运输技术，它的运量大，运距短，占地少，耗能低，运费低，建设周期短，投资少，管理方便，安全性好，但灵活性差。管道运输主要承担定点、单向、量大的流体状货物（如石油、天然气、煤浆、化学制品原料等）的运输任务。另外，在管道中利用容器包装运送固态货物（如粮食、砂石、邮件等），也具有良好的发展前景。

在选择合理的运输方式时，主要从价格、运输时间、灭失与损坏三个影响因素入手进行判断，较常使用的选择运输方式的方法是成本费用比较法、竞争因素考虑法、综合评价分析法。

关键术语

公路运输　铁路运输　水路运输　航空运输　管道运输

思考与练习题

1. 简述运输的定义以及它与物流的关系。
2. 简述运输在物流系统中的作用。
3. 简述公路运输的特点和分类。
4. 公路运输的技术装备有哪些？
5. 铁路运输的概念和特点是什么？
6. 铁路运输的技术装备有哪些？
7. 水路运输的概念和特点是什么？
8. 水路运输中常使用的技术和装备主要有哪些？
9. 航空运输的概念和特点是什么？
10. 航空运输的方式有哪些？
11. 航空运输的技术装备有哪些？
12. 管道运输的概念和特点是什么？
13. 简述管道运输的分类和常见的技术装备。
14. 影响运输方式选择的因素有哪些？
15. 选择运输方式的常用方法是什么？

案例分析 1

WS煤化公司甲醇合成塔的运输方案

1. 项目概况

重庆WS煤化公司有一座甲醇合成塔设备，运输起点为辽宁葫芦岛，目的地为重庆WS煤化公司，交接货方式均为当面交接货。

甲醇合成塔情况如表2—4所示。

表2—4　甲醇合成塔情况

名称	尺寸（毫米）	重量（千克/件）	数量（件）	备注
甲醇合成塔	4 650×4 650×14 000	190 000	1	

运输路线：从辽宁葫芦岛通过海运至上海，再通过江运至重庆码头，最后通过汽运到WS煤化公司，总运输里程约3 700公里。

运输方式：船运与公路联合运输。

运输周期：从葫芦岛装船启运至重庆WS煤化公司，正常情况下运输周期约38天，具体运输时间计划如表2—5所示。

表2—5　运输时间计划

序号	运输工作内容	运输计划时间（天）	备注
1	葫芦岛至上海码头船运	6	
2	上海码头吊装	2	考虑泊位因素
3	上海至重庆码头船运	14	
4	重庆码头吊装	1	
5	重庆码头至WS煤化公司	15	
总计正常运输周期为：38天			

说明：运输过程中，定期（每天）向客户反馈运输情况。计划启运时间由客户提前通知。

运输车辆：沃尔沃FH12、奔驰Z3354AS牵引车等，动力鹅颈+10轴线液压挂车+12米载货平台。

2. 运输方案编制依据

《中华人民共和国公路设计规范》、《中华人民共和国道路交通安全法》、《道路大型运输管理办法》、《超限运输车辆行驶公路管理规定》、《国内水路货物运输规则》等。

3. 装车加固方案

考虑设备和路况的实际情况，该设备从重庆码头到WS煤化公司的公路运输过程中采用两种装车运输方式，即从重庆上高速至WS下高速这段路，采用动力鹅颈+10轴线液压挂车+12米载货平台装车方式运输。在WS下高速之后再进行换装，将甲醇合成塔换装到10轴线液压板上。

捆绑加固及运输注意事项如下：

(1) 装车时，甲醇合成塔的重心必须放置在车板纵向中心线上，防止偏载。

(2) 装车时，在支座与甲醇合成塔之间垫胶皮或草垫，防止甲醇合成塔滑移。

(3) 按照《货物装载加固防磨规则》，对甲醇合成塔进行捆绑加固。

(4) 在钢丝绳与甲醇合成塔接触的部位，必须加垫棉垫或胶皮，防止设备表面磨损。

(5) 在运输途中，根据道路情况控制车辆速度，防止车辆剧烈颠簸。

4. 路况说明及处理措施

(1) 重庆至WS全程为高速公路，以WS下高速公路为起点，有效路面宽3.8米，红外线车轴检测仪高1.75米，宽5.14米，收费亭护栏距路边缘0.15米，右侧护栏高0.82米，大件车无法直接通过，需将右边护栏拆除，方可通过。

(2) 4公里处为桃子立交桥，全长584米，该桥由重庆交通学院设计，于1991年4月15日竣工，需经相关部门认可桥梁承载能力后方可通过。

(3) 6公里处有一桥梁，跨距5米，可以直接通过，必要时，铺设桥板通过。

(4) 8公里处为轮子坡收费站，有效路面宽4.45米，大件车无法直接通过，需部分拆除收费亭，方可通过。

(5) 过轮子坡收费站后需经过4个回头弯到WS煤化公司，弯道半径不足，大件车难以通行，因此需对回头弯进行处理，扩宽路面。其中有一个回头弯最难通过，有效路面宽11.1米，内弯半径为4.38米，需采取处理措施，扩展路面约5米。

5. 安全技术保障措施

(1) 选择身体健康的人员参加此次运输任务，驾驶员严禁酗酒及疲劳驾驶。

(2) 统一指挥，明确分工，责任到人，有序作业。

(3) 运输按照安全操作规程进行，严禁违章作业。

(4) 避免盲目、野蛮、冒险作业。

(5) 装载前，对车辆、工具、索具等进行全面检查和保养，确保它们处于最佳状态。

(6) 装载中严格执行操作规程，车、货之间衬垫必要的防滑材料，货物重心保证与车辆承载中心重合，误差必须控制在允许的范围内。

(7) 运输前，及时办理好一切相关手续，清除一切运输障碍，为安全运输创造条件。

(8) 对沿途路况先进行考察，提前做好路障排除方案，以确保运输的安全。

(9) 到达目的地停车后，应做好防护工作，避免溜车现象发生，并设置隔离带，防止闲杂人员靠近车辆造成设备损坏。

(10) 在运输途中停车检查车辆及货物装载情况，发现异常情况应及时汇报处理并记录；公司安全监督部门应使用GPS全程监控车辆的运行情况。

讨论题

根据运价情况，试评价该船运与公路联合运输方案的合理性。

案例分析2

大秦线——我国铁路重载运输的成功实践

大秦线西起北同蒲线的韩家岭站，东至柳村南站，全长635公里，是我国“三西”（山西、陕西和内蒙古西部）煤炭外运的主要通道之一。2006年12月24日，大秦铁路提前7天实现年运量2.5亿吨，创下了我国单条线路运量的新纪录。

自2004年实现1.5亿吨运量以来，大秦线运量每年递增5 000万吨，在2009年完成了4亿吨运量。大秦线能够不断提高年运量，不仅得益于科技的发展，而且得益于运输装备水平的提高、高效的管理和严密的组织，这些都是实现高运量的重要因素。

1. 大秦线运输系统的构成

大秦线运量的完成是多条线路共同合作的结果（大秦线运输体系见图2—26）。它的运输由前、后方多条线路及港口等提供保障，这其中形成了以大包线、大准线、北同蒲线等为主干，公路等运输方式为辅助的后方集运网络系统；形成了以秦皇岛港为主干的前方疏运体系。这一体系结构形成的关键因素是严密有效的组织，将原来关系比较松散的铁路、公路、港口等部门，通过大秦线有机衔接起来，形成了一个以大秦线为核心的运输体系结构，而这一结构又促进了围绕大秦线的运输组织机构的形成，该机构负责组织协调有关大秦线的运输事宜，进一步促进了大秦线运输效率的提高。组织机构与运输体系两者相辅相成、互相促进，使以大秦线铁路重载运输为核心的系统实现了高效的运输生产模式。

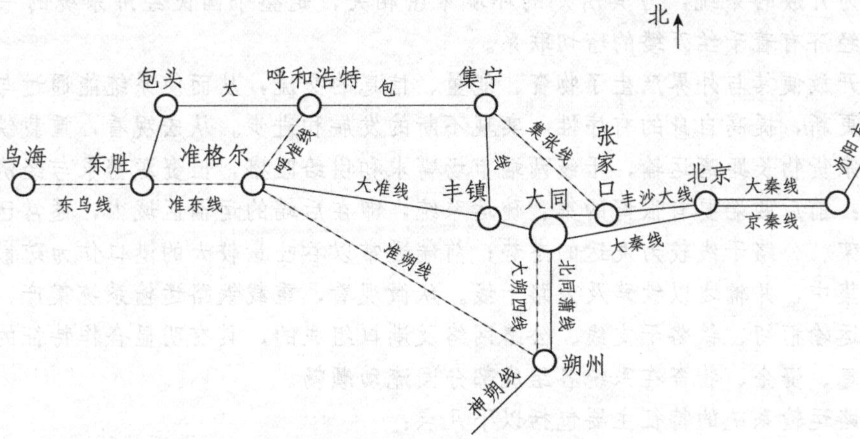

图 2—26　大秦线运输体系

2. 重载运输系统的生产过程

从大秦线运输系统的构建模式可以看出重载铁路运输系统的构成和各部门、各环节间的相互作业关系。在作业流程上，各部分间是串联关系，呈流水线状，前一环节是下一环节的前提或条件；此外，在一端还存在多头并联关系，各部分之间在功能上存在一定的替代和补充。运输系统的生产过程如图 2—27 所示。

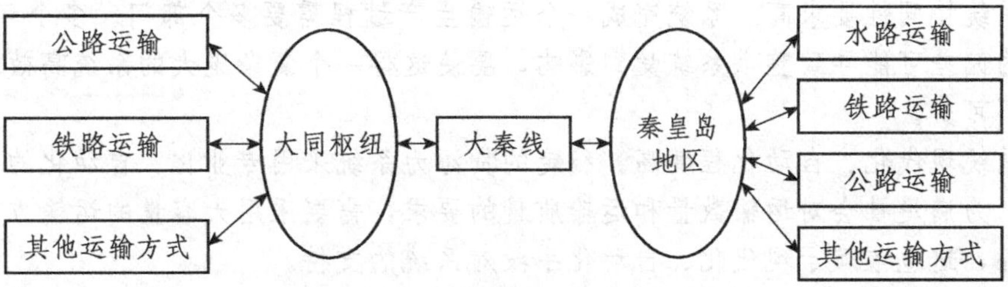

图 2—27　大秦线运输生产过程

图 2—27 中的各种运输方式以大秦线为中心展开运输生产，后方形成了以各条铁路线为主体的集运系统，集中于大同枢纽；前端形成了以港口、铁路线为主体的疏运系统。在集运、疏运中，各条铁路线路、各种运输方式间为并联关系，相互补充、协作，共同为大秦线的运输生产服务。当集运或疏运系统中的某一组成部分出现问题时，大秦线的运输生产活动可通过对该集运或疏运系统中的其他部分的调配与调整来继续进行。大秦线作为整个重载铁路运输生产系统的核心，是系统运输生产的主体，集、疏运系统为其提供服务，接受大秦线的调配，依据大秦线的运输生产计划来安排自身的运输生产活动。同时，集、疏运系统的规划也以大秦线为导向，根据大秦线的发展进行建设。可见，这是一类以重载铁路为核心，多种运输方式共存，共同为重载铁路服务的动态运输生产系统。

3. 重载铁路运输系统的特征

重载铁路运输系统不同于一般的铁路运输系统，它是连接内陆与港口的运输大动脉，是实现大宗货物长距离运输的主要干线。在系统的整个运输体系中，重载运输铁路是连接整个系统的纽带，是运输生产发挥决定性作用的单位和最重要的信息汇集中心。同时，重载铁路运输系统作为开放的系统，与其所处的环境紧密相关，是整个国民经济系统的一个组成部分，与国民经济有着千丝万缕的密切联系。

系统的开放使其与外界产生了物资、能量、信息的交流，从而使系统能通过与外界的交流得到不断更新，提高自身的有序性，实现不断的发展和进步。从宏观看，重载铁路运输系统适用于大宗货物长距离运输，干线两端市场需求和供给旺盛，但资源需求与经济发展存在一定的差距：前后两端要有很好的集、疏运系统，即在后端的运输区域内，通常已基本形成铁路为主框架、公路干线较为发达的态势；前端通常以吞吐量较大的港口作为疏散地，完成大宗货物的集中，并辅之以铁路及公路干线。从微观看，重载铁路运输系统集产、运、销于一体，是由运输枢纽、铁路干支线、公路网络及港口组成的，具有明显合作特征的动态组合体系统，信息、资金、物资在系统各组成部分间流动顺畅。

重载铁路运输系统的特征主要包括以下几点：

(1) 系统复杂庞大。系统涵盖了与重载铁路运输相关的集、运、疏三个子系统，涵盖了包括铁路、港口、货源区等在内多个生产环节和部门，系统的组织结构非常庞大，部门间关系错综复杂。

(2) 系统运转连续性、联动性强。系统以重载铁路为中心，24 小时不间断连续运转，各部门、各环节相互间紧密衔接、相互交织、相互制约、相互影响、相互合作，一个部门或环节作业完成，即可进入下一部门或环节的作业，每个部门和环节对系统的运输生产都会产生制约与影响。

(3) 系统协同性要求高。系统完成一个运输生产过程需要多个部门、多个环节的配合，一个部门的偏差可能导致整个系统受到影响，要使这样一个复杂庞大的系统高效运转，高度协同性必不可少。

(4) 系统现代化、自动化程度高。稳定的货源为系统采用专业化、自动化的运输设备提供了条件，为满足社会对运输数量和运输质量的要求，需要采用大容量的运输方式提供高效的运输服务，这也依赖于现代化、自动化手段对系统的支持。

总之，重载运输系统是以充足的货源地为依托，以港口为支持，以重载运输铁路干线为核心，与其他铁路及公路线路相配套，为调整资源与经济发展不均衡服务，具有信息网络化、管理现代化、布局合理化、服务高效化等特点的协作型运输系统。

资料来源：张云涛、贾传峻：《大秦线对我国铁路重载运输的启示》，载《铁道运输与经济》，2008 (1)。

讨论题

1. 重载运输系统将是我国铁路货物运输的骨干和支架，通过对大秦线运输系统构成的分析，结合我国铁路重载运输的作业过程，说明重载铁路运输系统的主要特征。

2. 如何理解现代先进运输方式的运作模式对现代运输生产系统的影响？

第3章

仓储技术与装备

本章要点

仓储是物流领域的一个中心环节，主要包括储存、保养、维护、管理等活动，在物流领域中起着缓冲、调节、集散和平衡的作用，被称为“物流的支柱”。仓储的基本功能包括对物资的保管功能、供需功能、运输功能、配送功能和节约功能。仓储活动离不开仓储装备的支持，仓储装备的选择是否合理，直接影响着仓库的作业效率。

本章重点介绍货架、高架仓库与堆垛起重机、商品检验、仓库养护、仓储计量与仓储安全的技术与装备。通过对相关内容的介绍，使读者对仓储装备和仓储技术有一个全面的了解。

3.1 仓储装备的分类和特点

仓储装备是指仓库进行生产作业和辅助生产作业，以及保证仓库及作业安全所必需的各种机械设备的总称。要完成仓储的基本任务，企业应根据存储货物的周转量大小、储备时间的长短、储备货物的种类及有关的自然条件，广泛采用先进的仓储技术，合理配置仓储机械设备，为有效进行仓库作业创造条件。仓储装备按照功能可分为货架设备、计量设备、仓库养护设备、仓库消防以及安全设备等。

仓储装备是有效实现仓储作业的技术保证，是企业仓储能力大小的直接反映。科学有效地运用仓储装备，加强仓储装备的管理，是保证仓库高效、低耗、灵活运行的关键。

仓储装备的种类很多，为使其发挥最佳的经济效益，必须进行合理的选择配置和管理使用，应选择和配置最经济、合理、实用、先进的技术设备。除此之外，还要求每一类设备安全可靠，无论在何种作业条件下，都应具有良好的运行稳定性。

3.1.1 仓储装备的分类

1. 按照功能分类

按照功能，仓储装备可分为：

(1) 存储设备。存储设备是指用于存放货物并保持其原有功能的仓储设备，如货架。

(2) 装卸搬运设备。装卸搬运设备是指仓储作业中按照预定要求改变货物空间位置的仓储设备，如堆垛起重机。

(3) 计量设备。计量设备是指确定货物重量等物理特性的仓储设备，如电子秤等。

此外，还包括商品保管设备、商品检验设备、仓储养护设备以及仓储安全设备等。

2. 按照适用范围分类

按照适用范围，仓储装备可分为专用机械设备和通用机械设备。为了提高仓储机械设备的作业效率，专用机械的应用越来越普及，如立体库专用的堆垛起重机。

3. 按照作业形式分类

按照作业形式，仓储装备可分为固定式机械设备、移动式机械设备和半移动式机械设备。目前，传统的固定式仓储作业正在逐步改变，移动式的仓储作业不断增加，因此，移动式机械设备的应用也在不断增长，比较典型的设备是移动式货架和移动式机器人。

3.1.2 仓储装备的特点

仓储装备是完成货物进库、出库和储存的装备。从仓储装备的作业过程来看，仓储装备具有起重、装卸、搬运、储存和堆码的功能，例如，货架具有货物存放功能，堆垛起重机具有起重装卸功能，等等。尽管仓储装备从外形到功能差别很大，但都是在特定的作业环境中为完成特定的作业而设计的，因而具有一些共同的特点，主要表现在：

1. 搬运质量要求高

由于仓储装备主要用于货物的移动和起升，一般在企业内部使用，因此其作业范围相对较小，对货物的搬运质量要求高，在搬运中应对货物采取必要的保护措施，减少对货物的损伤，而对搬运速度的要求相对比较低。

2. 线路比较固定

由于仓储作业地点比较集中，且运输线路的布局受到作业场地设施的限制比较多，特别是出入库作业等仓储作业形式比较常见，因此货物作业线路相对比较固定。

3. 专业化程度高

仓储作业由一系列具备特定功能的作业环节或工序组成，如装卸、搬运、堆垛等，单个工序的功能较单一，而工序之间的功能差别一般较大，使用通用机械很难达到作业要求。为了提高工作效率，仓储装备的专业化程度越来越高，导致仓储装备的种类规格较多，给设计仓储作业系统和选择仓储装备带来了一定的困难。

4. 标准化程度高

一方面，商品流通各环节对商品的外观和包装提出了标准化要求；另一方面，商品包装的标准化也促进了物流设备（包括仓储装备）的标准化进程。同时，仓储作业中机械运动的重复性和专业性较高，为仓储装备的标准化工作带来了有利条件，采用标准化设计可以实现各个作业环节的无缝衔接，提高作业效率。

5. 机械化、自动化程度高

随着条形码技术、光学字符识别技术、磁编码识别技术、无线电频率识别技术、自动称重技术和计数技术的广泛应用，现代仓储装备的自动化程度得到了大幅提高。仓储作业已经逐渐淘汰了手工作业，取而代之的是大型、高效的自动化仓储装备。

6. 节约性和经济性要求高

仓储过程作为流通领域或企业物流的必不可少的环节，对实现商品的价值起到了极其重要的作用，常作为商品成本的一部分加以考虑。因此，为控制仓储成本，在设计和选用仓储装备时，必须考虑其节约性和经济性。

7. 环保要求高

由于工作环境的特殊性，我们必须严格控制仓储装备对环境的污染程度，如对噪声、废气排放的控制。

8. 安全要求高

在仓储作业过程中，由于要在复杂的环境和有限的空间内保证人员、设备和货物的安全，因此对仓储装备的安全性能要求很高。

3.2 货架技术与装备

从字面上理解，货架泛指存放货物的架子。在仓库设备中，货架是指专门用于存放成件物品的保管设备，由立柱片、横梁和斜撑等构件组成。货架在仓储物流中必不可少，几乎无处不在。随着物流量的大幅增加，为实现仓库的现代化管理，改善仓库的功能，不仅要求货架数量多，而且要求货架具有多功能，并能实现机械化和自动化。

3.2.1 货架的作用

仓库管理实现现代化，与货架的种类、功能有直接的关系。货架具有以下几方面的作用及功能：

（1）货架是一种架式结构物，可充分利用仓库空间，提高库容利用率，扩大仓库储存能力。

（2）存入货架中的货物，互不挤压，物资损耗小，可完整保证物资本身的功能，减少货物的损失。

（3）货架中的货物，存取方便，便于清点及计量，可做到先进先出。

（4）可以采取防潮、防尘、防盗、防破坏等措施，以提高物资储存的质量。

（5）很多新型货架的结构及功能有利于实现仓库的机械化及自动化管理。

由于货架在仓储装备的总投资中所占的比例较大，消耗的钢材很多，对仓库的运作模式影响极大，因此，合理选择相对经济的货架十分重要。要在保证货架强度、刚度和整体稳定性的前提下，尽量减轻货架的重量，减少钢材消耗，降低货架对仓库地面承压能力的要求，满足仓储的需要。

3.2.2 货架的分类

货架的种类较多，分类的方法也不尽相同。根据不同的划分方式，可以分成不同的类型，具体的分类方法如下：

（1）按照货架的发展形态，可分为传统式货架和新型货架。传统式货架包括层架、层格式货架、抽屉式货架、厨柜式货架、U形架、悬臂架、栅架、鞍架、气罐钢筒架、轮胎专用货架等。新型货架包括旋转式货架、移动式货架、装配式货架、调节式货架、托盘货架、驶出式货架、高层货架、阁楼式货架、重力式货架、屏挂式货架等。

（2）按照货架的适用性，可分为通用货架和专用货架。

（3）按照货架的制造材料，可分为钢货架、钢筋混凝土货架、木质货架和钢木合制货架。

（4）按照货架的封闭程度，可分为敞开式货架、半封闭式货架和封闭式货架。

（5）按照货架的结构，可分为层架、层格架、橱架、抽屉架、悬臂架、三脚架、栅形架等。

（6）按照货架的可移动性，可分为固定式货架、移动式货架、旋转式货架、组合货架、可调式货架和流动储存货架。

（7）按照货架的高度，可分为低层货架（高度在 5 米以下）、中层货架（高度在 5～15 米）和高层货架（高度在 15 米以上）。

（8）按照货架的载重量，可分为轻型货架（每层货架的载重量在 150 公斤以下）、中型货架（每层货架的载重量在 150～500 公斤）和重型货架（每层货架的载重量在 500 公斤以上）。

（9）按照货架的组装方式，可分为整体结构式货架和分体结构式货架。

（10）按照货架的载货方式，可分为臂式货架、橱柜式货架和棚板式货架。

（11）按照货架的构造，可分为组合可拆卸式货架和固定式货架。组合可拆卸式货架具有轻便、灵活、适用范围广的特点；固定式货架具有牢固、承载量大、刚性好的特点。组合可拆卸式货架多用于平面仓库和分离式自动仓库，固定式货架多用于库架合一式自动仓库。其中，固定式货架又分为单元式货架、一般式货架、流动式货架和贯通式货架。

3.2.3 常用货架

1. 托盘式货架

托盘式货架（如图 3—1 所示），俗称横梁式货架，也称货位式货架，通常为重型货架，在国内的各种仓储货架系统中最常见。

图 3—1 托盘式货架

首先进行集装单元化工作，即将货物根据包装及其重量等特性进行组盘，确定托盘的类型、规格、尺寸，以及单托载重量和堆高（单托货物重量一般在 2 000 千克以内），然后由此确定单元货架的跨度、深度和层间距，根据仓库屋架下沿的有效高度和叉车的最大叉高决定货架的高度。单元货架一般跨度在4米以内，深度在1.5米以内，低、高位仓库货架高度一般在12米以内，超高位仓库货架高度一般在30米以内（此类仓库基本上是自动化仓库，货架总高由若干段12米以内的立柱构成）。在此类仓库中，低、高位仓库大多用前移式电瓶叉车、平衡重电瓶叉车、三向叉车进行存取作业，货架较低时也可用电动堆高机，超高位仓库用堆垛机进行存取作业。

此类货架的空间利用率高，存取灵活方便，辅以计算机管理或控制，基本能达到现代化物流系统的要求。广泛应用于制造业、第三方物流和配送中心等领域，既适用于多品种小批量物品，又适用于少品种大批量物品。此类货架在高位仓库和超高位仓库中应用最多，在自动化仓库中应用较普遍。

2. 贯通式货架

贯通式货架（如图3—2所示）又称通廊式货架或驶入式货架。此类货架排布密集，空间利用率极高，几乎是托盘式货架的两倍，但货物必须是少品种大批量型，且先进后出。这种形式的货架需要按人工方式或机械方式作业，根据不同的机械类型预留相应宽度的通道。

图3—2　贯通式货架

首先须完成集装单元化，确定托盘的规格、载重量及堆高。由此确定单元货架的跨度、深度、层间距，根据仓库屋架下沿的有效高度确定货架的高度。靠墙区域的货架总深度最好控制在6个托盘深度以内，中间区域可两边进出的货架区域总深度最好控制在12个托盘深度以内，以提高叉车存取的效率和可靠性（此类货架中，叉车为持续“高举高打”作业方式，易晃动而撞到货架）。此类仓储系统的稳定性较差，货架不宜过高，通常控制在10米以内，且为了提高整个货架系统的稳定性，除规格、选型要大一些外，还须加设货架的加固装置。单托货物不宜过大、过重，通常重量控制在1 500千克以内，托盘跨度不宜大于1.5米。常配叉车为前移式电瓶叉车或平衡重电瓶叉车。多用于乳品、饮料等食品行业，在冷库中也比较多见。

3. 重力式货架

重力式货架（如图3—3所示）又称流动式货架，是一种利用储存货物的自身重力来达到在储存深度方向上使货物运动的储存系统。这种货架在拣选系统中应用较多。

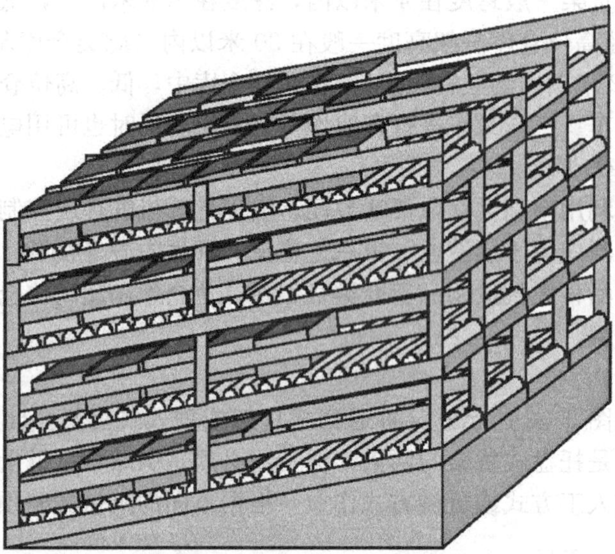

图 3—3 重力式货架

相对于普通托盘货架而言，重力式货架不需要操作通道，故能使空间利用率提高 60 个百分点；托盘操作遵循先进先出的原则，存货时托盘从货架斜坡高端送入滑道，通过导向轮下滑，逐个存放；取货时从斜坡低端取出货物，其后的托盘逐一向下滑动待取。在使用重力式货架时，货物的储存和拣选两个动作是分开的，可大大提高输出量。另一方面，由于利用自重力使货物滑出，而且没有操作通道，因此在减少了运输路线和叉车数量的同时，又大大提高了仓库面积的利用率。

在使用这种货架时，应尽量将相同的货物或在同一次入库和出库的货物排在同一排或同一层上。重力式货架的层高可调，配以各种型号叉车或堆垛机，能实现各种托盘的快捷存取，单元货格的最大承载量可达 5 000 千克，是各行各业最常用的储存方式。

4. 阁楼式货架

阁楼式货架（如图 3—4 所示）是在已有的工作场地或货架上建一个中间阁楼，以增加储存空间，可做两三层阁楼，宜存取一些轻泡及中小件货物，适于多品种大批量或多品种小批量的货物，及人工存取的货物。货物通常由叉车、液压升降台或货梯送至二楼、三楼，再由轻型小车或液压托盘车送至某一位置。

此类货架通常利用中型搁板式货架或重型搁板式货架作为主体和楼面板的支撑（根据单元货架的总载重量决定选用何种货架），楼面板通常选用冷轧型钢楼板、花纹钢楼板或钢格栅楼板。近几年多使用冷轧型钢楼板，它具有承载能力强、整体性好、承载均匀性好、精度高、表面平整、易锁定等优点，有多种类型可选，并且易匹配照明系统，存取、管理都比较方便。单元货架每层载重量通常在 500 千克以内，楼层间距通常为 2.2～2.7 米，顶层货架高度一般为 2 米左右，充分考虑到了人机操作的便利性。此类货架在汽车零部件领域、汽车 4S 店、轻工、电子等行业有较多应用。

5. 旋转式货架

旋转式货架分水平旋转式货架（如图 3—5 所示）和垂直旋转式货架（如图 3—6 所示）两种，均是较为特殊的货架，对自动化程度、密封性和安全性要求高，适用于轻小且单价高

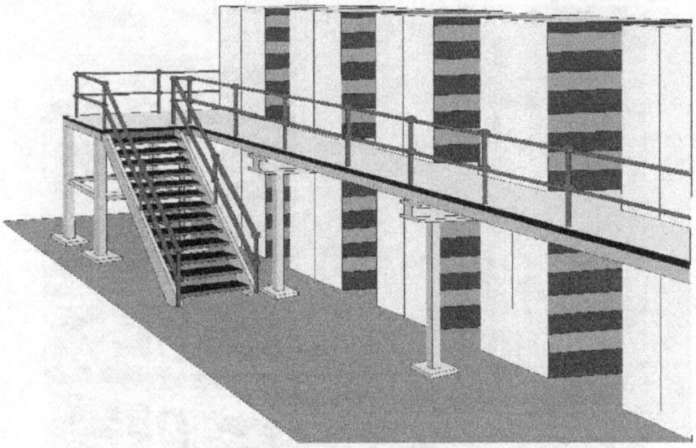

图3—4　阁楼式货架

的货物。单个货架系统规模较小，单体自动控制，独立性强，可等同于某种动力设备来看待。此类货架造价较高，主要用于存放贵重物品（如刀具）。

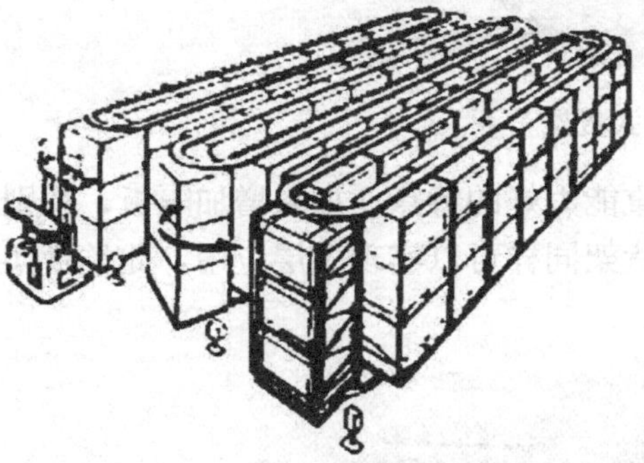

图3—5　水平旋转式货架

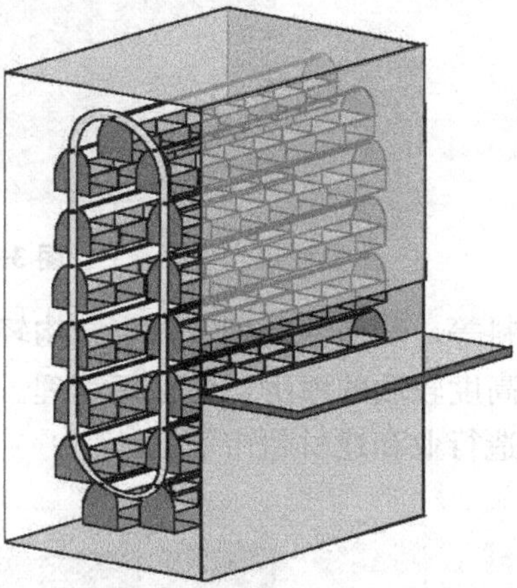

图3—6　垂直旋转式货架

6. 移动式货架

移动式货架（如图3—7所示）是在货架的底部安装运行车轮，可在地面上运行的货架。它适用于库存品种多、出入库频率较低的仓库，或库存频率较高、可按巷道顺序出入库的仓库。由于只需要一个作业通道，因而可大大提高仓库面积的利用率。移动式货架广泛应用于办公室存放文档，图书馆存放档案文献，金融部门存放票据，工厂车间、仓库存放工具、物料，等等。

移动式货架可节省通道面积，有普通商品货架和移动式托盘货架两种类型。这种货架可在地面铺设的轨道上移动，可在较多排架中只留出一条通道。通过货架的移动，选择所需通道的位置，并在通道内用叉车装卸货物。

7. 悬臂式货架

悬臂式货架由悬臂和纵梁相连而成。悬臂式货架分单面和双面两种，由金属材料制成，为了防止储存材料的破损，常常加上木质衬垫或橡胶衬垫。

悬臂式货架（如图3—8所示）适合储存长件货物、大件货物和不规则货物，如钢铁、

图 3—7　移动式货架

木材、塑料等，其前伸的悬臂具有结构轻巧、载重能力好的特点。如果增加隔板，特别适合空间小、高度较矮的库房，也便于管理。悬臂式货架同样可以实现多层应用，此类货架多用于机械制造行业和建材超市等。

图 3—8　悬臂式货架

8. 拣选式货架

拣选式货架是能够满足拣选要求，存取货物时通过拣选小车来完成的货架。拣选式货架为多层货架，货架载荷尺寸和每格载荷尺寸根据用户需求设计制作，适用于多品种、大批量、出入库作业不频繁的小件货物储存。

配送中心通过使用拣选式货架、拣选搬运设备（无动力拣选车、动力拣选台车、动力牵引车、堆垛机、搭乘车存取机、无动力输送机、动力输送机和计算机辅助拣选台车等）完成货物的储存和拣选。

行业、使用场合、存放物品、环境、温度、洁净度等诸多因素的不同，决定了货架系统的差异，在此仅列举较常用的一些货架类型。这些货架的共性是多为组合装配式轻钢结构，表面多为静电喷塑处理。随着物流装备行业的飞速发展，货架的技术含量和精度会越来越高，结构更优化，品种更全面，适应性也越来越强，货架将在中国物流行业的发展过程中扮演重要的角色。

3.2.4 货架的选型原则

在进行仓库货架的选型时，应首先了解仓库的平面布局、储存货物的规格、特性、重量，若采用托盘存放货物，则必须了解托盘的规格、堆高以及载重量。货架的选型还要考虑货物的存取方式，无论选择人工存取、机械存取还是自动化存取，都会影响货架的结构和布局。仓库的储存量、进出库频率以及管理系统的形式也会影响货架的选型。

货架的选型应遵循以下原则：

1. 适应性原则

由于货架的核心作用是存放货物，因此首先应该适应储存货物的品种、规格尺寸和性能的要求，并能满足物资先入先出的原则性要求。同时，货架应适合配套仓储装备的存取作业。对于存放危险品的货架应有特殊的保障措施。

2. 经济性原则

货架是仓库的重要组成部分，应满足低成本、高效益的要求，应该在满足使用要求的基础上，尽量选择普通货架，以降低成本。

3. 安全可靠性原则

货架的强度和刚度要满足载重量的要求，并留有一定的安全余量，防止因货架损坏而造成储存货物的损伤。

4. 先进性原则

货架是物流系统中的重要组成部分，可以通过适当的改造使它更好地适应整个系统的高效一体化集成功能的要求。例如，大型的综合配送中心要求采用先进的物流技术，先进的物流技术可以采用智能货架系统，用户通过使用安装于特别设计的货架上的射频阅读器来获得放置于货架上的货物信息，并在此基础上开展物流跟踪、客流分析等应用层面的工作。还可以通过标签本身传递丰富的信息，如商品的生产商、保质期和各种按需定制的属性，这些内容可直接通过读取标签得到。因此，物流企业无须在业务系统中管理繁杂的数据，极大地提高了管理水平和仓储作业效率。

5. 标准化原则

作为物流系统中的一个节点，货架应该实现标准化，以适应整个物流系统的一体化要求；应考虑与装卸、搬运等进行无缝衔接，以提高整个物流系统的运行效率。

3.3 高架仓库与堆垛起重机

3.3.1 高架仓库

1. 高架仓库的概念

高架仓库（如图 3—9 所示）是利用高货架储存货物的仓库，又称立体仓库或机械化仓库。这种仓库利用多种物料搬运机械进行搬运、堆垛和存取作业。仓库货架是多层的，而且很高，所以空间利用率较高，适用于多品种货物的储存。利用电子计算机控制高架仓库的货物入库、存取出库等整个过程，可实现仓库作业的全面自动化，使高架仓库不再是单纯保管和收发货物的场所，而成为组织和协调生产的一个重要部门。

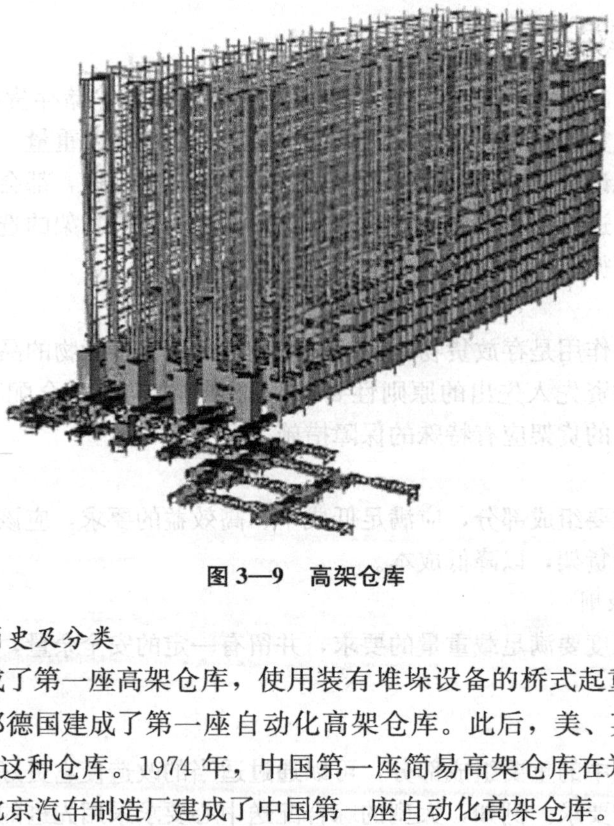

图 3—9　高架仓库

2. 高架仓库的简史及分类

1950 年美国建成了第一座高架仓库，使用装有堆垛设备的桥式起重机在地面上操控作业。1962 年，原联邦德国建成了第一座自动化高架仓库。此后，美、英、法、意、日和瑞士等国也相继建成了这种仓库。1974 年，中国第一座简易高架仓库在郑州纺织机械厂建成使用；1978 年，在北京汽车制造厂建成了中国第一座自动化高架仓库。

高架仓库按建筑形式可分为库架分离式仓库和库架合一式仓库。库架分离式高架仓库的仓库建筑和货架是分开建造的，高度一般在 12 米以下，采用侧向或三向堆垛叉车、桥式堆垛起重机或巷道式堆垛起重机堆垛。这类仓库主要是简易高架仓库，它的高度一般在 6 米以下，由人驾驶堆垛设备进行存取作业，货架制造精度要求不高，投资少，建设快。库架合一式高架仓库的仓库建筑与货架结合成一个整体，它的高度一般在 12 米以上，采用巷道式堆垛起重机堆垛。货架通常为钢结构或钢筋混凝土结构。

高架仓库按作业方式可分为货物集装成单元出入库式仓库和零星拣选式仓库两种。

高架仓库按控制方式可分为手动仓库、半自动仓库和全自动仓库。在半自动高架仓库中，操作人员在堆垛机上用手控制起升和运行后，堆垛机到指定货格前能自动停准，减少微调作业，提高堆垛设备的工作效率。自动高架仓库又分机上控制式和集中控制式。中、小规模的高架仓库多数采用手动和半自动控制方式。

3. 自动化立体仓库

自动化立体仓库（如图3—10所示）又称自动化高架仓库和自动储存系统。它是一种利用高层立体货架（托盘系统）储存物资，应用电子计算机控制管理和应用自动控制的堆垛机进行存取作业的仓库。自动化立体仓库的功能已从单纯的物资储存保管发展到物资的接收、分类、计量、包装、分拣、配送、存盘等多项，这种变化有助于实现高效率物流，大容量储存物资，满足现代化生产和商品流通的需要。

图3—10　自动化立体仓库

自动化立体仓库是一个综合的自动化系统。根据建筑形式的不同，可分为整体式仓库和分离式仓库；根据货物存取方式的不同，可分为单元式仓库和拣选货架式仓库；根据仓库在生产与流通中的作用的不同，可分为储存中心型仓库和物流中心型仓库；根据自动化仓库与生产连接的紧密程度的不同，可分为独立型仓库、半紧密型仓库和紧密型仓库。

自动化立体仓库主要由货物储存系统、货物存取和运输系统、货物控制和管理系统三大系统组成，并有与之相配套的供电系统、空调系统、消防报警系统、称重计量系统、包装系统、网络通信系统等。自动化立体仓库广泛应用于机械、家电、汽车、烟草、邮电、医药、食品、商业等各个领域，具有提高仓储能力、减少仓库占地面积、实现计算机自动化管理、提高效率等优点。

3.3.2　堆垛起重机

堆垛起重机是一种用货叉或串杆进行攫取、搬运和堆垛，或从高层货架上存取单元货物的专用起重机。它是立体仓库中最重要的起重运输设备，代表了立体仓库的特征。它在立体仓库的通道内运行，将位于巷道口的存放在货格中的货物取出，运送到巷道口。

1. 堆垛起重机的作用和特点

（1）堆垛起重机的作用。堆垛起重机是立体仓库中最重要的起重运输设备，是随着立体仓库的出现而发展起来的专用起重机。它主要负责完成出库、入库和盘库等任务。但巷道式堆垛起重机只能在货架巷道内作业，因此要配备出入库装置。

（2）堆垛起重机的特点。堆垛起重机具有如下特点：

1）作业效率高。堆垛起重机是立体仓库的专用设备，具有较快的搬运速度和货物存取速度，可在短时间内完成出入库作业。目前堆垛起重机的最快运行速度可以达到500米/分钟。

2）提高仓库利用率。堆垛起重机自身体积小，可在宽度较小的巷道内运行，同时适合高层货架作业，可提高仓库利用率。

3）自动化程度高。堆垛起重机可实现远程控制，作业过程无须人工干预，便于管理。

4）稳定性好。堆垛起重机具有较高的可靠性，工作时具有良好的稳定性。

2. 堆垛起重机的分类

堆垛起重机的分类方式很多，主要的分类如下：

（1）按照有无导轨，可分为有轨堆垛起重机和无轨堆垛起重机。其中，有轨堆垛起重机是指堆垛起重机沿着巷道内的轨道运行；无轨堆垛起重机又称高架叉车（如图3—11所示）。在立体仓库中运用的主要作业设备包括有轨巷道式堆垛起重机、无轨巷道式堆垛起重机和普通叉车。这三种设备的主要性能的比较如表3—1所示。

图3—11 高架叉车

表3—1 普通叉车、无轨巷道式堆垛机和有轨巷道式堆垛机的性能比较

设备名称	巷道宽度	作业高度	作业灵活性	自动化程度
普通叉车	最大	＜5米	任意移动，非常灵活	一般为手动，自动化程度低
无轨巷道式堆垛机	中	5～12米	可服务于两个以上的巷道，并完成高架区外的作业	可以手动、半自动、自动以及远程集中控制
有轨巷道式堆垛机	最小	＞12米	只能在高层货架巷道内作业，必须配备出入库设备	可以手动、半自动、自动以及远程集中控制

（2）按照高度可分为低层型堆垛起重机、中层型堆垛起重机和高层型堆垛起重机。其中，低型堆垛起重机的起升高度在5米以下，主要用于分体式高层货架仓库及简易立体仓库中；中层型堆垛起重机的起升高度在5～15米之间；高层型堆垛起重机的起升高度在15米以上，主要用于一体式的高层货架仓库。

（3）按照驱动方式可分为上部驱动式堆垛起重机、下部驱动式堆垛起重机和上下部相结合驱动式堆垛起重机。

（4）按照自动化程度可分为手动堆垛起重机、半自动堆垛起重机和自动堆垛起重机。手动堆垛起重机和半自动堆垛起重机上带有司机室；自动堆垛起重机没有司机室，采用自动控制装置进行控制，可以自动寻址、自动装卸货物。

（5）按照用途可分为桥式堆垛起重机和巷道式堆垛起重机。

3. 桥式堆垛起重机

桥式堆垛起重机简称桥式堆垛机，具有起重机和叉车的双重结构特点，像起重机一样具有桥架和回转小车。桥架在仓库上方运行，回转小车在桥架上运行。它与叉车的相似之处是具有固定式或可伸缩式的立柱，立柱上装有货叉或其他取物装置。堆垛和取货是通过取物装置在立柱上运行实现的，立柱的高度限制了其作业高度不能太高。

货架和仓库顶层之间需要有一定的空间，保证桥架正常运行。立柱可以回转，保证灵活工作。回转小车根据需要可以来回运行，因此桥式堆垛机可服务于多条巷道。

桥式堆垛机主要适用于 12 米以下中等跨度的仓库，巷道的宽度较大，适用于笨重和长大件物料的搬运和堆垛。

（1）主要性能参数。

1）额定起重量。额定起重量指桥式堆垛机允许叉取的最大物料重量和货叉重量的总和。

2）小车运行最大速度。指在额定起重量下，桥架上的小车运行时能达到的最大速度。

3）最大起重高度。指在额定起重量下，货物起升到最高位置时，货叉水平端的上表面与地面的垂直距离。

4）最大起升速度。指在额定起重量下货物起升的最大速度。

5）最大回转速度。指在额定起重量下回转平台回转时所能达到的最大速度。

6）货叉下挠度。指在额定起重量下，堆垛机货叉上升到最大高度时，货叉最前端弯下的距离。这一参数可以反映货叉抵抗变形的能力，与货叉的材料、结构形式及加工货叉的热处理工艺有关。

（2）桥式堆垛机的分类和特点。桥式堆垛机的分类和特点如表 3—2 所示。

表 3—2　桥式堆垛机的分类和特点

分类	名称	特点
按结构划分	带固定立柱的支撑式桥式堆垛机	由带立柱的小车和桥架组成；结构简单，使用方便
	带伸缩立柱的支撑式桥式堆垛机	具有伸缩式立柱，可以越过障碍物进行装卸和堆垛
	带固体立柱的悬挂式桥式堆垛机	桥架质量较轻，起重机的轨道固定在屋顶的桁架上
	带伸缩立柱的悬挂式桥式堆垛机	具有伸缩式立柱，质量较轻，起重机的轨道固定在屋顶的桁架上

4. 巷道式堆垛起重机

巷道式堆垛起重机简称巷道式堆垛机，是立体仓库中最重要的运输设备。巷道式堆垛机是随着立体仓库的出现而发展起来的专用起重机。它的主要用途是在高层货架的巷道内来回穿梭运行，将位于巷道口的货物存入货格，或者取出货格内的货物运送到巷道口。这种使用方式对巷道式堆垛机的结构和性能提出了一系列严格的要求，堆垛机的额定载重量一般为几十千克到几吨，其中 0.5 吨的使用频率最高，它的行走速度一般为 80～120 米/分钟，升降速度一般为 15～25 米/分钟。

（1）巷道式堆垛机的组成结构。巷道式堆垛机由机架（车身）、运行机构、起升机构、装有存取货机构的载货台、电气设备和安全保护装置等部分组成。

1）机架。堆垛机的机架由立柱、上横梁和下横梁组成。整机结构高而窄。机架可以分为单立柱和双立柱两种类型。双立柱结构的机架由两根立柱和上、下横梁组成一个长方形的框架，这种结构的强度和刚度比较高，适用于起重量较大或起升高度较高的场合。单立柱式堆垛机机架只有一根立柱和一根下横梁，整机重量比较轻，制造用时短，材料消耗少，结构更加紧凑且外形美观。堆垛机运动时，司机的视野比较宽阔，但刚性稍差。载货台与货物对单立柱存在偏心作用，堆垛机在行走、制动时加速减速产生的水平惯性力会对立柱产生动、静力刚度方面的影响。当载货台处于定性最高位置时，挠度和振幅达到最大值，这在设计时需加以校核计算。堆垛机的机架沿天轨运行。为防止框架倾倒，上梁需安装导引轮。

2）运行机构。在堆垛机的下横梁上装有运行驱动机构和在轨道上运行的车轮。按运行机构所在位置的不同可以分为地面驱动式、顶部驱动式和中部驱动式运行机构三种。其中，地面驱动式运行机构使用最广泛，它一般有两个或四个承重轮，沿铺设在地面的轨道运行。在堆垛机顶部有两组水平轮沿天轨（即在堆垛机上方辅助其运行的轨道）导向。如果堆垛机车轮与金属结构通过垂直小轴铰接，堆垛机就可以走弯道，从一个巷道转移到另一个巷道去工作。顶部驱动式堆垛机又可分为支承式和悬挂式两种，前者支承在天轨上运行，堆垛机底部有两组水平导向轮；后者则悬挂在位于巷道上方的支承梁上运行。

3）起升机构。堆垛机的起升机构由电动机、制动器、减速机、卷筒或链轮以及柔性件组成，常用的柔性件有钢丝绳和起重链等。卷扬机通过钢丝绳牵引载荷台作升降运动。除了一般的齿轮减速机外，由于需要较大的减速比，因此涡轮涡杆减速机和行星齿轮减速机比较常见。为了使堆垛机上的起升机构体积尽可能小，常使用带制动器的电机。

起升机构的工作速度一般为12～30米/分钟，最高可达48米/分钟。无论选用多快的工作速度，都有低速挡，低速挡主要用于平稳停准和取放货物时的微升降作业。

在堆垛机的起升、行走和伸叉（叉取货物）三种动作中，起升的功率最大。

4）载货台及存取货机构。载货台是货物单元的承载装置。需要搬运整个货物单元的堆垛机，载货台由货台本身和存取货装置构成；只需要从货格拣选一部分货物的拣选式堆垛机，载货台上不设存取货装置，只有平台供放置盛货容器之用。

存取货装置是堆垛机的特殊工作机构。取货的那部分结构必须根据货物的外形特点设计。最常见的是一副伸缩货叉，也可以是一块可伸缩的取货板，或者其他结构形式。

伸叉机构装在载货台上，载货台在辊轮的支撑下沿立柱上的导轨作垂直于行走方向的运动（起重），垂直于起重行走平面的方向为伸叉的方向。堆垛机的操作平台设在底座上，工人在此处可进行手动或半自动操作。

从机构设计的角度来看，伸缩货叉设计具有典型性，货叉完全伸出后，其长度为原来长度的两倍以上。当主动齿轮顺时针转动时，中叉向左运动；在链条的牵引下，上叉也向左运动达到向左伸叉的目的；当主动齿轮逆时针转动时，上叉则向右运动。

5）电气设备。主要包括电力拖动、控制、检测和安全保护。在电力拖动方面，国内多数用的是交流变频调速、交流变极调速和可控硅直流调速，而直流调速在国内应用较少。对堆垛机的控制一般采用可编程序控制器、单片机、单板机和计算机等。堆垛机必须具有自动认址、货位虚实检测以及其他检测功能。电力拖动系统要同时满足快速、平稳和准确三个方面的要求。

堆垛机的结构设计除需满足强度要求外，还需具有足够的刚性，并且满足精度要求。

6）安全保护装置。堆垛机是一种起重机械，要在又高又窄的巷道内高速运行。为了保证人身及设备的安全，堆垛机必须配备完善的硬件及软件的安全保护装置，并在电气控制方面采取一系列连锁、过载保护等措施。除了一般起重机常备的安全保护措施（如各机构的终端限位和缓冲、电机过热和过电流保护、控制电路的零位保护等）外，还应根据实际需求增设各种保护装置。

主要的安全保护装置有：

① 终端限位保护。行走、升降伸缩终端有限位保护。

② 连锁保护。行走与升降时，货叉伸缩驱动电路切断；相反，货叉伸缩时，行走与升降电路切断。行走与升降运动可同时进行。

③ 正位检测控制。只有当堆垛机在垂直和水平方向停准时，货叉才能伸缩。即货叉运动是条件控制，以认址装置检测到确已停准的信息为货叉运动的必要条件。

④ 载货台断绳保护。当钢丝绳断开时，弹簧通过连杆机构凸轮卡在导轨上，阻止载货台坠落，正常工作时提杆平衡载荷的重量，弹簧处于压缩状态，凸轮与导轨分离。

⑤ 断电保护。若在载货台升降过程中断电，则采用机械式制动装置使载货台在停止后不致坠落。

(2) 巷道式堆垛机的分类。按结构可分为单立柱型和双立柱型；按支撑方式划分，可以分为地面支撑型、悬挂型和货架支撑型；按用途可分为单元型和拣选型。各种巷道式堆垛机的类型、特点和用途如表 3—3 所示。

表 3—3　　巷道式堆垛机的类型、特点和用途

类型		特点	用途
按结构划分	单立柱型	机架结构由一根立柱、上横梁和下横梁组成一个矩形框架；结构刚度比双立柱型低	适用于起重量在 2 吨以下，起升高度在 16 米以下的仓库
	双立柱型	机架结构由两根立柱、上横梁和下横梁组成一个矩形框架；结构刚度比较高；质量比单立柱型好	适用于各种起升高度的仓库；一般起重量可达 5 吨，必要时可以更大；可以高速运行
按支撑方式划分	地面支撑型	支撑在地面铺设的轨道上，用下部的车轮支撑和驱动；上部导轮用来防止堆垛机倾倒；机械装置集中布置在下横梁，易保养维修	适用于各种高度的立体仓库；适用于起重量较大的仓库；应用广泛
	悬挂型	在悬挂于仓库屋架下弦装设的轨道下翼沿上方运行；在货架下部两侧铺设下部导轨，防止堆垛机摆动	适用于起升量和起升高度较小的小型立体仓库；使用较少；便于转巷道
	货架支撑型	支撑在货架顶部铺设的轨道上；在货架下部两侧铺设下部导轨，防止堆垛机摆动；货架应具有较大的强度和刚度	适用于起升量和起升高度较小的小型立体仓库；使用较少
按用途划分	单元型	以托盘单元或货箱单元进行出入库作业；自动控制时，堆垛机上无司机	适用于各种控制方式；可用于“货到人”式拣选作业
	拣选型	在堆垛机上的操作人员从货架内的托盘单元或货物单元中取少量货物，进行出库作业；堆垛机上装有司机室	一般为手动或半自动控制；可用于“货到人”式拣选作业

3.4 商品检验技术与装备

商品检验是指商品的生产方、购买方或者第三方在一定条件下，借助某种手段和方法，按照合同、标准或国内外有关法律、法规、惯例，对商品的质量、规格、重量、数量、包装、安全及卫生等方面进行检查，并对是否合格或是否通过验收做出判定，或为维护买卖双方的合法权益，避免各种风险损失或解决责任划分的争议，便于商品交接结算而出具各种有关证明的业务活动。

3.4.1 商品采购入库检验

1. 采购的分类

采购是企业为了取得经营所需的各种物资而按照一定的代价与外部进行的业务交流活动。不同的行业、企业对采购的理解不同，根据企业生产方式的不同，采购可以分为三类：

（1）成批标准化采购。它是与库存量生产方式相适应，按照销售预测制定物料需求计划进行的采购。由于按库存量生产的通常是标准化产品，能够实现流水线生产作业，产品按一定的库存计划生产完工后存放在仓库里供客户购买，因此它的优势是能够满足客户提出的及时交货的要求。它的针对性强，能够实现标准化的大批量采购，采购活动相对简单，技术性要求较低，但商务化比重较大。

（2）分类采购。它是采用按订单生产方式的企业以分类方式进行的采购。按订单生产适用于产品种类多且储存成本高的企业，要求企业生产灵活迅速。由于企业可以根据客户订单进行采购和生产，因此可以保证高质量、按时交货。按订单生产的企业对采购的要求很高，必须根据不同的原材料、零部件采取不同的采购管理方式。

（3）技术性采购。它是采用按订单设计生产方式的企业所进行的采购。按订单设计生产是指企业在收到客户订单后首先进行产品设计，然后进行产品生产，这种方式适合小批量生产、单件产品生产以及承接工程项目等。在按订单设计生产方式下，采购通常在企业收到订单并已确定设计后才开始，对采购的技术性要求高。

2. 采购商品检验流程

采购商品检验直接关系到采购商品的质量，乃至采购活动的成败。对所采购的商品实施检验是保证采购商品质量的重要环节。采购商品检验应该有计划、有步骤地进行，主要包括制定检验方案、做好检验前的准备工作、核对进货凭证、实物检验、填制检验记录单等。

（1）制定检验方案。对购入批量大、价值高、对最终产品影响大的商品，采购前应制定检验方案，并在方案中确定检验的方式和程度，明确检验的特性和项目，规定检验的程序、方法、人员、设备等。如采用抽样检验，还应确定抽取样本的方法，选择抽样检验的类型（计数型抽样检验还是计量型抽样检验）。

（2）做好检验前的准备工作。

1）确定检验人员。检验人员是检验的主体，检验人员的业务能力、技术水平和工作经验将对检验工作产生直接的影响。应根据不同情况配备相应的检验人员，必要时需进行培训。

2）相关技术资料。为保证采购商品检验的科学性和正确性，应有齐全的、权威的技术资料为依据。应根据拟检验的对象，有针对性地搜集、整理、查阅相关技术资料，熟悉该批采购的合同、质量标准和使用要求等。

3）检验器具和设备。对检验用的器具和设备应精心维护，使其处于完好的状态，使用前必须进行校准或校审，以保证检验的正确性。

4）检验场地和保管场所。对某些采购商品的数量和外观的检验，需要一定的场地，如钢材、机床等的外观缺陷检验要有较大的场地才能进行。另外，检验后的商品，无论合格与否，都要有适宜的场地存放，因此在货到前对这些事项都应做出相应的安排。

(3) 核对进货凭证。采购货物到达后，只有在确认进货凭证齐全后才能够进行检验。检验的第一步是核对有关的凭证。这些凭证包括合格证、化验单、试验报告、检验单、装箱单、货物明细表、磅码单、发货票、运输单据等。应以买卖合同为依据，按照合同条款规定的供货人名称、供货品种、规格、数量、重量、包装方式、检验标准和方法、交货时间和地点等，与有关单证进行核对，并将进货凭证提供的产品质量检验结果与合同规定的相应标准进行对照，以确认无误。

(4) 实物检验。实物检验是在有关单证核对无误后进行的。应严格按照预先制定的检验方案，进行数量、重量和外观质量的检验。实际数量、重量要与供货厂商的发货票相比对；外观质量应与合同规定的标准相比对。如自身不具备条件，可委托相关的检验、科研等机构对一些必要的理化性能进行代验。

(5) 填写检验记录单。检验记录是对检验结果的描述，是反映一批货物数量、重量和质量状况的客观依据，检验人员应认真填写。检验记录一般包括供货厂商的名称、买卖合同号、检验对象、检验项目、抽样方法和数量、参照标准、合格准则、检验条件、不合格的项目和产品数量、合格品率、检验人员签名和日期等。

3. 采购商品检验的抽样方法

(1) 抽样检查。抽样检查是指从整批商品中抽出部分商品进行检查，将检查结果与商品标准（或合同、信用证）的规定进行比较，做出整批商品合格与否的判定。通常，这部分抽出的样品称为样本，样本中的每个单位产品称为样本单位，样本中包含的样本单位的数量称为样本大小（或样本量），一批商品的全体则称为总体。抽样检查是一种经济实用的商品检验方法，适用于大批量、检查项目多或需要进行破坏性试验的商品。

(2) 抽样检查的形式。

1）百分比抽样检查：不管批量大小，一律按同一百分比抽取样本，按同一合格判定数判定合格与否，而且常取不合格判定数为零，即抽检的样本中不允许出现不合格品。

2）固定样本抽样检查：不管批量大小，抽取的样本量都一样。

3）统计抽样检查：利用统计学原理，对抽取的样本实施检查。

上面介绍的百分比抽样检查和固定样本抽样检查操作简单，但不够科学，商品的接受或拒收没有合理的标准，经常使买卖双方承担不正常的风险。而统计抽样检查是以概率论和数理统计为指导的，是一种科学的抽样检查方法。

(3) 随机抽样技术。随机抽样是指不带任何主观色彩，在每次抽取样品时，使待检查批中的每个单位产品被抽到的可能性大小都相等的抽样方法。常用的随机抽样方法有以下三种：

1）简单随机抽样。即让批中所有的单位产品都以相同的可能性被抽到的方法。

2）系统随机抽样。即在检查批实行简单随机抽样有困难时，采用每隔一定时间进行抽样的方法。

3）分层随机抽样。即把检查批合理地划分成小批或部分（也叫层），按一定的比例分别从各小批或部分中随机抽取样品组成检查批的样本的方法。

3.4.2 商品的重量检验

1. 商品重量检验概述

（1）计重方式与单位。常见的计重项目有毛重和净重。毛重是指商品本身的重量加其包装的重量；净重是指商品本身的重量，即商品的毛重减去包装的重量（皮重）。计量单位大多数使用公吨、吨、公斤为单位，也有使用英制长吨、美制短吨、磅、盎司等作为单位的。

（2）常见计重方法。

1）衡器计重：这是使用最多的一种计重方式，使用小到天平、台秤，大到汽车衡、轨道衡、料斗秤等衡器，经校准后对不同商品进行称重。

2）水尺计重：是指利用浮力原理，测量出船只在装货前后或卸货前后的吃水差，计算出船只的排水量，扣除船上其他物料的重量及修正后得出所装货物的重量。它是适用于散装、低值物料重量检验的一种快速方法，其允许误差为±0.5%。

3）容量计重：这是用于散装液体商品（如原油、成品油等）的一种计重方式。通过测量油舱、油罐在装货前后或卸货前后的液位，计算出装货或卸货的重量。

4）流量计计重：这是一种仪器计重方式，通过流量计直接测得液体或气体商品在装货或卸货时的重量。

2. 衡器鉴重

用来衡量物体重量的器具叫秤，也称衡器，如弹簧秤、台案秤、地中衡、轨道衡、料斗秤、电子秤等。

衡器鉴重的地点大都在码头、磅房、货场、仓库等地，与贸易关系人、港务、装卸、计量等部门关系密切，需要得到各有关单位和部门的支持和配合。另外，衡器计重是一门计量科学，衡重设备是一类技术水平跨度很大的设备，从最简单的木杆秤到技术密集的带微处理机和电视监视系统的电子衡重设备都可归入衡重设备。因此，衡器计重工作不仅政策性强，而且科学性、技术性也很强。衡器鉴重是在重量计重中应用最广泛、最普遍的方法，涉及的商品品种很多，如包装类、裸装类和部分散装类商品都可采用衡器计重的方法。

衡器鉴重根据不同的商品类型可以采取不同的鉴重方法，内容如下：

（1）包装商品的鉴重方法。

1）标明重量的商品，重量明细单应与实际货物相符。标记、号码清晰，采用随机方式抽查鉴重。

2）固定净重商品，按抽查净重方法鉴定全批重量。

3）重量易变的固定净重商品，包括新鲜蔬菜类商品，抽查件数与鉴重结果的处理同“固定净重商品”。

4）盐渍或含水的固定净重商品，在抽查时，去掉浮盐，控去汁液称取净重，抽查件数与匀方差可根据有关规定处理。

5）小包装商品，其抽查件数和匀方差可根据 SN/TO188—93 的规定执行。

6）其他包装类商品应全部衡重，其中皮重基本一致的，可抽取5～50件推算平均皮重。

7）不能回皮的商品（包括内部充有惰性气体的或封装密固的听装、桶装商品），可按推定皮重、发票皮重核算净重。

8）凡经扦出样品的箱、捅、袋、盒，鉴重时应留下扦出印记，以免重抽。

(2) 散装商品的鉴重方法。

1）散装商品应在装卸地点进行全部衡重。

2）集装袋（吨袋）皮重，应按规格抽查2～20件推算平均数。

(3) 裸装商品的鉴重。裸装商品应全部衡重。如规格一致，每件标称值相同，可按固定净重或定重包装商品进行抽查鉴重。标有毛、净重及编号并附有细码单的，可按标明重量的商品办理。

(4) 贵稀商品的鉴重。以克计价并鉴证的商品，应逐件称取净重，并选用级衡器或等同于级衡器准确度的天平实施称量。

3. 水尺计重

水尺计重也称"公估"，是以承运船舶为大型"衡器"，在装货前后或卸货前后，分别观测其吃水（水尺），依据准备好的有效的船舶图表查算相应排水量，经必要的校正计算后，扣除经测算的压载水、淡水、燃料油、船用物料和空船重量等，最终求得所装载或卸载货物的重量。与其他计重方式相比，水尺计重具有简便、迅速，可避免装货与卸货的物损，损耗费用低等特点。

水尺计重的实施主要有以下两个步骤：

(1) 水尺计重的准备工作。在进行水尺计重之前，有关水尺鉴定人员应做一些计重前的准备工作，主要包括：进一步了解有关情况，准备观测水尺，测量油、水等有关器具。

(2) 水尺的测定、校正与计算。水尺的测定是对承运船舶当时的艏、舯和艉部左右两侧的吃水线的六个吃水点进行的观测或测量，以确定其实际水尺。一般来说，船舶呈平浮状态，即船舷、艇水尺相等的情况是比较少的。有的船在满载状态下，考虑到短期内需穿越运河，这时基本处于平浮状态。除此之外，船舶呈纵倾状态的较多。为了计算准确，必须对船舶的水尺作纵倾或横倾校正。根据观测的船艏、船艉、船舯左右水尺，经纵倾与拱陷校正而计算出拱陷校正后的平均水尺，并据此计算相应的排水量或载重量。

4. 容量计重

容量计重是以检定的标准容器，测定液体或气体商品等的容量或流量，结合密度、压力和温度，经必要的修正后，计算其重量的一种计重方式。容量计重有静态计重和动态计重两种方式。静态计重是对处于相对静止状态的液体或液化气等商品的数量进行测量与计算，主要采用岸上油罐、水上油驳、船舶的液货舱、岸上压力罐和船舶压力舱等容器；动态计重则是对流动状态的液体或气体商品的数量进行测量和计算，主要采用流量计等仪表。容量计重所涉及的商品，是指在运输、储存和交接过程中的散装液体或气体货物。这些货物一般可以是石油及其液体石油产品、动植物油、液体化工产品和液化气体等。在装卸和运输过程中，由于采用管线或者油轮、油驳等运输，故将上述货物称为液体散装货物或罐装货物。对其重量的确定，目前大都采用容量计重的方法。

容量测定主要包括：

(1) 容量单位的确定。在容量单位中，公制单位有升、千升、立方厘米、立方分米、立方米，英制单位有立方英寸、立方英尺、英加仑、美加仑、英桶、美桶等。应用于容量计重的容器，习惯上大容量以立方米为基本单位，小容量则仍以升为基本单位。

（2）容量的测定。油罐和船舱的静态容量计重，具体可细分为油罐、定量油池、油驳、船舱、槽车或罐式集装箱计量等方式。其中还包括压力罐、压力舱的计量。在对油罐、油驳、油舱、槽车或罐式集装箱等的容量进行测定的过程中，使用的测量器具有量油尺、液位测量仪、压力测量装置等。

（3）容量的计算。用于液体或气体商品储存、运输和计量的容器，其结构、形状不尽相同，都制有计量表，以供计量使用。计量容器的计量表须经国家计量部门检定或审核认可，且在有效期内，方可作为采购散装液体和气体商品的计量之用。

我国的度量衡制现已统一为公制，但国际上仍有一些国家采用英制，在执行容量计重工作中，经常遇到英制单位，因此，我们有必要熟悉英制容量单位与公制间的换算。常见的容量单位间的换算关系如表 3—4 所示。

表 3—4　　　容量单位换算关系表

升	立方米	立方英寸	立方英尺	加仑（美）	加仑（英）	桶（美）	桶（英）
1	10^{-3}	61.024	3.5315×10^{-2}	0.26418	0.21998	6.29×10^{-3}	6.285×10^{-3}

5. 流量计计重

在采购商品时，液体商品的重（数）量交接多采用静态计量的方法，即以油罐或船舱计量测算的重量或体积作为贸易结算的依据。我国从 20 世纪 70 年代中后期开始广泛采用流量计对国内原油交接和部分出口原油进行动态计量。目前，国内使用流量计进行油量交接的已接近 90%，但在我国进出口液体商品的计量中，现仅对部分出口原油进行流量计计重。

原油的流量计计重，是以校准的流量计，测得输送原油的体积和温度，同时经取样，测定密度和含水量，进行标准状态下的体积与密度的换算，并扣除含水量，最终计算出所输原油的重量或体积。下面介绍用容积式流量计计量原油的有关问题。

（1）流量计计重的技术要求。为了保证流量计计重的准确性，并使其得到保护，流量计应配置过滤安全阀、消气器和可靠的压力及流量控制设备，如流量调节阀、回压调节阀和逆止阀等。为了计算原油重量，流量计应与密度、含水、压力等参数的测量仪表配套使用。目前，我国对原油计量的流量计及有关的计量仪表的准确度有如下规定：

- 流量计基本误差应不大于±2%。
- 原油密度测定极限误差应不大于±1 千克/立方米。
- 原油含水测定极限误差应不大于±0.1%。
- 计量系统综合误差应不大于±0.35%。

为了保证流量计计重的准确度，除在计重前或计重过程中对其进行必要的检定和检查外，还必须根据实际情况进行必要的临时校验。临时校验是指当流量计实际计量条件与确定流量计精度的检定条件不同或流量计在计量过程中出现异常情况时，使用标准装置重新校验流量计的实际计量精度。

（2）原油密度和含水量的测定。

1）取样。原油的取样方式主要分为油罐取样、管线取样和船舱取样等，管线取样又可分为人工取样和自动取样。

2）测定原油密度。在采用玻璃密度计测定原油密度时，应使试样温度达到具有足够流动性的最低温度。测定密度的量筒应放置在没有气流的地方，并保持平稳。将选好的清洁、干燥的密度计小心地放入搅拌均匀的试样中，注意液面以上的密度计杆管浸润不得超过两个最小分度值。

3）测定原油的含水量。在采购原油要求净重时，应扣除原油的含水量。采用蒸馏法测定原油的含水量，是将定量的试样与无水解剂混合，进行蒸馏测定其含水量并以百分数表示。

（3）数量计算。根据输油计量过程中测定的流量计系数、累积体积量或累积质量、输油温度、压力以及原油密度和含水量等，对采购原油的数量进行计量。

3.4.3 金属材料商品的检验

商品的检验一般由商品买卖双方的检验部门进行，或者委托有资质的第三方专业检验部门进行。检验部门在对进出口商品进行检验时，必须具有国家质量监督检验检疫总局颁发的《进出口商品检验鉴定机构资格证书》（如图 3—12 和图 3—13 所示）。

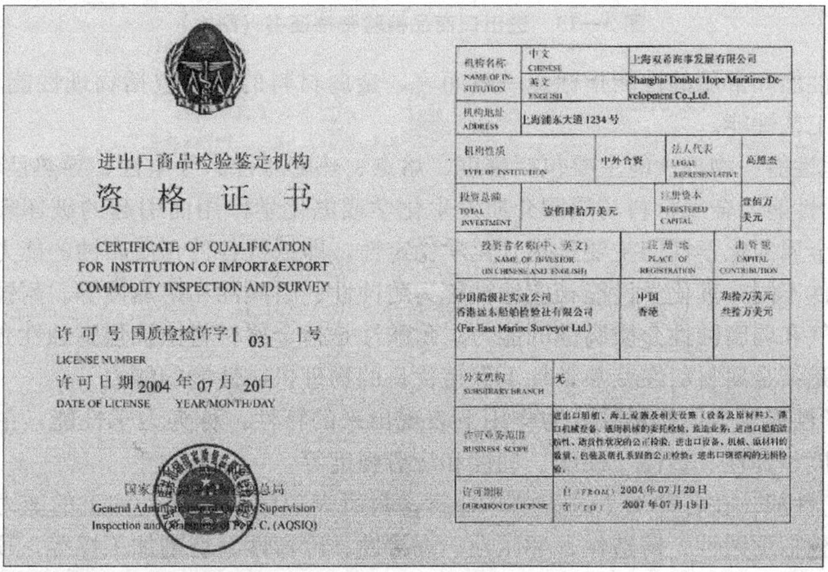
进出口商品检验鉴定机构
资 格 证 书
CERTIFICATE OF QUALIFICATION
FOR INSTITUTION OF IMPORT&EXPORT
COMMODITY INSPECTION AND SURVEY
许 可 号 国质检检许字［ 031 ］号
LICENSE NUMBER
许可日期 2004 年 07 月 20 日
DATE OF LICENSE YEAR/MONTH/DAY
国家[illegible]总局
General Administration of [illegible] Supervision
Inspection and [illegible] P. R. C. (AQSIQ)

机构名称 NAME OF INSTITUTION	中文 CHINESE	上海双希海事发展有限公司	
	英文 ENGLISH	Shanghai Double Hope Maritime Development Co.,Ltd.	
机构地址 ADDRESS	上海浦东大道 1234 号		
机构性质 TYPE OF INSTITUTION	中外合资	法人代表 LEGAL REPRESENTATIVE	高燕杰
投资总额 TOTAL INVESTMENT	壹佰肆拾万美元	注册资本 REGISTERED CAPITAL	壹佰万美元
投资者名称（中、英文） NAME OF INVESTOR (IN CHINESE AND ENGLISH)	注册地 PLACE OF REGISTRATION	出资额 CAPITAL CONTRIBUTION	
中国船级社实业公司 香港远东船舶检验社有限公司 (Far East Marine Surveyor Ltd.)	中国 香港	柒拾万美元 叁拾万美元	
分支机构 SUBSIDIARY BRANCH	无		
许可业务范围 BUSINESS SCOPE	[illegible]		
许可期限 DURATION OF LICENSE	自（FROM）2004 年 07 月 20 日 至（TO）2007 年 07 月 19 日		

图 3—12 进出口商品检验资格证书

1. 金属材料的种类和性能

（1）金属材料的种类。金属材料的种类非常多，其分类的方式也不胜枚举，但习惯上人们在从事采购活动时常常把它们分为黑色金属和有色金属两大类。

黑色金属通常是指铁、铬、镍、锰及其合金，如生铁、铁合金、钢和钢材等。黑色金属以外的金属及其合金都是有色金属材料，如铜、铝、铅，以及它们的合金、硬质合金等。有色纯金属有 80 多种，其合金就更多了，不过在实际的采购工作中往往简单地把有色金属分为普通有色金属和稀有金属两类。普通有色金属包括铜、铝、铅、锌、锡、锑、镍、镁等；稀有金属包括钛、钼、钨、钽、铌、锆、稀土金属等。

（2）金属材料的性能。金属材料的品种繁多，性能不一，要做到科学合理地采购，必须

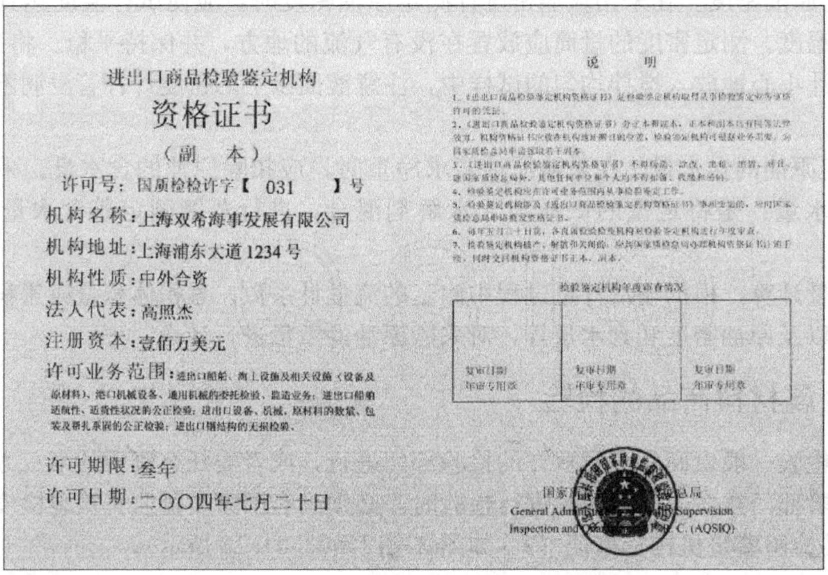

图 3—13 进出口商品检验资格证书（副本）

了解它们的性能和常用的性能指标。一般而言，金属材料的性能包括物理性能、化学性能、力学性能和工艺性能。

1）物理性能。物理性能主要包括密度、熔点、热膨胀性、导电性、导热性和磁性。

2）化学性能。金属材料与周围介质发生化学或电化学作用而引起的破坏现象，叫做金属的腐蚀。金属的化学性能主要是指其化学稳定性，即抵抗各种介质腐蚀的能力。根据金属被腐蚀的条件不同，其化学性能相应地被称为耐蚀性、耐酸性和耐热性等。耐蚀性是指金属材料抵抗大气和弱腐蚀性介质腐蚀的能力；耐酸性是指金属材料抵抗强腐蚀性介质腐蚀的能力；耐热性是指金属材料在受热条件下保持优良的物理机械性能的能力。

3）力学性能。金属材料在外力作用下表现出来的特性，称为力学性能，主要包括材料的强度、刚度、弹性、塑性、硬度、韧性和疲劳强度等。

4）工艺性能。在各种加工过程中，金属材料所表现出来的接受加工的能力，称为工艺性能，主要包括顶锻性、铸造性、冲压性、焊接性、冷弯性、切削加工性等。顶锻性是金属材料承受打铆、镦头等加工变形的能力；铸造性是金属材料经熔化后，浇铸成型的能力；冲压性是金属材料经过冲压变形而不产生裂纹等缺陷的能力；焊接性是把需要焊接的接头部位，快速加热至熔化或半熔化状态，然后使两个分离体的接头牢固结合在一起的性能；冷弯性是金属材料在常温下承受弯曲而不破裂的性能；切削加工性是金属材料承受机械切削加工时所表现出来的性能。

2. 金属材料商品的检验

金属材料商品的检验是金属材料采购工作的重要环节，也是保证材料品种、规格、数量、质量符合规定的重要前提。金属材料商品的检验包括标识、规格、尺寸、数量、表面质量、内部质量等内容。这些检验都是以标准为依据的，因此，要做好材料的检验工作，必须熟悉标准并运用标准。

做好检验工作一定要熟悉产品标准中的验收规则和试验方法，并按其规定进行，否则检验无效。验收规则是为了保证出厂产品质量符合标准要求而规定的检验和责任制度，内容包括有关产品组批、取样和试样、分析和检验、复验、判废、降级或退货以及相关责任等的规定。

(1) 包装、标识检验。金属材料包装有捆扎和装箱（桶）两种形式。检验时首先检验包装是否合乎产品标准规定和有无破损。标识是在金属材料表面或包装上所做的标记，用来区分金属材料的炉罐号、牌号、批号、质量等级、规格、数量等。

(2) 规格尺寸检验。规格尺寸检验就是检验材料的实际规格尺寸是否与所订购的商品相符，差异是否在允许的偏差范围内。材料规格尺寸检验必须在标准规定的部位进行，并正确使用测量工具，否则结果无效。

(3) 数量检验。金属材料都是按重量计价的，计量单位为吨或千克。数量检验主要是确定材料的重量是否有误。

(4) 外观检验。根据对使用的影响程度的不同，在金属材料标准中明确规定了各种外观缺陷是否允许存在，或允许存在的程度。因此，必须对金属材料进行外观检验，并将检验结果与有关标准比较，从而确定材料是否合格。

(5) 质量检验。金属材料的质量包括化学成分、性能、表面质量和内部组织等内容。实际工作中所说的质量检验，通常是对化学成分、性能和内部组织的检验。

对于国产金属材料，生产厂应按有关标准及合同规定的保证条件逐项进行检验，确定合格后才交货，并开具产品质量证明书。需方只需将质量证明书与产品标准、订货合同核对，一般不再对金属材料的化学成分、性能和内部组织进行复验。

1) 金属材料化学成分的检验。化学成分检验的方法主要有化学分析法、色谱分析法等。化学分析法又分为定性分析和定量分析。定性分析是为了鉴定材料的元素组成，得出材料是由哪些元素组成的；定量分析是准确测定出组成材料的各元素及杂质的含量。色谱分析法是根据各元素在高温、高能量激发状态下具有特定的发射光谱这一特性，进行金属材料化学成分测定的一种方法。

2) 金属材料内部组织的检验。内部组织检验是指采用组织检验法对金属材料的内部组织和缺陷进行观察。组织检验分为显微组织检验、宏观组织检验和无损探伤检验。以上介绍的各种检验方法都要制取试样，要损伤一部分材料，只有无损探伤检验不需要制取试样，是一种对材料毫无损伤且快速的探伤方法。

超声波探伤法是无损探伤检验的常用方法。这种方法采用超声波探伤仪进行，采用的超声波是频率在2万赫兹以上的弹性振动波，振动波能在同一均匀介质中作直线传播，但在两种不同的物质交界面上便会出现部分或全部的反射。在检验时，材料内部的缺陷位置（如气孔、夹杂、裂纹、缩孔等，与金属构成交界面）能在超声波探伤仪的荧光屏上反映出不同的波形，凡是有交界面的地方波峰就特别高。

3.4.4 机电产品的检验

机电产品一般是指机械产品、电工产品、电子产品以及这些产品的零件、配件、附件。在这里，机械产品是指基于力学、热力学原理，为了不同的目的而设计制造的各种设备，如机械制造设备、加工制造设备、动力设备、运输设备及其零部件。电工产品是指以电工学原理为基础，研究电能应用而制造的设备，主要包括强电类高压条件下使用的设备（如发电及传输设备），将电能转化为其他能进行工作的电工设备、控制设备和电子元器件等。电子产品是指以电子或离子产生、发展变化规律为理论基础制造的各种设备，如通信设备、视听设备、电子仪器仪表、计算机、电子医疗设备、家用电器等。

1. 机床的检验

机床检验的内容包括质量、型号、规格、数量、重量、包装以及是否符合安全、卫生的要求。一般而言，机床的检验分为两个步骤，即开箱验收检验和工作性能检验。

（1）机床开箱验收检验。所采购的机床应具有装箱单、使用说明书及产品出厂合格证。这些内容应与机床铭牌上的型号规格等逐项核对，并保证无差异。机床的外表应无裂缝、变形、损伤、发霉、锈蚀等现象；铸件表面不得有裂缝和砂眼；表面涂漆层应均匀、光洁。用手转动机床上的转动部件，各部件应保证灵活、平稳，细听无杂声。机床上的所有紧固螺栓应拧紧，不得松动；电缆的接线应完好，接线盒不应有损伤现象。机床丝杆、主转轴等的外露部分应涂有润滑油脂。机床装箱单所列的零部件不应有缺损、锈蚀等现象。

（2）机床工作性能检验。由于机床是由国家定点部门生产的，而且整个生产过程具有严格的质量保证措施，保证按照国家的有关标准执行，产品出厂前还要经过检验部门的严格检验，因此机床的工作性能是有保证的。如果采购单位对所采购的机床工作性能持有异议，可以通过第三方专业检验机构或研究单位进行再检验和判定。

2. 电机的验收与检验

（1）电机入库应具有装箱单、使用说明书及产品出厂合格证。这些内容应与电机铭牌上的型号规格等逐项核对，并保证无差异。

（2）检查电机的外表应无裂缝、变形、损伤、发霉、锈蚀等现象；铸件表面不得有裂缝和砂眼；表面涂漆层应均匀、光洁。

（3）用手转动转子，转子应灵活，细听无杂声；具有滑环或换向器的电机，电刷与滑环或换向器接触应良好，旋转时不应跳动，滑环或换向器表面不应有划痕。

（4）电机所有紧固螺栓应拧紧，不得松动；电机引出线应完好，接线盒不应有损伤现象。

（5）电机附带的风扇不应有损伤、变形、脱漆、锈蚀等现象。直流电机换向器的铜片不得有氧化及凹凸现象，云母垫片不应凸出。

（6）在验收三相整流子变速电机时，应打开整流子上面的罩盖，用手转动手柄，手柄应轻便灵活，两个转盘应相对移动，转盘的刷握应无锈蚀现象，弹簧压力不得失效，炭精应完整无损。

（7）用兆欧表（摇表）检查电机绕组与机壳之间的绝缘电阻（对于有六个出线端的交流电机，也应检查多绕组之间的绝缘电阻）。

（8）转轴的外露部分应涂有酚醛清漆，键销应绑扎在轴槽内，不得丢失。

3.5 仓库养护技术与装备

仓库里温度和湿度的变化，与储存商品的安全具有密切的关系。为了使库内的温度和湿度条件符合物资养护条件标准，有时需要排出库内多余的热量，对库内温度和湿度进行控制，改善库内的储存环境。这就需要设置各种不同的通风设备、减湿设备等，从而构成仓库养护系统。

3.5.1 通风系统

1. 通风系统的分类

按照通风系统的动力性能，可分为自然通风和机械通风。

(1) 自然通风。自然通风是依靠室内和室外的温度差所造成的热压，或建筑物在风力作用下造成的风压，以及气体的扩散作用，使室内和室外的空气进行交换。气体的扩散作用一般很小，自然通风主要通过室内外的温度差和风对建筑物的作用调整室内温度。

自然通风通过定期开启门、窗等方法，或者根据空气自然流动规律，利用门、窗控制和调节流入和排出的空气来实现。

自然通风是一种最经济的通风方式，有时也被称为“调节换气”。虽然自然通风是一种经济有效的通风方式，但它受到自然条件的限制和影响，如外界风力、风向、室外空气温湿度、室外空气质量、季节等。当室外的气象条件较差（如温度过高，所含灰尘超过了最大的允许浓度）时，要保证送入通风仓库内的空气符合仓库的技术要求，靠自然通风是很难做到的，此时就需要采用机械通风的方法。

(2) 机械通风。机械通风是依靠通风机所造成的压力差，借助通风管网来输送空气的方法。机械通风系统可分为四种类型：

1) 进气式通风系统。它是指向库内输入新鲜空气，空气可以是充满全库的，也可以是局部的。这种通风系统简称送风系统。

2) 排气式通风系统。将库内的污浊空气排出的通风系统称为排气式通风系统，或简称排风系统。同样，它也可以是排出局部的或全部的污浊空气。最简单的排气系统只要在通风房间的墙上开一个排风口，并装上低压排气风扇，就可以将室内的废气排出室外。

3) 联合式通风系统。如果单独设置进气式通风系统或排气式通风系统不能满足通风要求，可采取进气和排气并用的联合式通风系统，即一方面通过排气式通风将污浊空气从库内排出，另一方面通过进气式通风将洁净、新鲜的空气补充进来，从而达到较好的通风效果。

4) 空气调节系统。空气调节系统简称“空调系统”，是一种比较先进和完善的机械通风系统。无论各种外在因素和内在因素如何变化以及对室内的气象条件影响如何，空气调节系统都能够为室内创造出完全符合卫生和技术要求的人工气象条件。空气调节系统一般包括各种空气净化、除尘、加热、冷却、加湿、干燥等空气处理设备。为了使通风室内的温度和湿度不受外界气象条件变化和室内温度变化的影响，空调系统还设有自动控制和调节室内温度、湿度的特殊装置。有了这些自动调节装置，不论外界气象条件如何变化，都可以保证室内的空气在一定时间内维持一定的温度和湿度，并且，如果对室内气象条件的要求发生了改变，还可以根据实际需要和新的要求调整室内的温度和湿度。

2. 通风机

在机械通风系统中，迫使空气在通风管网中流动的机器称为通风机。按照不同的工作原理和结构形式，通风机可以分为离心式通风机和轴流式通风机。

按照不同的输送介质和要求，通风机可以分为普通通风机、除尘通风机、排风机、耐酸通风机和防爆式通风机。普通通风机所输送的介质（空气），一般温度不高于160℃，含尘量小，对设备的腐蚀性不大。除尘通风机的叶片较少，且呈流线型，一般用来输送含尘浓度超过 150 毫克/立方米的含尘空气，或用于输送气体。排风机是装有冷却轴承的装置，专门用来排除湿度很高的空气或气体。耐酸通风机由不锈钢、耐酸塑料或陶瓷等耐酸材料制成，专门用来输送腐蚀性很强的空气或气体。防爆式通风机的外壳和叶轮是由软金属（如铜或铝）制成的，用来输送容易引起爆炸或燃烧的气体，或含有某种可能引起爆炸的工业粉尘的空气。

按照通风机产生的压力大小，又可分为低压通风机、中压通风机和高压通风机。如果通风机在通风管网中所造成的压力在 133 322 帕以下，则称为低压通风机。低压通风机可以用来输送普通的空气、被有害气体或蒸汽污染过的空气。如果通风机在通风管网中造成的压力在 133 322～39 997 帕，则称为中压通风机。中压通风机一般可以用在管网较长、阻力较大的通风系统上，也可以用来输送含有金属屑、木屑、亚麻和棉纤维等工业粉尘的空气。如果通风机在通风管网中造成的压力大于 39 997 帕，则称为高压通风机。高压通风机可以在极复杂的通风管网中输送空气或物料。

3.5.2 减湿设备

在储存对相对湿度有一定要求的货物时，其空气的减湿处理具有非常重要的意义。另外，对于一些地下建筑，如地下仓库或半地下仓库，空气的减湿处理往往也是通风工程的主要任务。空气的减湿处理方法很多，概括起来，目前在仓库中常用的方法有三种：吸湿剂减湿、通风减湿和冷却减湿。

1. 吸湿剂减湿

常用的吸湿剂有：带孔隙的硅胶（即成胶状的二氧化硅）、活性氧化铝、氯化钙等。

（1）硅胶是一种无毒、无臭、无腐蚀性的半透明结晶体，不溶于水。硅胶能吸收相当于自身重量 25%～50%的水分。如果将这种吸足了水分的硅胶加热到 150℃，其中的水分就会迅速排出，但硅胶的性质不变，因而可以继续使用，这种去水过程称为“再生”。因为再生后的硅胶吸水能力有所下降，而且在再生过程中总要有些损耗，所以应及时补充和更换新硅胶。

（2）活性氧化铝是一种带孔隙的固体物质，它能吸收相当于自身重量 18%～24%的水分。

（3）氯化钙是白色的多孔结晶体，略有苦咸味，吸湿能力较强，但吸湿后即潮解，最后变成氯化钙溶液。氯化钙对金属有强烈的腐蚀作用，使用起来不如硅胶方便，但因其价格低廉，加热后也能再生和重复使用，所以应用比较广泛。常用的氯化钙有两种，一种是工业纯氯化钙，纯度为 70%，吸湿量可达自身重量的 100%；另一种是无水氯化钙，纯度为 95%，吸湿量可达自身重量的 150%。由于工业纯氯化钙的价格比无水氯化钙低得多，因此使用工业纯氯化钙较为经济。

2. 通风减湿

如果将比室内空气含湿量低的室外空气送到室内，同时将室内湿度较高的空气排出，则可以达到通风减湿的目的。在我国大部分地区，每年有几个月的时间室外空气中的含湿量较低，在其他月份，一天之内有时也会出现室外空气含湿量较低的情况。所以，如果能加强管理，掌握好有利时机，进行有组织的自然通风或机械通风，也可以达到减湿的目的。

通风减湿是一种较经济的方法，除机械通风外，如果能大量利用自然通风，则对通风减湿更加有利。不过单纯通风无法调节室内温度，因此，在一些余热量很小的室内，虽然它能使空气的含湿量降低，但空气的相对湿度仍可能较高。

3. 冷却减湿

冷却减湿的原理是：用干式冷却或湿式冷却的方法，使空气的温度降低到这样的程度，即空气中所含水蒸气超过它的饱和量而凝结。显然，这一温度必须低于空气的露点温度。当空气被冷却到低于它的露点温度时，空气中多余的水分就会凝结。如果空气中有一部分水蒸气凝结成水而被排出，空气的含湿量就会减少，也就达到了对空气去湿的目的。

使用低温水或冷盐水的空气冷却器冷却空气，空气和水不直接接触，这种方法称为空气的干式冷却法。当低温水的温度和被冷却空气的温度相差15℃～17℃时，空气经过干式冷却后，温度可以降低3℃～5℃。如果要使送进空气的温度降低5℃以上，就需要用制冷机进行冷却。

虽然用低温水或循环水喷雾冷却空气的方法不能使空气的温度任意降低，但是它能把空气的温度降到某一限度以内，这种空气和水直接接触的降温方法，称为空气的湿式冷却法。在进行湿式冷却时，作为喷雾用的低温水必须低于空气的露点温度。当喷雾用水的温度高于空气的露点温度时，不仅达不到去湿的目的，反而会使空气的含湿量增加。

在低温水的温度不符合要求的情况下，可以采用机械制冷冷却空气。冷冻减湿机是专门的冷却减湿设备，由制冷系统和风机等组成。冷冻减湿机的优点是效果可靠、使用方便，缺点是投资和运行费用较高。目前，我国各地生产的冷冻减湿机型号很多，减湿量从每小时几公斤到几十公斤不等。减湿机有固定式的，也有移动式的，需要时可根据样本和使用条件选用。

3.5.3 空气幕

空气幕是利用特制的空气分布器喷出一定温度和速度的幕状气流，借以封住门洞，减少或隔绝外界气流的侵入，以维持库内或某一作业区的一定气象条件。空气幕常称为风幕，它的作用如下：

(1) 防止库外（室外）冷、热气流侵入。用于有运输工具和货物出入的库房、车间、商店、剧场等公共建筑的大门。由于这些大门需要经常开启，在冬季，将有大量的冷风侵入而使室内空气温度骤然下降，可通过设置空气幕，防止冷气流的侵入；而在炎热的夏季，为了防止室外热气流对室内温度的影响，可设置喷射冷风的空气幕。

(2) 为保持库内的相对湿度而不受库外气象条件的影响，也可设置空气幕进行阻隔。

(3) 防止尘埃、虫害等入侵。凡是开启频繁的主要通道库门，如果不可能设置门斗或前室，为维持库内一定的气象条件，往往设置空气幕装置。

按照空气分布器的安装位置，空气幕可以分为侧送式、下送式和上送式三种。

(1) 侧送式空气幕。侧送式空气幕分为单侧和双侧两种。单侧空气幕适用于宽度小于4米的门洞和车辆通过门洞时间较短的场合。当门洞宽度超过4米，或车辆通过门洞时间较长时，为了不使车辆通过时阻挡空气幕的气流，往往考虑采用双侧空气幕。侧送式空气幕喷出的气流清洁度比较高。为了不阻挡气流，侧送式空气幕的大门不允许向内开。

(2) 下送式空气幕。冬季冷空气往往由门洞的下部侵入，而下送式空气幕的射流最强区刚好在门洞下部，所以这种形式的空气幕的挡风效率是最高的，而且不受大门开启方向的影响。下送式空气幕的缺点是送风口在地面，容易被脏物堵塞和污染；另外，在车辆通过时，由于空气幕气流被阻碍而影响送风效果。

（3）上送式空气幕。上送式空气幕一般适用于需要用空气幕进行阻隔的仓库大门和公共建筑，如剧院、宾馆、百货商场等，它的挡风效果不如下送式空气幕，也存在车辆通过时阻隔空气幕气流的问题，但它喷出的气流清洁度比下送式空气幕高。这类空气幕可用于夏天隔绝热气流侵入和室内降温。

3.6 立体仓库出入库能力计算

3.6.1 仓库总体尺寸的确定

确定仓库总体尺寸的关键是确定货架的总体尺寸，货架的总体尺寸也就是货架的长、宽、高等尺寸，当货格尺寸确定后，只要知道货架的排数、列数、层数和巷道宽度，即可计算出其总体尺寸：

长度 L＝货格长度×列数

宽度 B＝（货格宽度×2＋巷道宽度）×排数÷2

高度 $H=H_0+\sum_{i=1}^{n}H_i$

巷道宽度＝堆垛机最大外形宽度＋（150～200 毫米）

式中，H_0——底层高度；

H_i（$i=1$，2，…，n）——各层高度，共 n 层。

值得注意的是，总体尺寸的确定除取决于以上因素外，还受用地情况、空间制约、投资情况和自动化程度的影响。故需根据具体情况和设计者的实际经验进行综合考虑和统筹设计，并且在设计过程中不断修改和完善。

下面介绍两种确定货架尺寸的基本方法。

（1）静态法。静态法是根据仓库最大规划量确定货架的尺寸，即由以下 4 个参数中的 3 个来确定货架尺寸：

- 仓库长度（或货架列数）。
- 仓库宽度（或巷道数）。
- 仓库高度（或货架层数）。
- 仓库容量（或总货位数）。

以上参数的选取并非任意，如果仓库的空间尺寸（长、宽、高）受限制，则库容量是相关变量；如果库容量确定，则长、宽、高三者中的一个成为相关变量，货架的尺寸是根据以上约束及货格尺寸、库顶间隙、库内设施与墙体的安全距离以及前区尺寸确定的。一般分离式货架顶面至屋顶下弦的距离应满足安装要求，但不得小于 200 毫米。

（2）动态法。动态法是根据所要求的出入库频率和所选堆垛机的速度参数来确定货架的总体尺寸。下面以每个巷道配备一台堆垛机为例，说明用动态法确定货架尺寸的计算。

已知库容量 Q，出入库频率 P_0，货架最大高度 H（或层数 N_H），货格尺寸和堆垛机速度参数（$V_{运}$、$V_{起}$、$V_{叉}$），试确定货架的最佳布置和尺寸。

由于库容量和货架高度 H（或层数 N_H）已定，故最佳布置就是能满足出入库频率要求的最少巷道数。此时配备的堆垛机数最少，相应投资也就最小。由于解析法比较烦琐，这里介绍一种试算法，具体步骤如下：

- 假定巷道数 $N_B=1$，则货架列数 $N_L=Q\div(2N_B\times N_H)$。
- 根据层数 N_H 和列数 N_L 以及堆垛机的速度参数，计算每台堆垛机的平均作业周期 t_m。
- 计算整个仓库的出入库能力 $P=N_B\times 3\,600/t_m$。
- 比较 P 和 P_0。若 $P<P_0$，所设计货架达不到出入库频率要求，试算 $N_B=2$ 的情况，重复前三步的计算，直到 $P\geqslant P_0$ 为止，此时的巷道数为最佳巷道数。

货架的总体尺寸确定后，再考虑理货区的尺寸、库顶间隙、货架和建筑物的安全距离等，最终确定仓库的总体尺寸。

3.6.2 平均作业周期的计算

货架总体尺寸确定后，即可计算堆垛机的平均作业周期。

1. 立体仓库的作业方式

在单元式立体仓库中，货物的存取作业有两种基本方式（如图3—14所示），即单一作业方式和复合作业方式。单一作业方式即堆垛机从出入库台取一个货物单元送到选定的货位，然后返回巷道口的出入库台（单入库）；或者从巷道口出发到某一个给定的货位取出一个货物单元送到出入库台（单出库）。复合作业方式即堆垛机从出入库台取一个货物单元送到选定的货位，然后直接转移到另一个给定货位，取出其中的货物单元，回到出入库台出库。为了提高作业效率，应尽量采用复合作业方式。

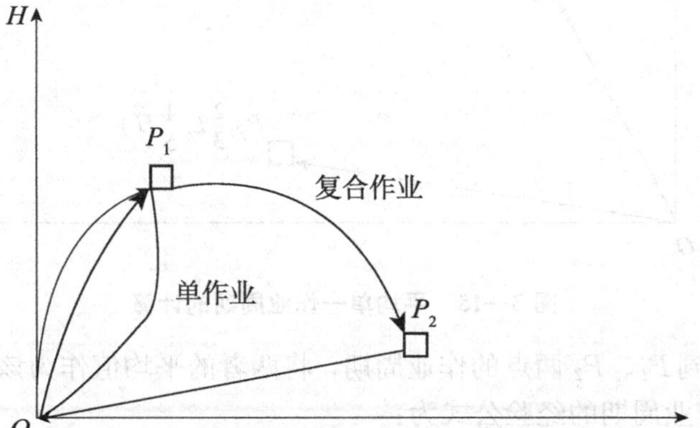

图3—14 堆垛机作业的单作业与复合作业

2. 平均单一作业周期的计算

单一作业周期是堆垛机完成一次单入库或单出库作业所需的时间。在图3—15中，O点为出入库台，P点为作业货位，则完成此项作业的时间为：

$$t_s=2t_{op}+2t_f+t_a$$

式中，t_{op}—— 从出入库台 O 到货位 P 的运行时间(秒)，且有 $t_{op}=\max(t_l,\ t_h)$；t_l 为从 O 点到 P 点的水平运行时间；t_h 为从 O 点到 P 点的垂直运行时间。

t_f—— 堆垛机货叉叉取(或存放) 作业时间(秒)，且有 $t_f=2\mathrm{t}_{load}+\mathrm{t}_{lift}$。$t_{\mathrm{load}}$ 为货叉完全伸出或完全缩回的时间，t_{lift} 为货叉微升或微降的时间，即货叉在货格内升起或放卸货物的时间。

t_a—— 堆垛机作业的附加时间(秒)，包括堆垛机的定位、操作、信息查询及传输等的时间。

为了综合评价一个仓库的作业效率，需要求出堆垛机的平均作业周期，即各个货位作业周期的平均值。当各货位作业概率相同时，平均单一作业周期可用下式表示：

$$t_{ms}=\frac{\sum_{i=1}^{m}\sum_{k=1}^{n}t_{jk}\times 2}{m\times n}+t_f\times 2+t_a \tag{3.1}$$

式中，t_{ms} 为平均单一作业周期(秒)；j 为层数，$j=1, 2, \cdots, m$；k 为列数，$k=1, 2, \cdots, n$；t_{jk} 为第 j 层第 k 列所对应的货位到出入库台的运行时间(秒)；t_f、t_a 的含义同前。

当库容量很大时，按上式计算平均作业周期的计算量很大，故不常采用，而常采用简易算法。下面介绍计算平均作业周期的经验方法。

当出入库台在货架的一侧 P_0 点（如图 3—15 所示），以 P_0 为原点，在货架内取两个点 P_1 和 P_2，P_1 和 P_2 的坐标为：

$$P_{1x}=\frac{1}{5}L，P_{1y}=\frac{2}{3}H$$

$$P_{2x}=\frac{2}{3}L，P_{2y}=\frac{1}{5}H$$

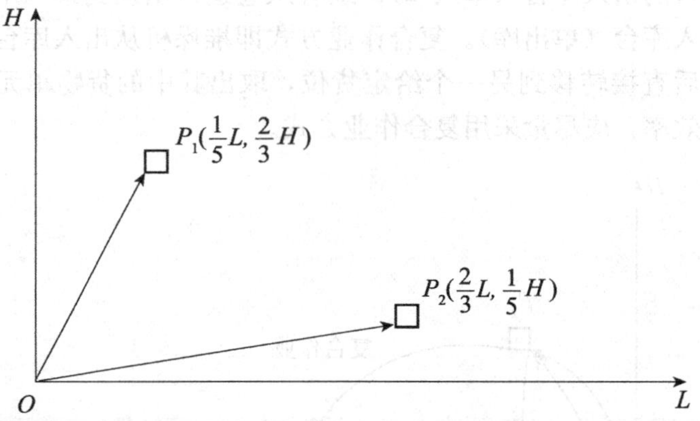

图 3—15　平均单一作业周期的计算

分别计算从 P_0 到 P_1、P_2 两点的作业周期，将两者的平均值作为该巷道堆垛机的平均作业周期。平均单一作业周期的经验公式为：

$$t_{ms}=\frac{1}{2}\left[t\ (P_1)\ +t\ (P_2)\right] \text{ 或 } t_{ms}=tP_1+tP_2+2t_f+t_a \tag{3.2}$$

式中，t (P_1) ——堆垛机完成 P_1 货位的作业周期（秒）；

t (P_2) ——堆垛机完成 P_2 货位的作业周期（秒）；

t_{P_1}——P_0 点到 P_1 点的运行时间（秒）；

t_{P_2}——P_0 点到 P_2 点的运行时间（秒）；

t_f、t_a 的含义同前。

3. 复合作业周期的计算

复合作业是从出入库台到指定的货位存货后，随即到另一个货位取货，再返回到出入库台的全过程（如图 3—16 所示），其复合作业周期是按 $P_0\to P_1\to P_2\to P_0$ 的总时间计算的。

如果 P_1 和 P_2 点的定义与平均单作业周期的计算公式（3.2）中一样，则平均复合作业

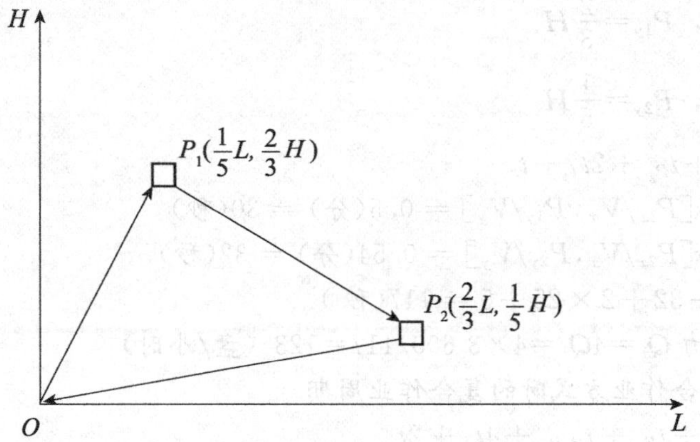

图3—16　平均复合作业周期的计算

周期的经验计算式为：

$$t_{md} = t_{P_1} + t_{P_2} + t_{P_1P_2} + 4t_f + 2t_a \tag{3.3}$$

式中，$t_{P_1P_2}$——堆垛机从P_1点到P_2点的运行时间（秒）；

t_{md}——平均复合作业周期（秒）；

t_{P_1}、t_{P_2}、t_f、t_a的含义同前。

需要说明的是，平均作业周期的计算公式（3.2）和公式（3.3）均为经验计算式，条件为各货位的存取概率相同。当库内各货位不均匀使用或者某些货位具有优先使用权时，用此公式计算可能误差较大，这时可采用计算机模拟方法计算其平均作业周期。使用模拟计算得到的平均作业周期更准确，也更符合实际。

3.6.3　立体仓库出入库能力计算

立体仓库的出入库能力是用仓库每小时平均入库或出库的货物单元数来表示的。堆垛机的出入库能力就是每台堆垛机每小时平均入库或出库的货物单元数。

采用单作业循环方式时，堆垛机的出入库能力为：

$$Q_1 = 3\,600/t_{ms}$$

式中，Q_1——每小时出库或入库货物单元数；

t_{ms}——平均单一作业周期（秒）。

采用复合作业循环方式时，堆垛机的出入库能力为：

$$Q_1 = (3\,600/t_{md}) \times 2$$

式中，Q_1——每小时出库或入库货物单元数；

t_{md}——平均复合作业周期（秒）。

若库内有n台堆垛机（即巷道数为n个），则仓库的出入库能力为$Q=nQ_1$。

例如，某立体仓库有4条巷道，每条巷道配备一台堆垛机，若堆垛机的运行速度为100米/分钟，升降速度为20米/分钟，货叉存取货时间为25秒，附加时间$t_a=5$秒。货架总长$L=80$米，高$H=15$米，假设各货位存取概率相同。试计算分别采用单作业方式和复合作业方式时本库的出入库能力（即满负荷时每小时出入库的托盘数）。

1. 计算单一作业时的平均作业周期t_{ms}

用经验算法，取P_1和P_2点，且使：

$$P_{1x}=\frac{1}{5}L，P_{1y}=\frac{2}{3}H$$

$$P_{2x}=\frac{2}{3}L，P_{2y}=\frac{1}{5}H$$

则 $t_{ms}=t_{P_1}+t_{P_2}+2t_f+t_a$

由于 $t_{P_1}=\max[P_{1x}/V_x,P_{1y}/V_y]=0.5(分)=30(秒)$

$t_{P_2}=\max[P_{2x}/V_x,P_{2y}/V_y]=0.54(分)=32(秒)$

故 $t_{ms}=30+32+2\times25+5=117(秒)$

出入库能力 $Q_1=4Q_1=4\times3\,600/117=123$（盘/小时）

2. 计算采用复合作业方式时的复合作业周期

$$t_{md}=t_{P_1}+t_{P_2}+t_{P_1P_2}+4t_f+2t_a$$

由于 $t_{P_1P_2}=\max[(P_{2x}-P_{1x})/V_x,(P_{1y}-P_{2y})/V_y]$

$=\max[0.373，0.35]=0.373(分)=22.4(秒)$

故 $t_{md}=30+32+22.4+4\times25+2\times5=194.4(秒)$

出入库能力 $Q_2=4Q_1=4\times(3\,600/t_{md})\times2=141$(盘/小时)

本章小结

仓储是物资储存、保养、维护和管理的活动，储存设备是保证库存物资的安全、实现库存物资快进快出的有效手段。在各类储存设备中，货架系统是提高仓库空间使用效率的有效设备，特别是在自动化立体仓库中，货架系统是最基础的设备，物资的自动寻址、自动定位都是通过货架系统实现的。物资出入库都要进行检验和计量，电子计量设备是实现库存物资快速出入库的有效方法，可提高库存物资计量的准确性。仓库的温度和湿度是对库存物资质量控制的重要指标，加强库存物资的管理，很大程度上就是加强对库存物资的温度和湿度的管理，而养护设备是进行温度和湿度控制的手段。仓库的安全就是仓库的生命，仓储安全方面的技术与装备是仓库的卫士，通过运用相关的技术与装备对仓库环境、物资质量等实现控制，可以保证仓库的安全。通过对立体仓库出入库能力的计算，可以更有效地利用仓库空间，提高仓库的利用率。

关键术语

货架　高架仓库　立体仓库　商品检验　通风系统　减湿设备　空气幕

思考与练习题

1. 简述仓储装备的分类以及特点。

2. 货架的主要类别有哪些？分别具有哪些功能和特点？

3. 什么是高架仓库？它和自动立体仓库有何关系？

4. 堆垛起重机是如何分类的？

5. 试对普通叉车无轨巷道式堆垛机和有轨巷道式堆垛机的性能进行比较。

6. 什么是商品检验？在商品重量检验中，常见的计重方法有哪些？

7. 什么是自然通风？什么是机械通风？通风机有哪些类型？

8. 空气幕的作用是什么？它有几种安装方式？

9. 简述火灾自动报警系统的组成原理。

10. 某立体仓库有 8 条巷道，每条巷道配备一台堆垛机，若堆垛机的运行速度为 100 米/分钟，升降速度为 20 米/分钟，货叉存取货时间为 20 秒，附加时间 t_a 为 5 秒。货架总长 L 为 80 米，高 H 为 15 米，假设各货位存取概率相同。试分别计算在采用单一作业方式和复合作业方式时该库的出入库能力（即满负荷时每小时出入库的托盘数）。

案例分析

粮食储存设施与设备

四川宜宾黄桷庄粮油集团有限公司（以下简称黄桷庄粮油集团）是四川省粮食系统、宜宾市农业产业化经营重点龙头企业，也是宜宾市人民政府应急供应预案大米定点加工点，属于集仓储、加工、贸易于一体的国有独资企业。黄桷庄粮油集团下属江北粮库位于宜宾市江北五粮液大道，毗邻宜宾五粮液酒厂，距内宜高速公路入口 0.6 公里、宜宾火车站北站 1.8 公里、岷江码头 2 公里，交通非常便利。江北粮库占地 70 亩，仓容 10 万吨，固定资产4 000多万元。2013 年，江北粮库购入粮食总量为 50 843 吨，销售粮食总量为 93 626 吨。

江北粮库 2007 年建有水稻基地 32 万亩、油菜籽基地 2 万亩、红粮 1 万亩、大豆 1 万亩。它拥有世界一流加工生产设备线两条，日生产能力 150 吨，生产的“江之缘”牌大米深受广大消费者的青睐。

近年来，黄桷庄粮油集团在宜宾市粮食局的领导下，按照宜宾市委市政府关于推进新农村建设的总体要求，以培养新农民、服务新农村为己任，紧紧围绕“三农”工作，以助农增收为目标、企业增效为核心，充分发挥了公司作为省级粮食系统龙头企业、宜宾市农业产业化经营市级龙头企业的优势和核心带动作用。通过建立优质专用水稻订单基地，发展和扶持农村经合组织来提升农民的组织化程度，同时积极发展粮食精深加工，提高产品附加值，取得了优异的成绩。

1. 江北粮库的粮食储存设施

（1）粮食堆装方式。粮食堆装主要有散装储存、包装储存、围包散存三种形式（如图 3—17所示）。

（2）江北粮库现有粮食储存场所。粮食储存场所包括仓内储存和露天储存两大类，其中仓内储存场所分为房式仓、高大平房仓、浅圆仓、地下仓、立筒仓、钢板仓等（如图 3—18 所示）。露天储存场所分为粮垛、粮囤、土堤仓等。

2. 江北粮库高大平房仓粮仓机械设备的使用与管理

江北粮库参与了 2000 年 100 亿公斤中央储备粮库项目的扩建工作，该项目扩建是在原有约 2 000 万公斤仓容的基础上，新增仓容 2 500 万公斤，并配备相应的粮仓机械设备，如电子地磅、移动式胶带输送机、密闭保温门窗、计算机粮情检测系统、环流熏蒸系统、机械通风系统等较为先进的仓储设施。配置了这些设施后，江北粮库提高了粮食入库的工作效

(a) 散装储存　　(b) 包装储存　　(c) 围包散存

图 3—17　粮食堆装方式

(a) 房式仓

(b) 高大平房仓

(c) 浅圆仓

(d) 地下仓

(e) 立筒仓

(f) 钢板仓

图 3—18　仓内储存场所类型

率，减轻了劳动强度，大大提高了储粮效益，深受广大保防人员的欢迎。但是在使用和管理过程中也暴露出不少问题：一些粮仓机械使用频繁，性能下降；维修技术力量薄弱；缺少常用零配件；管理跟不上；等等。针对这些问题，该公司全体保防人员在近几年的粮仓机械设备应用中积极探索，在维修与管理方面取得了一定成效。

（1）科学应用粮仓机械设备。

1）电子地磅计量。秤量快速、准确、简便。

2）机械化进仓作业。采用TDSZ50×12转向式输送机（如图3—19所示），并辅配TDSX50×12－18型胶带输送机（如图3—20所示）送粮入仓，大大降低了装卸人员的劳动强度，降低了入库装卸成本。转向式输送机和胶带输送机的组合应用如图3—21所示。

图3—19　TDSZ50×12转向式输送机

图3—20　TDSX50×12－18型胶带输送机

图 3—21 转向式输送机和胶带输送机的组合作业

3）新型保温门窗。门窗全采用夹泡保温板，摇杆开启。

4）通风系统（如图 3—22 所示）。安装了一机四道的通风系统，配备了不同功率的离心风机，降温及时。

5）熏蒸系统（如图 3—22 所示）。配置了环流熏蒸机，安装了环流管道，保证了熏蒸效果。

图 3—22 通风系统和环流熏蒸系统

6）粮情检测系统。逐仓安装了测温测湿电缆，实现了计算机联网，确保检测粮情科学、准确、快捷。

（2）新型机械设备的实用性。江北粮库现有的仓房配套机械设备基本达到要求，但还存在一些不足，例如仓房跨度大、气窗高，登高输送机只能从气窗进粮，不能完全满足粮食进仓要求，仅作补仓之用；转向式输送机只能从仓内进粮，必须是先两侧后中部再缓缓退出，操作、移动极不方便。这种方法产生的灰尘大，粮食、杂质自动分级严重，给粮食长期储存造成不利影响，为此，江北粮库采取了以下措施加以改进：

1）在输送机进出料斗上增加了缓冲板和隔杂条，大大减少了粮食抛洒，同时清除了部分杂质，保证了设备正常运行。

2）改进进粮方式。先使用转向式输送机，后采用液压伸缩式登高输送机（如图3—23所示）；先人工进粮保障地上笼不移位，之后再使用机器进粮；在机器进粮时，是先从仓内两端、后从中间部位、再从仓外两侧进粮。

图3—23　液压伸缩式登高输送机

3）改进地上笼的死角部位。原地上笼设计是一机四道，主风道无气孔有通风死角，对熏蒸和通风极为不利，现改为一机三道，主风道死角部位设有气孔，杜绝了通风死角。

4）改进窗顶隔热系统。将仓两端原山墙上的两台轴流风机改为四个孔径较大的铝合金百叶窗，增强了散热效果，减少了仓顶热量堆积，降低了仓温；安装了自然通风器（如图3—24所示），降低了通风成本，与同类型仓比较，粮温、仓温均低2～3℃。

图3—24　自然通风器

5）对登高输送机进行技术改造。在其水平输送带两侧新增挡轮，避免了胶带跑偏，提高了使用效率；将原畚斗的口径由185毫米改为175毫米，大大提高了运行的稳定性。

（3）加强粮仓机械设备管理人员技术培训。粮仓机械设备有其特性和技术要求，要掌握这些内容，需要学会正确操作和使用，建立一支适应粮仓机械化作业体系的队伍，掌握维护、修理方法和使用技能，出现故障能及时修理。因此，需要通过培训让管理人员会操作，会保养，会排除一般故障，能对设备进行一些小改进，提高设备的使用性能。

（4）健全设备管理制度，提高设备利用率。为了降低粮仓机械设备故障率，延长使用寿命，必须在原有基础上完善各项制度，把粮仓机械管理纳入正规化管理轨道，应做到：

1）定人、定位、定期维护，并列入仓储考核评比范围，实行奖惩制度，以促进维护管理工作的落实。

2）根据不同粮仓机械设备的性能要求，制定相应的管理使用规则，明确规定使用范围、注意事项、维护措施和要求，做到有章可循。

3）指定专人负责登记有关技术档案，对使用过程中发生的情况要记载归档，对带有共性和规律性的故障进行分析，总结经验，不断提高技术水平。

讨论题

仓储和运输是物流的两大基本职能，不同的行业对物流基本职能有不同的选择。请你从维护国家安全的角度，讨论粮食库存的必要性以及确保粮食库存安全的措施和办法。

第4章

装卸搬运技术与装备

本章要点

物资的装卸搬运是物流的主要功能之一。装卸搬运活动已经渗透到物流的各领域、各环节，成为物流顺利进行的关键。物资的装卸搬运伴随着物流的全过程，与物流的其他功能密切相关，成为提高物流效率、降低物流成本、改善物流条件、保证物流质量的最重要的环节之一。

本章将全面、系统地介绍装卸搬运技术与装备的概念、分类和特点，分别阐述起重设备、输送设备、工业搬运车辆（如叉车、牵引车）、自动导向搬运车等装卸搬运装备的基本知识。

4.1 装卸搬运装备概述

4.1.1 装卸搬运的概念

装卸搬运是指在同一地域范围内（通常指某一个物流节点，如仓库、车站或码头等）进行的、以改变物的存在状态和空间位置为主要内容和目的的活动，其活动形式包括装上、卸下、移送、拣选、分类等。它是伴随输送和保管而产生的物流活动，是对运输、保管、包装、流通加工、配送等物流活动进行衔接的中间环节。

装卸是指以垂直位移为主的实物运动形式，搬运是指以水平方向为主的位移。有时在特定场合，“装卸”或“搬运”也包含了“装卸搬运”的完整含义。在实际操作中，装卸与搬运是密不可分的。因此，在物流科学中并不过分强调两者的差别，而是将它们作为同一种活动来对待。搬运与运输的区别之处在于，搬运是在同一地域的小范围内发生的，运输则是在较大范围内发生的。

通常，物流领域（如铁路运输）把装卸搬运活动称为物资装卸，生产领域则把这种活动称为物料搬运。

装卸搬运装备是装卸搬运作业的重要技术设备，装卸搬运装备的应用对于加快现代化物流发展具有十分重要的作用：

（1）提高装卸效率，节约劳动力，减轻装卸工人的劳动强度，改善劳动条件。

（2）缩短作业时间，加速车辆周转，加快货物的发出和送达，从而提高装卸搬运效率。

(3) 提高装卸质量，保证货物的完整和运输的安全。

(4) 降低装卸搬运作业成本。因为装卸搬运的机械化提高了装卸搬运的作业效率，所以可减少每吨货物的作业费用。

(5) 充分利用货位，加速货位周转，减少货物堆码占用的场地面积。采用机械设备作业，堆码高度大、装卸搬运速度快，可以及时腾空货位，有效减少场地面积。

4.1.2 装卸搬运的特点

装卸搬运应遵循一定的操作工艺，以货物装卸、搬运、储存为主要内容。为了组织好装卸搬运活动，必须充分认识装卸搬运的特点。装卸搬运的特点主要表现在以下几个方面：

(1) 装卸搬运是伴生性、衔接性的活动。装卸搬运是物流中每一个环节开始和结束时必然发生的活动，通常被认为是其他活动的组成部分，是附属的，因而不被人们重视。实际上，它是不同物流活动之间过渡时能否紧密衔接的关键所在。

(2) 装卸搬运作业量大。统计资料显示，我国机械工厂每生产 1 吨产品，需要进行 252 吨次的装卸搬运。在中国每年十几万亿元的工业总产值、几万亿元的农业总产值背后，装卸搬运的作业量是巨大的。在同一地区生产和消费的产品，物资的运输量可能会减少，然而物资的装卸搬运量却不一定减少；在远距离的运输过程中，装卸作业量会随着运输方法的变化、仓库的中转、货物的集疏、物流的调整等有大幅提高。

(3) 装卸搬运方式复杂。在物流过程中，货物是多种多样的，它们在性质（物理性质、化学性质）、形态、重量、体积以及包装方法等方面都有很大的区别。即使是同一种货物，装卸搬运前的处理方法不同，也可能导致完全不同的装卸搬运作业。例如，单件装卸和集装化装卸、水泥袋装装卸搬运和散装装卸搬运都存在很大的差别。从装卸搬运的结果来看，有些货物经装卸搬运后将进行储存，有些货物经装卸搬运后将进行运输。不同的储存方法、运输方式对装卸搬运设备的运用和装卸搬运方式的选择都提出了不同的要求。

(4) 装卸搬运作业不均衡。在生产领域，由于生产活动要有连续性、比例性和均衡性，企业内部装卸搬运相对比较均衡。然而，货物进入流通领域后，由于受到货物产需衔接及市场机制的制约，物流量可能会出现较大的波动性。商流是物流的前提，某种货物的畅销与滞销、远销与近销、销售批量的大与小，都会使货物流量发生巨大变化。从物流领域内部观察，运输路线上的货物“跑在中间、窝在两头”的现象广泛存在，装卸搬运量也会出现忽高忽低的现象。从另一方面看，由于各种运输方式的运量、运速不同，使得港口、码头、车站等不同物流节点也会出现集中到货或停滞等待的不均衡现象。

(5) 装卸搬运对安全性的要求较高。装卸搬运作业需要使用设备、货物及其他劳动工具，工作量大，情况变化多，作业环境复杂，这些都导致装卸搬运作业中存在不安全的因素和隐患，因此，应创造适宜装卸搬运作业的环境，改善和加强劳动保护，消除所有不安全因素，防患于未然。装卸搬运的安全性涉及人员、物资、设备的安全问题。在装卸搬运中，机毁人亡等事故屡见不鲜，造成的货物损失也是巨大的。与其他物流环节相比，装卸搬运的安全系数较低，因此，更要重视装卸搬运的安全作业问题。

(6) 货物运输信息的聚集性。装卸搬运的工作场地一般都是车站、港口等物流的枢纽节点，是货物的集散地，同时也是物流信息的集散地。通过信息的传递和引导，使货物能够有序地运输，使运输工具能够即时到达和准时出发，缩短货物和运输工具的滞留时间。

4.1.3 装卸搬运装备的分类

应用装卸搬运装备装卸搬运的货物，来源广，种类繁多，外形和特点各不相同，如箱装货物、袋装货物、桶装货物、散货、易燃易爆及剧毒品等。为了适应各类货物的装卸搬运特点，满足装卸搬运过程中各个环节的不同要求，各种装卸搬运装备应运而生。目前装卸搬运装备的机型和种类已达数千种，而且各国仍在不断研制新机种、新机型。装卸搬运装备常按以下方法进行分类。

1. 按作业方向分类

按作业方向，装卸搬运装备可分为：

(1) 水平方向作业的装卸搬运装备。这种装卸搬运装备的主要特点是沿地面平行方向实现物资的空间转移，如各种机动、手动搬运车辆，各种皮带式、平板式输送机等。

(2) 垂直方向作业的装卸搬运装备。这种装卸搬运装备使物资沿着与地面垂直的方向上下运动，如各种升降机、堆垛机等。

(3) 混合方向作业的装卸搬运装备。这种装备综合了水平方向和垂直方向两类装卸搬运装备的特点，在完成一定范围的垂直作业的同时，还要完成水平方向的移动。如门式起重机、桥式起重机、叉车、轮胎起重机等。

2. 按动力方式分类

按给装备提供动力的方式，装卸搬运装备可分为电力式装卸搬运装备和内燃机式装卸搬运设备。

3. 按传动类型分类

按传动类型，装卸搬运装备可分为电传动装卸搬运装备、机械传动装卸搬运装备和液压传动装卸搬运装备。

4. 按主要用途或结构特征分类

按主要用途或结构特征，装卸搬运装备可分为起重装备、连续运输装备、装卸搬运车辆、专用装卸搬运装备。其中，专用装卸搬运装备是指带专用取物装置的装卸搬运装备，如托盘专用装卸搬运装备、集装箱专用装卸搬运装备、船舶专用装卸搬运装备、分拣专用装备等。

随着现代物流的不断发展，装卸搬运设备将得到更广泛的应用。发展多类型的、专用的装卸搬运设备以适应货物的装卸搬运作业要求是今后装卸搬运设备的发展方向。要通过采用新技术、新材料、新设备，逐步实现装卸搬运设备的系列化、标准化、通用化、集装化，扩大装卸搬运作业范围，提高机械化作业比重。

4.2 起重运输技术与装备

4.2.1 起重装备概述

1. 起重装备的概念

起重装备是一种循环、间歇运动的装卸搬运机械，用来垂直升降货物，也可用来进行货物的水平移动，以满足货物的装卸、转载等作业要求。它是现代企业实现生产过程和物流作业机械化、自动化，改善物料搬运条件，减轻劳动强度，提高劳动生产率必不可少的重要机械设备，在各个领域和部门中都得到了广泛的应用。

2. 起重装备的特点

起重装备一般能够完成一个起升运动及一个或几个水平运动。起重设备的种类不同，其构造和工作原理也不相同，但是各类起重机械的工作特性基本相同。

它的工作程序是：吊钩抓取货物，提升后完成一个或数个动作，将货物运移到卸载地点，然后返程准备下一次动作（称为一个工作循环）。完成一个工作循环后，再进行下一个工作循环。每一个工作循环中都包括载货和空返行程。因此，起重机械是一种间歇动作的机械，具有间歇、重复的特点。在工作中，它的各工作机构经常处于反复启动、制动的状态，稳定运动的时间相对于其他机械而言则较短暂。起重装备以装卸为主要功能，搬运的能力较差，搬运距离很短。大部分起重机械机体移动困难，因而通用性不强，往往是港口、车站、仓库、物流中心等处的固定设备，同时，起重装备的作业方式是从货物上部起吊，因而作业需要的空间高度较大。

3. 起重装备的结构

起重装备一般由起重小车、桥架运行机构、桥架金属结构组成。起重小车由起升机构、小车运行机构和小车架三部分组成。起升机构包括电动机、制动器、减速器、卷筒和滑轮组。电动机通过减速器带动卷筒转动，使钢丝绳绕上卷筒或从卷筒放下，以升降重物。小车架是支托和安装起升机构和小车运行机构等部件的机架，通常为焊接结构。起重装备运行机构的驱动方式可分为两大类：一类为集中驱动，即用一台电动机带动长传动轴驱动两边的主动车轮；另一类为分别驱动，即两边的主动车轮各用一台电动机驱动。中、小型桥式起重装备较多采用集制动器、减速器和电动机于一体的“三合一”驱动方式，起重量大的普通桥式起重机为便于安装和调整，常采用万向联轴器作为驱动装置。起重装备运行机构一般只用四个主动和从动车轮，如果起重量很大，常用增加车轮的办法来降低轮压。当车轮超过四个时，必须采用铰接均衡车架装置，使起重装备的载荷均匀地分布在各车轮上。

4. 起重装备的分类

起重装备的类型多种多样，没有统一的分类标准。

（1）按综合特征可分为小型起重机、桥式起重机、臂架式起重机、升降机四类。

（2）按取物装置可分为吊钩抓斗起重机、吊钩电磁起重机、抓斗电磁起重机、吊钩抓斗电磁起重机、集装箱起重机、集装箱吊钩起重机等。

（3）按用途可分为通用起重机、堆垛起重机、装卸起重机、专用起重机、多用途起重机和其他用途起重机等。

（4）按使用场合可分为港口起重机、船上起重机、货场起重机、仓库起重机、随车起重机、车间起重机、建筑起重机和其他场合起重机等。

（5）按运行方式可分为固定式起重机、托运式起重机、运行式起重机等。

（6）按特殊条件可分为防腐起重机、防爆起重机、绝缘起重机等。

（7）按起升机构可分为小车式起重机、牵引式起重机等。

4.2.2 门式起重机和桥式起重机

门式起重机和桥式起重机是长、大、笨重货物的主要装卸机械，也是库房内箱、件装物资的装卸设备之一。安装抓斗或集装箱吊具等取物装置之后，可以进行散堆货物或集装箱的装卸作业，因而在露天货场、料场、集装箱堆场和库房等得到广泛的使用。

1. 门式起重机

门式起重机（如图4—1所示）又称龙门起重机。

图4—1　门式起重机

门式起重机的金属结构外形像龙门架，由主梁、左右两条支腿和下部横梁组成。支腿由大车运行机构驱动，沿铺设在地面上的轨道运行。吊货的起重小车装有起升机构和小车运行机构，小车沿主梁上的小车轨道移动。

为了在增加作业面积的同时降低主梁自重，用于装卸作业的门式起重机都将主梁两端外伸一定长度，成为悬臂。主梁和两条支腿都采用刚性连接方式，使结构的水平刚度增大，有利于大车走行。

（1）门式起重机的分类。门式起重机的类型很多，一般分类如下：

1）按结构的特点可分为箱形结构门式起重机和桁架结构门式起重机（如图4—2所示）；

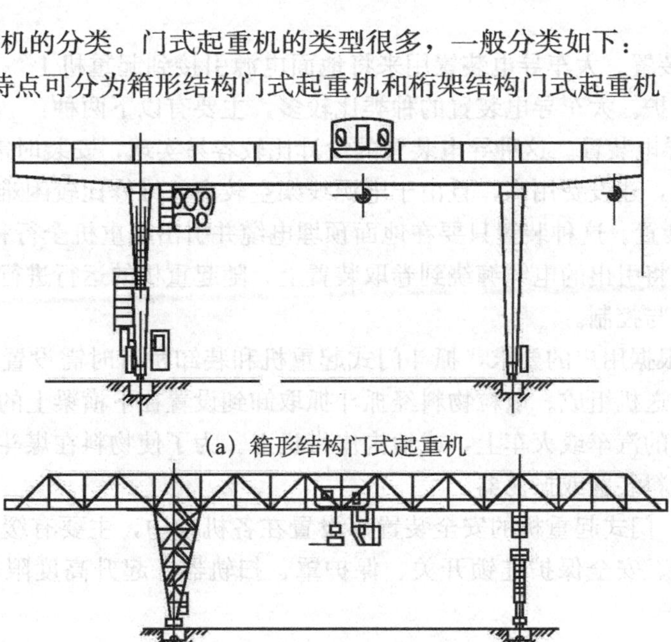

（a）箱形结构门式起重机

（b）桁架结构门式起重机

图4—2　按结构的特点分类的门式起重机

2）按悬臂情况可分为无悬臂门式起重机、单悬臂门式起重机及双悬臂门式起重机；

3）按主梁数目可分为单主梁门式起重机和双梁门式起重机；

4）按门框结构可分为全门式门式起重机、半门式门式起重机、双悬臂门式起重机和单悬臂门式起重机；

5）按支腿外形可分为L形门式起重机、C形门式起重机、U形门式起重机和O形门式起重机等。

（2）门式起重机的构造。门式起重机主要由驾驶室及电气设备、小车、大车运行机构、门架和大车导电装置等五大部分组成。抓斗门式起重机有时还设置煤斗车。

1）电气设备。门式起重机的动力源是电力，依靠电力进行货物升降、大小车运行的控制和过载保护。门式起重机的电气设备是指大车轨道面以上起重机的电气设备。门式起重机的机上电气设备大部分安装在驾驶室和电气室内。如无电气室，有的设备可放在门架走台上。一般情况下，驾驶室、电气室固定在主梁下面，不随小车移动。但抓斗门式起重机、装卸桥等的驾驶室和电气室是随小车一起移动的。

2）小车。门式起重机的小车一般由小车架、小车导电架、起升机构、小车运行机构、小车防雨罩等组成，以实现小车沿主梁方向的移动、取物装置的升降，以及完成吊具自身的动作，并适应室外作业的需要。小车的结构因主梁不同而不同。

3）大车运行机构。门式起重机的大车运行机构都采用分别驱动的方式。车轮分为主动轮和被动轮。车轮的个数与轮压有关，主动车轮占总车轮数的比例是以防止启动和制动时车轮打滑为前提确定的。

4）门架。门式起重机的门架是指金属结构部分，主要包括主梁、支腿、下横梁、梯子平台、走台栏杆、小车轨道、小车导电支架、操纵室等。可分为单主梁门架和双主梁门架两种。

5）大车导电装置。大车导电装置用来将地面电源引接到起重机上，以实现起重机的升降、控制和过载保护。大车导电装置的种类比较多，主要有以下两种：

① 电拖滑线导电装置。这种导电装置的设计比较容易实现，安装时需设立数根电线杆，将地面电源线架起，建设费用高，且由于电源线架空较高，维修比较困难。

② 电缆卷取装置。这种装置只要在地面预埋电缆并引出起重机全行程所需的电缆即可。机上设卷取装置，将引出的电缆缠绕到卷取装置上，随起重机的运行进行卷缆和放缆，实现起重机的电器驱动与控制。

6）煤斗车。根据用户的要求，抓斗门式起重机和装卸桥有时需设置煤斗车。煤斗车由煤斗及跨外皮带输送机组成。散粒物料经抓斗抓取卸到设置在下横梁上的煤斗中，再经跨外皮带机输送到地面的汽车或火车上，或地沟皮带机上。为了使物料在煤斗中能顺利滑下，煤斗上还设有振动给料装置或振荡器。

7）安全装置。门式起重机的安全装置都设置在各机构中，主要有缓冲器、偏斜指示装置、起重量限制器、安全保护连锁开关、保护罩、扫轨器、起升高度限位器、行程限位开关等。

2. 桥式起重机

与门式起重机不同，桥式起重机不带支腿，沿着支承固定桥墩的轨道运行，习惯上被称为“天车”或“行车”。

桥式起重机是桥架在高架轨道上运行的一种桥架型起重机，广泛应用于室内外仓库、厂房、码头和露天储料场等地。桥式起重机的桥架沿铺设在两侧高架上的轨道纵向运行，起重小车沿铺设在桥架上的轨道横向运行，构成一个矩形的工作范围。利用桥式起重机装卸货物可以充分利用桥架下方的空间，不受地面设备的限制。

桥架的金属结构由主梁和端梁组成。桥架可分为单梁桥架和双梁桥架两类，单梁桥架由单根主梁和位于跨度两边的端梁组成，双梁桥架由两根主梁和端梁组成（如图 4—3 所示）。

(a) 单梁桥式起重机

(b) 双梁桥式起重机

图 4—3　桥式起重机

桥式起重机是使用最广泛、拥有量最大的一种轨道运行式起重机，其额定起重量从几吨到几百吨不等。通用桥式起重机是指在一般环境中工作的普通用途的桥式起重机，适用于一般性的吊运工作，图 4—4 为通用桥式起重机的外形图。

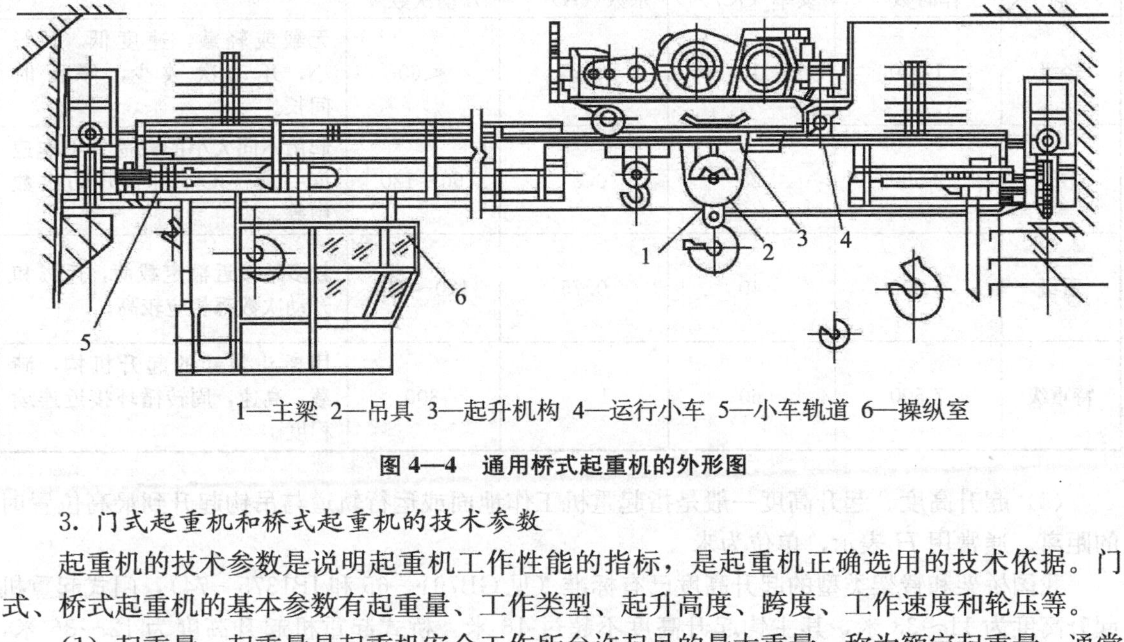

1—主梁 2—吊具 3—起升机构 4—运行小车 5—小车轨道 6—操纵室

图 4—4　通用桥式起重机的外形图

3. 门式起重机和桥式起重机的技术参数

起重机的技术参数是说明起重机工作性能的指标，是起重机正确选用的技术依据。门式、桥式起重机的基本参数有起重量、工作类型、起升高度、跨度、工作速度和轮压等。

（1）起重量。起重量是起重机安全工作所允许起吊的最大重量，称为额定起重量，通常用 G 表示，它是表示起重机工作能力的重要参数，单位为千克或吨。起重量不包括吊钩、动滑轮组及钢丝绳等基本吊具的重量，但包括抓斗、起重电磁铁等吊具的重量。

起重量较大的起重机一般都有两个起升机构：起重能力大的是主起升机构，俗称主钩；起重量较小的是副起升机构，俗称副钩。副钩的起升速度快于主钩，这样可以提高装卸轻货的工作效率。主副钩的起重量用分数形式表示，例如 20/5，分子表示主钩起重量为 20 吨，分母表示副钩起重量为 5 吨。

（2）工作类型。工作类型也称工作制度，是表明起重机工作繁重程度的参数，关系到起重机金属结构、零部件、电动机和电气设备的选型，主要体现在繁忙程度和载荷变化程度两个方面。

对起重机整体来说，工作繁忙程度是指一年时间内起重机实际运转时数与总时数之比。对机构来说，则是指某一机构在一年时间内运转时数与总时数之比。在起重机的一个工作循环中，机构运转时间所占的百分比称为该机构的负载持续率，用汉语拼音的两个字母加百分号（JC %）表示。

在按额定起重量设计的门式、桥式起重机的实际作业中，起重机所起吊的载荷往往小于额定起重量，这种载荷的变化程度用起重量利用系数 $K=Q_{均}/Q_{额}$ 表示，$Q_{均}$ 为起重机在全年实际起重的平均值，$Q_{额}$ 为起重机的额定起重量。

根据门式、桥式起重机的工作繁忙程度和载荷变化程度，起重机的工作类型可以划分为轻级、中级、重级和特重级四种。

表 4—1 显示了起重机工作类型主要指标的平均值。在选用起重机以及检修起重机时，都要注意各机构的工作类型。机构的工作类型不同，所需的零部件也有所不同。

表 4—1　　起重机工作类型主要指标的平均值

划分指标 / 工作类型	起重机及机构繁忙程度		载荷变化程度		机构工作特点
	起重机一年工作时数	机构负载持续率（JC/%）	起重量利用系数（K）	机构每小时开动次数	
轻级	1 000	15	0.25	＜60	无载或轻载，速度低。JC%小，开动次数少，停留时间长。
中级	2 500	25	0.5	60～120	起吊不同大小的载荷下工作速度一般，JC%值和开动次数中等。
重级	5 000	40	0.75	120～240	较多地接近额定载荷，JC%和开动次数都相应较高。
特重级	7 500	60	1	300	用抓斗装卸的起升机构，满载，高速，周转循环接近连续程度。

（3）起升高度。起升高度一般是指起重机工作地面或运行轨道与吊钩起升到最高位置时的距离。通常用 H 表示，单位为米。

我国桥架和臂架类型的起升高度已有标准（见 GB791—65 和 JB1375—74），门式起重机起升高度为 11～33 米，其主钩起升高度不超过 16 米。桥式起重机起升高度为 12～36 米，每 2 米为 1 级。12 米是标准起升高度。

（4）跨度。跨度是指起重机大车轨道中心线之间的距离，通常用 L 表示，单位是米。跨度表明门式、桥式起重机的工作范围。

门式、桥式起重机（50 吨以下）的跨度有 7.5 米、10.5 米、13.5 米、16.5 米、19.5 米、22.5 米、25.5 米、28.5 米、31.5 米等多种。

门式起重机的工作范围由跨度和悬臂长度决定。悬臂长度有 5.6 米、6.75 米、7.5 米、9 米、10 米等几种。

(5) 工作速度。起重机的工作速度主要包括起升速度和运行速度两种。起升速度是指取物装置或物品的上升（或下降）速度，有快速、慢速和微速之分，单位为米/分钟或米/秒。仓库装卸用起重机的起升速度一般为 8～40 米/分钟。

运行速度是指起重机或起重小车的行走速度，单位为米/分钟或米/秒；起重小车的运行速度一般为 35～45 米/分钟；大车的运行速度为 40～80 米/分钟。

一般起重量大的起重机工作速度较慢，起重量小的起重机工作速度则较快。起升速度和运行速度要协调，这样才能提高劳动生产率。

工作速度一般根据工作需要和起重机的构造来确定，需要考虑以下因素：

1) 起重机的工作性质和使用场合。生产率要求较高的、经常工作的起重机，其工作机构应选择高速；调整性工作机构一般应选择低速；一般用途的起重机的工作机构应选择中速。散粒物料装卸用的起重机的工作机构应选择高速；安装或造船用起重机的工作机构应选择低速，有的工作机构采用微速。装卸、安装、转运的起重机一般采用多种速度或者能调速。起重机满载时采用低速，空载时则采用高速。

2) 起重机起重能力。对于中小起重量的起重机，一般要求采用高速，以提高生产率；对于大起重量的起重机，主要解决大重件的吊装问题，工作不频繁，工作速度不是主要问题，这种起重机一般选择低速，以降低驱动功率，减小动载荷，提高工作的平稳性与安全性。

3) 起重机工作行程。工作行程小的起重机，工作速度应选择低速；工作行程大的起重机，工作速度应选择高速。其原则是：在正常工作时，机构能达到稳定运动。对于用于高层建筑的塔式起重机等机型，还涉及空钩下降速度，即利用空钩自重加快下降速度。

4) 各机构工作速度的协调性。起重机主要工作机构（如起升机构）的工作速度往往通过电气或机械方法进行调整，以适应生产工艺流程的需要，因此工作速度和工作循环时间应与工艺流程的要求相协调。由于运动特点和工作性质的不同，一台起重机的各个工作机构可以选择不同的速度。选择起重机各个机构的工作速度，应保证整机工作循环的平稳、安全和机构在联合操纵时的协调性。

(6) 轮压。小车停在桥架一端并吊有额定负载，此时车轮所受的垂直压力叫做起重机的轮压，单位为吨。其中，承担压力最大的车轮所承受的压力叫做最大轮压。在技术数据表中列出的轮压数值都是最大轮压数值。

4.2.3　悬臂式起重机

取物装置悬挂在臂端或悬挂在可沿悬臂运行的起重小车上，悬臂可回转但不能俯仰的臂架型起重机称为悬臂式起重机（如图 4—5 所示）。悬臂式起重机广泛用于机床、生产线等的工件装夹和搬运、码垛。

图 4—5　悬臂式起重机

1. 悬臂式起重机的分类

悬臂式起重机主要利用臂架的边幅（俯仰）绕垂直轴线回转来升降货物，使用时动作灵活，可满足装卸要求，其类型有固定式、移动式和浮式。

(1) 固定式悬臂式起重机直接安装在码头或库场的墩座上，只能原地工作。其中，有的臂架只能俯仰不能回转，有的既可俯仰又可回转。

(2) 移动式悬臂式起重机可沿轨道或在地面上运行，主要有轮胎起重机、门座起重机、汽车起重机、履带起重机等。其中，轮胎起重机和门座起重机在港口使用得很普遍。轮胎、汽车、履带等移动式起重机又称自动式起重机。

(3) 浮式起重机是安装在专用平底船上的悬臂式起重机，广泛用于海、河港口的装卸及建港等工作。

为了扩大工作范围，增加作业机动性，悬臂式起重机一般设有 2～4 个工作机构，即除了起升机构外，还根据需要设置变幅、旋转、运行机构。

2. 几种常用的悬臂式起重机

(1) 汽车起重机。汽车起重机（如图 4—6 所示）是安装在标准的或专用的载货汽车底盘上的全旋转悬臂式起重机，其车轮采用弹性悬挂结构，行驶性能接近于汽车。一般在车头设有驾驶室；此外，绝大多数还在转台或转盘等上面设有起重驾驶室。汽车起重机行驶速度快，越野性能好，作业灵活，能迅速适应作业场地，特别适合流动性大、不固定的作业场所。它作业时一般要放下支腿，不能带负荷行驶，也不能配套使用双绳抓斗，因而使用上受到一定限制。

图 4—6 汽车起重机

(2) 轮胎起重机。轮胎起重机（如图 4—7 所示）是装在特制轮胎底盘上的可 360°回转的全回转悬臂式起重机，与汽车起重机的主要区别在于底盘不同。汽车起重机用标准或专用汽车底盘，轮胎起重机用专用底盘，其轴距和轮胎相匹配，因而稳定性好，并能在平坦的地面上吊货行驶，但运行速度较慢，所以适合固定在货场内作业。

(3) 履带起重机。履带起重机（如图 4—8 所示）是将起重机作业部分装在车架上的悬臂式旋转起重机。这种起重机的优点是：可在路面较差的情况下作业，稳定性好，可不打开支腿进行作业。其缺点是：运行速度较慢（一般不超过 4～6 千米/小时），并且在行驶时会损坏路面；另外，维修操作也较复杂，更换配件不容易，在使用中受到一定限制，一般只适用于建筑施工工地。

(4) 门座起重机。门座起重机（如图 4—9 所示）又称门机起重机，是装在沿地面行走的门形底座上的全回转悬臂式起重机。它是港口、车站、库场通用的起重设备之一，具有较好的工作性能和优越的独特结构。其额定起重量一般为 5～100 吨，造船用的门座起重机可达 150～250 吨。门座起重机的工作机械具有较快的运动速度，起升速度可达 70 米/分钟，

图 4—7　轮胎起重机

图 4—8　履带起重机

变幅速度可达 55 米/分钟。其使用效率高，每周可工作 22 小时，台时效率高，一般可达 100 吨以上。同时，它的结构是立体的，占用的码头、货场的面积较小，具有较大的起升高度和工作幅度，能满足港口码头船舶和车辆的机械化装卸、转载以及充分使用场地的要求；具有高速灵活、安全可靠的装卸能力，对提高装卸生产率、减轻劳动强度都具有重大的意义。其缺点是：造价高，耗钢材多，需要较大功率的电力供给，一般轮压较大，需要坚固的地基，附属设备也较多。

门座起重机的构造分为上部旋转和下部运行两部分。上部旋转部分安装在一个高大的门型底架上，相对于下部运行部分可实现 360°任意旋转，这也是门座起重机与其他转动起重机的主要区别。门架可以沿轨道运行，同时又是起重机的承重部分。起重机的自重和吊重均由门架承受，并由它传到地面轨道上。上部旋转部分包括臂架系统、人字形、旋转平台、驾驶室等，还安装有起升、变幅、旋转机构。门架底部能通过火车和其他车辆，轨距有三种不同规格，分别可通过 1～3 列火车。门座底部装有行车车轮或运行台车，使整台起重机可沿着

图 4—9　门座起重机

地面或建筑物上的轨道运行。

4.3　连续运输技术与装备

物料输送是装卸搬运的主要组成部分，在物流各环节之前和同一环节的不同活动之间都必须进行输送作业。在现代物流活动中，输送机械承担货物的运输任务，具有把各物流环节连接起来的作用。

4.3.1　连续运输机械概述

连续运输机械也称连续输送机或输送机，是以连续的方式沿着一定的路线从装货点到卸货点均匀输送货物和成件包装货物的机械。

由于输送机在一个区间内能连续搬运大量货物，搬运成本低廉，搬运时间比较精确，货流稳定，因此被广泛应用于现代物流系统中。从国内外大量自动化立体仓库、物流配送中心、大型货场来看，其设备除了起重机械之外，大部分都是由输送机组成的搬运系统，如进出库输送机系统、自动分拣输送机系统、自动装卸输送机系统等。整个搬运系统由中央计算机控制，形成了一整套复杂完整的货物输送、搬运系统，大量货物或物料的进出库、装卸、分类、分拣、识别、计量等工作均由输送机系统来完成。

在现代化货物搬运系统中，输送机起着重要的作用。输送机是生产加工过程中机械化、连续化、自动化的流水作业运输线不可缺少的组成部分，是自动化仓库、配送中心、大型货场的生命线。

1. 连续运输机械的特点

连续运输机械与起重机械的不同之处在于：可以沿一定的线路不停地输送货物；其工作构件的装载和卸载都是在运动过程中进行的，无须停车；被输送的散货以连续形式分布于承载构件上，输送的成件货物也按一定的次序以连续的方式移动。具体来说，输送机有如下特点：

(1) 优点：可采用较快的运动速度，且速度稳定；具有较高的生产率；在生产率相同的情况下，自重轻，外形尺寸小，成本低，驱动功率小；传动机械的零部件负荷较低且冲击小；结构紧凑，制造和维修容易；输送货物线路固定，动作单一，便于实现自动控制；工作过程中负载均匀，所消耗的功率几乎不变。

(2) 缺点：只能按照一定的路线输送，每种机型只能用于运输一定类型的货物，一般不适合运输重量很大的单件物品，通用性差；大多数连续输送机不能自行取货，因而需要采用一定的供料设备。

2. 连续运输机械的分类

按不同的分类方式，输送机可分为以下几种。

(1) 按照安装方式可分为固定式输送机和移动式输送机。固定式输送机是指整个设备固定安装在一个地方，不能再移动。它主要适合固定输送方式，如专用码头和仓库中的货物移动、工厂生产工序之间的输送、原料的接收和成品的发放等。它具有输送量大、单位电耗低、效率高等特点。移动式输送机是指整个设备安装在车轮上，可以移动。它具有机动性强、利用率高、能及时进行输送作业并达到装卸要求的特点。这类设备输送量不太大，输送距离不长，适用于中小型仓库。

(2) 按照结构特点可分为有挠性牵引构件的输送机和无挠性牵引构件的输送机。有挠性牵引构件的输送机的工作特点是：物料或货物在牵引构件的作用下，利用牵引构件的连续运动使货物向一定方向输送。牵引构件是一个循环往复的封闭系统，通常是一部分输送货物，另一部分牵引构件返回。常见的有带式输送机、链式输送机、斗式提升机、悬挂输送机等。无挠性牵引构件的输送机的工作特点是：利用工作构件的旋转运动或振动，使货物向一定方向运送，它的输送构件不具有循环往复的形式。常见的有气力输送机、螺旋式输送机、振动输送机等。

此外，按照输送的货物种类，输送机可分为输送件货输送机和输送散货输送机；按照输送货物的动力形式，输送机可分为机械式、惯性式、汽力式、液力式等几大类。

3. 连续运输机械的主要技术性能参数

(1) 生产率。生产率是指输送机在单位时间内输送货物的质量，是反映输送机工作性能的主要指标，用Q表示，单位为吨/小时。它的大小取决于输送机承载构件上每米长度所载物料的质量q和工作速度v，所有的输送机生产率均可用下面的公式计算：

$$Q = 3.6 \times q \times v$$

式中，q表示单位长度承载构件上货物或物料的质量（千克/米）；v表示输送速度（米/秒）。

这里所说的生产率指连续输送机在满足物料性能要求、使用最大充填系统及最有利的输送布局和工艺流程等条件下，在短时间内所能达到的最大生产率。

(2) 输送速度。它是指被运输物料沿着输送方向的运行速度。其中，带速和链速分别是指输送带（牵引带）或牵引链在输送物料前进时的运行速度；主轴转速是指传动滚筒转轴或传动链的转速。

(3) 填充系数。它反映的是输送机承载件被物料或货物填满的程度。

(4) 输送长度。它是指输送机装载点与卸载点之间的展开距离。

(5) 提升高度。它是指物料在垂直方向上的输送距离。

此外，技术性能参数还包括安全系数、制动时间、电动机功率、轴动率、单位长度牵引构件的质量传入点张力、最大动张力、最大静张力、预张力、拉紧行程等。

4.3.2 物流业中典型的运输机械

在现代化的物流装卸搬运系统中，典型的运输机械主要有连续性输送机、间歇性输送机和垂直输送设备三大类。

1. 连续性输送机

连续性输送机主要有带式输送机、螺旋式输送机、气力输送机和斗式提升机等，下面分别予以介绍。

(1) 带式输送机。带式输送机（如图 4—10 所示）是仓库中广泛使用的装卸搬运机械，是以封闭无端的输送带作为牵引构件和承载构件的连续输送货物的机械。输送带有橡胶带、帆布带、塑料带和钢芯带四种，其中橡胶带应用最广。根据工作要求，有工作位置不变的固定式输送机和工作位置可以变化的移动式输送机，有运输方向能改变的可逆式输送机，还有可以改变机架伸缩距离的可伸缩式带式输送机。

图 4—10 带式输送机

1) 带式输送机的特点。带式输送机主要用于在水平方向和坡度不大的倾斜方向连续输送散粒货物，也可用于输送重量较轻的大宗成件货物。优点是：输送距离长，输送能力强，生产率高；结构简单，基建投资少，营运费用低；输送线路的布局可以呈水平或倾斜的直线状，也可以呈曲线状，受地形条件限制小；操作简单，安全可靠，易实现自动控制。这些优点使其广泛应用于仓库、港口、车站、工厂、煤矿、矿山、建筑工地等。缺点是：不能自动取货，当货流发生变化时，需要重新布置输送线路，输送角度不宜过大。带式输送机系统便于联网作业，特别适用于大型库房，能充分发挥作用，有效减轻人力作业强度，提高工作效率。

2) 一般结构和工作过程。带式输送机一般由金属结构机架，装在头部的驱动滚筒和装在尾部的张紧滚筒，绕过头、尾滚筒和沿输送带全线安置了上托辊、下托辊的无端输送带，以及包括电动机、减速器等在内的驱动装置、装载装置、卸载装置和清扫装置等组成（一般结构如图 4—11 所示）。

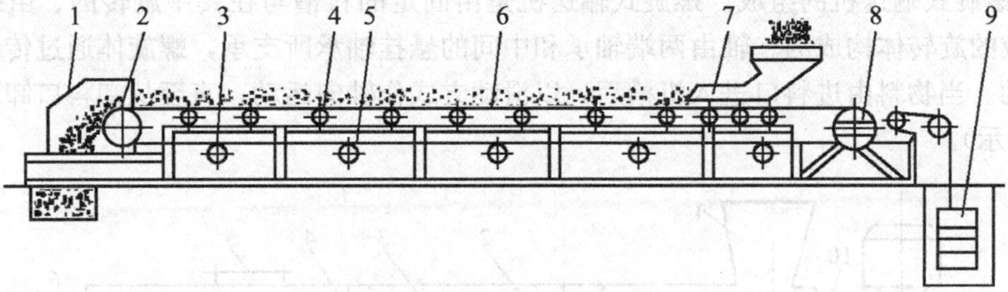

1—卸载装置 2—驱动滚筒 3—驱动装置 4—上托辊 5—下托辊
6—胶带 7—装载装置 8—张紧滚筒 9—张紧装置

图 4—11 带式输送机的结构示意图

工作时无端输送带绕过驱动滚筒和张紧滚筒，利用输送带与驱动滚筒之间的摩擦力来驱使输送带运动，物料通过装载装置送到输送带上，然后被送到卸载地点，通过卸载装置从输送带上卸下。如果要使货物在中间的任何位置卸出，则要另外安装卸载小车来完成。输送带经清扫装置和下支承托辊返回进料处。

3）带式输送机工作时需要注意的问题。首先，要检查胶带的松紧程度，并进行空载启动以降低启动阻力。其次，所有托辊都应回转，否则可能会造成胶带运动阻力增大、功率消耗增大，以及胶带和托辊的严重磨损。因此，应经常检查托辊回转情况，及时消除故障。再次，带式输送机的送料必须保持均匀，必须在停止进料且机上物料卸完后才能停机。如送料过程中发生故障，应停止进料，进行维修，以免造成物料堵塞。最后，带式输送机不使用时，应盖上油布，防止风吹、日晒、雨淋等导致机器生锈。若长时间不用，应该调松胶带，入库保存。

带式输送机的输送长度受输送带本身的强度和运动稳定性的限制。输送距离越远，驱动力越大，输送带所承受的压力越大，输送带的强度要求就越高。所以，当输送距离较远时，对输送带的质量和配套辅助结构有一定要求。

带式输送机有水平式、倾斜式、带凸形曲线式、带凹形曲线式、带凸凹形曲线弧式等五种类型。具体使用时，应根据输送工艺的要求进行选择。

（2）螺旋式输送机。螺旋式输送机也叫绞龙式输送机，是一种利用螺旋叶片的旋转运动推动散粒物料沿着料槽运动的输送机械。它可以固定使用，也可以制成移动式；可以水平、倾斜送料，也可垂直送料。螺旋式输送机是一种无挠性牵引构件的输送机。

1）螺旋式输送机的特点。螺旋式输送机的优点是：结构简单紧凑，无空返分支，横断面尺寸小，可在多点装卸物料；装卸物料灵活，随处可取；可靠性高，易维修，成本低，料槽密闭送货污染小。它的缺点是：输送中物料摩擦、搅拌，使输送阻力增大，消耗的单位功率提高；螺旋、料槽易损，物料易碎；对超载敏感，易产生堵塞。

螺旋式输送机的结构特点决定了它适宜输送粉状、颗粒状和小块物料，不宜输送大块物料，以及易磨损、易破碎或易黏结成块的纤维性物料。

螺旋式输送机的输送量一般为 20～40 米/小时，最大可达 100 米/小时。它在生产中常用于输送距离小于50米的水平输送，也可用于倾斜方向或高度在10米以内的垂直输送。日前被广泛应用于粮食、化工、轻工、建筑材料、交通运输等工业部门，输送谷物、豆类、面粉、饲料、化工原料、水泥、黄沙、煤、焦炭、矿石等物料。

2）螺旋式输送机的组成。螺旋式输送机是由固定的料槽与在其中旋转的、由螺旋叶片和轴组成的旋转体构成的。轴由两端轴承和中间的悬挂轴承所支承，螺旋体通过传动轴由电动机驱动。当物料由进料口进入机槽后，以滑动方式作轴向运动，直至从卸料口卸出（如图4—12所示）。

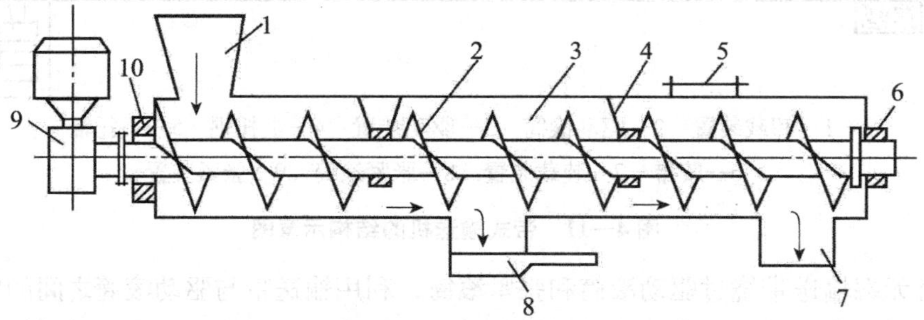

1—装卸漏斗　2—螺旋　3—料槽　4—中间轴承　5—中间装卸口　6—末端轴承
7—末端卸料口　8—中间卸料机　9—驱动装置　10—首端轴承

图4—12　螺旋式输送机的结构示意图

在水平螺旋式输送机中，料槽的摩擦力是由物料自重引起的；在垂直螺旋式输送机中，输送管壁的摩擦力主要是由物料旋转离心力引起的。

3）螺旋式输送机的分类。螺旋式输送机按料槽的走向可分为直线螺旋式输送机和曲线螺旋式输送机两种。前者可在水平方向、倾斜方向（≤20°）、垂直方向对散堆物料、成件和包装件进行输送，分为水平螺旋式输送机和垂直螺旋式输送机；后者可对这些货物进行空间多维可弯曲输送。水平螺旋式输送机用于水平方向或倾角为10°～20°（最大不超过20°）的物料输送。它的结构特点是：螺旋轴呈水平或稍有倾斜的方向布置，螺旋节距S与螺旋直径D的比值为0.8～1.0。机壳呈槽形，上平下圆，结构较简单。垂直螺旋式输送机的结构特点是：螺旋轮呈垂直或接近垂直的方向布置，螺旋节距与直径的比值为0.5～0.6，比水平螺旋式输送机的值小，机壳呈圆筒形；结构比较紧凑，垂直方向的横断面尺寸很小，能在其他输送设备无法安装或操作困难的地方使用，尤其适宜高度不大的垂直输送；但运动阻力大，单位能量消耗高，螺旋和管槽容易磨损，限制了该机的应用范围，通常用于港口装卸料。

按所运货物的性质，螺旋式输送机可分为散粒货物螺旋式输送机和成件、包装件螺旋式输送机两种。

根据结构，螺旋式输送机还可分为双螺旋式输送机和单螺旋式输送机两种，后者使用较多。螺旋式输送机的安装方式有固定式和移动式两种，大部分螺旋式输送机采用固定式。

(3) 气力输送机。气力输送机（如图4—13所示）是采用风机使管道内形成气流来输送散粒物料的机械，主要由送风装置（抽风机、鼓风机、气压机）、输送管道及管件、供料器、除尘器等组成。它的输送原理是：将物料加到具有一定速度的空气气流中，构成悬浮的混合物，通过管道输送到目的地，然后将物料从气流中分离出来卸载。

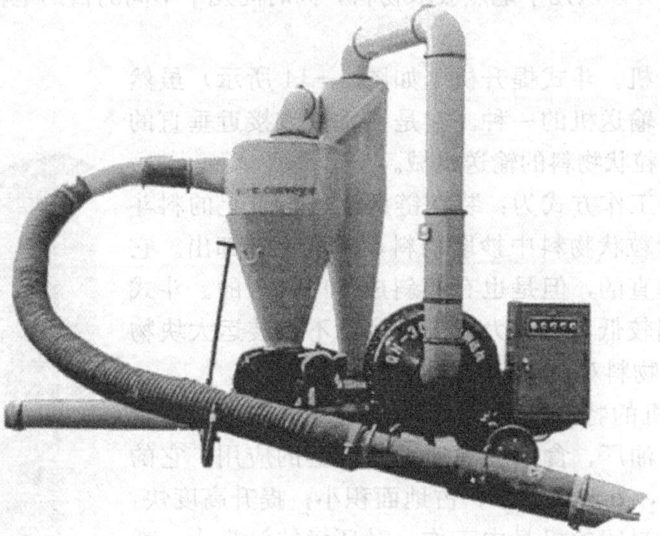

图 4—13　气力输送机

气力输送机主要用于输送粉状、粒状及厚度为 20～30 毫米的小块物料，有时也输送成件物品。对于不同的物料，须选择不同的风速，既要保证物料在管道内呈悬浮状态，不堵塞管道，又要尽可能多地输送物料，做到既经济又合理。

1）气力输送机的特点。与其他连续运输装卸机械相比，气力（以空气作介质）输送装置有两个显著的特点：一是靠密闭的管路输送；二是输送过程中不包括回程。气力输送机的这两大特点使其具备了许多其他输送机所不具备的优点。其主要优点是：可以改善劳动条件，提高生产效率，有利于实现自动化；可以减少货损，保证货物质量；结构简单，没有牵引构件；生产率较高，不受管路周围条件和气候的影响；输送管道能灵活布置，适应各种装卸工艺；有利于实现散装运输，节省包装费用，降低成本。

气力输送机的缺点是：动力消耗较大，噪声大；被输送物料有一定的限制，不宜输送潮湿的、黏性的和易碎的物料；在输送磨损性大的物料时，管道等部件容易磨损。

当前输送机的生产率可达 4 000 吨/小时，输送距离可达 2 000 米，输送高度可达 100 米。

2）气力输送机的分类。物料和空气的混合物能在管路中运动且被输送的必要条件是：在管路两端形成一定的压力差。按压力差，气力输送机可分为吸送式、压送式和混合式三种。

① 吸送式气力输送机。它可以装配多根吸料管，同时从多处吸取物料，但输送距离不能过长。由于真空的吸力作用，供料装置简单方便，吸料点不会有粉尘飞扬，对环境污染小，但对管路系统的密封性要求较高。此外，为了保证风机安全工作和减少零件的磨损，进入风机的空气必须除尘。

② 压送式气力输送机。它可实现长距离的输送，生产效率较高，并可由一个供应点向几个卸料点输送，风机工作条件较好，但因为它要把物料送入气压高于外界大气的管道，所以供料器比较复杂。

③ 混合式气力输送机。它综合了吸送式和压送式气力输送机的优点：吸取物料方便且能较长距离输送；可以从几个地点吸取物料，同时向几个不同的目的地输送。但是，它的结构比较复杂。

（4）斗式提升机。斗式提升机（如图 4—14 所示）虽然名为提升机，却是输送机的一种。它是在垂直或接近垂直的方向上连续提升粉粒状物料的输送机械。

斗式提升机的工作方式为：装在链条上或皮带上的料斗从机架下部进入粉粒状物料中抄取物料，再从上端卸出。它的角度基本上是垂直的，但是也有倾斜成 60°～70°的。斗式提升机的设备费用较低，但动力费用较高，不能装运大块物料，而且被搬运的物料对料斗有较大的磨损。

1）斗式提升机的特点及分类。斗式提升机在港口、仓库、粮食加工厂、油厂、食品厂等地得到广泛的应用。它的优点是：结构简单，外形尺寸小；占地面积小；提升高度快，输送能力强；在全封闭的机身内工作，对环境的污染小；耗用的动力小。其缺点是：过载时容易堵塞；需要均匀供料；料斗容易磨损；等等。

图 4—14　斗式提升机

按牵引构件，斗式提升机可分为胶带牵引的带斗式提升机和链条牵引的链斗式提升机两种。后者又可分为单链式和双链式，但单链式用得很少。

2）斗式提升机的工作过程。斗式提升机的工作过程分为三个阶段：装料、提升、卸料，其中装料与卸料尤为重要，对提升机的生产率起决定性作用。提升较简单，只要胶带或链条强度大，输送过程无打滑或抖动现象，基本上就可保证提升平稳，不撒料。斗式提升机的装料方式有注入式和挖取式两种。注入式装料由前方的加料料斗加料，物料迎着向上运动的料斗注入，主要适用于输送较重的大块物料，如砾石、矿石等。挖取式装料是从料堆（如煤粉、谷物、水泥）中取料。物料从料斗中卸出，根据物料的受力情况，卸料方式可分为离心式、重力式和混合式三种。在离心式卸料中，物料主要是在料斗绕过驱动链轮时产生的离心力的作用下卸载的，这种卸料方式适用于运送流动性良好的粉末状、粒状和小块状物料，如水泥、砂等，带斗式提升机常采用这种方式卸料。重力式卸料是当物料绕过驱动链轮的顶部时，物料在重力的作用下从料斗中卸出，这种卸料方式适用于输送较重的、磨损性大的块状物料，如砾石、矿石、焦炭等，链斗式提升机常采用这种方式卸料。当物料卸载时，部分是由于重力的作用，部分是由于离心力的作用，这种卸料方式称为混合式，适用于卸载流动性不良的粉状和潮湿的物料，如煤粉、石灰等。

2. 间歇性输送机

间歇性输送机主要用于输送托盘、箱包件或者其他有固定尺寸的集装单元货物，是物流配送中心和仓库必不可少的重要输送设备，有水平输送和垂直输送之分。根据输送机有无动力源，可分为重力式输送机和动力式输送机两大类。

在仓库或物流中心采用间歇性输送机的优点是：货物的装载和卸载均可在输送过程不停顿的情况下进行；由于输送机无须经常启动与制动，因此可采用较快的输送速度；由于输送机的结构比较简单，动作单一，造价也较低；可按货物的输送线路，选用多台输送机构成输送系统，实现物流自动化。其缺点是：输送系统的占地面积较大，且不易变更货物的输送路线。

下面介绍常用的重力式输送机和动力式输送机。

（1）重力式输送机。重力式输送机利用输送物品本身的重量产生动力，在倾斜的输送机上由上往下滑动。输送机的倾斜度为 2°～5°，坡度的大小与滚动体转动的摩擦力、货物和滚动体的惯性及滑行速度的控制有关，特别是与货物的重量、包装材料和包装物底面的平整度有关。为了控制重力式输送机上货物的速度，大倾角的输送机一般装有制动滚子。

重力式输送机的优点是：成本低，易于安装和扩充。根据滚动体，重力式输送机可分为滚轮式、滚筒式和滚珠式。其中，滚筒式重力式输送机一般用在食品、饮料行业，多用于浇注车间、轧钢车间、木材加工厂、仓库、配送中心和邮局。滚珠式和滚轮式多用于配送中心和手工行业。

重力式滚轮输送机的主要特点是重量轻、易搬动、装卸方便。对于表面较软的物品，如布袋，滚轮式比滚筒式有更好的输送性。但是，对于底部有挖孔的容器，则不宜使用滚轮输送机。为使物品输送平稳，任何时候一个物品至少应有分布在三根轴上的五个轮子支撑（如图 4—15 所示）。

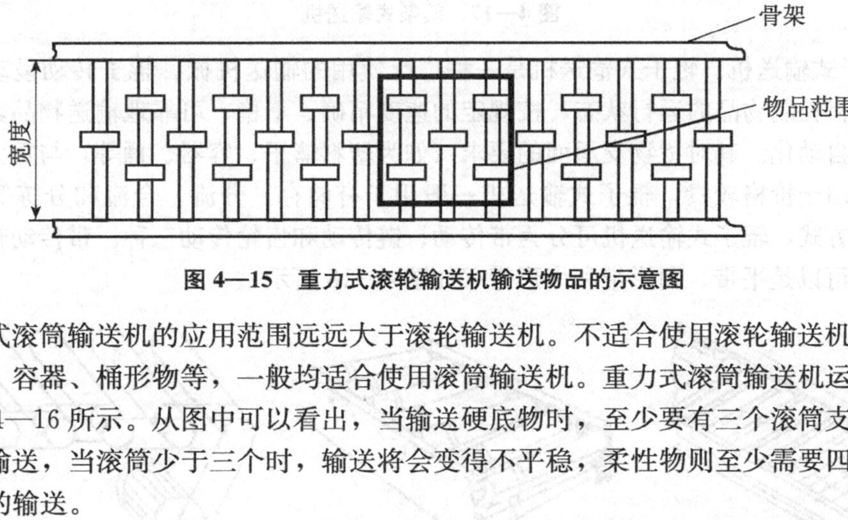

图 4—15　重力式滚轮输送机输送物品的示意图

重力式滚筒输送机的应用范围远远大于滚轮输送机。不适合使用滚轮输送机的货物，如塑料篮子、容器、桶形物等，一般均适合使用滚筒输送机。重力式滚筒输送机运送物品的示意图如图 4—16 所示。从图中可以看出，当输送硬底物时，至少要有三个滚筒支撑物品才能保证正常输送，当滚筒少于三个时，输送将会变得不平稳，柔性物则至少需要四个滚筒才能保证正常的输送。

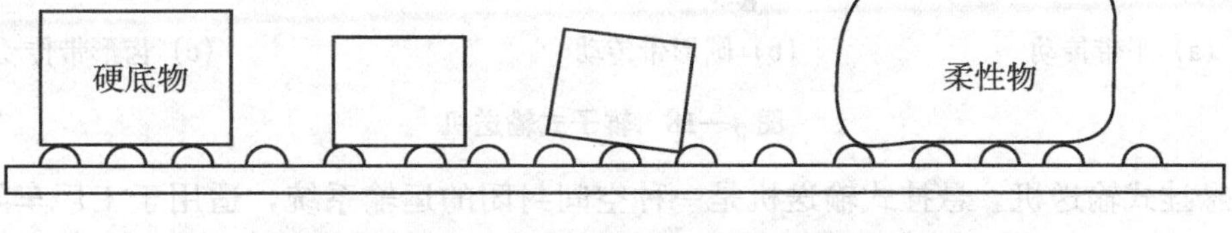

图 4—16　重力式滚筒输送机输送物品的示意图

（2）动力式输送机。动力式输送机主要用于物流自动化程度较高的环境，是物流自动化、机械化、作业一贯化的重要组成部分。根据驱动介质，动力式输送机可分为链条式输送机、带式输送机、辊子式输送机和悬挂式输送机。如果货物有不规则表面，如邮包等，可选用带式输送机；形状规则的货物，如纸箱、托盘，可选用辊子式输送机或链条式输送机，但如果要控制货物的间隔和精确定位，应选用带式输送机；对于较重的货物，则应选用辊子式输送机；如果要求节省占地面积，缩短输送距离，提高空间的利用率，可采用悬挂式输送机。下面着重介绍链条式、辊子式和悬挂式输送机。

1）链条式输送机。链条式输送机（如图 4—17 所示）是以链条为传动及输送元件的输送机。输送机的链条以导轨为依托，将货物以承托方式进行输送。其输送元件使用最多的是滑动链和滚动链。因此，此类输送机根据所用的链条又可分为滑动链条式和滚动链条式两种。

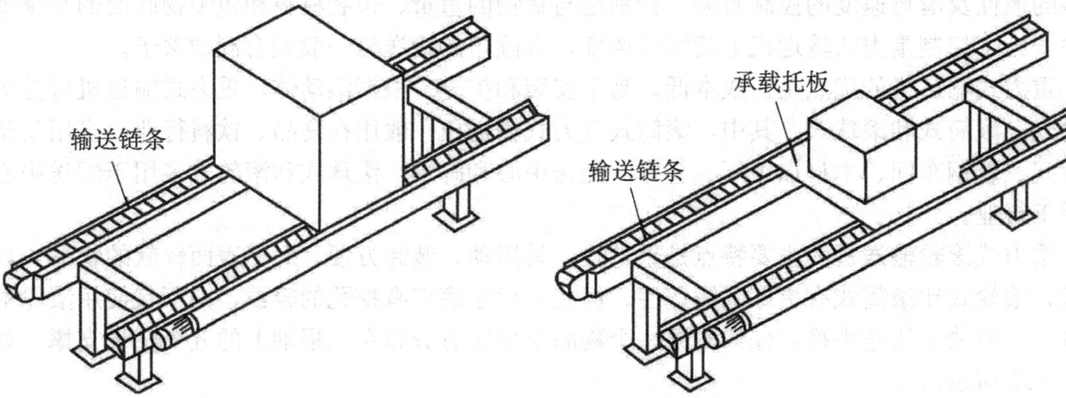

图 4—17 链条式输送机

2）辊子式输送机。辊子式输送机是一种广泛使用的输送机械。辊子转动呈动力驱动状态，可以严格控制物品的运行状态，按规定的速度精确、平稳、可靠地输送物品，便于实现输送过程的自动化。其对货物支承面的要求（如为塑料篮子、容器、桶等）与重力式滚筒输送机相同。由于价格较贵，辊子式输送机一般用于有储存、分流、合流和分拣等要求的环境。按传动方式，辊子式输送机可分为带传动、链传动和齿轮传动三种。带传动辊子式输送机的传送带可以是平带、圆形带和齿形带（如图 4—18 所示）。

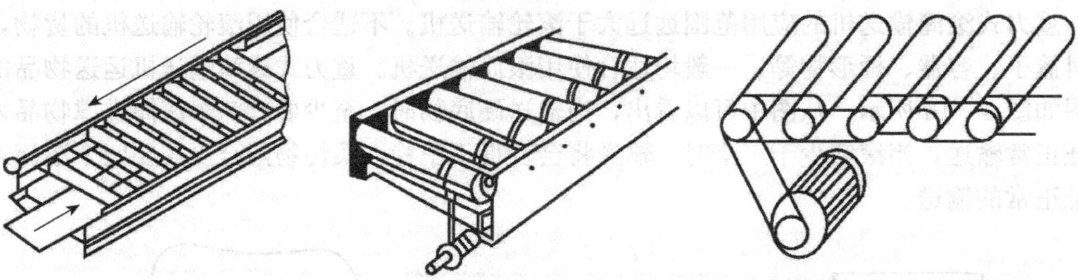

(a) 平带传动 (b) 圆形带传动 (c) 齿形带传动

图 4—18 辊子式输送机

3）悬挂式输送机。悬挂式输送机是一种空间封闭的运输系统，适用于工厂车间、仓库内部的成件物品或集装单元货物的空中运输。由于悬挂式输送机系统的空间布置对地面设备和作业的操作影响甚小，而输送机本身就是一个“活动仓库”，因此有可能取消各工序间的储存场地，从而提高生产作业和仓储所占用面积的经济合理性。悬挂式输送系统由牵引链、滑架、承载小车、架空轨道、回转装置、驱动装置、张紧装置、安全装置和电控装置等组成。按牵引小车的驱动方式，悬挂式输送机分为四种：链条牵引式、螺杆驱动式、自行式和积放式（如图 4—19 所示）。

链条牵引式输送机的承载小车与牵引链固定连接，由牵引链直接带动。该系统结构简

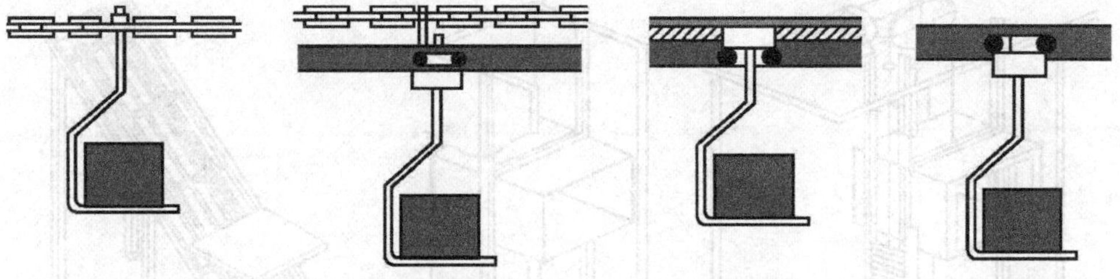

(a) 链条牵引式　(b) 螺杆驱动式　(c) 自行式　(d) 积放式

图 4—19　悬挂式输送机的类型

单，但很难实现装卸作业过程的自动化。系统的装卸作业必须在系统运行的过程中进行，轻便的货物可以由人工操作，比较重的货物则要用专用的装卸设备来操作。

螺杆驱动式输送机的承载小车挂钩是通过螺母与螺杆的传动相配合，由螺杆转动推动载重小车行走的。这是一种特别简单的悬挂式输送机，缺点是：小车运行的速度慢；当载荷较大时，螺杆的磨损会加剧。

自行式输送机的电动小车的行走轮由输送机自带的电机驱动，而不是通过链条来牵引，承载能力一般为 500 千克，行走速度为 10～100 米/分钟。自行式输送机的轨道有直道、弯道、岔道几种，根据作业要求可灵活布置其运行线路。通过岔道，很容易帮助小车从一条轨道转到另一条轨道。自行式输送机主要用在电子、纺织、食品和医疗等领域，常用于仓库、配送中心、汽车制造厂，除了一般货物的运输之外，也用于非危险品的装卸和整理分类。

积放式输送机的牵引小车和承载小车分别在各自的轨道上运行，承载小车由牵引链通过推杆推动运行，根据需要，可利用停止器将小车停在输送线上的任何位置；通过控制装置，推杆可与小车脱开；通过道岔装置，可将小车从一条输送线转移到另一条输送线上；可将不同速度的独立环线通过道岔或直线传递组成一个完整的输送系统。

3. 垂直输送设备

在物流中心和楼房仓库，各楼层之间的货物搬运是必不可少的。前面介绍的各种输送机主要是在水平方向输送各种货物，无法满足垂直方向的货物输送，这时就必须使用各种垂直输送设备。这里只介绍常用的载货电梯、垂直升降输送机、托盘式垂直升降输送机、螺旋滑槽式垂直输送机和空中移载台车。

(1) 载货电梯。载货电梯（如图 4—20 所示）一般由钢丝绳、液压缸和链条驱动，运送的对象是托盘货物、容器、单件货或人。与起重机不同，载货电梯运送的货物是放在轿厢内，沿着垂直的（或倾斜的）、固定的导轨进行输送的。

钢丝绳牵引电梯的牵引绳的一端与轿厢相连，另一端与活动配重相连。轿厢和配重都在各自的轨道内行走。液压顶升电梯的轿厢的驱动采用多级油缸顶升，不需要配重机构，只能沿垂直方向运行，其特点是载重量大、并行平稳、停位精确，但提升距离有限。倾斜式载货电梯的轿厢沿倾斜轨道运行，轿厢通过钢丝绳或链条牵引，轨道的坡度一般为 30°，一般用在室外。只要电梯的载重能力和轿厢尺寸足够大，搬运货物的车辆也可单独或随同货物一起运送。常用的载货电梯的载重量为 250～3 000 千克，速度一般在 0.3～4 米/秒。

(2) 垂直升降输送机。垂直升降输送机是一种连续搬运单件或托盘货物的垂直输送设备。其种类很多，按照输送的层次，可分为单层输送机和多层输送机，单层输送机只能在两个层次

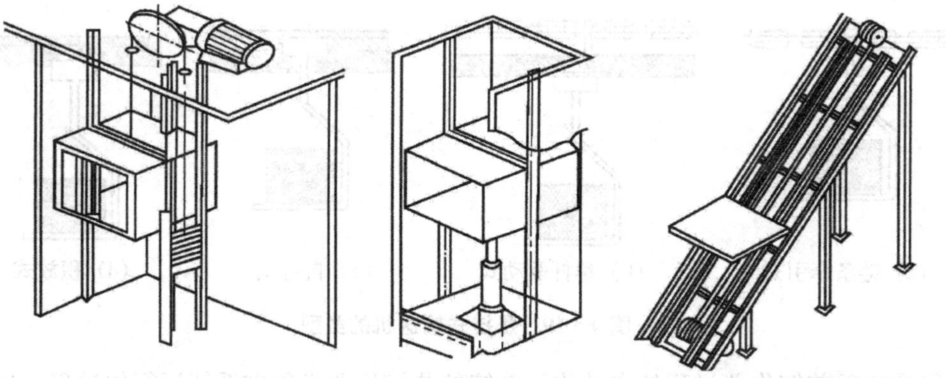

（a）钢丝绳牵引方式　（b）液压顶升方式　（c）倾斜式载货电梯方式

图 4—20　载货电梯

之间输送，多层输送机能在各层次之间输送。按出入方向，可分为对面型输送机和同面型输送机。对面型是指货物从一侧进去从另一侧出来；同面型是指货物从一侧进去仍从同一侧出来。垂直升降输送机的工作原理与载货电梯类似，垂直输送物品的升降平台的上下移动是由卷扬机或液压装置来驱动的。图 4—21（a）显示的是输送线用输送机，图 4—21（b）为手推车用输送机，图 4—21（c）为叉车用输送机。这三种输送机只在物品进出口的衔接方式上有所不同。

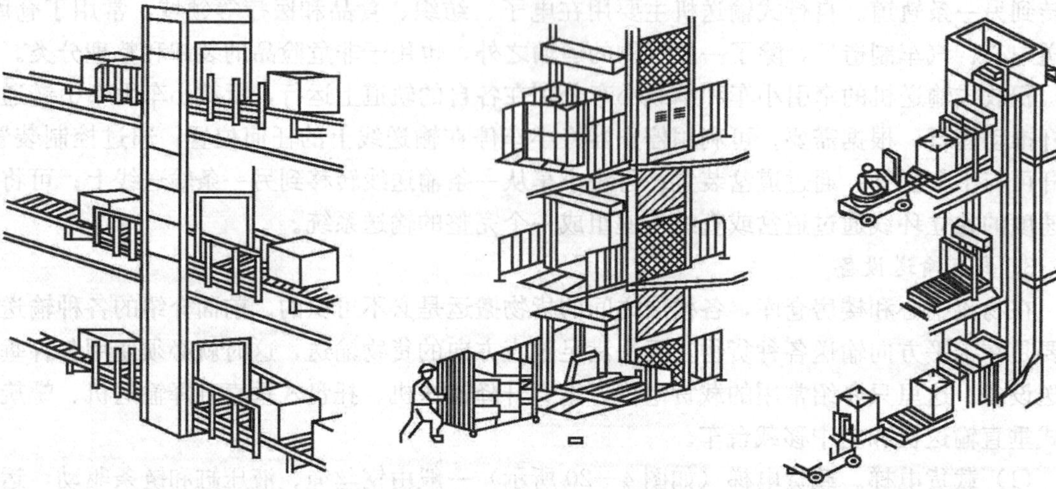

（a）输送线用输送机　（b）手推车用输送机　（c）叉车用输送机

图 4—21　垂直升降输送机

（3）托盘式垂直升降输送机。图 4—22 显示的是托盘式垂直升降输送机，这种升降机能连续输送，所以效率较高。此类升降机能节省空间和人力，运费低，承载能力大，承载范围为 500～2 000 千克。

（4）螺旋滑槽式垂直输送机。图 4—23 显示的是螺旋滑槽式垂直输送机。它利用重力及螺旋倾斜滑槽，使物品自上而下平稳滑落。因为没有驱动装置，所以只能向下而不能向上输送货品。其特点是：滑槽轨道由聚氯乙烯原料制成，倾斜度小于 120°，速度缓慢，不损伤物品；具有可连续输送料箱，当料箱很多时，可存于槽内；因为没有驱动装置，所以没有噪声；结构简单，成本低，维修费少。这种输送机主要用于塑料箱的连续垂直运输。

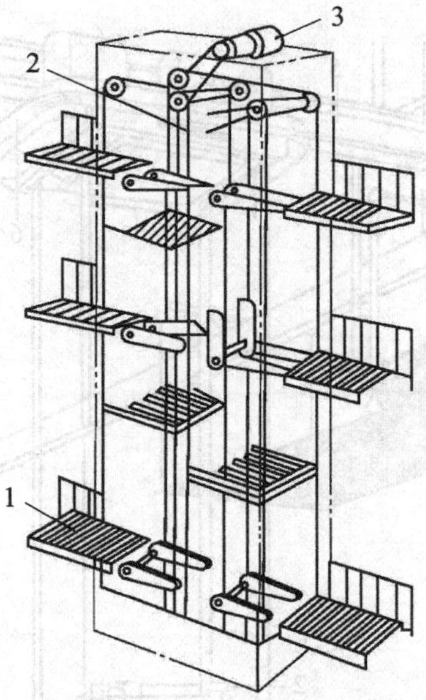

1—自动输送机　2—输送链条　3—驱动装置

图4—22　托盘式垂直升降输送机

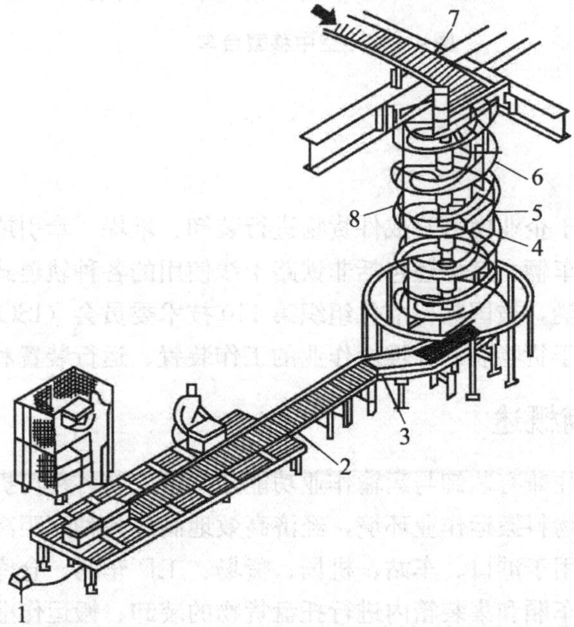

1—脚踏停止开关　2—自由滚筒输送机　3—滚轮输送机　4—支撑架

5—箱子　6—走行轨道　7—自由滚筒输送机　8—导引轨道

图4—23　螺旋滑槽式垂直输送机

(5) 空中移载台车。图4—24显示的是空中移载台车。这种输送工具被悬挂在空中导轨上，按照指令在导轨上运行或停止。在运动过程中，货台装置通过卷扬机和升降带被提到最高位置，并与车体成为一体。当运动到指定位置时，升降带伸长，货台下落，完成卸载或装货。

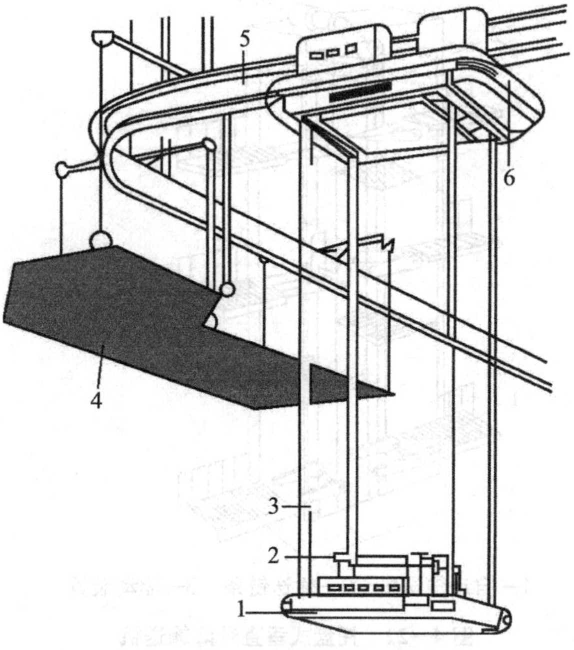

1—货台装置　2—货物　3—升降带　4—安全网　5—导轨　6—传感器

图 4—24　空中移载台车

4.4　工业搬运车辆

工业搬运车辆是指用于企业内部对成件货物进行装卸、堆垛、牵引或推顶，以及短距离运输作业的各种轮式搬运车辆，其中还包括非铁路干线使用的各种轨道式搬运车辆。工业搬运车辆中的各种无轨式车辆，被国际标准化组织第 110 技术委员会（ISO/TC110）称为工业车辆。此类车辆主要由用于货物装卸、堆垛作业的工作装置、运行装置和动力装置等组成。

4.4.1　工业搬运车辆概述

由于工业搬运车辆往往兼有装卸与运输作业功能，并可安装各种可拆换工作属具，因此能机动灵活地适应多变的物料搬运作业环境，经济高效地满足各种短距离物料搬运作业的要求。工业搬运车辆广泛应用于港口、车站、机场、货场、工厂车间、仓库、流通中心和配送中心等，并可进入船舱、车厢和集装箱内进行托盘货物的装卸、搬运作业，是托盘运输、集装箱运输必不可少的设备。

1. 工业搬运车辆作业的额定承载能力

在反映车辆作业能力的技术参数中，额定承载能力（起重量、承载量或牵引力）是最基本的技术参数。

（1）高起升车辆的起重量。有额定起重量和实际起重量之分。额定起重量是指车辆在规定条件下正常使用时，可起升和搬运的货物的最大质量。实际起重量是指在规定条件下正常使用时，由该车配用的属具和货物起升的高度对车辆稳定性的影响决定的，实际可起升和搬运的货物的最大质量。

(2) 固定平台搬运车和低起升车辆的额定承载量。该类车辆的额定承载量为均匀分布在载货平台或其他承载装置上的最大载荷，即在正常使用时该车可搬运的货物的最大质量。

(3) 牵引车的额定牵引力。有内燃式牵引车的额定牵引力和电动式牵引车的额定牵引力之分。内燃式牵引车的额定牵引力是指车辆在平坦、干燥的混凝土水平路面上以不低于最大空载行驶速度 10%的均匀速度运行时，在牵引挂钩方向上所能发挥出来的水平牵引力。电动式牵引车的额定牵引力是指车辆在平坦、干燥的混凝土水平路面上以小时工作制运行时，在牵引挂钩方向上所能发挥出来的水平牵引力。

2. 工业搬运车辆的发展趋势

(1) 发展电动车辆，改进内燃车辆。无废气排放、低噪声、低震动的适应室内作业要求的电动工业搬运车辆，普遍采用计算机控制装置、高能量蓄电池和较大的动力，使其作业效率、可靠性、耐久性和节能效果显著提高。随着相关技术的发展，室外作业环境中也越来越多地采用电动工业搬运车辆。随着高能量、长寿命、易充电的新一代电化学能源的商业化开发，电动车辆将成为工业搬运车辆发展的重点。

动力余量大、燃料供给便利且已得到广泛使用的内燃工业搬运车辆，将着重在环境保护和劳动保护方面进行改进，如减少排气污染、降低噪声和震动等。内燃车辆采用液化石油气作燃料时，燃料闭环控制系统通过一个排气成分实时检测装置来调节“燃料/空气”混合比，可使废气排放达到严格的标准。同时，优于液化石油气的压缩天然气燃料正得到推广应用。内燃工业搬运车辆的噪声已降至 75～80 分贝。液力传动车辆与液压传动车辆相似，也可适应工况自动换挡，操作简便省力。

(2) 采用电子技术，完善车辆性能。综合应用计算机技术、自动控制技术和人工智能技术，将使工业车辆产品的技术附加值进一步提升。20 世纪末，在一般工业搬运车辆产品中，电子器件成本在产品结构成本中所占比例已达到 30%左右，在自动导向车辆中达到 80%以上。电动工业搬运车辆运行和起升作业的动力控制原来采用的是晶闸管，现在发展为采用金属氧化物半导体晶体管和隔离门极双极型晶体管，可以实现更大范围的无级调速和回收能量的再利用。电动伺服转向系统的能耗只有液压伺服转向系统的 10%～20%。采用微电子技术可实现车辆较全面的自调适、自诊断和自保护，如对蓄电池的放电与充电进行自动监测，对电动机和电控器件的温度、电动机碳刷和制动蹄片的磨耗、载荷的位置与质量以及误操作等进行分析与处理，对实时的和积累的工况参数以及各种故障信息，以文字和符号在仪表盘上进行数字量或模拟量的显示等。

内燃工业车辆也采用了汽车和上述电动工业车辆中应用电子技术的成果。例如，利用计算机对发动机工况进行管理，控制燃料消耗和废气成分，并提高输出功率与输出效率；利用计算机对液力传动系统进行实时的车速和发动机转速分析，对车辆发动机的特性和有关的传动参数进行分析等。

由自动导向工业车辆组成的自动物料搬运交换系统，采用多级计算机管理，可按设定的作业指令进行无人化导向运行、平层认址与载荷交换、系统线路区段控制与交通管制，无线信息传输有利于优化作业调度，采取全面和多级的安全保障措施，可满足随机存取的柔性的自动物料搬动装卸作业要求。

(3) 适应品种变化，更新开发手段。工业搬运车辆尽管品种繁多，仍难以适应不断变化的要求。产品开发将应用各相关学科及新兴学科的研究成果，以及计算机辅助设计制造一体化（CAD/CAM）等技术，并采用新设计、新材料和新制造工艺。工业搬运车辆更新换代的周期已由 8～10 年缩短为 3～4 年，柔性化制造方式的生产率达 20 台/人·年以上。

4.4.2 叉 车

叉车又称铲车，是物流领域中应用最广泛的装卸搬运设备，用于装卸、搬运和堆码单元货物。它被广泛应用于车站、机场、码头、货栈、仓库、车间和建筑工地，对成件、成箱或散装货物进行装卸、堆垛以及短途搬运、牵引和吊装工作。

自托盘发明使用、集装运输以来，叉车（包括室内、室外叉车）即作为物料搬运的主要工具。在未来的很长一段时期内，随着功能不断创新、自动化程度越来越高，叉车仍将在搬运领域占据主导地位。

叉车由自行的轮胎底盘和能垂直升降、前后倾斜的货叉、门架等组成，主要用于件货的装卸搬运，是一种既可作短距离水平运输，又可堆拆垛和装卸载货车、铁路平板车的机械，在配备其他取物装置以后，还能用于散货和多种规格货物的装卸作业。

1. 叉车的特点和总体构成

（1）叉车的特点。在物流装卸作业中，叉车与港口的其他起重运输机械一样，能够减轻装卸工人繁重的体力劳动，提高装卸效率，缩短船舶与车辆在港停留时间，降低装卸成本，除此以外，还具有它自身的一些特点：

1）机械化程度高。在使用各种自动的取物装置或在货叉与货板配合使用的情况下，可以实现装卸工作的完全机械化，不需要工人的体力劳动。

2）机动灵活性好。叉车外形尺寸小，重量轻，能在作业区域内任意调动，适应货物数量及货流方向的改变，可机动地与其他起重运输机械配合工作，提高机械的使用率。

3）可以一机多用。在配备与使用各种工作属具（如图 4—25 所示），如货叉、铲斗、臂架、串杆、货夹、抓取器、倾翻叉等之后，可以适应各种品种、形状和大小货物的装卸作业，扩大对特定物料的装卸范围，并提高装卸效率。

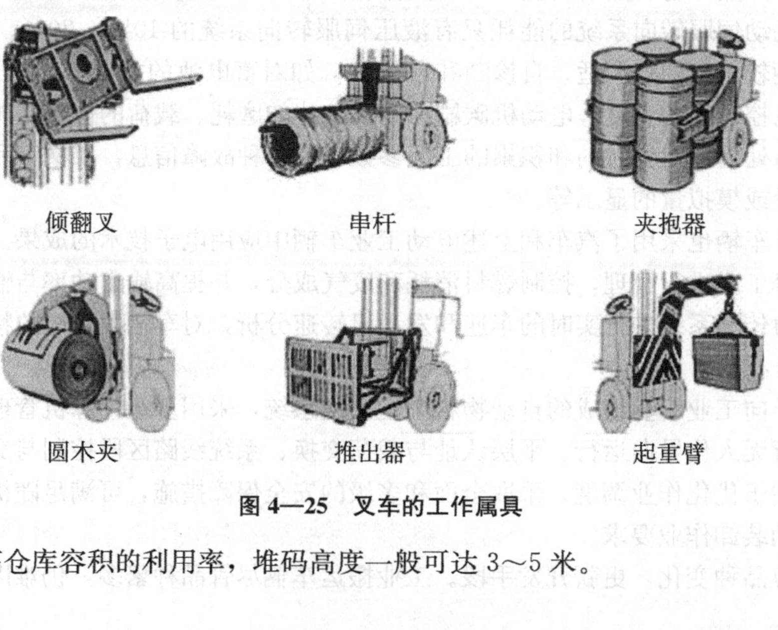

图 4—25 叉车的工作属具

4）能提高仓库容积的利用率，堆码高度一般可达 3～5 米。

5）有利于开展托盘成组运输和集装箱运输。

6）与大型起重机械相比，其成本低、投资少，能获得较好的经济效益。

（2）叉车的总体构成。叉车是一种复杂的机械，在吨位、型号、式样上各有不同，但在总体结构上都具有动力系统、传动系统、转向系统、制动系统、起重系统、液压系统、电器系统和行驶系统八大装置系统。

1）动力系统。动力系统是叉车行驶和工作的动力来源。目前，在叉车上采用的发动机80%为往复式。动力由两端输出，后端通过飞轮与离合器连接，将动力传给传动系统，前端通过钢球联轴节，经风动箱传递给液压齿轮油泵。

2）传动系统。传动系统的作用是将发动机传来的动力有效地传递到车轮，满足叉车实际工况的需要。传动系统由离合器、变速器和驱动桥等组成，其传动方式有机械式传动、液力式传动和静压传动等几种。

3）转向系统。转向系统通过驾驶操作来控制叉车的行驶方向，由转向器和转向联动机构两部分组成。转向器有机械转向器、具有液力助力器的机械转向器和全液压转向器等几种。

4）制动系统。制动系统使叉车能迅速地减速或停车，并且能稳妥地停放，以保证安全。通常由手制动和脚制动两个独立部分组成，它们又由制动器和制动驱动机构组成。制动驱动方式有机械制动驱动机构和液压制动驱动机构两种。

5）起重系统。起重系统的作用是通过起重装置实现对货物的装卸、堆垛。由内外门架、货叉架、货叉（前移叉、油桶挂钩等属具）组成。

6）液压系统。液压系统利用液压油把能量传给各执行元件，以达到装卸货物的目的。通常把液压系统的工作过程称为液压传动。

7）电器系统。包括发动机、启动机、照明装置、蓄电池、喇叭和仪表等。

8）行驶系统。行驶系统承受叉车的全部重量，传递牵引力及其他力和力矩，并缓冲对叉车的冲击，以保证叉车平稳地行驶，它由车架、悬挂装置、车轮等组成。

2. 叉车的分类

叉车种类繁多，分类方法也很多，通常可按动力装置、结构特点和用途分类。

（1）按动力装置分类。

1）内燃式叉车。以内燃机为动力提供作业所需能量。它可分为以汽油、柴油、液化石油气、双燃料（汽油/液化石油气或柴油/液化石油气）为动力的叉车。

2）电动式叉车（俗称电瓶叉车）。以蓄电池供给能量，直流电动机驱动。它与内燃式叉车的性能差异见表 4—2。

3）步行操纵式叉车。靠人的体能进行作业。

表 4—2　　内燃式叉车和电动式叉车的性能比较

	内燃式叉车			电动式叉车
	柴油	汽油	液化石油气	蓄电池
作业效率	高	高	较高	较低
启动性能	差	较好	较好	好
行驶速度	高	高	高	低
合理作业距离	长	长	较长	较短
运营费用	低	较高	较低	高

续前表

	内燃式叉车			电动式叉车
	柴油	汽油	液化石油气	蓄电池
环保性能	最差	较差	较好	好
噪声	大	较大	较大	小
适用范围	大中搬运量 室外作业	中小搬运量 室内作业	中小搬运量 室内作业	中小搬运量 室内作业

（2）按结构特点分类。

1）平衡重式叉车。平衡重式叉车（如图 4—26 所示）是一种通用的叉车，它的工作装置位于叉车的前端，货物载于前端的货叉上，其后部附加有平衡重块，以平衡货物的倾翻力矩。车体前部装有标准货叉，可以自由地插入托盘取货或卸货，并能沿门架升降，随着门架前倾或后倾。前倾的目的是方便取货和卸货，后倾的目的是保证货物在运行的过程中不会从货叉上滑落。叉车的前轮为驱动轮，后轮为转向轮。平衡重式叉车是目前应用最广泛的一种叉车，约占叉车总量的 80%，由于其结构上无支撑臂，而是以较长轮距和平衡重块来平衡载荷的，因此叉车的重量和尺寸较大，作业时需要较大的空间。同时，货叉直接从前方叉取货物，对所叉货物的体积一般没有要求；平衡重式叉车的动力较大、底盘较高，具有较强的地面适应能力和爬坡能力，适用于室外作业。

图 4—26 平衡重式叉车

平衡重式叉车的主要参数包括：

- 额定起重量，载荷重心；
- 起升高度，自由起升高度；
- 运行和起升速度；
- 最小转弯半径，最小直角通道宽度，最小直角堆垛宽度。

2）插腿式叉车。插腿式叉车（如图 4—27 所示）的结构非常紧凑。由于货叉在两个支腿之间，因此，无论取货或卸货，还是在运行过程中，都不会失去稳定性。由于尺寸小，转弯半径小，在库内作业比较方便。但是货架或货箱的底部必须留有一定高度的空间，便于叉车的两个支腿插入。由于支腿的高度会影响仓库的空间利用率，支腿必须尽可能低，因此前轮的直径也比较小，对地面平整度的要求比较高。

图4—27　插腿式叉车

插腿式叉车前方带有小轮子的支腿能与货叉一起伸入货物底部，由货叉托起货物。货物的重心位于前后车轮之间的支撑平面内，叉车稳定性好，不必再设平衡重块。插腿式叉车一般由电动机驱动，蓄电池供电，起重量在2吨以下。

它的特点是起重量小、车速低、结构简单、外形尺寸小、行走轮直径小，对地面要求较高，适用于通道狭窄的仓库和室内堆垛、搬运作业。

3）前移式叉车。该类叉车也有两条前伸的支腿，不过两个前支轮较大，支腿较高。叉取货物时，支腿不插入托盘下面，而是将货叉和门架一起前移，插入托盘或货物底下，起升至货叉高出支腿时，货叉带着货物与门架一起后退，使货物重心位于前后车轮所决定的平面内，再予以搬运。因此，叉车行驶稳定性好，但其结构较复杂。

前移式叉车有门架前移式（如图4—28（a）所示）和叉架前移式（如图4—28（b）所示）两种。前者的货叉和门架一起移动，叉车驶近货垛时，门架可能前伸的距离要受外界空间对门架高度的限制，因此，只能对货垛的前排货物进行作业。叉架前移式叉车的门架则不动，货叉借助伸缩机构单独前伸。如果地面上有一定的空间允许支腿插入，叉车能够超越前排货架，对后一排货物进行作业。前移式叉车一般由蓄电池提供动力，起重量在3吨以下，优点是：车身小，重量轻，转弯半径小，机动性好，适合在有直道、较窄的室内仓库作业。

4）侧面式叉车。侧面式叉车（如图4—29所示）的门架和货叉在车体的侧面，还有一个货物平台也在侧面。当货叉叉取货物时，货叉沿门架上升到高于货物平台的高度后，门架沿着导轨缩回，降下货叉，货物便放在叉车的货物平台上。

侧面式叉车主要用于搬运长大件货物，由于货物沿叉车纵向放置，可减少长大件货物对道路宽度的要求，同时，货物重心位于车轮支承底面之内，叉车行驶时稳定性好，速度快，视野好。其缺点是：门架和货叉只能向一侧伸出，当需要在对侧卸货时，必须将叉车驶出通道，掉头后才能卸货。

侧面式叉车按动力可分为内燃型和电瓶型；按作业环境可分为室外工作（充气轮胎）和

(a) 门架前移式

(b) 叉架前移式

图 4—28 前移式叉车

图 4—29 侧面式叉车

室内工作（实心轮胎）两种类型。

(3) 按照用途分类。叉车还可以分为通用叉车、专用叉车、集装箱叉车和箱内作业叉车等。其中，集装箱叉车是集装箱码头和堆场上常用的一种集装箱专用装卸机械，主要用于堆垛空集装箱等辅助性作业，也可在集装箱吞吐量不大（年低于 3 万标准箱）的综合性码头和堆场进行装卸与短距离搬运。集装箱型号与集装箱叉车起重量的相应关系见表 4—3。

表 4—3 集装箱型号与集装箱叉车起重量的相应关系

集装箱型号	规格（英寸）	最大总重量（吨）	相应叉车起重量（吨）
AA	40	30.48	37
IBB	30	25.4	28
ICC	20	20.32	25
ID	10	10.16	16
APL	40	38	42

图 4—30 显示的是常见的集装箱叉车。

图 4—30　集装箱叉车

（4）其他形式的叉车。为了满足各种用途的需要，叉车还有很多其他形式。本书主要介绍以下几种：

1）高货位拣选叉车。在高货位拣选叉车（如图 4—31 所示）的操作台上的操作者可与装卸装置一起上下运动，并拣选储存在两侧货架上的物品。这种叉车适用于品种多、出入库数量小的特选式高层货架仓库。起升高度一般为 4～6 米，最高可达 13 米，大大提高了仓库空间利用率。为保证安全，操作台起升时，只能微动运行。

图 4—31　高货位拣选叉车

2）低货位拣选叉车。低货位拣选叉车（如图 4—32 所示）的操作者可乘立在上下车便利的平台上，驾驶搬运车和上下车拣选物料。这种叉车适用于车间内各个工序间加工部件的搬运，以减轻操作者搬运、拣选作业的劳动强度。乘立的平台一般高出地面仅 200 毫米左右，支撑脚轮直径较小，仅适合在车间平坦路面上行驶。

低货位拣选叉车按承载平台（货叉）的起升高度可分为微起升和低起升两种（可根据拣选物料的需要选择）。

3）伸缩臂式叉车。与平衡重式叉车相比，伸缩臂式叉车具有如下特点：

① 适用的作业范围广。伸缩臂式叉车可以跨越障碍进行货物的堆垛作业，并可通过更

图 4—32 低货位拣选叉车

换叉车属具进行多种作业。

② 稳定性有所提高。伸缩臂式叉车整车重心后移，有利于提高运行的稳定性；可通过臂杆的移动而非车辆的移动来对准货位，有利于提高堆垛的稳定性。

③ 前方视野良好。

4）托盘式叉车。托盘式叉车又称托盘搬运车，是以搬运托盘为主的搬运车辆。托盘式叉车包括手动托盘式叉车和电动托盘式叉车。与平衡重式叉车相比，托盘式叉车体积小，重量轻。采用人工操作时，负载不能太大。当搬运两吨以上的货物时，搬运比较费力，适合短距离搬运。在物流活动中，手动托盘式叉车主要用于区域装卸。当搬运距离加大时，应采用电动托盘式叉车。

3. 叉车选用的原则

叉车的种类很多，形式规格各异。在流通管理中要充分发挥叉车的使用价值，必须了解叉车的选用原则，主要包括以下两点：

（1）首先满足使用性能要求。选用叉车时应合理地确定叉车的技术参数，如起重量、工作速度、起升高度、门架倾斜角度等。如果需要的起重量是非标准系列，则选用的标准最好大于所需起重量，这样使用较经济；同时要考虑叉车的通过性能是否满足作业场地及道路要求，如最小转弯半径、最小离地间隙以及门架最高位置时的全高、最低位置时的全高等。除此之外，所选的叉车要求工作安全可靠，要跑得快、停得下，在任何作业条件下都具有良好的稳定性。

（2）选择使用费用低、经济效益高的叉车。选择叉车时要考虑的因素包括：具有良好的技术性能，具有较好的经济性，使用费用低、燃料消耗少、维护保养费用低等。可用重量利用系数和比功率对叉车的经济性进行定量比较。重量利用系数 $K=Q/G$，即叉车载重量 Q 与自重 G 的比值，反映的是叉车制造、设计的综合水平。减轻叉车自重 G，不但可以节省原材料，降低生产成本，而且可以减少燃料的消耗和轮胎的磨损。比功率 $f=N/(Q+G)$，反映的是叉车单位总重量（自重与载重之和）所耗用的功率。它是叉车动力性能的综合指标，直接影响燃料消耗量。

4.4.3 其他搬运车辆

除了前面介绍的几类广泛使用的搬运装卸设备外，本节还将介绍另外几种常用的搬运车辆。

1. 牵引车

搬运车辆的牵引车具有牵引一组无动力台车的能力。牵引车作业时，台车的物料装卸与牵引车的运输可交叉进行，从而提高工作效率。

根据作业场所的不同，牵引车可分为室内牵引车（如图 4—33（a）所示）和室外牵引车（如图 4—33（b）所示）。室内牵引车的操作平台离地较近，实心车轮直径较小，要求室内路面平坦；室外牵引车为充气轮胎，直径较大，可在室外不平整的路面上行驶。

(a)室内牵引车　(b)室外牵引车

图 4—33　牵引车

2. 手推车

手推车是一种以人力为主，在路面上水平输送物料的搬运车。在物流作业过程中，人力车辆的作业也占有一定的比重，尤其是在室外的偶发的物流活动中，难以实现机械化作业时。此外，由于物流活动的复杂性和用户需要的多样性，常会以人力作业来补充机械化的工艺流程。

手推车的类型较多，形状各异。根据车轮数量，可分为独轮车、双轮车、三轮车和四轮车等；根据手柄，可分为单手柄、双手柄、带挡板手柄、固定手柄和折叠手柄等类型；根据层数，可分为单层、双层和三层等类型；根据车底部的形状，可分为平底式和骨架底式。图 4—34 显示的是一些常见的手推车。

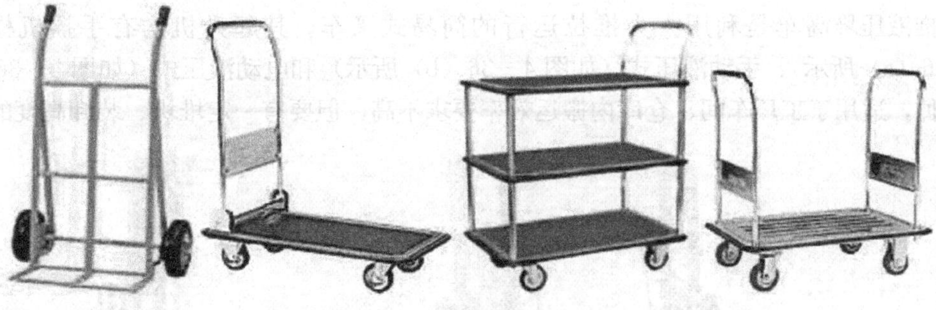

图 4—34　常用手推车示例

手推车的特点是轻巧灵活、易操作、回转半径小，适于短距离运送轻型物料，可广泛应用于车间、仓库、超市、食堂、办公室等，是短距离、轻小物品运输的一种方便而经济的搬运工具。

在选择和使用手推车时，首先，应考虑货物的形状及性质。当搬运多品种货物时，应考虑采用通用型的手推车；当搬运单一品种货物时，则应尽量选用专用手推车，以提高作业效率。其次，还要考虑输送量及距离。由于手推车是以人力为动力的搬运工具，当距离较远时，载重量不宜太大。此外，对于货物的体积、放置方式、通道条件及路面状况等，在选择手推车时也要加以考虑。

3. 手动液压升降平台车

手动液压升降平台车（如图 4—35 所示，其性能参数见表 4—4）是以手压或脚踏为动力，通过液压驱动使载重平台作升降运动的手推平台车，可调整货物作业时的高度差，减轻操作人员的劳动强度。

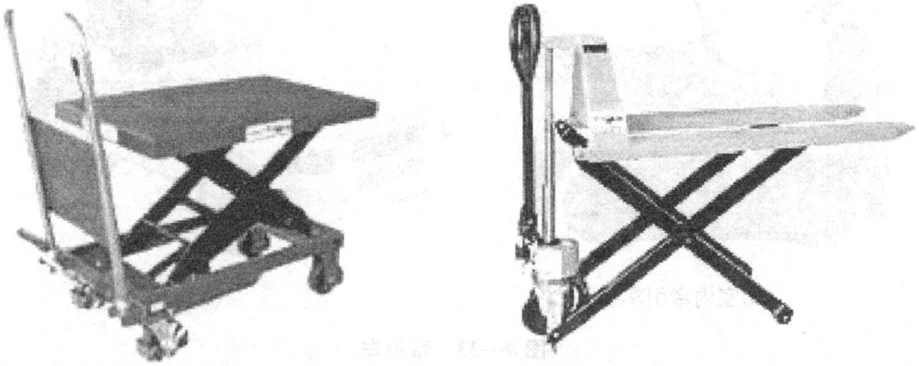

图 4—35 手动液压升降平台车

表 4—4 手动液压升降平台车的主要性能参数

项目	单位	参数			
载重量	千克	150	300	500	800
平台最低位置	毫米	225～420			
平台最高位置	毫米	740～1 000			
平台尺寸	毫米	长（700～900）×宽（450～500）			

4. 手推液压堆高车

手推液压堆高车是利用人力推拉运行的简易式叉车。其起升机构有手摇机械式（如图 4—36（a）所示）、手动液压式（如图 4—36（b）所示）和电动液压式（如图 4—36（c）所示）三种，适用于工厂车间、仓库内搬运效率要求不高，但要有一定堆垛、装卸高度的场所。

（a）手摇机械式　（b）手动液压式　（c）电动液压式

图 4—36 手推液压堆高车

手推液压堆高车的主要性能参数为：载重量 500～1 000 千克，起升高度 1 000～3 000 毫米，货叉最低离地高度不大于 100 毫米。

5. 手拉液压托盘搬运车

手拉液压托盘搬运车（如图 4—37 所示）是利用人力推拉运行的简易式轻巧型搬运设备，是物料搬运中不可缺少的辅助工具，有两个可插入托盘底部的货叉式的叉腿。叉腿前端有两个小直径的行走轮，用来支承托盘货物的重量。主要的构件有舵柄、架体与机身、液压起升系统、车轮及承载滚轮。其起升机构有手摇机械式、手动液压式和电动液压式三种，适用于工厂车间、仓库内搬运效率要求不高，但要有一定堆垛、装卸高度的场所。其主要性能参数为：载重量 500～1 000 千克，起升高度 1 000～3 000 毫米，货叉最低离地高度不大于 100 毫米。

图 4—37　手拉液压托盘搬运车

4.5 自动导向搬运车

4.5.1　自动导向搬运车概述

自动导向搬运车（automated guided vehicle，AGV，如图 4—38 所示），一般简称为自行小车。根据美国物流协会的定义，自动导向搬运车是指具有电磁或光学导引装置，能够按照预定的导引路线行走，具有小车运行和停车装置、安全保护装置以及各种移载功能的运输小车。

图 4—38　自动导向搬运车

在我国国家标准《物流术语》中，对 AGV 的定义为：装有自动导引装置，能够沿规定的路径行驶，在车体上具有编程和停车选择装置、安全保护装置以及各种物料移载功能的搬运车辆。在一个物流系统中，往往采用多台 AGV，在控制系统的统一指挥下组成一个柔性化的自动搬运系统，称为自动导引车系统，简称 AGVS。

AGVS 集光、机、电、计算机于一体，综合了当今科技领域先进的理论和应用技术。其系统内部包括导航定位、车载伺服驱动与控制、车辆行驶、安全保护、货物装卸、地面计算机控制与管理、系统仿真、无线电通信、红外通信或载波通信、信息采集与处理、自动充电等功能。系统能实现对各台 AGV 的合理分配调度、最佳路径选择、安全交通管理、实时图形监控等。其系统外部可与自动化物流系统、生产管理系统或信息自动化系统有机结合，实现信息的联网流通和管理的实时监控。

世界上第一台 AGV 是 1958 年研制成功的。当时由于受到通信技术和电子技术的限制，其控制器采用的是真空管。20 世纪六七十年代，AGV 技术的发展与应用达到了一个高峰，主要用于汽车制造和柔性加工线。欧洲成为最先使用 AGV 的地区，随后美国和日本开始使用。到 90 年代初，全世界拥有 AGV 超过 2 万台。

我国对 AGV 的研究从 20 世纪 70 年代开始，北京起重与运输机械研究所、沈阳自动化所、清华大学等 10 余个单位开展了研究。目前我国有 100 多家单位应用 AGV，数量超过 500 台。

AGV 由于其独特的功能而在很多方面具有优势：

（1）可以十分方便地与其他物流系统实现自动连接，从而完成物流及信息流的自动连接。比如，从立体仓库到生产线的连接、从立体仓库到立体仓库的连接，均可以通过无线通信完成信息的自动传递，从而实现自动化物流。

（2）AGV 的最大优势是：由于采用埋设在地下的通信电缆或激光制导技术，能够保持地面的平整和不受损坏，因此，在许多需要其他交通、运输工具交叉运行的环境中得到广泛应用。

（3）AGV 输送对于减少货物在运输过程中的损坏、降低工人的劳动强度等均具有积极意义。

（4）AGV 系统本身具有的可靠性较高、能耗较低等特点，使其近年来得到广泛的应用。

4.5.2 自动导向搬运车的系统组成

自动导向搬运车系统（AGVS）通常具有四个子系统，即自动导向系统、动力系统、控制和通信系统及安全系统。

1. 自动导向系统

目前有九种导向方式，即电磁感应导向、惯性导向、红外线导向、激光导向、光学导向、示教型导向、磁性式导向、直线感应电机导向、反射式导向。不同的导向方式可根据不同的使用环境来选择。这些现代的 AGV 导向系统已经得到应用，并越来越受欢迎，因为它们改变路径方便，其中电磁导向系统被认为是最可靠的和最令人满意的。

2. 动力系统

AGV 由电机驱动，以工业上常用的铅酸蓄电池作为动力源，没有自动电源状况报告装置，与主控计算机相连，在电源用完以前，主控计算机指定其到维修区充电或更换电源。

由于需要实现连续生产，AGV 可以采用在线自动快速充电方式。AGV 根据电池容量表的数据，在需要充电时报告控制台执行充电任务，并进入充电站自动完成充电。快速充电池的充电、放电比一般充电池快 1/8～1/10。

3. 控制和通信系统

（1）控制台。由于采用集中控制，控制台成为 AGV 系统的核心。它与自动控制仓库管理的计算机一起，共同接受调度任务。作为 AGV 系统的控制中心，控制台采集 AGV 运行情况的数据，它的计算机满足工业环境要求，有足够的运算速度和管理能力。控制台主要包括通信管理设备和 AGV 运行状态数据采集系统。控制台计算机在实时调度在线 AGV 的同时，将显示系统工作状态，包括在线 AGV 的数量、位置和状态。控制台计算机负责 AGV 运行中的交通管理。AGV 在运行过程中将所在位置及时报告控制台，为控制台进行交通管理与任务调度提供数据。

（2）控制台与 AGV 间的通信。控制台与 AGV 间采用定点光导通信和无线局域网通信两种方式。采用无线方式时，控制台和 AGV 构成无线局域通信网。控制台处的移载站有红外线通信系统，其主要功能是为完成移载任务提供通信保障。无线通信主要用于 AGV 调度和交通管理。当 AGV 需要与系统中的其他装置接口时，还需要配有物料自动装卸与定位机构，其定位精度可达±3 毫米，定位精度也是由主控计算机控制的。

4. 安全系统

为确保 AGV 在运行过程中的自身安全，特别是现场人员及各类设备的安全，AGV 将采取基于硬件、软件的安全措施。在 AGV 的前面设有红外线非接触式防碰传感器和接触式防碰传感器——保险杠。非接触式传感器在预定距离内检测障碍物，并控制 AGV 减速直至停止。在最大工作速度达到 70 米/分钟的情况下，直线段检测设定在 4 米以外，AGV 刹车距离不大于 2.5 米。如果红外线传感器未检测到障碍物，则由保险杠检测，保险杠受到一定的压力后报警并控制 AGV 停止。在 AGV 四角设有急停开关，在任何时间按下开关，AGV 都会立即停止动作。AGV 安装醒目的信号灯和声音报警装置，以提醒周围的操作人员。一旦发生故障，AGV 自动用声光报警，同时通过无线通信系统通知 AGV 监控系统。

另外，还有其他一些安全措施：

（1）当小车准备启动或运行时，安装在其前后的警示灯不断闪烁；

（2）有可调的多种声调的发声警示信号；

（3）当电源切断时，安装在每个车轮上的制动器自动接合；

（4）操作者可将小车上的控制插头接入一个控制装置中，引导小车完成各种作业，并可脱离引导路径；

（5）有关电压不足的信息可显示在系统主管的计算机控制台屏幕上；

（6）安装在车下的扫地刷可保持通路清洁。

4.6 物流装卸搬运系统的设计

在物流系统的操作过程中，装卸搬运作业效率的高低与装卸搬运作业系统的设计是否合理密切相关。高效率的装卸搬运不是简单地大量应用装卸搬运设备，而需要对装卸搬运过程做全面分析，优化装卸搬运的工艺流程，确定最佳装卸搬运设备的类型和数量。所以，设计一个合理、高效、柔性的物料装卸搬运系统，对减少库存资金、缩短装卸搬运时间是非常重要的，而重大的装卸搬运工艺的改进，必须与货物、运输工具等的改进结合起来。从“系统”这个现代化的观念出发，在评价运输工程的价值时，不宜孤立地看待一个工程的质量，而应着眼整个运输系统来进行深入的分析。

对装卸搬运工艺现代化影响最大的因素是运输的对象——货物。合理地改变货物的运输状态和扩大货物的单元是实现装卸搬运工艺现代化，提高劳动生产率的最根本的途径。

1. 合理地改变货物的运输状态

让我们回顾一段有趣的历史。石油用油轮散装运输是当今常用的运输方法，但在19世纪，石油曾经有过桶装运输的历史。正因为如此，石油的计量单位“桶”一直沿用至今。石油运输从桶装改为散装以后，才有可能发展用油轮、泵、管道、油罐来输送、装卸搬运和贮存的新工艺，由此大大提高劳动生产率。这是运输工艺发生的第一次革命，这次重大的工艺革新促成了现代超级油轮的诞生。

运输工艺的第二次革命是在第一次世界大战即将结束时发生的。这次革命是谷物由袋装改为散装，这为采用连续性输送装置和机械化粮食筒仓来装卸搬运和贮存，以及大型散粮运输工具的发展提供了条件。件货改为散装运输以后，劳动生产率得以大大提高。一般情况下，散货的运输和装卸搬运的效率约为件货的10～20倍，此外，在节约包装费用、降低运输费用等方面均有良好的效果。

这两次革命对现代物流的发展做出了巨大的贡献。

2. 扩大货物单元

除了改变运输状态之外，从劳动对象着手来提高劳动生产率的另一个重要方面是货物单元的扩大。货物单元的扩大使装卸搬运从人工劳动变为机械操作，机械一次转运的货物重量比人工有显著增加，从而促进了劳动生产率的提高和运输工具装卸搬运时间的缩短。

扩大货物单元的第一步是各种形式（货板、网络、绳索等）的成组运输，货物单元为1～3吨。在外贸运输中，成组的材料作为商品包装的一个组成部分使用。例如，进口的橡胶、袋装的化学原料、铝锭等均可采用托盘包装和钢带捆扎。我国出口的铸铁管、锌锭、鲜瓜、蔬菜等采用托盘运输和集装架运输后，不仅提高了装卸搬运效率，而且改进了货物包装质量，因而扩大了产品销路，增加了外汇收入。

扩大货物单元进一步发展为集装箱运输，由此引起了运输工艺的第三次革命。目前，集装箱运输有逐步取代件杂货的趋势，因为集装箱装卸搬运效率约为一般件杂货的10多倍。扩大货物单元的方法很多，人们还在不断地探索。

运输工具与港站是运输系统的两个紧密联系的环节，其中运输工具是主导环节，因此港站装卸搬运工艺的现代化总是与运输工具的特性和结构的变化相联系。随着运输生产专业化的发展，水路运输中出现了各种各样的专业化运输工具，如成组运输船、集装箱船、铁路渡轮、滚装船、载驳船、浆化运输船、散货自卸船等。铁路运输中则出现了大吨位的采用翻车机、不摘钩卸车的散货车辆等各种专业化车型。

专业化运输工具的出现改变了货物装卸搬运的传统观念，促进了港站装卸搬运工艺与运输更紧密的结合。当我们把整个社会作为一个大系统来看待时，陆路运输、水路运输等相应地成为各层次的子系统，装卸搬运各作业环节则是港站内部的子系统。现代港站装卸搬运工艺的根本出发点就是从系统的角度处理港站内外的关系，以使其合理化。

港站装卸搬运工艺具有如下特征：

(1) 与运输生产的专业化、运输工具和货物单元的大型化相适应，港站装卸搬运机械设备在专业化的基础上向大型、高效发展。为方便装卸搬运机械设备的使用并充分发挥其效能，仓库的类型和结构发生了相应的变化，出现了大跨度和各种类型的机械化贮货仓库。

(2) 设计与制造了多种多样的吊货工具，特别是自动化工具，以提高装卸搬运机械的生产率。

(3) 从单个环节的作业机械化发展到整个工艺流程的综合机械化，从主要作业的机械化发展到辅助作业的机械化、电子化，实现了某些工艺流程的自动化控制，以及管理的电子计算机化。

(4) 从注重港站内部工艺流程各环节的平衡，发展到强调疏运能力与港站通过能力相协调，港站生产过程与运输过程紧密结合。

(5) 港站建设与工业基地建设相结合，港站工艺流程与工业企业的生产流程相衔接，以减少物流的流转费用。

(6) 重视港站生产对社会的影响，注意消除污染，保护环境。

本章小结

装卸搬运是改变物资存放状态和空间位置的一项重要活动，将物流运动的各个阶段联结起来，成为连续的流动过程。随着物流业的发展，对装卸搬作业的要求越来越高。为了提高装卸搬运的效率，使用现代化的装卸搬运装备是物流业的重大发展趋势。

起重设备是一种循环、间歇运动的装卸机械，主要用于垂直升降货物。起重设备是实现物流作业机械化和自动化，改善物料搬运条件，减轻劳动强度，提高生产率必不可少的重要机械设备，在港口、仓库、车站、工厂、建筑工地等得到广泛的应用。

输送机是以连续方式沿着一定的线路均匀输送货物的搬运设备，由于输送机能连续搬运大量货物，并且搬运成本低，搬运时间精确，在自动化立体仓库、物流配送中心、大型货场等场所得到了广泛应用。

叉车是物流领域装卸搬运设备中应用最广泛的一种设备。叉车除了使用货叉以外，还可配备其他取物装置，对散货和多种规格品种货物进行装卸作业。在物流作业过程中，人力车辆的作业也占有一定的比重。手推车是一种以人力为动力，水平输送物料的搬运设备。在难以实现机械化作业的场所，手推车是机械化作业的补充。自动导向搬运车是物流系统的重要搬运设备，随着工厂自动化、计算机集成系统技术和物流业的发展，自动导向搬运车得到了广泛的应用。

先进装卸搬运装备的广泛使用，必将推动我国物流业的进一步发展。

关键术语

装卸搬运　起重装备　输送机　叉车　自动导向搬运车

思考与练习题

1. 装卸搬运的特点有哪些？
2. 按作业方向，装卸搬运装备可分为哪几类？
3. 如何选用门式、桥式起重机？主要性能参数有哪些？
4. 汽车起重机和轮胎起重机的主要区别是什么？
5. 连续性输送机有哪几种？
6. 间歇性输送机有哪几种？分别适用于什么环境？
7. 简述几种常用的垂直输送设备的特点和应用。
8. 叉车有哪些特点？
9. 叉车的主要用途是什么，具体有哪些分类？
10. 自动导向搬运车有哪些导向方式？
11. 什么是AGV？什么是AGVS？
12. 简述自动导向搬运车系统的组成。

案例分析

某公司汽轮机、发电机卸船卸车技术方案

某公司A的汽轮机、发电机设备需要通过水路运输到达码头后卸船、装车，然后运输至工地卸车。码头卸船、工地卸车采用人工作业方式。该公司委托国内一家从事大件运输的第三方物流公司B承运。

为了让设备安全、及时、完整无损、万无一失地运到工地，B公司特成立运输领导小组，组长负责协调及安全工作，下设装卸组、行车组。装卸组负责装卸机具的准备、工装机具就位，并进行设备卸船、装车和卸车工作；行车组负责完成设备在拖板车上的捆绑、加固和从码头到工地现场的运输作业工作。所需工装机具设备如表4—5所示。

表4—5　装卸装备汇总表

序号	名称	数量	型号和性能参数	备注
1	牵引车	1台	VOLVO—FH12—460，460马力	自备
2	底平板车	1台	JA9381TDP型，120T	自备
3	16T汽车吊	1台	装卸作业	自备
4	柴油发电机组	1台	30kw	自备
5	电焊机	1台	ZG5—400B	自备
6	焊线、焊把等	1套		自备
7	气割设备	1套		业主提供
8	对讲机	6支	3km半径有效	自备
9	千斤顶	6只	Q—50T，液压式	自备
10	千斤顶	4只	Q—20T，液压式	自备
11	千斤顶	6只	16T，螺旋式	自备
12	千斤顶	4只	20T，螺旋式	自备
13	齿条千斤顶	2只	5T	自备
14	手动葫芦	2副	10T	自备
15	手动葫芦	8副	5T	自备

续前表

序号	名称	数量	型号和性能参数	备注
16	手动葫芦	8副	3T	自备
17	超高压油泵	3台	BZ70—1，70Mpa	备份1台
18	在轨重物推移机	4套	TYJ16—60，推移重量200T	备份2套
19	分离式电动油压千斤顶	4件	QF100T，起重量100T/件	自备

一、汽轮机、发电机设备的外形尺寸、重量

主要性能参数见表4—6。

表4—6 汽轮机、发电机设备的外形尺寸与重量参数表

序号	名称	长×宽×高（毫米）	重量（吨）	数量（件）
1	汽轮机	9 210×5 250×3 800	93.4	1
2	发电机	6 850×3 980×3 350	83	1

二、运输车辆

B公司的运输车辆如下：牵引车采用沃尔沃FH—12型、460马力；拖板车采用JA9381TDP型、载重120吨的低平板半挂车。

三、装卸码头的情况

1. A公司自有码头的情况

码头长55米，宽20米，现在比水面高1.8米，水深1.2米，如果设备到达码头时水位变化不大，采用电动液压千斤顶进行人工卸船是较好的卸船方式（见图4—39）。

图4—39 采用电动液压千斤顶人工卸船方式

2. 在企业自有码头进行人工装卸作业的依据

(1) 根据产品生产厂家西门子公司提供的吊装图，起吊汽轮机需要专用的吊装横梁，而西门子公司未提供该吊装横梁，租用费较高。

(2) 汽轮机重心不在前、后起吊点的中心，吊装图上显示需要长6米、6.4米的钢丝绳各两根。

(3) 汽轮机裸装，外形不规则，有很多精密的零部件外露，稍有不慎，钢丝绳就会碰上或擦伤零部件。

(4) 即使有吊装横梁，在A公司码头吊装作业也不好操作，因为水面离码头太高，垂直距离达到10米以上，且起吊钢丝绳太长，而两副桅杆高度已定，导致起吊高度受限，所以设备还未吊上码头就可能出现起吊滑车已到达极限的情形，没有再升高的余地，结果造成设备吊不上码头，更谈不上装车。

(5) 发电机是木箱包装，能否承受钢丝绳的挤压值得怀疑。

因此，选用A公司自有码头进行人工卸船是较好的装卸方式。

四、码头卸船作业方案

采用电动液压千斤顶、人工作业方式在公司自有码头卸船、装车时，由于水陆运输设备选用的是深舱驳船，如果一次性将设备顶升到车板的高度，那么在船舱甲板上搭建的墩子太高，稳定性不好，所以该过程分两步进行，第一步先将汽轮机、发电机设备卸到码头上，第二步再将设备从码头装到车板上。卸船、装车的具体步骤如下：

(1) 运输设备的船到码头后，用缆风绳将船固定；

(2) 拖车停在码头适当的位置（船、拖车的位置布局见图4—40）；

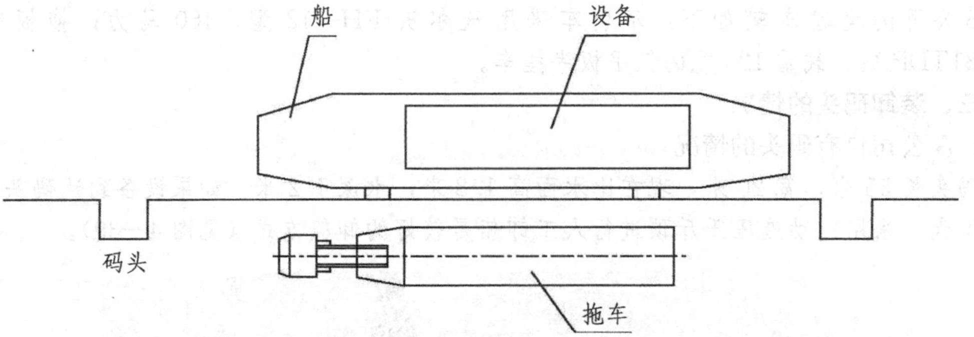

图4—40 船、拖车的位置布局

(3) 在设备四个顶升处对应的船甲板上放置2 000×1 000×30毫米的钢板（或相同面积的枕木），增加甲板的受力面积；

(4) 用四个100吨的液压电动千斤顶将设备顶到一定的高度（根据当时的水位确定），在设备两端底座与船甲板间用钢墩、枕木垫实；

(5) 重复(4)的操作过程，直到设备底座高出码头350毫米左右（见图4—41）；

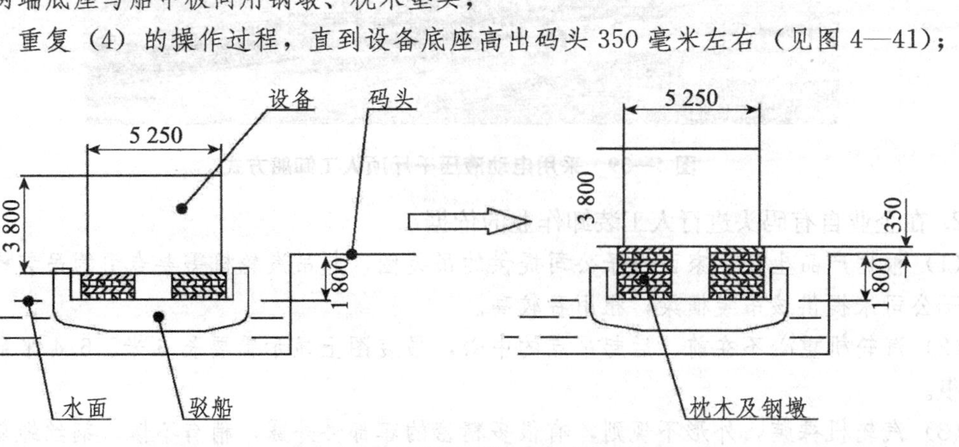

图4—41 设备在船上顶升的过程示意图（单位：毫米）

(6) 在枕木及钢墩上放入钢轨、滑靴及顶推油缸，启动泵站，利用两个 16 吨顶推器将设备推移到码头上，推移过程见图 4—42；

(7) 用四个 100 吨的千斤顶将设备顶起，拆除顶推油缸、钢轨及滑靴；

(8) 再将设备顶到高出车板面 350 毫米的位置，在码头与设备底座间仍用钢墩、枕木垫实；

(9) 在枕木及钢墩上放入钢轨、滑靴及顶推油缸，启动泵站，将设备推移到车板上（见图 4—43）；

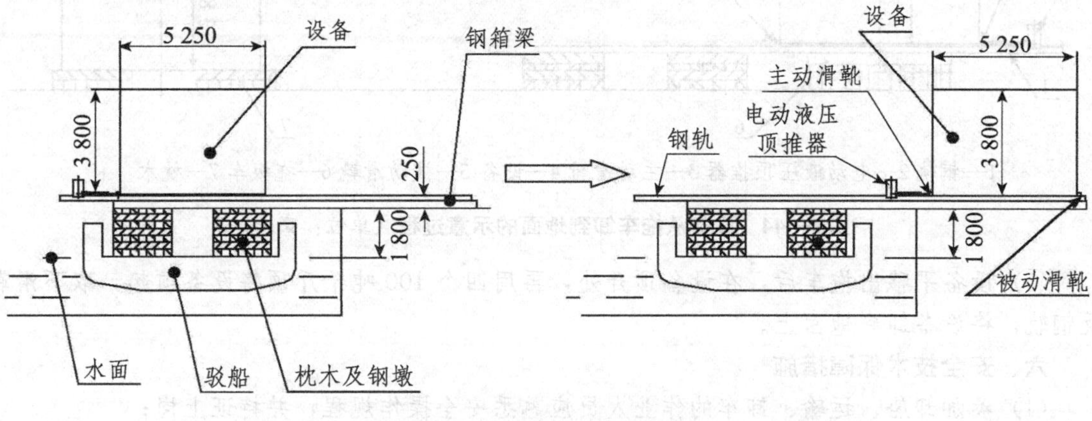

图 4—42　设备推移到码头上的过程示意图（单位：毫米）

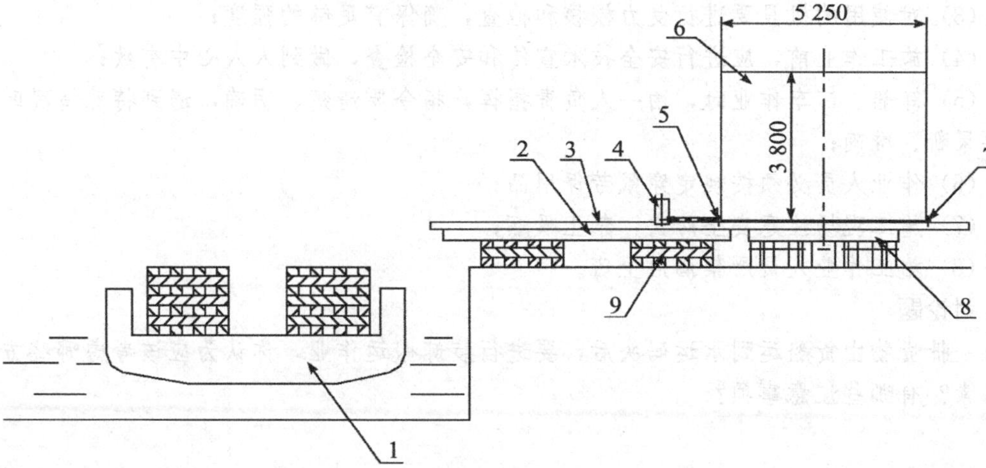

1—驳船 2—钢箱梁 3—钢轨 4—电动液压顶推器 5—主动滑靴 6—设备 7—被动滑靴 8—拖板车 9—枕木

图 4—43　设备平移到车板上的过程示意图

(10) 设备推到其纵中心与拖车纵中心重合后，再用千斤顶将设备顶起，取下顶推油缸、钢轨及滑靴，将设备卸到拖车上，按装车图进行捆绑、加固。

五、卸车方案

拖车到指定位置后采用电动液压千斤顶进行卸车，步骤如下：

(1) 转运的拖车到指定位置后找合适的位置停好；

(2) 在设备两端底座方向用钢墩、枕木垫实，做到与车板等高；

(3) 在设备顶升位用四个 100 吨的电动液压千斤顶将设备顶到适当的高度，放入钢轨、滑靴及顶推油缸；

（4）启动泵站，用两个16吨的顶推器进行顶推、平移（见图4—44）；

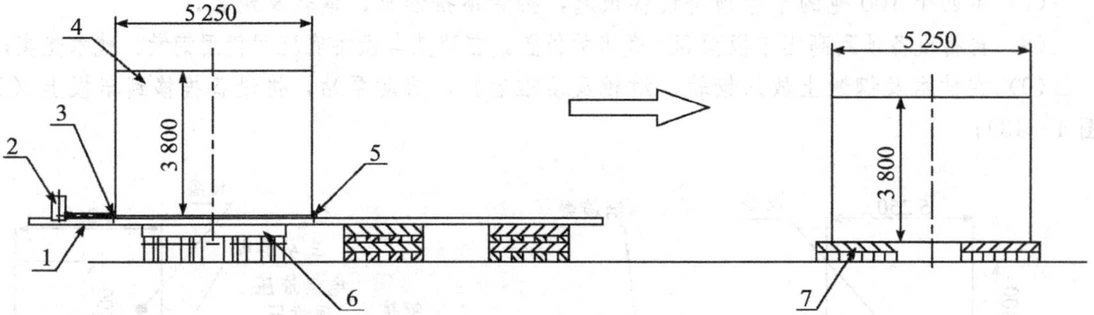

1—钢轨 2—电动液压顶推器 3—主动滑靴 4—设备 5—被动滑靴 6—拖板车 7—枕木

图4—44 设备从拖车卸到地面的示意过程（单位：毫米）

（5）设备平移出拖车后，在设备顶升处，再用四个100吨千斤顶将设备顶起，取下滑靴及钢轨，将设备卸到地面上。

六、安全技术保障措施

（1）参加卸船、运输、卸车的作业人员应熟悉安全操作规程，并持证上岗；

（2）施工作业区设置安全警示标志，非作业人员禁止进入；

（3）对使用的机具要进行受力校核和检查，确保有足够的强度；

（4）施工作业前，应进行安全技术宣传和安全检查，做到人人心中有数；

（5）卸船、卸车作业时，由一人负责指挥，指令要清楚、明确，遇到特殊情况时作出处理要果断、准确；

（6）作业人员必须按规定穿戴劳保用品；

（7）施工现场注意安全防火，禁止吸烟；

（8）施工作业人员严禁酒后上班。

讨论题

一批货物由货船运到水运码头后，要进行装卸搬运作业，你认为应该考虑哪些方面的主要因素？有哪些注意事项？

第5章

分拣技术与装备

本章要点

随着社会生产力的提高，商品品种的日益丰富，生产和流通领域中的物品分拣作业更耗时耗力，占地更大，差错率更高，管理更复杂，为此，物品分拣输送系统已经成为物料搬运系统的一个重要分支，广泛应用于邮电、航空、食品、医药等行业，集中用于流通中心和配送中心。

本章从不同货物分拣方式的角度介绍分拣设备的特点、用途及常见的分拣方法，同时就不同货物分拣方式下的信息处理、输入与传递进行介绍，对分拣设备系统的合理规划与配置等问题进行具体阐述。

5.1 分拣技术与装备概述

5.1.1 分拣的现状与发展

商品在从生产厂家流向顾客的过程中，总是伴随着数量和集合状态的变化，因此，有必要将集装化的货物单元解体，重新分类、集成新的供货单元。在配送作业的各环节中，分拣作业是非常重要的一环，它是整个配送作业系统的核心。在配送搬运作业中，分拣作业的搬运成本约占全部成本的90%，分拣作业的时间约占全部时间的30%～40%，因此，合理规划分拣作业系统，对提高配送中心的作业效率和服务水平具有决定性的影响。

20世纪80年代，我国的一些邮政局采用小型的半自动翻盘分拣机进行邮包分拣。1990年，为迎接第十一届亚运会，我国从荷兰引进了一套有3个入口、60个出口的自动分拣系统，成立了北京食品配送中心，每小时可配送3 000件货物，使我国的分拣水平有了一个飞跃。总体来说，我国自动分拣技术研究起步较晚，目前虽然已与国际先进水平保持同步，但是缺乏技术创新能力，使用自动分拣技术的物流系统也较少，大部分小型超市配送中心仍然依靠人工分拣。

近年来，物流系统的需求不断增长，医药、烟草、图书等行业纷纷斥资建设物流配送中心。随着物流系统的建设，越来越多具有较高技术含量的物流自动分拣设备逐渐进入中国市场。但到目前为止，大部分设备是由国外厂商提供的，如欧洲的Vanderlande、Sandvik、KNAPP，日本的Okura、Daifuku、Muratec等。如此众多的国外知名物流设备制造商和系统集成商纷纷抢滩中国市场，足以证明中国物流的市场潜力巨大，前景良好。

5.1.2 分拣技术

1. 分拣的概念及分类

当商品数量较大时，要迅速、准确地分拣往往需要投入大量人力。商品只有在经过分拣才能配送到各个用户，因此发达国家采用了各种类型的分拣系统来完成这一烦琐而又枯燥的工作。特别是第二次世界大战以来，分拣技术发展很快，分拣系统的规模越来越大，分拣能力越来越强，应用范围也越来越广，已经成为物流系统的重要组成部分。

分拣是指为了进行配送，把很多货物按不同的品种、地点和单位分配到所设置的场地的作业。按分拣的手段，可分为人工分拣、机械分拣和自动分拣三大类。

（1）人工分拣。基本上是靠人力搬运，把所需的货物分门别类地送到指定的地点，或利用最简单的器具和手推车等。这种分拣方式劳动强度大，效率低。

（2）机械分拣。是以机械为主要输送工具，同时还要靠人工进行拣选，这种分拣方式多用于输送机（有板条式输送机、传送带、辊道输送机等），也称输送机分拣。使用这种方式时，设置在地面上的输送机传送货物，各分拣位置上配置的作业人员看到标签、色标、编号等分拣的标志，便进行拣选（把货物取出），并将货物放到手边的简易传送带或场地上。也有采用箱式托盘分拣方式的，即在箱式托盘中装入待分拣的货物，用叉车等机械移动箱式托盘，用人力把货物放到分拣的位置，或利用箱式托盘进行分配。使用较多的是在箱式托盘下安装轮子的滚轮箱式托盘。这种分拣方式投资不大，可以减轻劳动强度，提高分拣效率。

（3）自动分拣。是指从货物进入分拣系统直到送达指定的分配位置为止，都是按照人们的指令依靠自动装置来完成的分拣。这种装置由接收分拣指示信息的控制装置、计算机网络、搬运装置（负责把到达分拣位置的货物搬运到别处的装置）、分类装置（负责在分拣位置把货物进行分类的装置）、缓冲站（在分拣位置临时存放货物的储存装置）等构成。在这个过程中，除了用终端的键盘、鼠标或其他方式向控制装置输入分拣指示信息的作业外，完全不需要人员参与。由于全部采用自动控制作业，因此分拣处理能力较强，分拣的货物的数量也较大。

2. 分拣作业

分拣作业，也称拣选作业，是依据顾客的订货要求或配送中心的送货计划，尽可能迅速准确地将商品从其储位或其他区域拣取出来，并按一定的方式进行分类、集中，等待配装送货的作业过程。

（1）分拣信息。在分拣过程中，分拣信息附着在物流单元上，分拣作业是在分拣信息的引导下，通过查找货位、拣取和搬运货物，并按一定的方式将货物分类、集中。分拣信息向分拣工作提供指令，是对顾客的订单要求进行加工后产生的。分拣信息包括以下几部分：

1）基本部分，包括：每种货物的品名、规格、数量，订单要求的货物总量，货物发送单元的要求。

2）主要部分，包括：货物储位、拣货集中地、储备货物的补货量、储备货物的储存、补货登记。

3）附加部分，包括：货物的价格、代码和标签、货物的包装、货物发送单元的可靠性要求、货物发送单元的代码和标签。

分拣信息可采用如下方式传递：

1）利用传票。可直接将订单或公司的交货单作为拣货指示。

2）利用拣货单。可把原始的用户订单输入计算机，进行拣货信息处理后打印出来。这种方式的优点是避免传票在拣货过程中受污损，并能把产品储位编号显示在拣货单上。

3）利用显示方式。最初是在货架上安装灯号来显示拣货位置，之后发展到在货架上安装电子标签，显示应拣取货物的位置和数量。

4）利用条形码。条形码经过扫描及计算机解码后，把“线条符号”转换为“数字号码”。通过条形码阅读器自动读取方式，能正确快速地掌握货物的分拣信息，提高库存管理精度。这是一种实现仓储管理现代化的有效办法。

5）利用无线射频识别器。无线射频识别器分为主动式和被动式两种。被动式无线射频识别器将天线安装在移动设备上，把能接收和反射电波的标签安装在货物的存储位置上。当天线的作用范围接近货物时，立即读取标签上的信息并传给计算机。主动式无线射频识别器具有内部电源供应器，用以供应内部集成电路所需电源以产生对外的讯号，一般来说，主动式无线射频识别器拥有较长的读取距离和较大的内存容量，可以用来储存一些附加信息。

6）利用计算机随行指示。它是在拣货台车上安装的辅助拣货的计算机终端。在拣货之前，将拣货任务单输入计算机，工作时，分拣人员用扫描器扫描集装箱附带的拣货条形码，通过无线射频识别方式，从计算机获知应拣货物及所拣货物的货位，根据计算机的引导迅速而正确地拣取货物。

（2）分拣作业的过程。分拣作业的过程包括四个环节：行走、拣取、搬运和分类。

拣货时，无论采用何种方法，拣货作业人员或机器都必须接触并拣取货物，因此，形成了拣货过程中的人员行走或货物运动。缩短人员或设备行走及货物运动的距离成为提高分拣作业效率的关键。

无论由人员还是机械拣取货物，都必须首先确认待拣货物的品名、规格、数量等内容是否与分拣信息传递的指示一致。在拣货信息得到确认后，拣取过程由人工或自动化设备完成。在出货频率不是很高且货物的体积小、批量少，搬运的重量在人力范围所及的情况下，可采用人工拣取方式；对于体积大、重量大的货物可以用叉车等搬运机械辅助作业，对于出库频率很高的货物应采用自动分拣系统。

为了提高分拣效率，配送中心或仓库在收到多个客户的订单后，按批作业方式安排拣取，然后根据不同的客户或送货路线分类集中。有些需要进行流通加工的货物还可根据加工方法进行分类，加工完毕后再按一定方式分类。分类完成后，货物经过查对、包装就可以出货、装运、送货。

从分拣作业的四个基本过程可以看出，分拣作业所消耗的时间主要包括以下四个方面：

1）形成拣货指令的订单信息的处理时间；

2）行走或货物运动的时间；

3）准确找到储位并确认所拣货物及其数量所需的时间；

4）拣取完毕后将货物分类集中的时间。

因此，要提高分拣效率，应缩短上述四个作业时间。此外，防止分拣错误的发生，提高物、账的相符率以及顾客的满意度，降低作业成本，也都是分拣作业管理的目标。

3. *分拣方法*

传统的分拣系统基本包括三个元素：分拣货架、集货点（集货货架）、分拣人员。使其中一个元素静止不动，与其他两个元素组合；或使其中两个元素静止不动，与其他一个元素组合，就得到六种不同的分拣方法，即“人到货”分拣方法、分布式“人到货”分拣方法、“货到人”分拣方法、闭环“货到人”分拣方法、活动的“人到货”分拣方法、分拣货架与集货点合一的分拣方法。本节下面的图示中均以 A 表示空托盘，B 表示集货货架，K 表示分拣人员。

(1)“人到货”分拣方法。这是一种传统的分拣方法（如图 5—1 所示），使用这种方法时分拣货架不动，即货物不运动，通过人工拣取货物。在这种情况下，分拣货架是静止的，而分拣人员带着流动的集货货架或容器到分拣货架，即拣货区拣货，然后将货物送到静止的集货点。

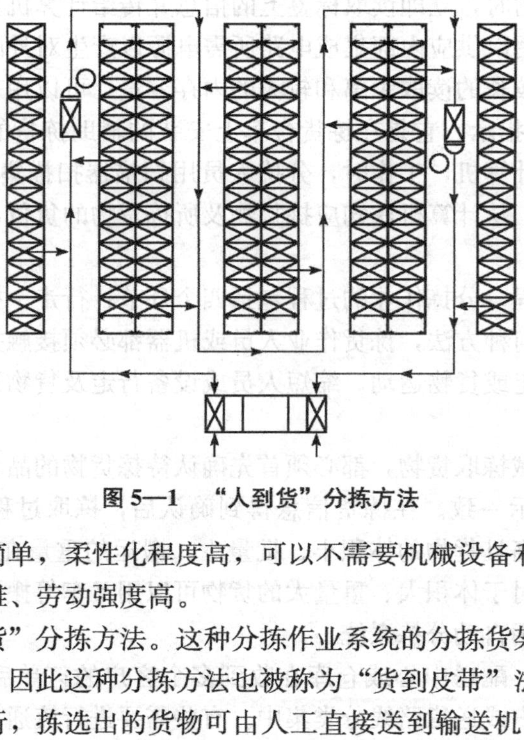

图 5—1 “人到货”分拣方法

这种作业系统构成简单，柔性化程度高，可以不需要机械设备和计算机支持。但所需的作业面积较大、补货困难、劳动强度高。

(2) 分布式“人到货”分拣方法。这种分拣作业系统的分拣货架也是静止不动的，但分货作业区被输送机分开，因此这种分拣方法也被称为“货到皮带”法（如图 5—2 所示）。分拣工作在输送机两边进行，拣选出的货物可由人工直接送到输送机（集货点），或用载物器具集中后送到输送机（集货点），由输送机送到集货中心。因有输送机的帮助，分拣人员的行走距离短，劳动强度低，拣货的效率高，每小时每人可分拣 1 000 件货物。但输送机将拣货作业区分成两个部分，在分拣任务不是均匀地分布在两边的货架时，不能调节两边分拣人员的工作节奏，同时也造成系统的柔性差、补货困难、所需的作业面积变大等问题。

(3)“货到人”分拣方法。这种作业方法是分拣人员不动，托盘（或分拣货架）带着货物来到分拣人员面前，再由不同的分拣人员拣选，拣出的货物集中在集货点的托盘上，然后由搬运车辆送走（如图 5—3 所示）。

采用这种方法，分拣人员不用行走，分拣效率高，作业面积小，补货容易，空箱和空托盘容易清理，也可以优化分拣人员的工作条件与环境。不足之处在于投资大、分拣周期长。这种分拣方法的应用系统（如图 5—4 所示）称为小容量自动化仓储系统。

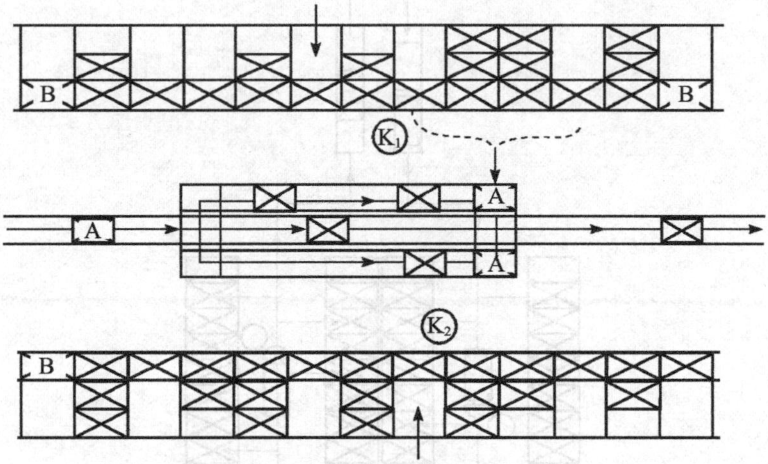

图5—2　分布式“人到货”分拣方法

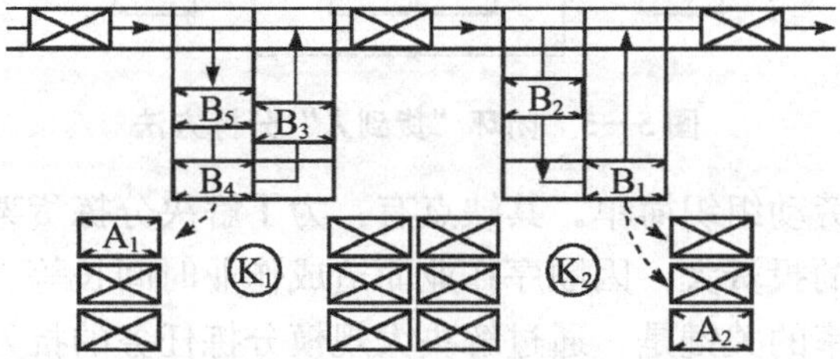

图5—3　“货到人”分拣方法

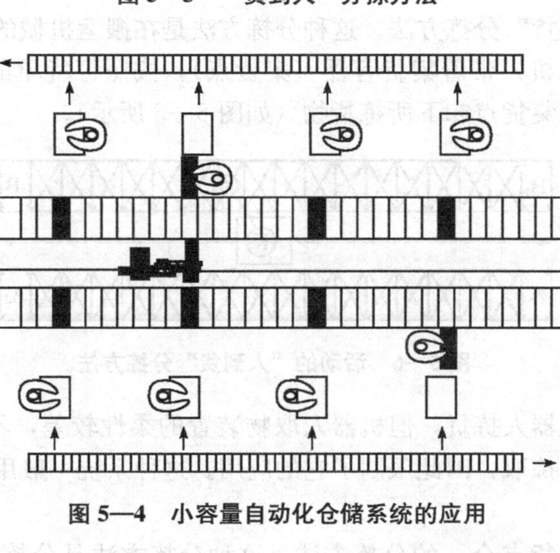

图5—4　小容量自动化仓储系统的应用

（4）闭环“货到人”分拣方法。在闭环“货到人”分拣方法中，载货托盘（即集货点）总是有序地放在地上或货架上，处在固定位置。输送机将分拣货架（或托盘）送到集货区，拣货人员根据拣货单拣选货架上的货物，放到载货托盘上，然后移动分拣货架，再由其他的分拣人员拣选，最后通过另一条输送机，将拣空后的分拣货架（拣选货架）送回（如图5—5所示）。

这种方法的优点在于：拣选路径短，拣选效率高，系统柔性好，空箱和无货托盘容易清

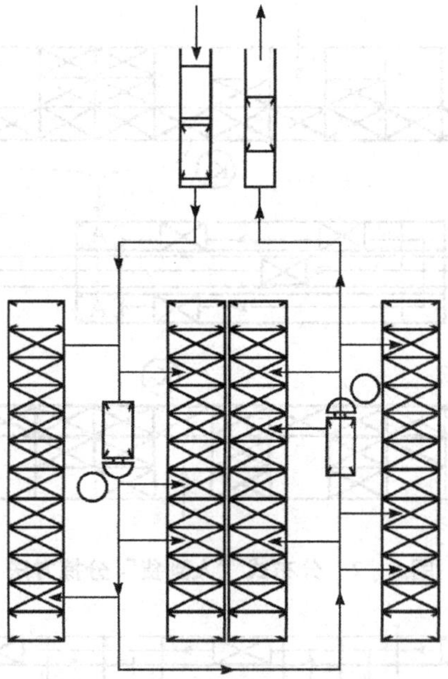

图 5—5 闭环“货到人”分拣方法

理，所需作业面积小，劳动组织简单。其缺点有：为了解决分拣货架的出货和返回问题，仓库、输送机和控制系统的投资大，因顺序作业而造成作业时间长等。

提高这种系统的效率的关键是：通过解决大规模分拣任务的批处理问题，减少移动分拣货架的数量，缩短分拣作业的时间。

（5）活动的“人到货”分拣方法。这种分拣方法是在搬运机械的帮助下，分拣人员（或分拣机器人、高架堆垛机）带着集货容器（集货点），按照订货单的要求到分拣货架拣货，当集货容器装满后，到集货点卸下所拣货物（如图 5—6 所示）。

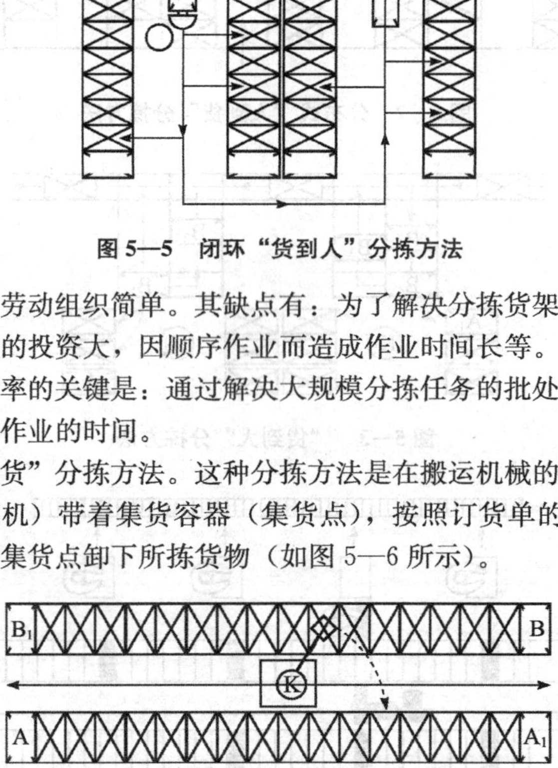

图 5—6 活动的“人到货”分拣方法

此系统一般是由机器人拣货，但机器人取物装置的柔性较差，不能同时满足箱状货物、球状货物、柱状货物的拣取，因此限制了它的应用。这种系统一般用在出库频率很高且货物品种单一的场合。

（6）分拣货架与集货点合一的分拣方法。这种分拣方法是分拣货架与集货货架一起运动，来到分拣人员（或分拣机）前进行分拣的方式。这种方法仅是一种基于理论的构想，基于控制和输送技术上的原因，实际上并不可行。

以上各种分拣方法以人为中心，采用的是人工分拣方式。人工分拣不仅效率低、耗费劳动力，而且拣错率很高。为了提高分拣效率和准确率，提高仓储服务的水平，缩短分拣时间，必须采用自动化的分拣系统。

4. 分拣作业合理化的原则

（1）存放货物时应考虑易于出库和拣选。要了解和记忆各种货物的存放位置，将出入库频繁的货物存放在距离出口较近的地方，这样可以缩短取货时间。

（2）提高保管效率，充分利用存储空间。在现实中，存储空间未能充分利用的情况十分常见，除了提倡立体化储存之外，可以通过减少通道占用的空间来提高保管效率，还可以采用一些有特色的保管和搬运设备来提高存储空间的利用率。

（3）减少拣选错误。在拣选作业中，发货失误往往是不可避免的。这是最大的浪费，应努力加以避免。为解决这一问题，除了实现机械化和自动化外，还要求作业者尽可能减少目视及取物操作上的错误。

（4）作业应力求平衡化，避免忙闲不均的现象。必须重视对收货入库、接收订单后出库等作业和卡车装卸作业的时刻表的调整。作业应周密考虑、合理安排，力求平衡化，避免忙闲不均，这样可以大大节约人力。

（5）事务处理合作环节要协调配合。要调整物流和信息流，使两方面的作业都没有等待时间。通常在物流作业之前要进行信息处理，例如，在发货时要先根据发货通知将货物取出，在出库区进行理货作业，再填写出库单。这些事务工作完成后，配送车辆的司机再拿着出库单来提货。这样就避免了车辆的等待时间过长。

（6）分拣作业的安排与配送路线的顺序一致。向配送车辆装货时必须考虑配送顺序，而在出库区理货时又要考虑装载是否方便。在分拣货物时也要遵循这个原则，即分拣作业的安排要与配送路线的顺序一致。

（7）缩短配送车辆的滞留时间。缩短滞留时间是降低运输成本的重要因素。首先，如前所述的作业均衡化、事务处理与作业环节的协调配合等对缩短车辆时间是有效的。其次，缩短卡车的装卸时间也是很重要的。为此，应尽可能采用单元化集装系统，有效地应用各种托盘进行装卸作业；在理货时应考虑配送顺序，便于卡车在短时间内完成装卸作业。如果想进一步提高效率，还可以采用大型集装箱或拖车，最大限度地缩短卡车的等待时间。

5.2 自动分拣技术与装备

一位日本物流专家认为：在多品种、小批量时代，物流技术的三大设施是自动分拣机、自动化仓库和自动搬运车。自动化仓库是基本成熟的产品，自动搬运车是处于发展中的产品，自动分拣机是趋于成熟的产品。这是国外专家对于分拣系统在物流技术中的地位和现状的概括。

5.2.1 自动分拣系统概述

1. 自动分拣系统的作业描述

自动分拣系统（automated sorting system）是第二次世界大战后在美国、日本的物流中心广泛采用的一种自动分拣系统，目前，该系统已经成为大中型物流中心不可缺少的一部分（如图 5—7 所示）。

该系统的作业过程可以简单描述如下：物流中心每天接收成百上千家供应商或货主通过各种运输工具送来的成千上万种商品，在最短的时间内将这些商品卸下并按品种、货主、储位或发送地点进行快速准确的分类，将这些商品运送到指定地点（如指定的货架、加工区

图5—7　自动分拣系统的应用

域、出货站台等），同时，当供应商或货主通知物流中心按配送指示发货时，自动分拣系统在最短的时间内从庞大的高层货架存储系统中准确找到要出库的商品所在位置，并按所需数量出库，将从不同储位上取出的不同数量的商品按不同的配送地点运送到不同的理货区域或配送站台集中，以便装车配送。

2. 自动分拣系统的特点

（1）能连续、大批量地分拣货物。由于采用大生产中使用的流水线自动作业方式，因此自动分拣系统不受气候、时间、人的体力等的限制，可以连续运行100小时以上。同时，由于自动分拣系统单位时间分拣数量多，因此每小时可分拣7 000件包装商品，如用人工则每小时只能分拣150件左右，而且不能在这种劳动强度下连续工作8小时。

（2）分拣差错率极低。自动分拣系统的分拣差错率主要取决于所输入分拣信息的准确性，这又取决于分拣信息的输入机制。如果采用人工键盘或语音识别方式输入，则差错率在3%以上；如果采用条形码扫描输入，除非条形码的印刷本身有差错，否则不会出错。因此，目前自动分拣系统主要采用条形码技术来识别货物。

（3）分拣作业基本实现无人化。国外建立自动分拣系统的目的之一就是减少人员，减轻员工的劳动强度，提高员工的使用效率，因此自动分拣系统能最大限度地减少人员的使用，基本做到无人化。分拣作业本身并不需要使用人员，人员的使用仅局限于以下工作：

1）送货车辆抵达自动分拣线的进货端时，由人工接货。

2）由人工控制分拣系统的运行。

3）分拣线末端由人工将分拣出来的货物进行集载、装车。

4）自动分拣系统的经营、管理与维护。

比如，美国一家公司的配送中心面积为10万平方米左右，每天可分拣近40万件商品，仅使用员工400名左右，其中大部分人员都在从事上述1）、3）、4）项工作，自动分拣线基本实现了无人化作业。

3. 自动分拣系统的组成

自动分拣系统一般由控制装置、分类装置、输送装置及分拣道口组成。

控制装置的作用是识别、接收和处理分拣信号，根据分拣信号的要求指示分类装置按品种、送达地点或货主的类别对商品进行自动分类。这些分拣需求可以通过不同方式（如条形码扫描、色码扫描、键盘输入、重量检测、语音识别、高度检测及形状识别等）输入分拣控制系统，根据对这些分拣信号的判断来决定某一种商品该进入哪一个分拣道口。

分类装置的作用是根据控制装置发出的分拣指示，当具有相同分拣信号的商品经过该装置时，该装置动作，改变商品在输送装置上的运行方向进入其他输送机或分拣道口。分类装置的种类很多，一般有推出式、浮出式、倾斜式和分支式几种，不同的装置对分拣货物的包装材料、包装重量、包装物底面的平滑程度等往往有不同的要求。

输送装置的主要组成部分是传送带或输送机，其主要作用是使待分拣商品有序通过控制装置、分类装置、输送装置及分拣道口，使已分类的商品滑下主输送机（或主传送带），以便进行后续作业。

分拣道口是已分拣商品脱离主输送机（或主传送带）进入集货区域的通道，一般由钢带、皮带、滚筒等组成滑道，使商品从主输送装置滑向集货站台，在那里由工作人员将该道口的所有商品集中后入库储存，或者组配装车并进行配送作业。

以上四部分装置通过计算机网络连接在一起，配合人工控制及相应的人工处理环节构成一个完整的自动分拣系统。

4. 自动分拣系统的适用条件

第二次世界大战后，自动分拣系统逐渐在西方发达国家投入使用，成为发达国家先进的物流中心、配送中心或流通中心必备的设施条件之一，但因这种系统要求使用者必须具备一定的技术经济条件，所以，在发达国家中不采用自动分拣系统的情况也很普遍。在引进和建设自动分拣系统时一定要考虑以下因素：

(1) 一次性投资巨大。自动分拣系统本身需要建设短则40～50米、长则150～200米的机械传输线，以及配套的机电一体化控制系统、计算机网络及通信系统等，不仅占地面积大(在2万平方米以上)，而且一般都建在自动主体仓库中，要建3～4层楼高的立体仓库，库内需要配备各种自动化的搬运设施，这丝毫不亚于建设一个现代化工厂所需的硬件投资。这种先期的巨额投入要经过10～20年才能收回，如果没有可靠的货源作保证，小企业无力进行此项投资，因此该系统大都由大型生产企业或大型专业物流公司投资。

(2) 对商品外包装要求高。自动分拣机只适于分拣底部平坦且具有刚性的包装规则的商品。袋装商品、包装底部柔软且凹凸不平、包装容易变形、易破损、超长、超薄、超重、超高、不能倾覆的商品不能使用普通的自动分拣机进行分拣。因此，为了使大部分商品都能用机械进行自动分拣，可以采取两项措施：

1) 推行标准化包装，使大部分商品的包装符合国家标准；

2) 根据所分拣的大部分商品的共同的包装特性定制特定的分拣机。

但要让所有商品的供应商都执行国家的包装标准是很困难的，而定制特定的分拣机会使硬件成本上升，其通用性也会比较差。因此，公司要根据经营商品的包装情况来确定是否建设或建设什么样的自动分拣系统。

5.2.2 自动分拣系统的分类

自动分拣系统与传统的分拣系统有很大差别，可分为三大类：自动分拣机分拣系统、机器人分拣系统和自动分类输送机分拣系统。下面主要介绍前两类。

1. 自动分拣机分拣系统

自动分拣机（如图 5—8 所示）一般称为盒装货物分拣机，是药品配送中心常用的一种自动化分拣设备。这种分拣机有两排倾斜的放置盒状货物的货架，货架上的货物由人工按品种、规格分别分列堆码；货架的下方是皮带输送机，根据集货容器上条形码的扫描信息可控制货架上每列货物的投放，投放的货物可直接装进集货容器（如图 5—8（a）所示），也可先落在皮带上（如图 5—8（b）所示），再由皮带输送机送入集货容器。显然，前者的分拣能力大于后者。自动分拣机分拣时，货物的拣选是并行的，分拣效率可达 2～5 件/秒，皮带机的速度为 1 米/秒。在皮带机的出口处，还有一个称量装置，检查每个集货容器的总重是否与标准一致，避免分拣错误的发生。

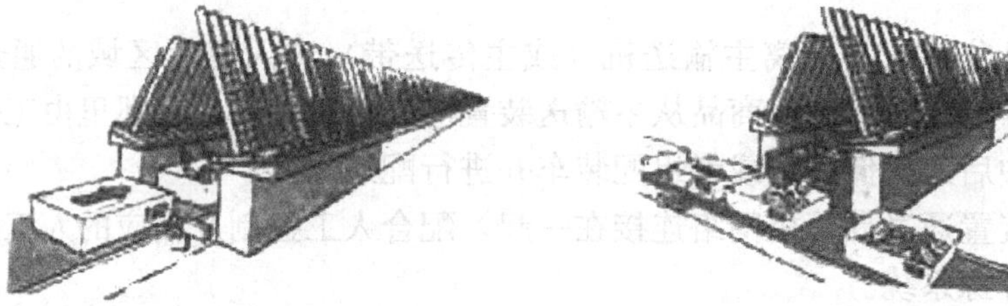
(a)　　(b)

图 5—8　自动分拣机

自动分拣机分拣时，对货物从货架拣出过程的控制如图 5—9 所示。货架投料口处皮带机的转动受计算机控制，投料口接到计算机出货要求后开始转动，通过皮带机附带的推杆将货物推出。

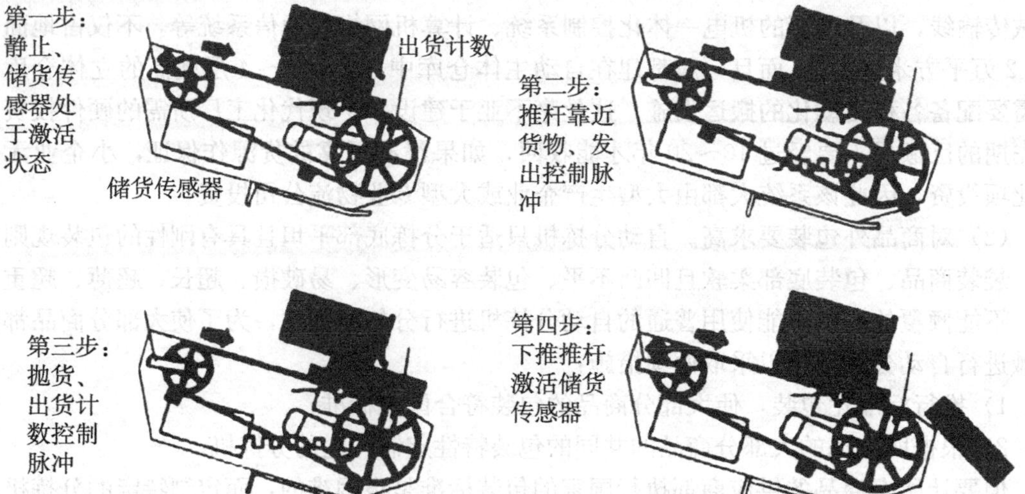

图 5—9　自动分拣机分拣出货过程

采用自动分拣机可实现分拣工作的自动化，分拣精度好，效率高，可同时完成多张订单所要求的货物分拣。但也有一些缺点：只适用于尺寸较小的圆柱状、盒状货物的分拣；对每一张订单所要求的货物数量有限制，否则货架会很长；补货只能由人工进行，对准确率的要求很高；由于货物从货架出口抛出需要时间，因此皮带机上集货容器之间的距离还要与所要求的货物的数量匹配。

2. *机器人分拣系统*

与自动分拣机分拣相比，机器人分拣（如图5—10所示）具有很高的柔性。如果机器人分拣所需的拣选货物的储位和数量等信息是通过配送中心的计算机信息系统提供的，则货物的存放地点不能随意变动，活动货架也不可能应用。为了保证机器人作业的效率，包装的样式要统一，尺寸的误差也不能过大。但如果采用了电子耦合器件（CCD），则机器人可通过传感系统了解货物储位和包装的变化，并向机器人控制系统发出指令，机器人就可自行变更预定的运动路线，系统可获得更大的灵活性。

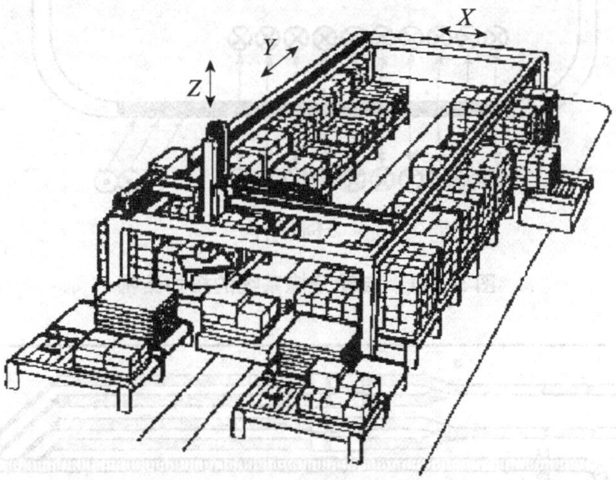

图5—10 机器人与自动导向搬运车组成的分拣系统

上图所示系统中的装卸机器人可停在任一货垛的任一件货物的上方拣取货物，并将其搬到AGV的托盘上。可通过两条辊子输送机进行出货，也可通过另一台在机器人工作空间外运行的AGV进行补货。

5.2.3 自动分拣装置的拓扑结构及分类装置

1. *自动分拣系统的拓扑结构*

自动分拣系统的拓扑结构有两种，一种是线状结构或梳状结构；另一种是环状结构（如图5—11所示）。拓扑结构的选择取决于安装的场地、所拣货物、处理的订单数和拣货终端数以及分类装置的类型。如果订单数量多且拣货终端数量少，可采用线状结构；如果订单数量少且拣货终端数量多，可采用环状结构。

环状结构的分拣系统有一定的储货能力，因此环状结构支持批处理方式。在环状结构中，货物只要未被拣取下线，就能始终在环路上运行，多次通过同一位置，直到在某个终端被取下。在这种情况下，即使只有一个拣货终端工作，系统也能运行。要提高系统的分拣能力，可在环状结构上设置多个拣货终端。复杂的环状分拣系统的功能分区如图 5—12 所示。

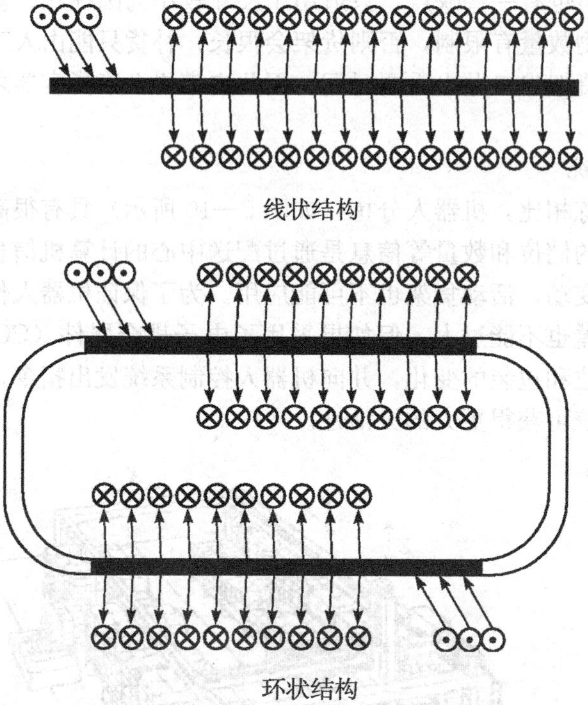

图 5—11　自动分拣系统的拓扑结构

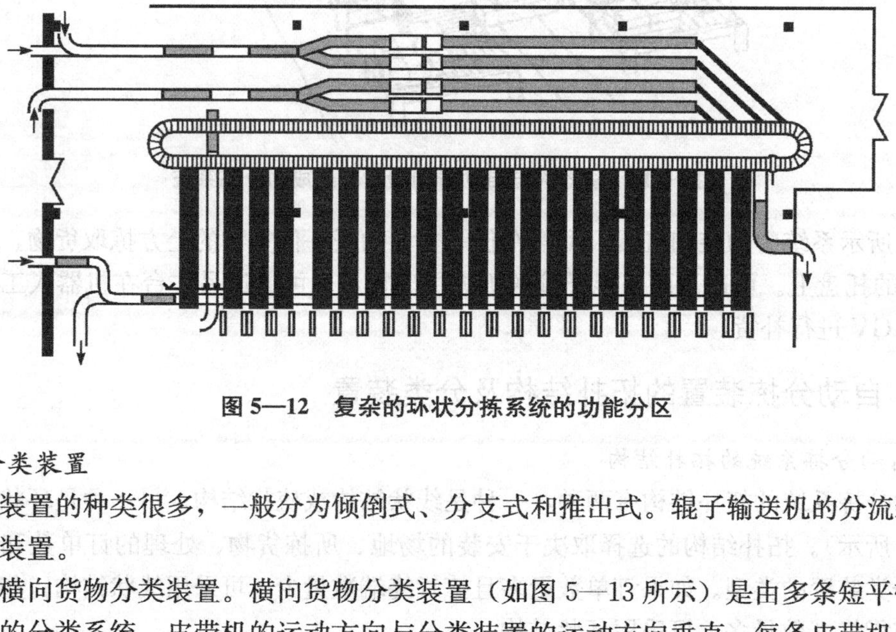

图 5—12　复杂的环状分拣系统的功能分区

2. 分类装置

分类装置的种类很多，一般分为倾倒式、分支式和推出式。辊子输送机的分流装置也可作为分类装置。

(1) 横向货物分类装置。横向货物分类装置（如图 5—13 所示）是由多条短平带输送机并联组成的分类系统，皮带机的运动方向与分类装置的运动方向垂直，每条皮带机的驱动装置独立，可分别驱动，整套装置由牵引链拖动。整套装置的价格取决于该分拣装置的分拣效率要求。该装置对一般货物的分拣具有良好的适应性，但如果货物的重心较高、底面不平整，对装置的正常运行就会有相当大的影响。

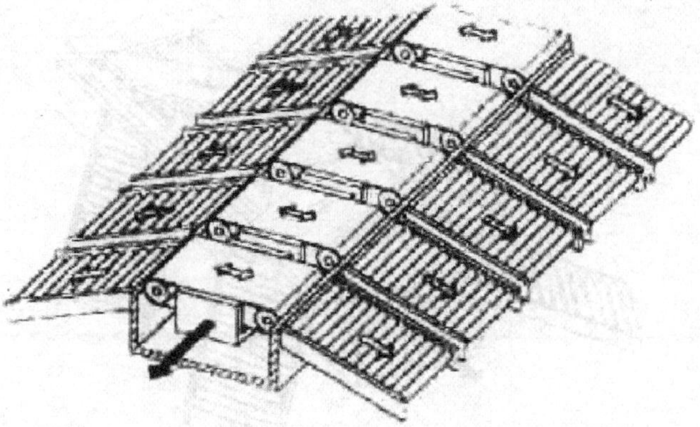

图 5—13　横向货物分类装置

(2) 活动货盘分类装置。活动货盘分类装置（如图 5—14 所示）由圆管或金属板条组成，每块板条或每根圆管上都有一个活动的货物托盘作横向运动，当货物到达分类装置出口时，将货物分到指定的岔道实现分类。这种分类装置的分拣效率很高，但仅适于较轻、较小货物的分拣。

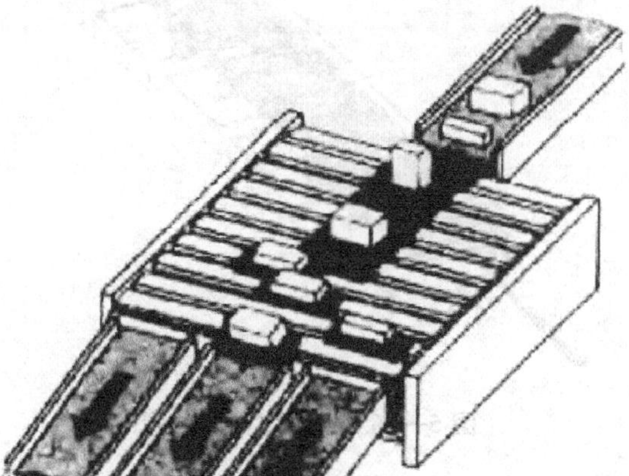

图 5—14　活动货盘分类装置

(3) 翻盘式分类装置。翻盘式分类装置（如图 5—15 所示）由牵引链牵引，翻盘到达指定的分岔道口时，向左或向右倾斜，被拣货物靠重力滑入分岔道口。这种分类装置的牵引链能在水平和垂直两个平面转向；工作时，被拣货物通过喂料输送机送入托盘，送入角度可以是斜角或直角，因此翻盘式分类装置的布置十分灵活，或水平、或倾斜、或隔层布置，组成一个变化多样的空间分拣系统。此类装置的翻盘一般都做成马鞍形，所以对底面不平整的软包装货物有良好的适应性。

(4) 直落式分类装置。与翻盘式分类装置一样，直落式分类装置（如图 5—16 所示）也是通过牵引链驱动的。所输送的货物放在一些底部有活门的托盘上，当托盘到达预定位置后，由分拣系统发出信号，活门打开，货物落入指定的容器。采用这种装置，不需要辅助作业就可以很容易地集中分拣货物。此类装置一般用来对扁平状的货物进行分类，如书籍和扁平包裹。

图 5—15　翻盘式分类装置

图 5—16　直落式分类装置

（5）辊子浮出式分类装置。与上述几种分类装置不同，辊子浮出式分类装置（如图 5—17 所示）可与辊子输出机、平带输送机融为一体，放在输送系统的岔口处，看作一种分流装置。

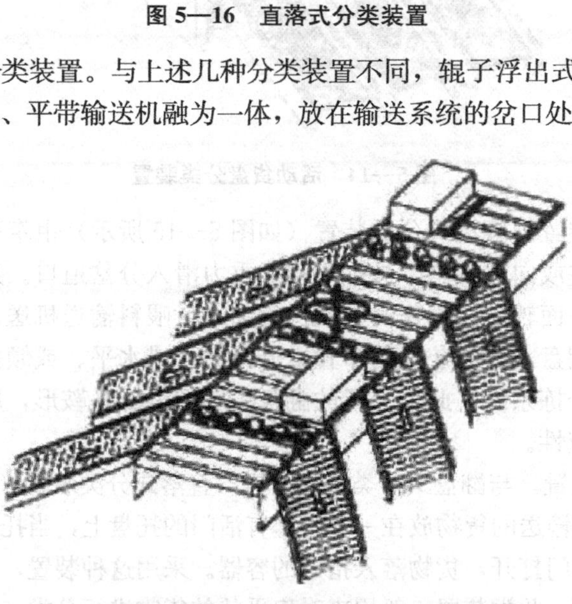

图 5—17　辊子浮出式分类装置

在没有分类任务时，可作为输送机输送货物。该装置在岔口的入口处设置了一排短辊子，这些短辊子与主滚道可通过气动元件向两侧摆动，并逐渐浮出主滚道的上平面。这些短辊子通过表面上胶或者采用聚氨酯材料，增大摩擦力，从而带动货物转向。如果岔路上的辊子是主动辊子，并上了胶，采用了上述变向措施，就很容易达到较高的效率。采用这种装置，岔道可与主滚道成45°～90°，在岔道方向与主道成90°时，要在岔道前加一个转速较快的变向辊子来支持输送货物的变向。这种分类装置的运行速度可达2～2.5米/秒，每小时可分流7 000件货物。

(6) 皮带浮出式分类装置。皮带浮出式分类装置（如图5—18所示）的工作原理与辊子浮出式分类装置相同，不同之处是其主滚道中皮带机较窄。皮带表面带有花纹，摩擦力大，因而使货物改向更容易，也使分流速度更快、更准确。这种装置多用在输送线中，用来对货物进行分流或分类。

图5—18　皮带浮出式分类装置

(7) 滑块式分类装置。滑块式分类装置（如图5—19所示）是一种特殊的板式输送机，它是通过货物分流来实现货物分类的。其板面由金属板或圆管组成；每块板条或每根圆管上各有一块能做横向运动的导向板，导向板靠在输送机的侧边上，当分拣货物到达指定道口时，控制器发出指令使导向板有序地向道口方向滑动，把货物推入道口。由于导向板可以朝两侧滑动，因此可在输送机两侧设置分拣道口，以节约场地。

图5—19　滑块式分类装置

这类分类装置的震动小、不损伤货物，适宜各种质量为1～90千克的货物，其分拣效率可达12 000件/小时，准确率为99.9%，是当代最新型的高速分拣装置。

（8）摇臂式分类装置。为提高系统分拣效率，可在主道上安装一根摇臂来对货物的流向进行控制，从而实现货物的分类。此装置的摇臂上安装的齿形皮带可使分流速度更快、更准确。采用这种方式，其效率可达 2 500 件/小时。摇臂式分类装置如图 5—20 所示。

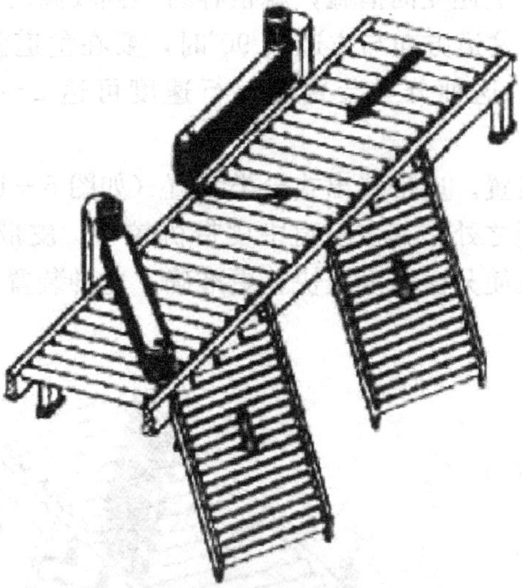

图 5—20 摇臂式分类装置

（9）推出式分类装置。推出式分类装置是附在输送机上的一类分类装置，是通过 90°分流来实现分类的。分流可采用气缸侧推式（如图 5—21（a）所示），也可采用摇臂推出式（如图 5—21（b）所示）和辊道侧翻推出式（如图 5—21（c）所示）。推出式分类装置简单，并且价格较低，货物流向精确、可靠。其缺点是：货物及货物的包装必须结实，否则货物容易损坏，或四处散开；货物的运行速度不能太快；货物的包装，特别是包装箱的底面一定要平。对于气缸侧推式而言，气缸的速度、回程时间决定了系统的效率，一般为 1 000～1 200 件/小时。要提高分拣效率，应调整气缸的推出速度和回程速度，这可通过对气动元件或凸轮机构的控制来实现。采用凸轮机构控制时，系统的通过率可达 1 500 件/小时。

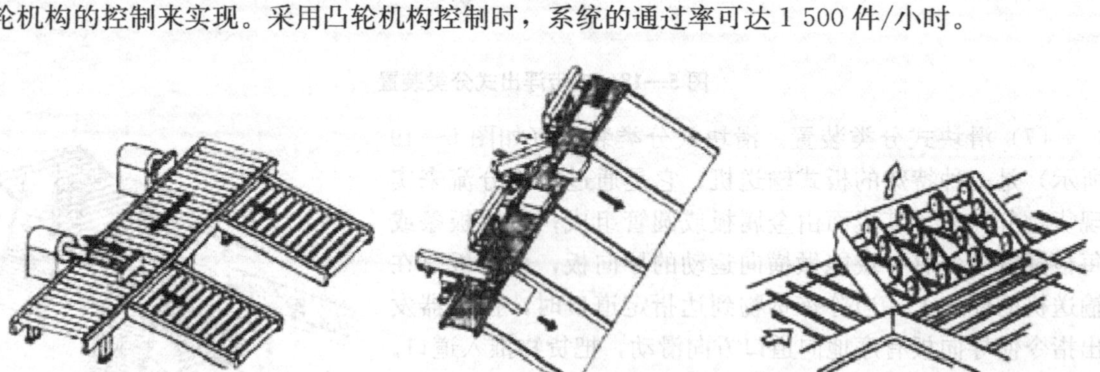

（a）气缸侧推式　（b）摇臂推出式　（c）辊道侧翻推出式

图 5—21 推出式分类装置

3. 各类分类装置的性能比较

各类分类装置的性能比较见表 5—1。

表 5—1 分类装置的性能比较

类型	适应范围	最大货重（千克）	最大速度（米/秒）	最大分拣能力（件/小时）	费用	空间要求
横向货物分类装置	货物底面平整	20	2.5	15 000	高	合适
活动货盘分类装置	小件货物	约 5	2.5	15 000	一般	高
翻盘式分类装置	货物底面光滑	50	2.5	12 000	一般	一般
直落式分类装置	扁平和不易碎品	5	1.5	12 000	一般	合适
辊子浮出式分类装置	平底和无包装货物	50	2.5	7 000	一般	合适
皮带浮出式分类装置	适用于皮带运输的物品	50	1.5	3 000	合适	高
滑块式分类装置	无包装货物	约 90	2.5	12 000	一般	一般
摇臂式分类装置	几乎所有物品	约 50	1.8	2 500	合适	一般
推出式分类装置	非易碎及形状稳定物品	约 20	1.0	2 000	合适	高

5.3 电子标签辅助拣货系统

5.3.1 电子标签辅助拣货系统概述

电子标签辅助拣选系统在欧美一般被称为 PTL（pick-to-light or put-to-light）System，在日本被称为 CAPS（computer aided picking system）或者 DPS（digital picking system）。它是一种计算机辅助的无纸化的拣货系统，采用计算机将拣选指令传输到操作者面前的显示屏上，导引操作者完成规定的作业。其原理是：在每一个货位安装数字显示器，利用电脑的控制将订单信息传输到数字显示器，拣货人员根据数字显示器所显示的数字拣货，拣完货后按确认钮即完成拣货工作，这种方式也叫做电子标签拣货。

在这种分拣方式中，电子标签取代了拣选单，货架上显示出拣选信息，以减少“寻找货品”的时间，分拣的动作仍由人工完成。电子标签具有很好的人（拣选员）机（计算机）界面，由计算机负责烦琐的拣选顺序规划与记忆，拣选员只需依照电脑指示执行拣选作业。电子标签上有一盏小灯，灯亮表示该货位的货品是待拣货品。电子标签中间有多个字元的液晶屏，可显示拣选数量（如图 5—22 所示）。拣选人员在货架通道行走，看到亮灯的电子标签就停下来，并按显示的数字来拣取该货品所需的数量。电子标签设备主要包括电子标签货架、信息传送器、电脑辅助拣选台车、条形码、无线通信设备等。

这种拣货技术 1977 年由美国研发成功，已在配送中心得到广泛应用。它既可以用于批量拣选，也可以用于按单拣选，但是货品品项太多时不太适合，因为成本太高，因此常被应用在 ABC 分类的 A、B 类货品上。它是一种无纸化的拣货系统，可以即时处理，也可以批量处理。电子标签拣货的效率约为 500 件/小时，拣货的差错率仅为 0.01%左右，拣货的前置时间为 1 小时左右。

5.3.2 电子标签辅助拣货系统的结构组成及优点

1. 电子标签辅助拣货系统的结构组成

电子标签辅助拣货系统的基本结构组成中的主要部件如下：

图 5—22 电子标签拣货操作过程

(1) PC 主机。这是系统的总控机，负责指挥整个系统的运行。它以物流仓库管理软件模块为基础，通过以太网控制器与电子指示器进行信息交流，控制发送或接收各种数据或指令信息，智能地进行各类仓库的入仓、出仓、盘点等操作，并能对整个操作过程进行电子标签的控制、数据记录的存储、作业状态的统计显示等。

(2) 交换机。为 PC 主机与控制器的连接提供平台（PC 主机可连接多台控制器，没有数量限制）。

(3) 接线箱和控制器。接线箱和控制器是为电子标签提供电力和信号的装置。

根据实际需要，一台接线箱可连接多个电子标签，向多个电子标签发送拣货指令，同时接收有关拣货作业完成情况的确认信息，并将确认信息通过交换机传输给控制计算机。

控制器一端通过交换机与 PC 主机相连，另一端与电子标签相连，从而实现 PC 主机以太网传输方式与电子标签传输方式的相互转换，是主计算机与电子标签信息流双向传输的桥梁。

(4) 电子标签。电子标签（如图 5—23 所示）根据 PC 主机传送的信息进行相应的显示，带蜂鸣音，提示作业人员进行操作，作业人员按确认键后负责把操作结果信息上传到主机，由主机进行相应处理。

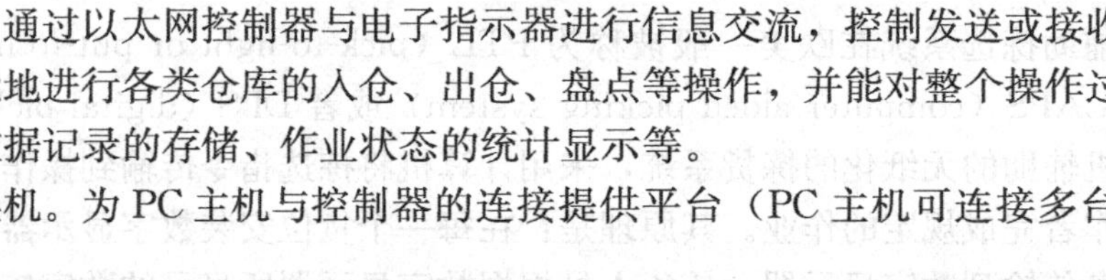

图 5—23 电子标签

(5) 条形码扫描枪。配合管理软件条形码功能，为作业人员提供出入库、盘点的电脑快速录入。

（6）条形码打印机。配合管理软件条形码功能，为物品制作条形码，便于严格控制物品的流动。

（7）显示屏。可用于显示每一区段作业的内容，大型显示屏还可用于实时显示作业进度，同时可以提示下一作业区域的区域号。

2. 电子标签辅助拣货系统的优点

与传统的人工分拣方式相比，电子标签辅助拣货系统具有以下优点：

（1）无纸化作业方式。无须打印出/入库及盘点单，出/入库及盘点信息通过中央计算机直接控制对应的电子标签，做出相应的指示。

（2）提高拣货速度及效率，降低拣错率。电子标签借助明显易辨的储位视觉引导，可将作业简化为看、拣（放或盘点）、按三个简单的动作，减少拣货人员思考及作出判断的时间，以降低拣错率，并节省拣货人员寻找货物存放位置所花的时间。

（3）对作业人员的走动路线进行最优设计，使之距离最短。

（4）可动态监视操作管理过程，实时显示货品出入库数据，存储显示员工操作的进展情况。

（5）提升出货配送物流效率。由于可将作业的差错率降至最低，因此可成倍地提高工作效率。

（6）降低作业成本。除了提高拣货效率之外，因拣货作业所需的熟练度降低，作业人员不需要经过特别培训就能上岗工作。此外，可以对每一名员工的作业情况进行统计，实时监测员工的工作效率。

5.3.3　电子标签辅助拣货系统的类型

根据硬件设计与应用的不同，电子标签可分成两种。

一是标准型电子标签。在标签的面板上，除了灯号与按键外，还有一个可显示数量的LED显示屏。按键有双键式（确认键与缺货键）及三键式（确认键与可调整数量的上、下键）两种。一般标准型的电子标签常用于出货频率高的商品储位，采用一对一方式，即一个电子标签只对应一个拣储位。但有的也应用于出货频率低的商品储位，采用一对多方式，即一个电子标签对应多个拣储位，此时LED上除了显示数量外，还有应拣储位代号的辅助显示。由于一对多的作业方式尚需拣货者作出判断，可能会使拣错率上升，因此较适用于B、C类的商品。

二是经济型电子标签。与标准型电子标签不同，经济型电子标签的面板上只有灯号与按键，无法显示应拣数量，因此硬件成本较低。在拣货应用上，数个经济型标签共同对应一个标准型标签，由标准型标签作为数量显示器。由于硬件成本较为低廉，且采用一对一的方式运作，因此，对于出货频率低的商品亦可采用此设备，以降低投资成本。

在拣货系统的应用中，根据拣货作业方法的不同，电子标签可分为摘取式与播种式两种。

1. 摘取式电子标签

摘取式电子标签如图5—24所示。货架上安装的标签对应着商品，拣货人员依据标签的指示，自货架上将商品取下。其应用类型有以下几种。

（1）一人一单摘取。即一名拣货人员一次负责拣取一张订单，大部分拣货区采用重量型

图 5—24 摘取式电子标签示意图

储存货架，如果安装了电子标签，就可以采用这种拣货方式。

(2) 接力式摘取。一名拣货人员只负责某一部分拣货区的标签，当订单进入其负责的区域时，拣货人员只针对该区域亮灯的标签处拣货，拣货完成后将该订单之拣货箱传至负责下一个相邻区域的人员继续该订单的拣货，自己则进行下一张订单的拣货作业。因此，一张订单在其拣货过程中是由不同的拣货人员接力完成的。大部分拣货区采用流利式的储存货架，如果安装了电子标签，就可以采用这种拣货方式。

2. 播种式电子标签

播种式电子标签如图 5—25 所示。货架上安装的标签对应着客户，拣货人员依据标签的指示将商品按批次汇总，然后分配至订购客户。其应用类型有以下几种。

图 5—25 播种式电子标签示意图

(1) 接力播种。其整体的作业方法与接力式摘取相同，作业人员只针对其负责区域中亮灯的标签对应的客户进行商品的分类作业，每一种商品的拣取是由不同的作业人员接力完成的。

(2) 通道播种。此种作业是将整个播种区域划分为数个信道，各个信道独立作业，彼此互不影响，而一个通道所涵盖的客户即成为一个批次。从理论上讲，一个通道完成所有品项的播种分类后，可继续另一批次的播种分类。

电子标签辅助拣货系统适用于小批量、多品种、高频率的现代物流系统，在很多行业中已大量应用，比如零售业、烟草业、制药业、出版业、邮购业、化妆品业、制造业、百货业、通信业等。在日本和韩国，电子标签已成为大部分物流配送中心的标准配置。我国的许多配送中心也采用这种分拣系统，来逐步提高物流配送效率，降低配送成本，提高客户服务水平。

5.4　分拣设备系统的合理规划与配置

5.4.1　拣选模式的选取

不同的货品需要不同的拣选模式。按照存储单位和拣选单位的不同，拣选模式可划分为以下七种（如表5—2所示）：

表5—2　拣选模式

拣选模式编号	存储单位	拣选单位	记号
1	托盘	托盘	P→P
2	托盘	托盘＋箱	P→P＋C
3	托盘	箱	P→C
4	箱	箱	C→C
5	箱	单品	C→B
6	箱	箱＋单品	C→C＋B
7	单品	单品	B→B

5.4.2　分拣策略

分拣策略是影响分拣作业效率的重要因素，对不同的订单需求应采取不同的分拣策略。决定分拣策略的四个主要因素是：分区、订单分割、订单分批及分类，基于这四个主要因素又可产生多个分拣策略。

1. 分区策略

分区就是将分拣作业场地作区域划分。按分区的原则，分区方法可分为以下四种：

（1）按货物特性分区。按货物特性分区就是根据货物原有的性质，将需要特别储存的货物进行分区，以保证货物的品质在储存期间保持不变。

（2）按分拣单位分区。按分拣单位分区就是将分拣作业区按分拣单位划分，如箱装分拣区、单品分拣区，或具有特殊货物特性的冷冻品分拣区等。其目的是使储存单位与分拣单位统一，以方便分拣与搬运单元化，使分拣作业单纯化。一般来说，按分拣单位分区所形成的区域范围是最大的。

（3）按分拣方式分区。在不同的分拣单位分区中，按分拣方法和设备，又可以分为若干区域，通常以货物销售的ABC分类为原则，按出货量的大小和分拣次数的多少进行ABC分类，然后选用合适的分拣设备和分拣方式。其目的是使分拣作业单纯一致，减少不必要的重复行走时间。在同一单品分拣区中，按分拣方式，又可分为台车分拣区和输送机分拣区。

（4）按工作分区。在相同的分拣方式下，将分拣作业场地再作划分，由一名或一组固定的分拣人员负责分拣某区域内的货物。该策略的优点是：分拣人员需要记忆的存货位置减少，移动的距离和分拣的时间缩短，还可以配合订单分割策略，由多组分拣人员在短时间内共同完成订单，但要注意工作平衡问题。

接力式分拣就是工作分区的一种形式，只是其订单不作分割或不分割到各工作分区，分拣人员以接力的方式来完成所有的分拣动作。这种方式比由一位分拣人员把一张订单所需要的物品分拣出来效率高，但投入的人力相对较多。

以上分拣分区既可同时存在于一个配送中心内，也可单独存在。除接力式分拣外，在分区分拣完后仍需将拣出的货物按订单加以汇总。

2. 订单分割策略

当订单上订购的货物项目较多，或者分拣系统要求及时快速处理时，为了在短时间内完成分拣处理，可将订单分成若干子订单，交由不同分拣区域同时进行分拣作业。将订单按分拣区域进行分解的过程叫做订单分割。

订单分割一般是与分拣分区相对应的，对于采用分拣分区的配送中心，其订单处理过程的第一步就是按区域进行订单分割，各个分拣区根据分割后的子订单进行分拣作业，各分拣区子订单分拣完成后，再进行订单的汇总。

3. 订单分批策略

订单分批是为了提高分拣作业效率而把多张订单集合成一批，按批次进行分拣作业，其目的是缩短分拣时平均行走搬运的距离和时间。若再将每批次订单中的同一货物品项加总后分拣，然后根据每一份顾客订单将货物分类，则形成批量分拣，这样不仅缩短了分拣时平均行走、搬运的距离，也减少了重复寻找货位的时间，从而使分拣效率得以提高。但如果每批次订单数目过多，则会耗费较长的分类时间，甚至需要强大的自动化分类系统的支持。订单分批的原则是：

（1）按总合计量分批。合计分拣作业前，累计所有订单中每一货物项目的总量，再根据这一总量进行分拣，以将分拣路径缩至最短，储存区域的储存单位也可以单纯化，但需要功能强大的分类系统来支持。这种方式适用于固定点之间的周期性配送，可以将所有的订单在中午前收集，下午进行合计量分批分拣单据的打印等信息处理，第二天一早进行分拣分类等工作。

（2）按时窗分批。当从订单到达至完成分拣出货所需的时间非常紧迫时，可利用此策略开启短暂而固定的时窗，如 5 分钟或 10 分钟，再将此时窗中所到达的订单作为一批，进行批量分拣。这一方式常与分区及订单分割联合运用，特别适合到达时间短而均匀的订单，但订购量和品项数不宜太大。图 5—26 为时窗分批分拣的示意图，所开时窗长度为 1 小时。

各分拣区利用时窗分批同步作业时，会因分区工作量不平衡和时窗分批分拣量不平衡而产生作业等待，如能将这些等待时间缩短，则可以大大提高分拣效率。这种分批方式适合密集、频繁的订单，能满足紧急插单的需求。

（3）按固定订单量分批。订单分批遵循先到先处理的基本原则，当累计订单量达到设定的固定量时，再开始进行分拣作业。这种按订单量分批与时窗分批类似，但更注重维持较稳定的作业效率，常集合成一批进行批量分拣，因而处理的速度较后者慢。

（4）智能型分批。智能型分批是将订单汇总后经过较复杂的电脑计算，将分拣路径相近的订单分成一批同时处理，可大大缩短分拣的行走搬运距离。采用这种分批方式的配送中心通常将前一天的订单汇总后，经电脑处理在当天下班前产生次日的分拣单据，因此较难处理紧急插单作业。

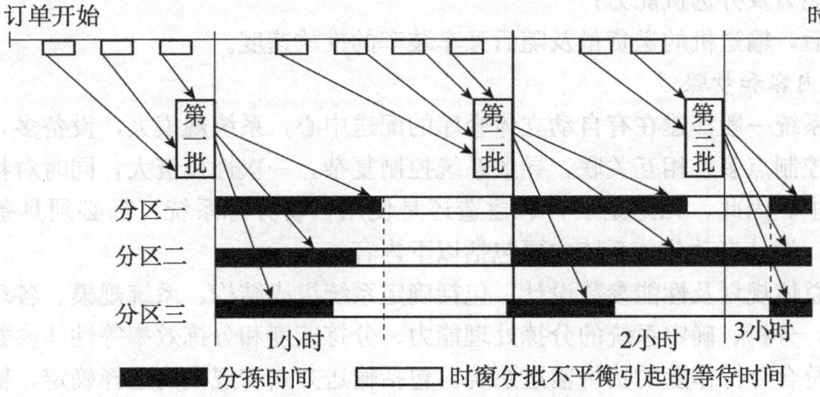

图 5—26 按时窗分批分拣

除以上分批方式外，还有其他方式，比如：按配送的地区、路线分批，按配送的数量、车次、金额分批，按货物的内容、种类、特性分批，等等。

4. 分类策略

当采用批量分拣作业方式时，分拣完后还必须进行分类，因此需要相应的分类策略。分类方式主要有两种。

(1) 分拣时分类。可在分拣的同时将货物按各订单分类。这种分类方式常与固定订单量分批或智能型分批方式联用，因此需使用电脑辅助台车作为分拣设备，以加快分拣速度，同时避免错误发生。由于分拣台车不可能太大，因此每批次的客户订单量不宜过大。分拣时分类方式较适用于货物量少、品种多样的情形。

(2) 分拣后集中分类。可按批量合计分拣后再集中分类。一般有两种分类方法：一是以人工作业为主，将货物搬运到空地上进行分发，而每批次的订单量及货物数量不宜过大，以免超出人员负荷；二是利用分类输送机系统进行集中分类，这是自动化程度较高的作业方式。订单分割越细，分批批量品项越多，后一种方式的使用率越高。

在以上四大类分拣策略中，各策略可单独或组合运用，也可以不采用任何策略，直接按单分拣。

5.4.3 自动分拣系统的设计

1. 选择和设计分拣系统的考虑因素

在选择、设计分拣系统时，可考虑如下因素：

(1) 分拣物品的形状、重量、容积及数量；

(2) 搬运的路线及其波动性；

(3) 单位时间内的处理能力；

(4) 分拣物品的种类数；

(5) 设备成本、所占空间、可靠性、使用的方便性、周围环境等；

(6) 分拣物品标记及记忆方式。

自动分拣系统必须保持作业平衡才能实现自动化。在拣货作业的过程中，装卸与搬运是保持连续作业的关键。保持分拣系统的平衡要重点考虑以下因素：

（1）卸货能力及分选机能力；

（2）分拣后，输送机的送货量及随后叉车装车的推放速度。

2. 设计的内容和步骤

自动分拣系统一般都建在有自动立体仓库的配送中心，系统规模大，设备多，且自动化程度高。系统控制点多且相互关联，导致系统控制复杂，一次性投资大，同时对物品的外包装也有较高要求。因此，无论是设计、建造还是使用自动分拣系统，都必须具备一定的技术、经济条件。设计自动分拣系统主要包括以下内容：

（1）系统总体规划及性能参数设计。包括确定系统组成结构、系统规模、各环节作业方式和设备布局，分析、确定系统的分拣处理能力、分拣速度和分拣效率等性能参数，等等。

（2）规划符合分拣作业的货物输送系统。包括输送方式和规模的选择确定，输送线路及合流、分流点的布局，系统通过率和极限能力的分析，系统未来的更新及可扩展性分析，等等。

（3）控制系统设计。包括控制系统结构、控制工作流程和程序设计，分拣信息和指令的提取、处理、传输及通信（即控制总线网络）方法的分析确定，传感检测点的布置，执行器件的运动控制分析，控制装置及元器件的设计选型，等等。

（4）系统设备装置的设计选型。包括输送和搬运设备、自动识别装置、自动分类装置的形式、规格、数量及性能参数的选择确定，非标准部件及系统装配具体结构的设计。

（5）系统评估分析，相关技术文件的编写，等等。

设计过程主要依照以下步骤进行。

第一步：分析用户对所建系统的技术及特性的要求。

这是系统设计的依据和基础。关键的技术条件和特性要求如下：

（1）分拣货物的特性。如长、宽、高等外形尺寸，质量，材质，包装形式，输送稳定性等。

（2）系统的分拣能力、分拣效率和分拣速度。分拣效率是指系统一个工作周期内总的分拣货物量，分拣速度是指单位时间内拣出货物或包装箱的件数。分拣效率注重数量，反映了分拣装置的作业能力；分拣速度是对货物分拣数量和尺寸规格的综合反映，能决定分拣装置的作业频率。允许的货物最大输送速度和最小间距也是设计、选择分拣装置必须考虑的指标。

（3）系统操作运行参数。如工作环境、操作形式、自动化程度、货物进出流量、设备能力范围、运行使用频度、货物方位、分拣货物量的波动幅度、提取和发送货物输送线的数量、新旧设备衔接、是否多向分拣和多分拣指令的并行传输等。

第二步：明确系统总体概念和各环节运行方案。

在对上述系统特性和技术条件进行分析后，可进行系统总体和各环节的运行方案设计。在设计的过程中，还需要考虑其他因素，如项目启动投入、系统及设备建造成本、运行和维护成本、使用寿命周期、系统管理、系统柔性，以及今后的扩展变化等。

第三步：选择、设计系统设备装置。

在总体技术框架和系统方案确定后，主要工作就是进行具体的技术设计和设备及元器件选型。设备装置的性能指标、功能要求和成本是该阶段的核心目标。设计中，尽量将复杂的系统按设备功能分解为若干系统或功能模块来设计，这样可以简化并明确设计对象，也有助于今后的系统建造和运行维护。同时要尽量选用标准部件和成型产品及成熟技术，以进一步缩短设计周期，降低系统成本。

第四步：系统建立和运行调试。

根据技术设计的工程图纸和相关技术文件及说明书，进行系统建设、安装调试和试运行，并给出有关报告和系统评价及改进的技术依据。建设系统之前，应对设计进行评估、仿真分析，并作进一步验证和修改。

3. 输送系统通过率和极限能力分析

在整个分拣作业过程中，货物在到达分拣目标位置之前一直处于移动状态，即从输送系统某个货物入口出发，经合流、引导后通过自动识别装置。到达对应的分拣装置时，被分拣到相应岔道，最后到达分拣目标位置。如果大量的被拣货物能有序并快速地完成这一过程，就能提高分拣系统的作业能力和分拣效率。也就是说，如果输送系统的通过率高，输送速度快，极限绩效就会提升。

货物在进入识别系统前，从岔道送到主干道上，在每个岔道口就是双方向连续合流。进入识别系统引导段入口时，有些合流输送系统在该处为多方向连续合流。之后，货物经识别系统到达对应的分拣道口，然后又向两个方向连续分流。

而输送系统中每个节点和路段的通过率和绩效决定了整个系统的通过率和绩效，在每个节点处的等待甚至阻塞会延长输送对象到达分拣目标位置的时间，降低系统的作业能力和分拣效率。因此，为了更好地规划和设计整个自动分拣系统，需要利用一定的分析方法和数学模型对所设计的系统在各节点的通过率和极限能力进行分析，从而改进系统节点的布局和节点元素的形式，确定合流处货物的输送通过策略，控制输送路段上相邻货物达到合理的间距和间隔时间，这也有助于更好地设计、选择输送设备和分拣装置。

实际上，不同的连续输送设备的最大输送速度和极限绩效不同，而不同的分拣装置和识别装置对货物最大运动速度和最小间距也有相应的具体要求，因此，也需要进行此类分析，以便找到较优的平衡点来确定各部分的通过策略及输送速度，最终实现输送系统、自动识别系统、分拣系统三者之间的匹配，大大提高整个系统的作业能力和效率，降低拣错率。

本章小结

一个先进的货物分拣系统，对于系统集成商，乃至仓储业、运输业、物流管理业等都是至关重要的，因为拥有了先进的分拣系统就意味着比竞争对手拥有更快的物流速度，能更快地满足顾客的需求，拥有惊人的潜在的回报。建立并使用一个先进的货物分拣系统的好处在于：不但可以节省大量的成本，而且可以大大提高工作效率，显著降低工人的劳动强度；完全摒弃使用书面文件完成货物分拣的传统方法，采用高效、准确的电子数据的形式，可以提高效率，节省劳动力；不但可以快速完成简单订货的存储提取，而且可以方便地根据货物的尺寸以及提货的速度要求、装卸要求等实现复杂货物的存储与提取；分拣工人只需简单的操作就可以实现货物的自动进库、出库、包装、装卸等作业，降低了工人的劳动强度，提高了效率；结合必要的仓库管理软件，可以真正实现仓库的现代化管理，充分合理地利用仓库空间，显著提高企业的物流速度，为企业保持市场竞争优势创造条件。

关键术语

分拣　分拣作业　自动分拣系统　电子标签辅助拣货系统

思考与练习题

1. 分拣信息可采用哪些方式传递？
2. 简述分拣作业的过程。
3. 电子标签辅助拣货系统由哪几部分组成？
4. 在引进和建设自动分拣系统时应该考虑哪些因素？
5. 简述自动分拣系统设计的内容和步骤。
6. 试述分拣策略的运用。
7. 结合本章内容，选择一个你感兴趣的行业，了解该行业拣选系统的使用情况。

案例分析

某烟草公司物流配送中心分拣系统

某烟草公司成立于2001年，下辖7个直属分公司，有零售客户近34 000户。2006年以来，公司经济效益快速增长，公司利润由2006年的1.8亿元上升到2012年的18.8亿元，实现了跨越式发展。公司2013年全年卷烟销量达到40万箱（1箱=5件，1件=50条），日均库存为1.6万箱，日最大库存为2.3万箱。

一、物流配送中心卷烟仓储量和分拣量分析

到2013年底，公司物流配送中心的基本运行数据如下：

（1）年配送量：40万箱；

（2）年配送品种数：180种；

（3）年工作日为251天，每日有效工作时间为8小时；

（4）日有效分拣工作时间为7.5小时，日最大分拣品种数为120种，日平均分拣量为40万条。

二、物流配送中心功能分区

该公司卷烟物流配送中心的功能分区如图5—27所示。

（1）入库区：占地面积990平方米，收货暂存区设6个门，同时停靠6辆10吨货车装卸货。3部伸缩式链板输送机，用于入库车卸货；整托盘来货卷烟通过液压升降过桥整托盘入库。

（2）货架仓储区：占地面积为4 448平方米，其中高架库区4 000平方米，零托盘、零条拣选区448平方米。

（3）备货区：占地面积为1 262平方米，布置88条备货轨，其中84条为固定品种备货轨，4条为中小品种备货轨。

（4）条烟分拣区：占地面积为3 891平方米，条烟分拣区位于联合工房的中部，主输送线方向为东西方向，布置7条复合式条烟分拣机。

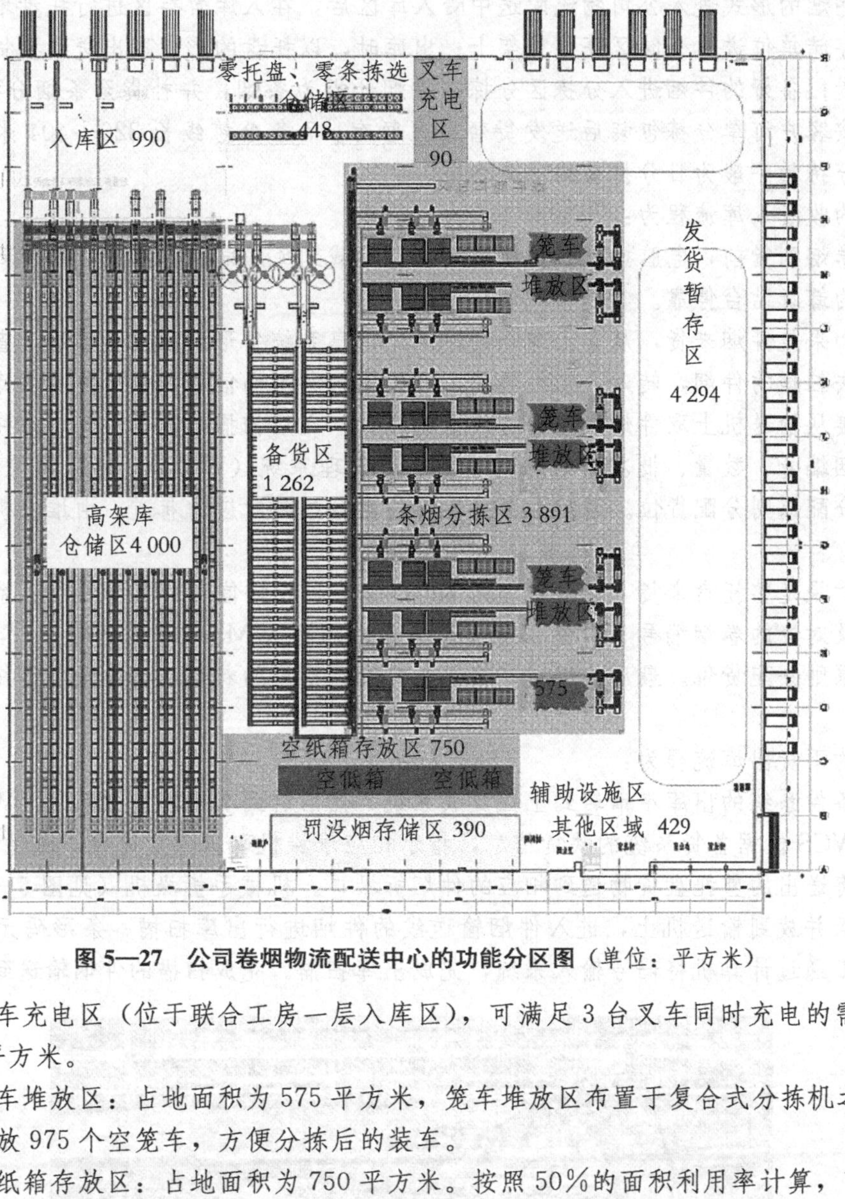

图5—27 公司卷烟物流配送中心的功能分区图（单位：平方米）

(5) 叉车充电区（位于联合工房一层入库区），可满足3台叉车同时充电的需要。占地面积为90平方米。

(6) 笼车堆放区：占地面积为575平方米，笼车堆放区布置于复合式分拣机之间的空隙处，可以存放975个空笼车，方便分拣后的装车。

(7) 空纸箱存放区：占地面积为750平方米。按照50%的面积利用率计算，可存放300个托盘位，按每托盘存放200个空纸箱计算，可存放6万个空纸箱，并满足日出货量高峰时将14 343个空纸箱存放3天的需要。

(8) 发货暂存区：占地面积为4 294平方米，按照30%的面积利用率计算，可存放1 031个笼车，按每笼车20件计算，可存放20 620件卷烟，并满足一天分拣量最高峰时存放14 342件卷烟的需要。设28个门，可满足6辆中转大型车或22辆直送小型车同时装货的需要。

(9) 辅助设施区：占地面积为819平方米，包括罚没烟存储区390平方米，以及材料间、气泵房、卫生间、票据室、休息室、传达室等其他区域。

(10) 夹层办公区：占地面积为895平方米，包括票据办公室、送货部办公室、分拣部办公室、仓储部办公室、卫生间等生产和生活辅助用房等，位于联合工房中部的夹层。

物流配送中心的内部运作流程如下：物流配送中心分拣区共有7条自动分拣线。当购置的卷烟以件烟的形式进入公司物流配送中心入库区后，在入库暂存区进行托盘堆码（码垛），以托盘为存储单位进入仓储区高层货架上；出库时，以托盘的形式取出送到备货区，以件烟的形式备货；备好的件烟进入分拣区分拣，件烟开拆为条烟，并补货至条烟分拣机的烟仓，由分拣机按客户订单分拣包装后送发货暂存区暂存。7 条分拣线长 326～404 米不等，每条分拣线的分拣量一般为日分拣量的七分之一。

具体的收货入库流程为：

（1）卷烟到货前，电脑操作人员将采购信息下载到库房电脑中。来货车辆到达配送中心后在指定的卸货站台停靠。

（2）如果是件烟来货，从车上卸下的件烟经信息系统条形码扫描合格的，直接传入入库组盘，无法扫描的件烟，转入人工补码处，人工输入条形码信息，然后传入入库组盘。组托盘人员直接从输送机上取件烟，在输送线上组托盘，之后扫描托盘条形码，将托盘条形码及对应的卷烟编号、数量、批次等信息记录到仓库管理系统（WMS），建立对应关系，WMS 按照货位分配原则分配货位。最后由穿梭车将托盘分配到对应的巷道，由堆垛机将托盘送到指定货位。

（3）如果是整托盘来货，通过地埋的 RFID 采集器扫描信息，上传到信息系统，并将托盘条形码及对应的卷烟编号、数量、批次等信息记录到 WMS，建立对应关系，WMS 按照货位分配原则分配货位。最后由穿梭车将托盘分配到对应的巷道，由堆垛机将托盘送到指定货位。

具体的下货出库流程为：

（1）备件系统的出库申请转到上位集成系统，然后转到高架库控制系统（WCS）。

（2）WCS 根据备货系统的缺货信息，指示相应堆垛机取出整盘货物，通过输送线送出。出库系统将送出的整托盘货物送到相应的件烟拆垛口。机械手拆垛机（见图 5—28）将整托盘卷烟拆垛并放到输送机上，进入件烟输送线的件烟进行出库扫描，条形码无法识读的件烟，由人工通过计算机将码号输入系统，完成出库扫描。完成扫描的件烟输送到备货轨上。

图 5—28 机械手拆垛机

（3）备货轨为固定大品种卷烟备货轨，当备货系统收到分拣机缺货信息后，将对应的缺货件烟汇集到备货区下端的主输送线。中小品种存放在三层货架上，由工作人员将相应的件烟取下，扫描后装到周转箱，然后由叉车送到主输送线上。

三、物流配送中心装备配置

1. 自动化仓库系统

货架仓储系统1套，采用14排×38列×9层高架库货架储存托盘，最多可储存9 576个托盘、57 456箱卷烟；有轨巷道堆垛机7部，用于高架库货物的存取；链条输送机53台，辊道输送机27台，升降输送机31台，用于托盘货物的输送；自动控制系统1套，用于入出库系统的控制；机械手拆垛机4部，用于自动拆盘。

2. 零条拣选隔板货架系统

布置10组隔板货架，每组最多可存放24件、48箱、120个品种。

3. 零托盘拣选横梁托盘货架系统

布置4排×10列×3层横梁托盘货架储存托盘，可储存220个托盘，最多可存储1 320箱卷烟。

4. 备货系统

布置叠跺备货轨道88道，品种固定。

5. 搬运设备

配置1台前移叉车、3台搬运叉车，满足卷烟的立面堆垛和平面搬运的需要。

6. 分拣系统配置

布置7套卷烟条烟分拣系统（见图5—29），每套系统的分拣效率为14 000条/小时，7套系统合计98 000条/小时。

(a) 分拣车间　　(b) 半自动分拣　　(c) 全自动分拣

图5—29　条烟分拣线

条烟分拣系统由A类卧式烟仓、B类立式烟仓、C类动态立式烟仓、自动填仓系统、裹膜系统及拣选货架组成。导入式条烟填装机将条烟送入分拣烟道，A类品种的卷烟由导入式条烟填装机将条烟送入分拣烟道，每一个品种占用两个烟道存放；对于B类卷烟，人工从拣选货架上取出条烟补到立式烟仓中；由于小品种入仓前已经是条烟，因此可按照终端信息提示有序地卷烟放入指定的烟道；对于大品种，一般一个品种至少设置一个烟道，以保证一个烟道中途不用更换品种，而小品种使用的是混合烟道。

7. 输送设备

共有2台伸缩式链板输送机。

8. 附属设施

设置3个入库码头，每个码头配置液压升降平台、自动升降门、防撞柱和充气门封；设置28个发货码头，其中6个为中转车码头，22个为直送车码头，每个码头配置自动升降门。

四、物流配送中心物流工艺设备清单及投资估算

物流配送中心的物流工艺设备清单及投资估算见表5—3。

表5—3　物流配送中心物流工艺设备清单及投资估算

序号	名　称	规格	单位	单位（万元）	数量	总价（万元）
一	自动化仓储系统					1 943.2
1	托盘货架	横梁组合式	货位	0.04	8 208	328.3
2	堆垛机	运行速度120米/分钟以上	台	60	6	360.0
3	天地轨及附件		套	12	6	72.0
4	滑触线及导线		套	60	1	60.0
5	链条输送机		台	2.5	53	132.5
6	辊道输送机		台	2.5	27	67.5
7	升降输送台		台	1.5	31	46.5
8	尺寸检测		套	2.5	6	15.0
9	输送机控制系统		套	40	1	40.0
10	桥架、线缆及配电柜		套	60	1	60.0
11	机械手		台	100	4	400.0
12	备品备件		套	25	1	25.0
13	托盘搬运车		台	8	3	0.0
14	前移叉车		台	24	1	0.0
15	1号工程输送机	固定扫码、链板式	台	25	3	25.0
16	托盘	塑料托盘1 000毫米×1 250毫米	个	0.04	8 208	157.9
17	三层横梁托盘货架		货位	0.035	220	0.0
18	三层隔板横梁货架		套	3.5	1	3.5
19	系统集成费用		套	150	1	150.0
二	备货系统					762.0
1	备货传输轨		道	7.5	88	660.0
2	件烟辊道输送机		米	0.6	120	72.0
3	备货控制系统		套	30	1	30.0
三	分拣系统					3 570.0
1	复合式半自动分拣系统	＞14 000条/小时	套	450	7	3 150
2	自动裹膜机		台	25	14	210
3	激光打码机		台	15	14	210
四	计算机信息及监控系统					389.9
1	物流平台软件	不含技术平台	套	70	1	70.0
2	数据库及操作系统	10license	套	1.3	1	1.3
3	数学化仓储系统		套	35	1	35.0
4	分拣信息系统	含于分拣设备中	套	0	1	0.0
5	送货线路优化系统		套	55	1	55.0
6	GPS车辆调度系统		套	45	1	45.0
7	装车调度LED群	3.2平方米	个	2.9	2	5.8
8	巷道仓储LED群	0.6平方米	个	1.06	2	2.1

续前表

序号	名　称	规格	单位	单位（万元）	数量	总价（万元）
9	监控大屏幕系统	4块DP大屏幕+视频服务器	套	75	1	75.0
10	辅材		套	2	2	4.0
11	零条库电子标签		个	0.08	120	9.6
12	应用服务器	双机热备	台	15	2	30.0
13	数据库服务器	双机热备	台	15	2	30.0
14	GPS通信及数据库服务器		台	4	1	4.0
15	线路优化引擎服务器		台	4	1	4.0
16	GIS及地图服务器		台	4	1	4.0
17	计算机终端		台	0.5	4	2.0
18	RFID终端	工业级，含独立充电器	个	2.1	6	0.0
19	RFID无线机站		个	0.6	5	0.0
20	票据打印机		台	0.3	4	1.2
21	在线UPS	12小时在线	台	4.2	2	8.4
22	光纤交换机		台	2	1	2.0
23	无线通信设备	1台主机+8个呼叫终端	套	1.5	1	1.5
五	周边设备					220.9
1	高度调节板	液压式，2 000毫米×2 500毫米	套	2.4	10	24.0
2	自动升降门	垂直电动提升门	套	2.5	34	85.0
3	门封		套	0.8	12	9.6
4	n型防撞柱		套	0.4	12	4.8
5	笼车		个	0.1	975	97.5
合计						6 886

讨论题

结合本案例，思考在商业流通型物流配送中心的内部设计中，应该如何进行分拣系统类型的选择？如何进行具体分拣设施设备的选型？

第 6 章

物流包装及流通加工技术与装备

本章要点

在商品运输和仓储的过程中，包装是为保护内装物价值和形态而进行的物流活动。在流通过程中对商品进一步加工，以使流通过程更加合理化，是现代物流发展的一个重要趋势，这种加工活动不仅存在于社会流通过程中，也存在于工厂内部的物流过程中。通过对流通加工规模、品种、方式的选择以及加工效率的提高等，可以使物流过程减少损失，加快速度，降低操作成本，因而有可能降低整个物流系统的成本。

本章将介绍包装与流通加工技术的概念、分类和特点，具体阐述包装设备、流通加工设备的基本知识和运用特点。

6.1 物流包装概述

物流整体活动的优化有赖于其各个基本功能活动与环节的科学化与合理化。在商品运输和仓储的过程中，包装是为保护内装物价值和形态而进行的物流活动。物流包装是从现代物流节约、快速和高效的特点出发，应用新材料、新产品和新技术，对产品进行合适的包装，以适应现代企业在运输和仓储过程中快速商检、快速物流、保护产品的需要，从而降低生产成本，增强企业竞争力。

包装是生产活动及生活需求对物流提出的客观要求，是满足物资运输、保管、储存等活动的必然要求，是实现产品价值和使用价值的必要手段，是确保产品正常流通的必要条件。为保证产品被完好地运送到消费者手中，大多数产品都需要不同方式、不同程度的包装。包装形式和包装方法的选择，包装单位的确定，包装形态、大小、材料、质量等的设计，以及包装物的使用次数等，都是物流的职能。通过包装可以改变流通物品的形状和性质，包装之优劣将直接影响运输、装卸、仓储各个环节效益的高低。

6.1.1 包装的定义

我国国家标准《包装流通术语》对包装的定义为：“包装是指为在流通过程中保护商品、方便运输、促进销售，按照一定技术方法而采用的容器、材料和辅助物等的总体名称。也指为了达到上述目的而采用容器、材料和辅助物的过程中施加一定技术方法等的操作活动。”

简而言之，包装是包装物及进行包装的相关操作的总称。

包装的内涵不是一成不变的，而是有历史性、阶段性的。它起源于原始社会末期，长期被视为保护商品的工具。随着人类社会的进步和科学技术的发展，生产水平不断提高。与此同时，消费者的购买力也发生了变化，对商品包装的要求逐渐提高，包装不仅起保护产品的作用，而且被赋予了美化商品、促进销售的内涵，使商品包装发展成为独立于商品生产之外的行业。

6.1.2　包装的分类

包装的种类从不同角度可以有多种划分方法：

(1) 按包装的作用，可以分为单体包装、内包装、外包装。

(2) 按商品的运输方式，可以分为运输包装、销售包装、集合包装。

(3) 按包装的容器形态，可以分为箱包装、袋包装、包包装、桶包装、罐包装、瓶包装、软管包装等。

(4) 按包装的作业顺序，可以分为一次包装、二次包装、三次包装。

(5) 按包装的容器软硬度，可以分为软包装、刚性包装、半刚性包装。

(6) 按包装方法，可以分为防水包装、耐油包装、隔汽包装、防尘包装、特殊包装等。

(7) 按包装材料，可以分为纸制品包装、瓦楞纸板制品包装、塑料制品包装、金属制品包装、玻璃制品包装、陶瓷制品包装、木材制品包装、复合材料制品包装等。

(8) 按内装物，可以分为食品包装、药品包装、电器包装等。

(9) 按产品的形状，可以分为粉末包装、颗粒包装、块状包装、片状包装、棒状包装和流体包装等。

(10) 按包装的重量，可以分为小包装、中包装和大包装。

(11) 按物流的需要，可以分为商业包装、工业包装。

(12) 按在物流活动的不同环节中的具体表现形式，可以分为单体包装、集合包装、托盘包装等。

6.1.3　包装的功能

与物流关系密切的包装的主要功能包括：兼具环保责任的保护功能、便利功能和标识功能。

(1) 保护功能。保护功能指有效保证内装物的质量和数量在流通过程中受到保护，具体体现为：防止内装物破损变形、发生化学变化以及渗漏或泄漏。

(2) 便利功能。便利功能指物品包装具有便利流通、方便消费的功能。在物流全程中，科学合理的包装会大大提高物流作业的效率和效果，具体体现为：便于运输、便于装卸、便于储存、便于商家和消费者使用、便于包装制品本身的生产和废弃后的再生利用。

(3) 标识功能。标识功能即通过包装使印刷图文、贴标签等标识变得容易。形象鲜明的包装有利于促进商品的销售。标识功能使物品容易被识别，有助于树立商品形象，产生广告效应，唤起购买欲望，起到促销的作用。

6.1.4　常用的物流包装材料

对于任何一种包装而言，包装材料的合理选择都是实现物流优化的重要前提。目前常用的物流包装材料主要有：

（1）纸质包装材料。纸容器是由纸、纸板或以纸为基材的复合材料制成的包装容器，是为储存、运输或销售而使用的盛装产品的纸质器具。它既可作为内包装，又可作为外包装，因而在包装中应用比较广泛。它的优点是：使用方便，无毒，不污染环境，便于回收处理；其表面能装潢印刷得比较精美，有利于宣传推销商品；重量较轻，不用时易于折叠平放，包装后又便于堆存和运输；易于加工成型，有利于商品包装的自动化生产；价格便宜，易与其他包装材料进行复合，提高防潮抗水能力；强度比瓦楞纸箱高，对产品有一定的保护功能等。纸包装往往由于使用的纸张不同而用途各异，因此纸容器的品种规格相当复杂，其分类方法也很多，比较常用的纸容器依据结构特点分为五大类：纸盒、纸箱、纸筒、纸袋和纸浆模塑制品。

（2）木质包装材料。木箱的应用历史悠久，目前主要用作机电产品的运输的外包装。我国包装木箱用料以白松、红松、冷云杉、马后松等为主，桦木、杨木等为辅。由于各种树木生长的气候环境不同，各地侧重选用的木材有所不同。木箱包装按结构形式可分为普通木箱、滑木箱、框架结构箱，按木箱的密封方式可分为封闭箱和花格箱。封闭箱的箱面由木板拼合成封闭状，用于有密封要求的物品的装运，可防止杂物、灰尘进入；花格箱的箱面由小木板条钉合成栅栏状，用于需要通风透气的物品或动植物的装运。

（3）塑料包装材料。由于塑料具有质轻、美观、耐腐蚀、机械性能好、易于加工成型和着色等特点，而且采用具有耐常温、耐低温、耐高温、耐拉伸、耐压、防震等各种性能的材料，因此在包装界应用广泛，常用于包装食品（固体或液体）、工业品、化工品、文化用品等，塑料容器按外形结构特征可分为箱、盒、瓶、桶、罐、软管、袋、半壳状容器以及托盘等；按其成型方法可分为模型成型容器、注射成型容器、挤出成型容器、中空吹塑容器、旋转成型容器、热成型容器。

（4）金属包装材料。金属容器在包装工业中占有重要地位。随着科学技术的快速发展，金属容器的生产技术有了很大的进步。金属容器主要由马口铁、铝箔（皮）、焊接剂、内层涂料和外层涂漆制成。金属容器按形状可分为金属桶、金属罐和金属管；按材料可分为铁皮容器、镀金属的铁皮容器、铝皮容器等。

（5）玻璃和陶瓷包装材料。由于玻璃能够加工成各种形状，造价低，使用方便，因而除了用作运输包装外，还可以用作销售包装。陶瓷容器主要用于盛装酒、咸菜、酸菜、腐乳等食品，也用于盛装化学溶液。如果将陶瓷容器用于盛装食品，其主要问题是釉中含有的重金属（如铅、铜）等易对食品造成污染，因此在陶瓷的选材中应引起注意。

在现代流通过程中，物流包装正在朝着包装尺寸标准化、包装作业机械化、包装成本低廉化、包装单位大型化、包装材料资源节省化、包装系统生态化等方向不断发展。

6.2 物流包装技术与装备

物流包装技术及装备随着包装材料和包装机械的改进而不断发展，用于不同领域的包装的专业化程度也在不断提高。

6.2.1 物流包装技术

在商品运输和仓储过程中，包装旨在保护内装物的价值和形态。包装可以改变流通物品的形状和性质，包装的优劣将直接影响运输、装卸、仓储等各个物流环节效益的高低。

目前用于物流系统的典型包装技术可以划分为两大类：一类主要面向运输仓储物流，主要涉及固定、缓冲、防潮、防锈、防霉等包装技术，研究重点在于能否以最低的物质、资金消耗和人工成本来保证内装产品被安全地送达用户手中；另一类主要面向商业销售物流，主要涉及泡罩、贴体、收缩、拉伸、真空、充气、吸氧、防虫、灭菌等包装技术，研究重点在于使内装产品与包装制品共同形成一个销售单元，在强调其包装保护功能的同时兼顾其他包装功能。

毫无疑问，先进适度的物流包装技术是优化物流系统的重要硬件支撑，将有利于物流系统整体的完善与发展。常见的物流包装技术主要有以下几类。

1. 防霉防腐包装技术

由有机物构成的物品在日常的环境条件下容易受潮，容易受霉腐微生物的污染而产生霉物，从而腐烂、变质，使物品的质量受到损害。一些机械、电工、仪器、仪表类的产品如果表面长霉，不但影响其外观，还会导致机能故障，加快金属产品的腐蚀速度。防霉防腐包装可使被包装物品处在能抑制霉腐微生物滋生的特定环境中，以保证被包装物品的质量，并延长保存期限。

在流通过程中，商品不但种类、规格、数量繁多，而且要经过许多环节。在商品流通的各环节中都有被霉腐微生物污染的可能，如果周围有适宜的环境条件，商品就会生霉变质。因此，为了保护商品安全地流通，必须对易霉腐商品进行防霉防腐包装。当前防霉防腐包装技术主要有以下几种：化学药剂防霉防腐包装技术、气相防霉防腐包装技术、气调防霉防腐包装技术、低温冷藏防霉防腐包装技术、干燥防霉防腐包装技术、电离辐射防霉防腐包装技术，以及紫外线、微波、远红外线和高频电场防霉防腐包装技术。

2. 防潮包装技术

在流通过程中，产品不可避免地会受到环境中的潮气侵袭，严重受潮将导致内装物变质和失效，空气湿度的变化已经成为引起商品质量变化的重要因素。防潮包装就是采用具有一定隔绝水蒸气能力的防潮材料对产品进行包封，使产品不受外界湿度变化的影响，同时使包装内的相对湿度满足产品的要求，保证产品的质量。防潮包装具有防止易吸潮的产品潮解变质，防止含有水分的食品、果品等脱水变质，防止食品、纤维制品、皮革等受潮霉变，防止金属及其制品锈蚀等作用。

一般的防潮包装方法有两类：一类是为了防止被包装的含水产品失去水分，保证产品的性能稳定，采用具有一定透湿度的防潮包装材料进行包装；另一类是为了防止被包装物品增加水分影响物品质量，在包装容器内装入一定数量的干燥剂，吸收包装内的水分和从包装外渗进来的水分，以减缓包装内湿度的上升速度并延长防潮包装的有效期。

3. 防虫害包装技术

在流通过程中，商品要在仓库中储存，而仓储商品受到的主要危害之一是害虫的蛀蚀，简称仓虫。仓虫不仅蛀蚀动植物性商品和包装物，破坏商品的组织结构，使商品出现孔洞甚至破碎，而且在新陈代谢中排泄污物污损商品，影响商品的质量和外观。因此，需要对一些易被虫蛀蚀的商品进行防止虫害的包装。

防虫害包装技术通过利用各种物理因素或化学药剂作用于害虫的肌体，破坏害虫的生理机能和肌体结构及生存条件，杀死害虫或抑制害虫繁殖，以达到防虫害的目的。通常采用在包装中放入有一定毒性和臭味的驱虫药物的方法，利用药物挥发的气体驱除和杀灭各种害虫。

4. 防震包装技术

防震包装又称缓冲包装，在各种包装方法中占有重要地位。产品从生产出来到开始使用，要经过一系列的保管、堆放、运输和装卸过程，置于一定的环境之中。在任何环境中都会有力作用于产品之上，并可能使产品发生机械性损坏。为了防止产品遭受破坏，就要设法减小外力的影响。防震包装是指为了减缓内装物受到的冲击和震动，保护其免受损坏而采取一定防护措施的包装。

防震包装的作用主要是减小冲击和震动对被包装物品的影响。防震包装综合考虑了冲击和震动的影响，所用材料叫防震缓冲材料或防震材料、缓冲材料。防震包装方法依所选用的防震材料性质和物品的形状、特性而不同。防震包装主要有全面防震包装、部分防震包装和悬浮式防震包装三种。

5. 收缩包装与拉伸包装技术

收缩包装是用可热收缩的塑料薄膜裹包物品或包装件的一种包装方法；拉伸包装是用可拉伸的塑料薄膜在常温和张力下对物品或包装件进行裹包的一种包装方法。收缩薄膜的常用制造方法分为片状和筒状两类。收缩包装的作业工序一般分两步：首先是预包装，用收缩薄膜将物品包装起来，热封必要的口与缝；然后是热收缩，将预包装购物品放到热收缩设备中加热。拉伸包装方法按包装用途可分为用于销售的包装和用于运输的包装两类。

6. 防锈包装技术

大气锈蚀是空气中的氧、水蒸气及其他有害气体等作用于金属表面引起电化学作用的结果。如果使金属表面与引起大气锈蚀的各种因素隔绝（即将金属表面保护起来），就可以达到防止大气锈蚀的目的。防锈包装就是根据这一原理将金属涂封、包裹以防止锈蚀的。防锈包装是为了防止温度、湿度、氧气、二氧化碳、二氧化硫、盐分、尘埃等导致金属或合金类内装物变色和腐蚀而采取的防护措施和方法。

防锈包装的作业工序包括清洗、干燥、防锈处理与包装等步骤。在选择确定合适的防锈包装时，要特别注意将制品的特点与防锈剂的特性结合起来考虑。应该就金属制品特点（组分、形状、结构和加工精度）、防锈保护程度和期限、处理的难易程度和方法、使用时清除防锈材料的难易程度和方法、防锈处理完毕后包装的要求和经济性等方面做出综合分析。

7. 保鲜保质包装技术

在物流过程中，为了保证内装物有足够长的货架寿命，必须采取的一系列保护措施和方法即保鲜保质包装方法。常用的保鲜保质包装技术主要有：充气包装、真空包装、收缩包装、脱氧包装、泡罩包装及贴体包装。

8. 危险品包装技术

根据不同的危险性，我国交通运输及公安消防部门将危险品分为十大类，即爆炸性物品、氧化剂、压缩气体和液化气体、自燃物品、遇水燃烧物品、易燃液体、易燃固体、毒害品、腐蚀性物品、放射性物品等。对于这些危险品，在物流过程中要分别采用特殊包装技术予以防护。常见的危险品包装主要有：防毒包装、防蚀包装和防燃防爆包装。

9. 防水包装技术

防水包装是指为了防止因水侵入包装件而影响内装物的质量，采取一定防护措施的包装。比如，用防水材料衬垫包装容器内侧，或在包装容器外部涂刷防水材料等。一般来说，防水包装也是防潮、防霉、防锈等包装的基本条件，但通常不能相互替代。

10. 防伪包装技术

防伪包装是指借助包装来防止商品在流通与转移过程中被人为窃取、调换和假冒的技术。在包装中，有许多技术可以用于商品的防伪，因而防伪包装技术多种多样，有的复杂，有的简单，有的新颖，有的传统。这些技术的优劣很难以一个通用的标准来衡量，目前常用的有条形码技术、激光光刻技术、激光全息图像技术、油墨技术、印刷技术、破坏性防伪技术等。

11. 固定缓冲包装技术

在装卸、运输和仓储的过程中，为了防止冲击、震动、堆码等外因对内装物造成机械性破坏，需要将内装物固定在容器内以缓冲外力，实施这种保护的包装产品与包装制品共同形成一个销售单元。

6.2.2　物流包装装备

1. 物流包装容器

物流包装容器是指为了满足所包装商品的销售、仓储和运输要求而使用的包装制品。它们是包装材料、包装工艺、包装结构、包装造型以及包装标识的综合产物。根据内装物不同的理化性质、内装物形态和物流环境条件，物流包装容器一般选用纸、纸板、瓦楞纸板、塑料、玻璃、金属、木材、竹材、天然纤维和化学纤维材料以及各种复合材料，有包装袋、包装盒、包装箱、包装桶、包装瓶、包装罐等基本类型。

(1) 包装袋。包装袋采用的是软包装技术，其包装材料具有较高的韧性、拉伸强度和耐磨性。包装袋一般为管筒状结构，一端先封好，在完成对内装物的填充操作后再封合另一端。包装袋适用于多种产品的运输包装、商业包装、内包装和外包装，用途较为广泛。对于物流包装而言，一般是根据内装物容装量的大小对包装袋进行分类。包装袋可分为集装袋、一般运输包装袋和小型包装袋三种。

(2) 包装盒。包装盒类容器采用的是介于刚性包装和柔性包装之间的包装技术，其包装材料具有一定的挠性和抗压强度。包装盒类容器外观造型多为规则的几何立方体，也可设计成圆柱体、异形棱柱体、近似于球体等其他不规则形体，常常设计有可以反复开闭的装置。一般容装量较小，通过人工或机械装填动作完成包装操作。根据所使用材料的性质，常见的包装盒主要分为纸盒、金属盒和塑料盒三种。

(3) 包装箱。包装箱是采用刚性包装技术的包装容器中的重要一类，其包装材料为刚性或半刚性材料，强度较大且不易变形。包装箱的包装结构与包装盒相同，只是容积、外形都大于包装盒。包装箱容装量较大，整体强度大，抗变形能力强，适合用作运输包装和外包装，还可以用于从果蔬、加工食品、纺织品、化妆品、药品、玻璃陶瓷制品到自行车、家电、精美家具等各种产品的包装，使用范围很广。根据包装箱的材料和用途，可以分为瓦楞纸箱、木箱、塑料周转箱和集装箱等种类。

(4) 包装桶。包装桶是材料强度大、整体抗变形能力强、容装量较大的一种刚性包装容器，在物流过程中常被用作运输包装或外包装。根据包装桶所用的材料，可分为纸桶、塑料桶和金属桶。

（5）包装瓶。包装瓶是瓶身与瓶颈尺寸有较大差别的小型容器，是一种刚性包装容器。所使用的包装材料有较强的抗变形能力，刚性、韧性要求一般也较高，少数包装材料介于刚性与柔性材料之间。包装瓶的外形在受外力时虽然会发生一定程度的变形，但外力一旦消除，仍可恢复原来的形状。包装瓶的结构特点是：瓶颈口径远小于瓶身，且在瓶颈顶部开口。包装操作是填灌操作，然后将瓶口用瓶盖封闭。包装瓶的容装量一般不大，适合美化装潢，主要用于商业包装、内包装，包装的物品主要是液体和粉状货物。包装瓶按外形可分为方瓶、圆瓶、高瓶、矮瓶、异形瓶等多种。瓶口与瓶盖的封盖方式有螺纹式、凸耳式、齿冠式、包封式等。

（6）包装罐。包装罐是罐身各处横截面形状大致相同，罐颈部较短、罐颈部的内径比罐身内径稍小或无罐颈的包装容器，是一种刚性包装容器。所采用的包装材料强度较大，罐体抗变形能力强。包装操作是装填操作，然后将罐口封闭，可用于运输包装、外包装，也用于商业包装、内包装。根据包装罐的体积，可分为小型包装罐、中型包装罐和大型包装罐三种。

2. 物流包装机械

物流包装机械是指完成全部或部分包装过程的一类机器。包装过程包括填充、裹包、封口等主要包装作业，以及与其相关的前后工序，例如清洗、干燥、杀菌、计量、成型、标记、紧固、多件集合、拆卸等及其他辅助工序。物流包装机械是使产品包装实现机械化、自动化的根本保证，在现代物流中起着重要的作用。

物流包装机械的种类很多，可以有很多不同的分类方法，比如：按包装物料的状态分为液体包装机、块状包装机、颗粒包装机、粉状包装机；按包装材料分为纸制品包装机、金属罐头包装机、玻璃瓶包装机、塑料包装机；按包装物品分为食品包装机、日化用品包装机、药品包装机、纺织品包装机；按包装工位分为单工位包装机、多工位包装机。目前最常见的分类方法是按包装机械功能进行分类，主要有以下几类：

（1）填充机械装备。将数量精确的包装品装入各种容器内的机器。它适用于包装粉状、颗粒状的固态物品。按计量方式可分为容积式填充机、称重式填充机、计数式填充机；按填充物的物料状态可以分为粉料填充机、颗粒物料填充机、块状物料填充机、膏状物料填充机；按填充功能可以分为制袋填充机、成型填充机、仅具有填充功能的填充机。

（2）罐装机械装备。将液体产品按预先规定好的量填充到包装容器内的机器。按灌装方式可以分为常压灌装机、负压力灌装机、等压力灌装机；按包装容器的传送形式可以分为直线式灌装机、旋转式灌装机。

（3）裹包机械装备。用挠性材料全部或局部裹包产品的机器。它适用于对块状或具有一定刚度的物品进行包装，同时，对于某些经过浅盘、盒等预包装的粉状和散粒状物品，也可以进行包装。按包装成品的形态可以分为全裹包机和半裹包机；按裹包方式可以分为全裹式裹包机、半裹式裹包机、缠绕式裹包机、拉伸式裹包机、贴体裹包机、收缩裹包机。

（4）封口机械装备。在包装容器内盛装产品后，将容器的开口部分封闭起来的机器。封口是包装工艺中不可缺少的工序，封口的质量直接影响到被包装产品的保质期和美观度。按有无封口材料可以分为无封口材料的封口机、有辅助封口材料的封口机。

（5）贴标机械装备。将事先印制好的标签粘贴到包装容器特定部位的机器。按其自动化程度可分为半自动贴标机和全自动贴标机；按容器的运行方向可分为立式贴标机和卧式贴标机；按标签的种类可分为片式标签贴标机、卷筒状标签贴标机、热黏性标签贴标机、感压性标签贴标机、收缩筒形贴标机；按容器的运动形式可分为直通式贴标机和转盘式贴标机；按贴标工艺特征可分为压式贴标机、滚压式贴标机、搓滚式贴标机、刷抚式贴标机等。可进行多功能调整的贴标机头，能在各种流水线上作业。

图 6—1 显示的是高速圆瓶贴标机，它主要适用于医药、日化、食品等行业的圆柱体包装容器的自动贴标。可选配各类打印机完成在线实时打印，可单机使用，亦能连接生产线使用。

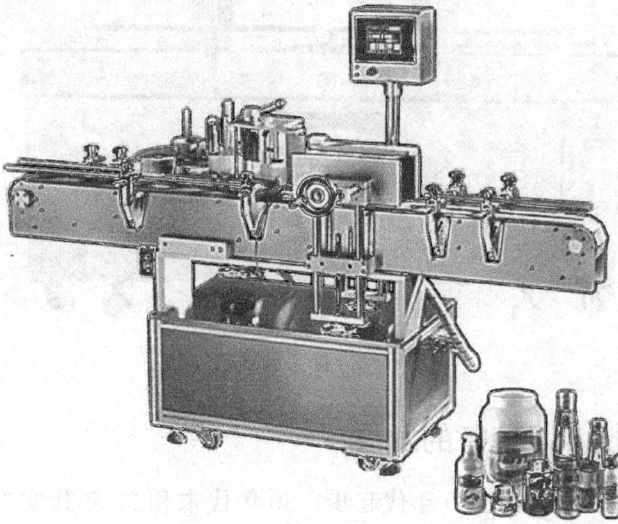

图 6—1　高速圆瓶贴标机

（6）捆扎机械装备。采用柔软的线材对包装进行自动捆扎的机器。它属于外包装设备，主要用于食品、化工产品以及各种零件、部件和整件的包装。按自动化程度可分为全自动捆扎机、半自动捆扎机、手提式捆扎机；按捆扎带材料可分为绳捆扎机、钢带捆扎机、塑料带捆扎机。

（7）清洗机械装备。清洗包装材料、包装件等，使其达到预期清洗程度的机器。按清洗方式可分为机械式清洗机、电解式清洗机、化学式清洗机、干式清洗机、湿式清洗机、超声波式清洗机、静电式清洗机。

（8）干燥机械装备。减少包装材料、包装件的水分，使其达到预期干燥程度的机器。按干燥方式可以分为机械式干燥机、加热式干燥机、化学式干燥机。

（9）杀菌机械装备。清除或杀死包装材料、产品或包装件上的微生物，使其含量符合规定的标准的机械。按杀菌方法可分为热杀菌机、冷杀菌机；按操作性质可分为间歇式杀菌机、连续式杀菌机；按操作原理特征可分为静止式杀菌机、回转式杀菌机、摇动式杀菌机、水封式杀菌机、静水压式杀菌机、热流层式杀菌机、喷淋式杀菌机；按结构特征可分为隧道式杀菌机、滚筒刮面式杀菌机、螺旋泵式杀菌机、板式杀菌机、管式杀菌机。

（10）集装机械装备。将若干产品或包装件集合包装以形成一个销售或搬运单元的机器。

（11）多功能包装机械装备。具有两种或两种以上功能的包装机，主要种类有：填充封口机、成型填充封口机、定型填充封口机、真空包装机、真空充气包装机。

图 6—2 显示的是真空包装机，适用于各种塑料薄膜袋、复合膜袋、铝箔袋的真空包装。

对各种肉制品、禽产品、酱菜制品、海产品、大蒜制品、山野菜、粮食、医药、生物制品、电子元件等各种固体、粉状物、半流体进行真空包装，可以隔氧保鲜从而延长产品的保质期，还可以提高产品档次。

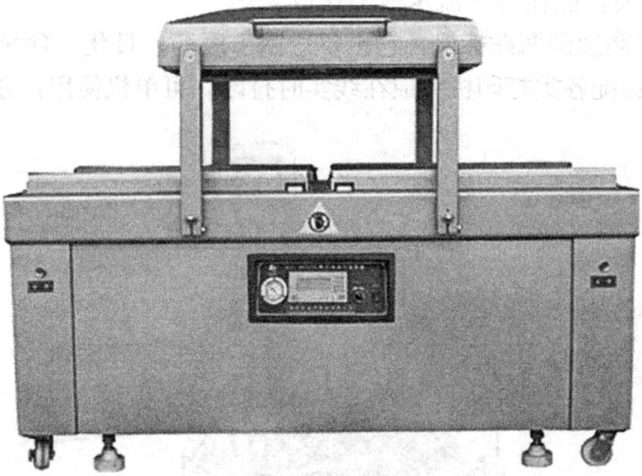

图 6—2 真空包装机

6.2.3 物流包装技术与装备的发展

我国物流包装行业从 20 世纪 70 年代起步，80 年代末和 90 年代实现了高速发展，已初步形成门类比较齐全、品种基本配套的产业。尤其在全自动液体包装机、塑料制瓶机、纸箱成套设备以及无菌包装生产等方面发展特别快。当今物流包装行业紧跟当代高新技术的发展步伐，不断研究和开发先进的包装技术，推广和应用具有高新技术含量的现代化专用包装机械。这些高新技术包括微电子技术、磁性技术、信息处理技术、传感技术（光电及化学传感器）、激光技术、生物技术、柔性制造技术、CIMS 集成技术、CAD/CAM 技术等，使得包装机械在运行中高速化、智能化，并可以在不停机的状态下完成在线检测、排除故障。总而言之，物流包装技术及装备的发展趋势主要体现在以下几个方面：

（1）高速度、高质量。要提高包装机械的劳动生产率，必须提高包装机械的包装速度，在设计与制造上采用先进技术，使凸轮与连杆等主要机构达到最佳状态，工作可靠、冲击与噪声小，提高产品包装的正品率。

（2）多功能、低消耗。现代多功能包装机将取代以前的单功能包装机，而且耗能越来越低。包装机的多功能主要表现在所用包装材料或容器的多样性、所包物品的多样性以及所完成包装形式的多样性等方面。目前包装机械厂商越来越注重开发速度快、成本低的包装设备，其未来的发展趋势是更小型、更灵活机动，更趋向于多用途、高效率。

（3）标准化、系列化。包装机械的标准化、系列化可以缩短包装机械的制造周期，并能降低成本，提高产品质量。

（4）自动化、集成化。自动化操作程序已应用于许多包装机械产品之中，代表了现代先进包装机械产品的趋势。把多台包装机集合成机组，用输送装置连接成一条自动线，完成多种功能，取得综合经济效果。随着新技术的不断出现和应用，包装机械逐步实现智能化、联动化、自动化、高速化和柔性化。

图 6—3 显示的是自动打包机，广泛用于食品、医药、五金、化工、服装、邮政等行业，适用于纸箱、纸张、包裹信函、药箱、轻工业制品、五金工具、陶瓷制品、汽车配件、日化用品、文体用品、器材等各种大小货物的自动打包捆扎。

图 6—3　自动打包机

图 6—4 显示的是打包封箱机，广泛用于食品、医药、日化等行业，适用于纸箱、纸张、药箱、轻工业制品、日化用品等各种大小货物的打包捆扎。

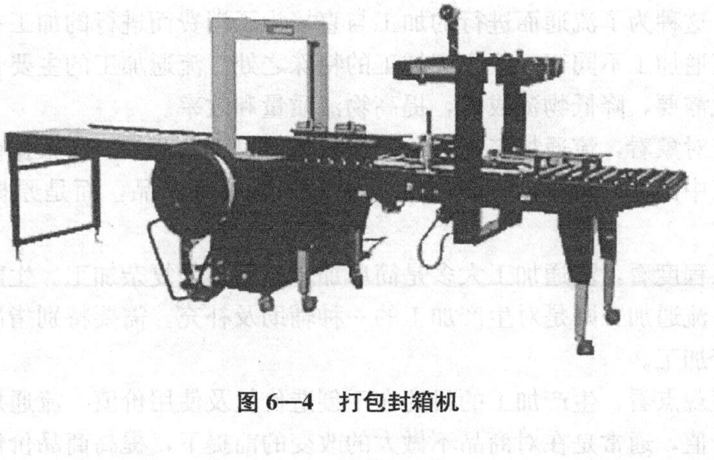

图 6—4　打包封箱机

6.3　流通加工

流通加工在现代物流中的地位虽不能与运输、仓储等主要功能要素相比，但能起到运输、仓储等要素无法起到的作用。流通加工是一种低投入、高产出的加工方式，通过这种简单的加工往往能解决大问题。

例如，美国的阿迪达斯公司有一家组合式鞋店，店内摆放的不是做好的鞋，而是做鞋用的半成品，款式花色多样，有 6 种鞋跟、8 种鞋底，均为塑料材质，鞋面的颜色以黑、白为主，搭带的颜色有 80 种，款式有百余种，顾客可任意挑选自己喜欢的各个部件，交给营业员当场进行组合。只要 10 分钟，一双崭新的鞋便唾手可得。因为这家鞋店昼夜营业，员工技术熟练，鞋子的售价与成批制造的价格差不多，有的还稍便宜些，所以顾客络绎不绝，销售额是邻近鞋店的 10 倍多。

6.3.1 流通加工的定义

流通加工是指在物品从生产领域向消费领域流动的过程中，为了方便流通、运输、储存、销售，方便用户以及物资充分利用，而对产品施加的包装、分割、计量、分拣、印刷、贴标签等作业的总称，是在流通领域中对产品的辅助性加工。从某种意义上来讲，它不仅是生产过程的延续，而且是生产本身或生产工艺在流通领域的延续。

流通加工的内容包括装袋、定量化小包装、拴牌子、贴标签、配货、混装、刷标记等。生产的外延流通加工包括剪断、打孔、折弯、拉拔、挑选、组装，以及改装、配套、混凝土搅拌，甚至钢材重新扎制等。通过对流通加工规模、品种、方式的选择，以及加工效率的提高等，可以使物流过程减少损失，加快速度，降低操作成本，因而也有可能降低整个物流系统的成本。所以流通加工是物流企业的重要利润源，它在物流过程中必不可少，属于增值服务的范畴。

6.3.2 流通加工的特点

与生产加工相比，流通加工具有以下特点：

(1) 从加工目的看，商品生产是为了交换、消费而进行的，流通加工则是为了消费（或再生产）而进行的，二者有共同之处。但是，流通加工有时是以自身流通为目的，纯粹是为流通创造条件，这种为了流通而进行的加工与直接为了消费而进行的加工在目的上是有所区别的，这也是流通加工不同于一般生产加工的特殊之处。流通加工的主要目的是：更好地满足用户的多样化需要，降低物流成本，提高物流质量和效率。

(2) 从加工对象看，流通加工的对象是进入流通过程的商品，可根据商品的属性来区分多环节生产加工中的各个环节。生产加工的对象不是最终产品，而是原材料、零配件或半成品。

(3) 从加工程度看，流通加工大多是简单加工，而不是复杂加工。生产过程中将完成大部分加工活动，流通加工则是对生产加工的一种辅助及补充。需要特别指出的是，流通加工绝不能替代生产加工。

(4) 从价值观点看，生产加工的目的在于创造价值及使用价值，流通加工则更趋向于完善商品的使用价值，通常是在对商品不做大的改变的前提下，提高商品价值。

(5) 从加工责任人看，流通加工是由从事物流活动并能密切结合流通需要的物流经营者组织的加工活动，例如商业企业、物资企业、运输企业等所做的流通加工作业。

6.3.3 流通加工装备的作用

流通加工装备是完成流通加工任务的专用机械设备。流通加工装备通过对流通中的商品进行加工，改变或完善商品的原有形态，将生产和消费联系起来，起到生产与消费之间的桥梁和纽带作用，保证产品的质量，提高物流的效率，并使商品在流通过程中的价值得到增值。总的来说，利用流通加工装备进行流通加工的主要作用表现在以下几个方面：

（1）提高原材料的利用率和加工效率。利用专门的流通加工装备对流通对象进行集中加工，可将生产厂家直接运来的简单规格的产品集中下料，以提高原材料的利用率。在流通加工中采用效率高、技术先进、加工量大的专门加工装备，一方面可以提高加工质量和加工效率，另一方面也可以降低加工费用和原材料成本。例如，对平板玻璃进行流通加工（集中裁制、开片供应），可使玻璃的利用率从60%提高到85%～95%。

（2）提高产品档次，增加收益。在流通过程中，利用流通加工装备对流通对象进行简单的分装、包装，改变了产品的外观和档次，可以使商品满足用户的个性化、多样化需求，从而增加收益。

（3）充分发挥各种运输手段的效率。流通加工将物品的流通分为两个阶段。流通加工环节一般设置在消费地。从生产厂家到流通加工为第一阶段，在这一阶段运输距离长，可以采用铁路、水路等廉价的、适宜大宗货物的干线运输手段。从流通加工到消费环节为第二阶段，运输距离短，多利用公路运输流通加工后的产品，实现“门到门”的末端配送。在两个阶段的运输中均能发挥相应的运输工具、装卸设备的作用，从而提高货物运输速度和效率，节省运输费用。

（4）进行初级加工，方便用户。对于用量小或临时产生需要的用户，虽然缺乏进行高效率初级加工的能力，但依靠流通加工可以节省进行初级加工的投资、设备及人力。目前发展较快的初级加工有：将水泥加工成混凝土、将原木或板方材加工成门窗、冷拉钢筋、冲制异型零件、钢板预处理、整形、打孔等。

6.3.4　流通加工装备的分类

流通加工的装备很多，按照不同的分类标准，可以划分为不同的种类。

1. 按照流通加工的形式分类

按照流通加工形式，流通加工装备可分为以下几种：

（1）剪切加工装备。进行下料加工或将大规格的钢板裁剪小或裁剪成毛坯的设备。

（2）集中开木料装备。将原木材分割成各种锯材，同时将碎木、碎屑集中起来加工成各种规格的板材，还可以进行打眼、凿孔等初级加工的设备。

（3）组装加工装备。采用半成品包装出厂，在消费地由流通部门所设置的流通加工点进行拆箱组装的加工设备。

（4）分选加工装备。在农副产品的规格、质量差别较大的情况下，为了获得一定规格的产品而进行分选加工的设备。

（5）分装加工装备。为了便于销售，在销售地按照所要求的销售起点进行重新包装、大包装改小、散装改小包装等加工的设备。

（6）精制加工装备。主要用于农牧副渔等产品的切分、洗净、分装等简单加工的设备。

（7）冷冻加工装备。为了解决鲜肉、鲜鱼或药品等在流通过程中的保鲜问题而采用低温冷冻方法的加工设备。

（8）配煤加工装备。将各种煤及其他发热物质按不同的配方进行掺配、加工，生产出各种具有不同发热量的燃料的设备。

2. 按照流通加工的对象分类

按照加工对象，流通加工装备可分为以下几种：

(1) 金属加工装备。对流通中需要加工的金属材料进行剪切、折弯、下料、切削加工的机械。

(2) 木材加工装备。对木材进行磨制、压缩、锯裁等加工的装备，主要有磨制、压缩木屑机械和集中开木机械两类。

(3) 玻璃加工装备。在流通中用于玻璃加工的装备，主要是指对玻璃进行切割等加工的专用机械，包括各种各样的切割机。

(4) 食品流通加工装备。依据流通加工项目可分为冷冻加工装备、分选加工装备、精制加工装备和分装加工装备。

(5) 组装产品的流通加工装备。在产品流通加工中对一些组装技术不高的产品进行防护包装以降低运输费用的机械。

(6) 生产延续的流通加工装备。针对生产中需要较大的仓储场地或者设施的产品，为了提高仓储利用率及节约生产场地，将其部分生产领域的作业延伸到仓储环节完成而运用的机械。

(7) 通用加工装备。主要包括裹包集装装备、外包装装备、印贴条形码标签装备、拆箱装备、称重装备等。

(8) 水泥加工装备。主要包括混凝土搅拌站、混凝土输送车、混凝土输送泵、混凝土搅拌机械等。

(9) 煤炭加工装备。对煤炭进行加工的机械，主要包括除矸装备、筛选分级设备、煤浆加工装备、配煤加工装备等。

6.4 流通加工技术与装备

6.4.1 流通加工技术

进行流通加工需要一定的场地、设施、设备和专用工具，需要将劳动力与之合理配合，还需要应用相关的流通加工技术和方法。简言之，要实现流通加工合理化。

流通加工合理化的含义是实现流通加工的最优配置，也就是对是否设置流通加工环节、在什么地方设置、选择什么类型的加工、采用什么样的技术装备等问题做出正确抉择。这样做不仅是为了避免各种不合理的流通加工形式，而且是为了做到最优化。

(1) 不合理的流通加工形式。主要表现在以下方面：

1) 流通加工地点设置不合理。流通加工的地点设置是决定整个流通加工是否有效的重要因素。一般来说，对于衔接单品种大批量生产与多样化需求的流通加工，应该将加工地点设置在需求地，才能实现大批量的干线运输与多品种末端配送的物流优势；对于方便物流的流通加工环节，则应该设置在产出地，设置在进入社会物流之前。如果将其设置在物流之后，即设置在消费地，则不但不能解决物流问题，反而在流通中增加了中转环节，因此是不合理的。

即使在产地或需求地设置流通加工的选择是正确的，也会存在流通加工在小地域范围内的正确选址问题。如果处理不当，仍然会出现不合理。比如交通不便，流通加工地点与生产企业或用户之间的距离较远等。

2）流通加工方式选择不当。流通加工的方式涉及流通加工对象、流通加工工艺、流通加工技术、流通加工程度等。流通加工不是对生产加工的代替，而是一种补充和完善。所以，一般来说，如果工艺复杂，技术装备要求较高，加工可以由生产过程延续或轻松解决，就不宜再设置流通加工环节。有的流通加工过于简单，有的对生产和消费的作用都不大，还有的具有较大的盲目性，不仅未能解决品种、规格、包装等问题，反而增加了作业环节，这也是流通加工不合理的重要表现。

流通加工的一个重要优势就是投入产出比较高，因而能有效地起到补充、完善的作用。如果流通加工成本过高，则达不到以较低投入实现更高使用价值的目的，势必会影响它的经济效益。

(2) 实现流通加工合理化的途径。对于流通加工合理化的最终判断，是看其能否实现社会的和企业自身的两个效益，并且是否取得了最优效益。流通企业应该树立社会效益第一的观念，以实现产品生产的最终利益为原则，只有以生产流通过程的不断补充、完善为己任，才有生存的价值。如果只追求企业的局部效益，不适当地进行加工，甚至与生产企业争利，就有违流通加工的初衷。

现实中，实现流通加工合理化的途径主要有以下几个方面。

1）加工与配送的结合。加工与配送的结合就是将流通加工设置在配送点。一方面按配送的需要进行加工，另一方面加工又是配送作业流程中分货、拣货、配货的重要一环，加工后的产品直接投入到配货作业，无须单独设置加工的中间环节，从而使流通加工与中转流通巧妙地结合在一起。同时，由于配送之前进行了必要的加工，可以使配送服务水平大大提高，这是当前实现流通加工合理化的重要形式，在煤炭、水泥等产品的流通中已经表现出较大的优势。

2）加工与合理运输的结合。流通加工能有效衔接干线运输和支线运输，促进两种运输形式的合理化。利用流通加工，在支线运输转干线运输或干线运输转支线运输等这些必须中转的环节，不进行一般的支转干或干转支，而是按干线或支线运输的合理要求进行适当加工，从而大大提高运输及运输转载水平。

3）加工与合理商流的结合。流通加工也能起到促进销售的作用，从而使商流合理化，这也是流通加工合理化的方向之一。加工与配送相结合，通过流通加工提高了配送水平，促进了销售，使加工与商流合理结合。此外，通过组装加工解决用户使用前进行组装、调试的难题，可以有效促进商流的顺利推进。

4）加工与节约的结合。节约能源、节约设备、节约人力、减少耗费是实现流通加工合理化的重要因素，也是目前我国企业设置流通加工环节并使其合理化的较普遍的形式。

6.4.2　常见的流通加工技术

1. 钢板的流通加工技术

热连轧钢板和钢带、热轧厚钢板等板材的最大交货长度通常可达7～12米，有的是成卷交货。钢板剪板加工是在固定地点设置剪板机进行下料加工，或设置各种切割设备将大规格钢板裁小或切裁成毛坯，降低销售起点，方便用户。例如我国某县设置的剪板厂，其业务就是专门对进口卷板进行剪板加工，然后将小规格钢板进行销售。

钢板剪板及下料的流通加工有如下几个优点：第一，由于可以选择加工方式，加工后钢板的晶相组织较少发生变化，可保证原来的交货状态，因而有利于进行高质量的加工；第二，加工精度高，可减少废料、边角料，也可减少再进行机加工的切削量，既可提高再加工效率，又有利于减少消耗；第三，由于集中加工可保证批量及生产的连续性，深入研究此项技术并采用先进设备，可以大幅提高效率和降低成本；第四，使用户简化生产环节，提高生产水平。

对于使用钢板的用户来说，大、中型企业由于消耗批量大，可设专门的剪板及下料加工设备，按生产需要进行剪板、下料加工。但是，对于使用量不大的企业和多数中小型企业来讲，单独设置剪板、下料的设备有设备闲置时间长、人员浪费大、不容易采用先进方法的缺点，钢板的剪板及下料加工可以有效地解决上述问题。

目前，流通部门专门从事钢板集中下料加工的比较少见，主要是大型企业集中安装设备来完成此项工作。

2. 木材的流通加工技术

在木材的流通加工中，要充分发挥木材的优点，克服和改变其缺点，变劣材为良材，变小用为大用。要根据不同的技术要求和木材的各种特性，提高其使用价值，不断扩大和寻求新的木材综合利用途径。常用的木材流通加工技术主要有：

（1）木材防腐加工技术。木材防腐通常采用木材本身的天然耐腐性、物理保管和化学保管等方法。

（2）木材滞火加工技术。将木材用特殊的化学药剂进行处理，提高其耐火性，使之不易燃烧。木材滞火处理的方法通常有涂刷法和浸注法。

（3）木材强化与软化加工技术。木材强化是指用物理或化学或两者兼有的方法处理木材，使处理剂沉积填充于细胞壁内，或与木材成分发生交联，从而使木材密度增大、强度提高的处理过程。软化处理是使木材具有暂时的塑性，以便使弯曲和压缩木材等塑性加工得以进行，然后在变形状态下干燥，以恢复木材原有的刚性、强度。

3. 水泥的流通加工技术

水泥是最重要的建筑材料之一。随着我国现代化建设的高速发展，水泥在国民经济中的地位日益提高，获得了越来越广泛的运用。常用的两种水泥流通加工方法是：

（1）水泥的熟料输送到使用地后磨制成水泥。在需要长途运入水泥的地区，变运入成品水泥为运进熟料这种半成品，在该地区的流通加工点（磨细工厂）磨细，并根据当地资源和实际需要掺入混合材料及外加剂，制成不同品种及标号的水泥供应给当地用户，这是水泥流通加工的重要形式之一。在国外，这种物流形式已得到比较广泛的采用。以熟料形态代替传统的粉状水泥有以下优点：

1）可以大大降低运费、节省运力。运输普通水泥和矿渣水泥平均有约30%以上的运力消耗在矿渣及其他各种加入物上。在我国水泥需求量较大的地区，工业基础大都较好，当地有大量工业废渣，如果在使用地区对熟料进行粉碎，可以根据当地的资源条件选择混合材料的种类，这样就节约了消耗在混合材料上的运力和运费。同时，水泥输送的数量也大大减少，有利于降低运输成本。

2）可按照当地的实际需要大量掺和混合材料。如果以熟料为长距离输送的形态，在使用地区加工粉碎，就可以按实际需要生产各种标号的水泥，尤其可以大量生产低标号水泥，减少水泥长距离输送的数量。

3）可以大大降低水泥的输送损失。水泥的水硬性是在充分磨细之后才表现出来的，而且磨细的熟料抗潮湿的稳定性很强。所以，输送熟料也可以基本防止由于受潮而造成的损失。此外，颗粒状的熟料也不像粉状水泥那样易于散失。

4）能更好地衔接产需，方便用户。采用长途运送熟料的方式，水泥厂就可以与有限的熟料粉碎工厂之间形成固定的直达渠道，能实现经济效益较优的物流。水泥的用户也可以不出本地区而直接向当地熟料粉碎厂订货，因而更容易沟通产需关系，具有明显的优越性。

（2）集中搅拌供应商品混凝土，改变以粉状水泥供给用户、由用户在建筑工地现制现拌混凝土的传统使用方法，而将粉状水泥输送到使用地区的流通加工点，在那里搅拌成生混凝土，然后供给各个工地或小型构件厂使用。

商品混凝土又称预拌混凝土，这种清洁、环保的商品混凝土是国家重点倡导的建筑新技术之一，被喻为建筑业生产方式的"绿色革命"。建筑工程使用商品混凝土有三大优点：一是减少了现场搅拌混凝土产生的粉尘、噪声污染；二是以工业化方式生产的商品混凝土计量精确，搅拌均匀，质量比现场搅拌的更稳定；三是生产企业在生产商品混凝土时全部采用散装水泥，省掉了包装用的纸袋，有利于节约能源。这种技术在有效净化城市空气的同时也大大提高了建筑施工的效率，受到群众和环保部门的好评。

4. 煤炭的流通加工技术

煤炭及其他燃料通常使用的流通加工技术主要有：

（1）除矸石加工。这是以提高煤炭纯度为目的的加工形式。一般而言，煤炭中混入的矸石有一定的发热量，混入一些矸石是允许的，也是经济的。但是，有时不允许煤炭混入矸石，如运力十分紧张的地区要求充分利用动力，多运"纯物质"，少运矸石。在这种情况下，可以采用除矸的流通加工排除矸石。

（2）煤浆加工。这是为了用管道输送煤浆进行的加工。煤炭的运输主要采用运输工具载运方式，运输中损失较大，且容易发生火灾。采用管道运输是近代兴起的一种先进技术。目前，某些发达国家已投入运用，有些企业内部也采用这一方法进行燃料输送。在流通的起始环节将煤炭磨成细粉，再用水调和成浆状，使其具备了流动性，可以像其他流体一样进行管道输送。这种方式不与现有的运输系统争夺运力，输送连续、稳定而且快速，是一种经济的运输方法。

（3）配煤加工。在使用地设置集中加工点，将各种煤及其他发热物质按不同配方进行掺配加工，生产出各种不同发热量的燃料，称为配煤加工。这种加工方式可以按需要的发热量生产和供应燃料，既防止热能浪费、大材小用的情况出现，也防止发热量过小、不能满足使用要求的情况出现。

（4）天然气、石油气等气体的液化加工。由于气体输送、保存都比较困难，天然气及石油气过去往往只能就地使用，如果当地资源充足，使用不完，只能就地燃烧掉，造成浪费和污染。尽管可以采用管道输送气体，但因投资大、输送距离有限而受到制约。在产出地将天然气或石油气压缩到临界压力之上，使之由气体变成液体，就可以用容器装运，使用时机动性也较大。

5. 生鲜食品的流通加工技术

生鲜食品通常使用的流通加工技术主要有以下几种：

（1）冷冻加工。为解决鲜肉、鲜鱼在流通中的保鲜及搬运装卸问题，采取低温冻结的加工方式。例如，水产品的保鲜技术就是应用物理、化学、生物等手段对原料进行处理，从而保持或尽量保持其原有的新鲜程度。水产品的新鲜度下降，主要是酶、微生物的作用，以及氧化、水解等化学反应的结果。要想保持鲜度或减缓腐败速度，可以采取一些措施，例如：使酶钝化，使微生物失活，以及使各种化学反应速度变慢甚至停止等。目前实际应用的水产品保鲜技术有低温保鲜、高压保鲜、辐照保鲜、气调保鲜、化学保鲜、生物保鲜等，这些保鲜技术基本可以保持原有水产品的属性。如果将保鲜概念的外延扩大，还可以包括脱水保鲜、密闭加热保鲜等多种方法。

（2）精制加工。农、牧、副、渔等产品的精制加工是指在产地或销售地设置加工点，去除无用部分，甚至进行切分、洗净、分装等加工。这种加工不但大大方便了购买者，还可以对加工的淘汰物进行综合利用。比如，鱼类的精加工所剔除的内脏可以制成某些药物或饲料，鱼鳞可以制高级黏合剂，头尾可以制鱼粉等；蔬菜的加工剩余物可以制饲料、肥料等。

（3）分选、分装加工。果类、瓜类、谷物、棉毛原料等农副产品的规格、质量差别较大，在此情形下，为获得一定规格的产品，采取人工或机械分选的方式加工被称为分选加工。许多生鲜食品零售起点较低，但为保证高效输送出厂，包装则较大，也有一些是采用集装运输方式运达销售地区的。为了便于销售，在销售地区按所要求的零售起点进行新的包装，即大包装改小、散装改小包装、运输包装改为销售包装，这种方式被称为分装加工。

6. 机械产品及零配件的流通加工技术

机械产品及零配件的流通加工技术主要有以下几种：

（1）组装加工。为解决储运问题，降低储运费用，可采用半成品（部件）高容量包装出厂，在消费地拆箱组装的加工方式。组装一般由流通部门进行，组装之后随即进行销售。例如，多年来自行车及机电设备储运难度大，主要原因是包装难度大，进行防护包装的成本过高，而且运输装载困难，装载效率低，流通损失严重。但是，这些货物有一个共同特点，即装配较简单，装配技术要求不高，主要功能已在生产中形成，装配后不需进行复杂检测及调试，所以可以进行组装加工。

（2）石棉橡胶板的开张成型加工。按用户所需垫塞物体的尺寸裁制好以后进行供应，不但方便用户使用及储运，而且可以安排套裁，提高利用率，减少边角余料损失，降低成本。这种流通加工套裁的地点一般设在使用地，由供应部门组织。

7. 平板玻璃的流通加工技术

平板玻璃的“集中套裁、开片供应”是重要的流通加工方式，可以提高平板玻璃的使用率，促进平板玻璃包装方式的改革，有利于玻璃生产厂简化规格、按单品种大批量生产。

6.4.3 常见的流通加工装备

从流通加工的任务来看，流通加工大多是对物品进行较为简单的多规格、多用户、小批量的初级加工，其中大部分需要借助机械加工设备。由于流通领域物品的品种繁多，因此，流通加工设备的类型也很多。

1. 金属加工装备

流通领域中的金属加工机械，使用较多的是剪板机和折弯机。由于钢铁厂生产的钢材都是按照统一的规格生产的，规格较大、重量较重，不能满足实际生产对各种规格钢材的需求。通过剪板机和折弯机可以将大规格的钢材裁剪小或裁剪成毛坯，降低了销售的起点，便于用户使用。

(1) 剪板机。剪板机是用一个刀片相对另一个刀片作往复直线运动剪切板材的机器，主要用于金属板料、带料的剪切加工。钢板剪板机按工艺用途，可以分为多用途剪板机和专用剪板机；按传动方式，可以分为机械传动式和液压式传动式；按上下刀片的相对位置，可以分为平刃剪板机和斜刃剪板机；按刀架运动方式，可以分为直线式和摆动式。

剪板机是借助运动的上刀片和固定的下刀片，采用合理的刀片间隙，对各种厚度的金属板材施加剪切力，使板材按所需要的尺寸断裂分离。剪板机常用来剪裁直线边缘的板料毛坯。剪切工艺应能保证被剪板料剪切表面的直线性和平行度要求，并尽量减少板材扭曲，以获得高质量的工件。剪板机属于锻压机械中的一种，主要用来进行金属加工。

图 6—5 显示的是 QC12Y 系列大型液压摆式剪板机，该剪板机采用液压传动，摆式刀架整体焊接结构，剪切精度高，使用性能好，特别适用于汽车制造、灯杆制造。上下刀口间隙由手柄调节，刻度盘显示数值，调整轻便迅速，准确可靠。刀架行程可无级调节，设有灯光对线装置和挡料尺寸的数字显示装置，使用方便。

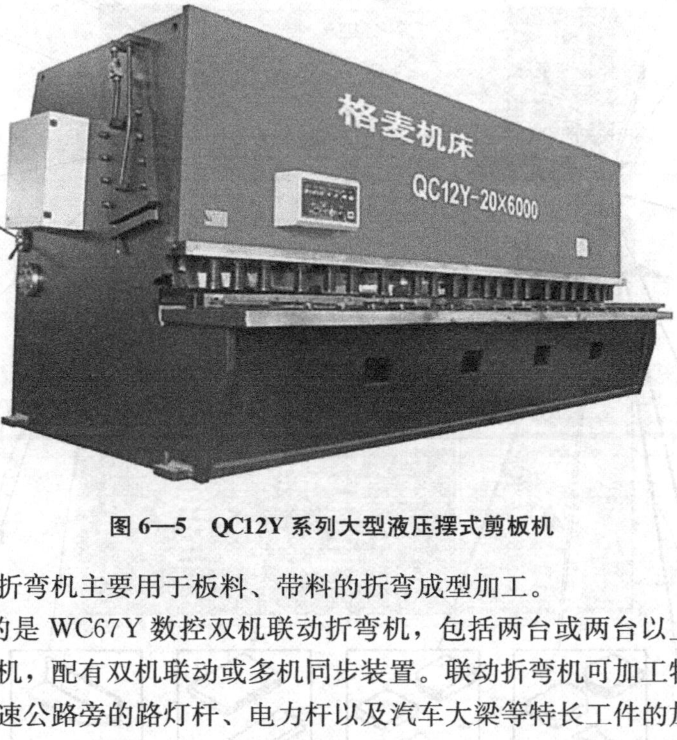

图 6—5　QC12Y 系列大型液压摆式剪板机

(2) 折弯机。折弯机主要用于板料、带料的折弯成型加工。

图 6—6 显示的是 WC67Y 数控双机联动折弯机，包括两台或两台以上 WC67Y 系列同规格双缸或三缸主机，配有双机联动或多机同步装置。联动折弯机可加工特长工件，特别适用于城市道路和高速公路旁的路灯杆、电力杆以及汽车大梁等特长工件的加工制造。

(3) 冲剪机。采用机械传动机架为钢板焊接结构，有足够的强度和刚度，能对方钢、圆钢、槽钢、工钢、角钢进行剪切、冲孔、模剪。

图 6—7 中的 Q35Y 系列液压联合冲剪机采用液压传动，是目前国内最新的联合冲剪机，能对板材、方钢、圆钢、角钢、槽钢、工钢进行剪切、冲孔、模剪，并配备剪切挡料装置。

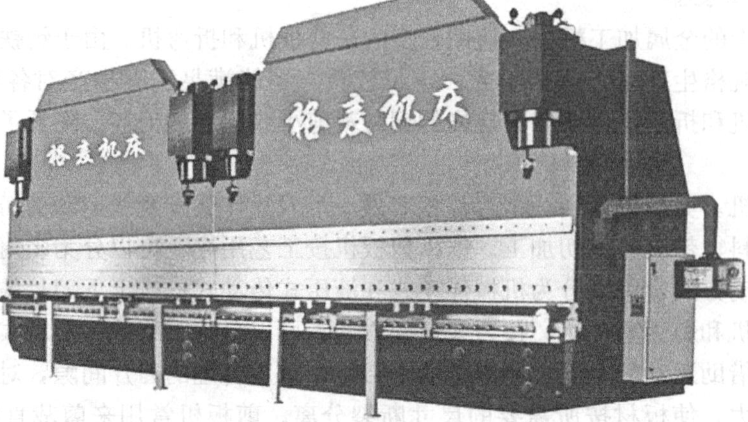

图 6—6 WC67Y 数控双机联动折弯机

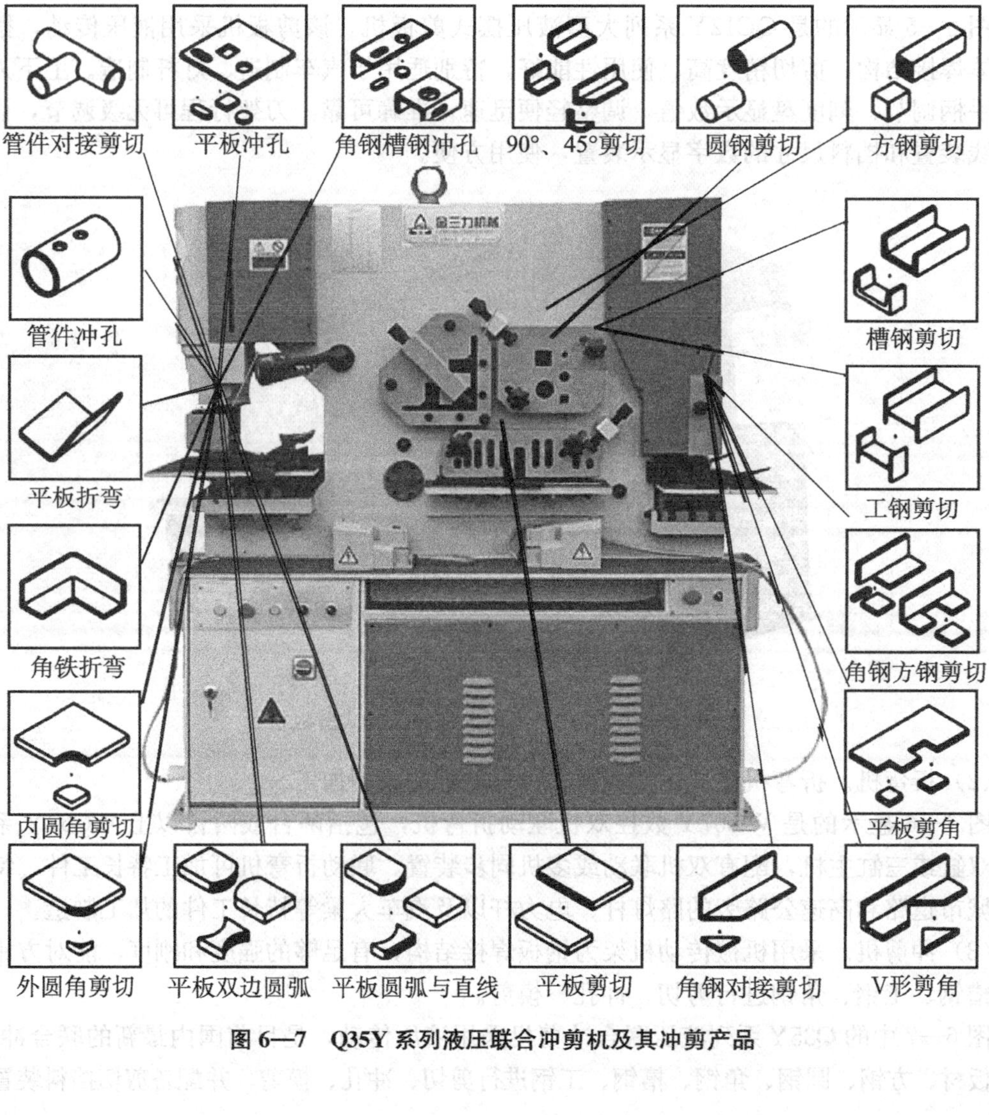

图 6—7 Q35Y 系列液压联合冲剪机及其冲剪产品

2. 玻璃加工装备

玻璃切割机的种类很多，大多数玻璃套裁中心都装备了全自动数控玻璃切割机。图 6—8 显示的是全自动数控异型玻璃切割机，该机操作简单方便，生产效率高，可以切割各种厚度的平板玻璃，同步带计数，切割精度高，适用于大批量高效切割。

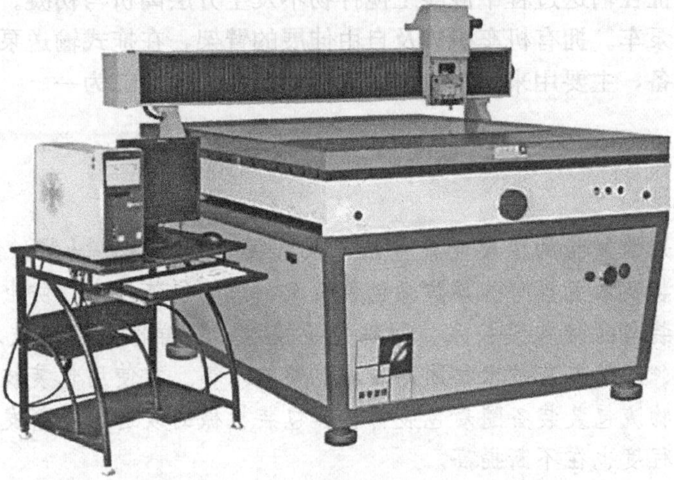

图 6—8　全自动数控异型玻璃切割机

另外，万能水切割机适用于玻璃、石材等的切割加工，它采用超高压水枪进行切割加工，切割的物体表面平整、光洁，设备操作方便，无粉尘污染。

3. 木材加工装备

常用的木材加工设备有电锯（圆盘锯、带锯）、电刨（加工平面、台阶及沟槽，有时也装上锯片代替圆盘锯）、钻床（打孔用）、车床（加工工艺装饰用的外圆柱面、外圆锥面及特性表面等回转体表面）等。木材加工设备与金属切削设备既有共性，也有区别。它们的共同点是：都具有主运动和辅助运动构成的切削过程；区别是：切削机理不同，所用的刀具不同。对木材进行加工的机械主要有以下两种：

（1）磨制、压缩木屑机械。木材是容重轻的物资，在运输时占用相当大的容积，常使得车辆不能满载，而且装车、捆扎也比较困难。根据国外的先进经验，可以在林木生产地将原木磨成木屑，然后采取压缩方法使得容重增大，并压制成容易装运的形状，再运输到靠近消费地的造纸厂。

（2）锯木机械。在流通加工点利用木锯机等机械将原木锯裁成各种规格，将碎木、碎屑集中加工成各种规格的板，同时根据需要进行打眼、凿孔等初级加工。木工锯机是用有齿锯片、锯条或带齿链条切割木材的机床。锯机按刀具的运动方式可以分为刀具做往复运动的锯机（如线锯机和框锯机）、刀具做连续直线运动的锯机（如带锯和链锯）、刀具做旋转运动的锯机（如各式圆锯）。

4. 混凝土搅拌装备

混凝土搅拌装备是将水泥、骨料、沙石和水均匀搅拌，制成混凝土的专用机械，主要有以下几种：

（1）混凝土搅拌站。主要用来集中搅拌混凝土的联合装置。主要由搅拌主机、物料称量系统、物料输送系统、物料贮存系统和控制系统等五大系统及其他附属设施组成。

（2）混凝土搅拌机。主要用于各类中小型预制构件厂及公路、桥梁、水利设施、码头等工业及民用建筑工程，除了作为单机使用外，还可以与配料机组合成简易搅拌站。

（3）混凝土搅拌车。是一种专用机械，主要用来将混凝土搅拌站所生产的混凝土输送到施工现场，并且保证在输送过程中混凝土搅拌物不发生分层离析与初凝。

（4）混凝土送泵车。拥有机车机体及自由伸展的臂架，在拖式输送泵的基础上发展而来的一种专用机械设备，主要用来将混凝土的输送和浇注工序合二为一。

本章小结

与物流关系密切的包装的主要功能包括兼具环保责任的保护功能、便利功能和标识功能。常见的物流包装技术主要有防霉防腐包装技术、防潮包装技术、防虫害包装技术、防震包装技术、收缩包装与拉伸包装技术、防锈包装技术、保鲜保质包装技术、危险品包装技术、防水包装技术、防伪包装技术和固定缓冲包装技术等。在使用包装技术的过程中，会使用一些包装装备，物流包装装备随着包装材料和包装机械的改进而不断发展，且用于不同领域的包装的专业化程度也在不断提高。

流通加工装备通过对流通中的商品进行加工，改变或完善商品的原有形态，将生产和消费联系起来，实现生产与消费之间的桥梁和纽带作用，保证了产品的质量，提高了物流的效率，并使商品在流通过程中的价值得到增值。

进行流通加工需要一定的场地、设施、设备和专用工具，并需要将劳动力与之合理配合。常见的流通加工技术包括钢板的流通加工技术、木材的流通加工技术、水泥的流通加工技术、煤炭的流通加工技术、生鲜食品的流通加工技术、机械产品及零配件的流通加工技术和平板玻璃的流通加工技术。

从流通加工的任务来看，流通加工大多是对物品进行较为简单的多规格、多用户、小批量的初级加工，其中大部分需要借助机械加工装备。由于流通领域物品的品种繁多，因此，流通加工的设备也很多。

关键术语

包装　流通加工　物流包装技术　物流包装装备　流通加工技术　流通加工装备

思考与练习题

1. 简述包装的定义和分类。
2. 常见的物流包装材料有哪些？
3. 常见的物流包装技术主要有哪些？
4. 物流包装装备主要有哪些？
5. 简述流通加工的定义和特点。
6. 简述流通加工的作用。
7. 流通加工技术主要包括哪些？
8. 简述流通加工装备的作用。
9. 如何理解流通加工合理化的内涵？
10. 常见的流通加工装备主要有哪些？

案例分析

物流包装也应“绿色化”

包装是物流活动中对环境造成污染的重要环节之一。由于包装耗费了大量的自然资源，且包装废弃物造成了大量的城市垃圾，因此，在物流过程中发展绿色物流包装不仅是必要的，也是迫切的。

1. 物流包装及绿色包装

物流包装将物流需要、加工制造、市场营销、产品设计要求以及绿色包装结合在一起，主要目的是在物流运输阶段保护物流商品，常用的技术包括防震包装技术、防破损包装技术、防锈包装技术、防霉防腐包装技术、防虫害包装技术、危险品包装技术、特种包装技术等。

绿色包装包括两层含义：一是整个包装过程对生态环境、人体和牲畜的健康不会造成污染与损害；二是使用的包装材料必须是可再生利用的物资，也就是说，包装材料必须取之于自然又能回归自然。要实现物流包装的绿色化，必须将物流包装与绿色包装结合起来。

2. 物流包装绿色化的方式

(1) 强化绿色包装意识。在“绿色浪潮”席卷全球的今天，企业应该清醒地认识到，发展绿色包装不但可以降低能耗和成本，减少污染，而且可以提升企业形象，增加消费者对企业的认同感和信任感，从而提高产品的国际竞争力。有不少企业，例如长虹、海尔、海信、格力等中国名牌家电生产企业，其产品包装已向减量化、轻量化和绿色环保方向发展，对新型、节能、环保包装材料的需求持续增加，一些出口的整机仪器、家用电器的包装已以瓦楞纸板、蜂窝纸板、竹胶板等环保材料替代木质托盘、包装箱和EPS发泡塑料缓冲衬垫。

(2) 积极开发绿色物流包装材料。绿色包装材料是发展绿色物流包装的关键，研究开发无公害的绿色包装材料已成为当前世界各国关注的热点，因此，开发高强度、大板面、环境性能好、无公害、易回收再利用、轻量化的绿色物流包装材料，对于绿色物流包装的顺利发展至关重要，应引起高度重视。目前，在物流包装过程中常见的绿色包装材料有：

1) 竹材。由于竹材纤维条理结构相互垂直，按经纬编织成席后经干燥、涂胶、组坯、热压合而制成的竹编胶合板具有强度高、价格低、重量轻、废弃物易回收、不污染环境等特点，是一种优良的绿色包装材料。竹编胶合板在我国很多地方已逐步采用，制成各类大、中、小型包装箱，用于机械设备和出口机电产品的包装。竹编胶合板节省资金，成本是木材包装的一半左右，将逐渐代替木材。竹材除了可制成竹编胶合板外，还可编织成竹筐，包装一般的小型机电产品，还可以用于制作各种机电产品的包装箱等。

2) 纸质绿色包装材料。在物流过程中，为了减缓内装物受到的碰撞和冲击，必须利用缓冲包装材料对产品的包装进行设计，从而对产品起到缓冲隔振的作用，进而保护产品。目前，常用的缓冲包装材料有瓦楞纸板、蜂窝纸板、纸浆模塑等。

瓦楞纸板：在包装领域，瓦楞纸板是一种使用最广的以纸代木的板材。瓦楞纸板的强度高、缓冲性能好，可以避免产品在运输过程中受到碰撞和冲击，特别适合机械、机电等产品的运输包装。近几年来，随着对瓦楞楞型微型化研究的深入，一种用于代替厚纸板的微型瓦楞纸板材料备受青睐。由于微型瓦楞纸板具有楞数多、楞高低、纸板的平面压力和平行压力的承压强度高、缓冲性能好等特点，因此已经成为一些小型家电产品包装的新宠。比如，在美国，数码和小家电产品对微型瓦楞包装的用量正以每年2%的速度增长；在欧洲，2004年微型瓦楞包装用量估计占到包装总量的12%。像明基、摩托罗拉、海尔、联想、长虹、飞利浦、索尼等企业的数码和小家电产品都在使用微型瓦楞包装。

蜂窝纸板：蜂窝纸板是根据自然界蜂巢结构原理制作的，由无数个空心立体六角形组成纸芯，以牛皮纸、再生纸等为原料，通过专用设备制成类似蜂窝状的网芯，并在其两面黏合面纸而成的一种新型纸制板材。蜂窝纸板具有结构新颖、强度高、承重大、弹性好、重量轻、成本低、节省资源、保护生态环境等一系列特点，同时经过特殊处理后能够阻燃、防潮、防水、防霉、防静电等，是物流包装领域替代木箱、木质托盘、泡沫衬垫的理想产品，符合国际包装工业材料应用发展趋势。

纸浆模塑：纸浆模塑是一种立体造纸技术，是以废纸浆或植物纤维浆为原料，在模塑机上用带滤网的模具，在一定的压力等条件下，通过纸浆脱水、纤维成型而生产出所需产品的一种加工方法。纸浆模塑制品除具有质轻、价廉、防震等优点外，还具有透气性好、有利于生鲜物品的保鲜等特点，在物流包装过程中被广泛用于蛋品、水果、玻璃制品等易碎、易破、怕挤压物品的周转包装，是目前流行于国内外市场的泡沫塑料包装材料的换代产品。

3）植物纤维制品。以农作物废弃物、草本植物和废纸为主要原料的植物纤维，经粉碎、脱色、着色、发泡、成型等工艺，可以制成一种可完全降解的绿色缓冲包装材料。目前在我国主要用于制作取代发泡餐具的包装产品。植物纤维发泡制品还被用来作为工业包装的内衬、瓷器、洁具、玻璃器具等产品的缓冲包装材料。

4）降解塑料。随着材料技术的发展，新的可降解塑料被不断研制出来，促进了塑料包装材料的回收再利用。目前常见的可降解塑料主要有生物降解塑料、水解降解塑料、氧化降解塑料以及光降解塑料，在微生物、水解、氧化以及自然光等条件下，它们的化学结构会发生明显变化而引起某些性质损失。它们的用途涉及食品包装内衬、医用材料和个人卫生用品等领域，市场潜力极大。

5）轻量化玻璃包装材料。通过对玻璃成分的改性、合理的结构设计、正确的工艺安排以及有效的表面处理等强化措施达到瓶壁薄、强度高的目标。目前，无铅玻璃、微晶玻璃、无机抗菌玻璃等绿色包装材料已纷纷投入使用。

6）铝箔及喷铝包装材料。铝不仅密度小、阻隔性好、延展性和韧性好、卫生性能好、印刷适性好，而且回收再利用率高、环保性能好。因此，铝罐、纯铝箔、喷铝膜是一种对环境无污染、可再生的轻量金属包装材料。它们已成为食品、饮料、医药、烟草等行业不可缺少的包装材料，市场前景十分可观。比如铝箔复合加工纸、铝塑复合罐材、铝塑复合软管、铝塑复合泡罩包装材料等，应用十分广泛。

(3) 可重复使用的物流包装容器。可重复使用的物流包装容器在其储存和运输上一定要方便、成本低，并具有一定的承载力。一般在容器的适当地方采用活动的连接方式使其可折叠、可拆卸。现在常见的这种容器有两类：一类是有盖（从中间分别向两边打开）或无盖的四个侧面设计成具有一定楔角形式的可套放的物流包装容器。它们套放在一起，就可降低运输成本和储存成本。另一类是铰链连接、四个侧面可拆卸，并与底部、顶部分离的木质散货包装容器，经过拆卸后，就可将其折叠成平板状，方便储存和运输。

(4) 充分利用可回收容器。我国人口众多，包装废弃物总量大，给生态环境造成严重污染。此外，我国还是发展中国家，经济实力不够强、人均资源不足，然而废弃物利用率却很低，纸的回收率仅为15%；与此同时，我国每年动用大量外汇进口数十万吨纸浆，造成资源浪费，导致外汇流出。为解决这些问题，在物流包装中应广泛采用可回收容器。目前可回收包装的使用越来越普遍，它们有一个共同点：有一个完整的标记系统以控制容器的流通。

(5) 集合包装方式。集合包装是将一定数量的包装件或产品，装入具有一定规格、强度且能长期周转使用的更大的包装容器内，形成一个合适的搬运单元的包装技术。它能节约包装材料，降低包装成本，还能促使物流包装标准化和规格化。集合包装的方式较多，如集装箱、集装袋、托盘集装、无托盘集装、框架集装等。其中，用塑料托盘代替木质托盘已成为欧美等国的首选绿色包装方式，因为塑料托盘可以全部回收利用，所以不仅减少了由此产生的垃圾，还防止了每年成千上万亩森林被砍伐。

(6) 有效管理绿色包装物流。绿色物流管理作为当今经济可持续发展的重要组成部分，对经济的发展和人民生活质量的改善具有重要的意义，好的物流管理是保证物流系统顺畅运行和降低物流成本的关键所在。无论政府有关部门还是企业界，都应强化物流管理，共同构筑绿色物流包装发展的框架。

资料来源：李永梅：《物流包装也应“绿色化”》，载《中国包装》，2008 (2)。

讨论题

1. 从宏观和长远利益的角度出发，物流包装绿色化是一种必然的趋势。试分析说明。
2. 绿色物流包装材料主要有哪些？适用于哪些包装领域？能替代哪些包装材料？

第7章

集装单元化技术与装备

本章要点

现代物流的特征之一是物料的集装单元化，是现代物流技术进步和结构创新的一项重大举措。集装单元化程度的高低是判断一个国家现代物流是否发达的重要标志之一。随着科学技术的发展，生产技术得到发展，各种交通工具和交通设施以及交通网络也不断发展，同时，由于市场的扩大为大批量生产提供了良好的环境，生产的大量产品需要输送到各地，因此，大批量、长距离输送显得越来越重要。要实现大批量、长距离的输送，必须依靠集装单元化技术，目前世界各国大都已采用集装单元化技术开展物流活动。

集装单元化技术是随着物流管理技术的发展而发展起来的。采用集装单元化技术后，物流费用大幅降低，同时使传统的包装方法和装卸搬运工具发生了根本性变革。本章将全面介绍集装单元化的有关知识，特别是集装箱、托盘等集装单元化装备的有关知识。

7.1 集装单元化概述

7.1.1 集装单元化的定义和发展

1. 集装与集装单元

集装是在生活和生产过程中为了便于处理零散物品而采用的一种方法。一般称为筐、篮、箱、袋、包的大都属于集装器具，如购物袋、旅行箱就属于常用的集装器具。

在物流现代化的过程中，对集装的概念有了新的认识。在物流系统中，要处理的对象绝大部分都是件杂货，货物的形状各异、大小不一。这种类型的小件杂散货物很难进行单件处理，所以只有经过一定程度的组合，才能有利于销售和流通，有利于物流功能运作，有利于使用。也就是说，集装是将许多单件物品通过一定的技术措施组合成尺寸规格相同、重量相近的大型标准化的组合体。

为了借助机械化、自动化的手段提高物流系统的作业效率，首先必须把货物归总成整齐划一的作业单元。在生产领域、流通领域和消费领域中，集装就是为了最有效地进行物资搬运，把若干物品和包装货物或者零散货物恰当地组合起来，形成一个货物单元，以便于装卸、存放、搬运与机械操作。

所以，集装单元就是把一定的物料整齐地集结成一个便于储放、搬运和运输的单元。

2. 集装单元化的定义

集装单元化就是以集装单元为基础来组织货物的装卸、搬运、储存和运输等物流活动一体化运作的作业方式。被集装单元化的货物称为单元货物。用于集装货物的工具称为集装单元器具，它具备两个条件：一是能使货物集装成一个完整、统一的重量或体积单元；二是具有便于机械装卸搬运的结构，如托盘有叉孔，集装箱有脚件吊孔等，这是它与普通货箱及容器的主要区别。

集装单元化是物流现代化的基础建设内容，其实质就是要形成集装单元化系统，即由单元货物、集装单元器具、物料搬运设备和输送设备等有机和谐地组成的高效、快速地进行物流功能运作的系统。集装单元化将各项分散的物流活动有效地联结成一个整体，是物流系统合理化的核心内容和主要方式。集装系统的基本要素一般包括工具要素、管理要素和集装系统的社会环境支撑要素。

（1）工具要素。集装工具是诸要素中最主要、最基本的组成部分，主要由各种集装化设备与器具、配套辅助性工具等构成，如集装箱、托盘、周转箱、集装袋、散装罐、仓库笼等。这些工具的主要作用是将零杂货物组合成单元货物。以这些工具为承托物，以单元货物为整体就可以进行物流运营。其中最有代表性的、使用最普遍的工具是托盘和集装箱。

（2）管理要素。由于集装的范畴很广，只有依靠有效的管理才能使整个系统形成内在的、有机的联系，因此，集装管理极具特殊性。它主要包括：集装化设备与器具的周转管理、集装联运经营管理、集装信息管理等。

（3）社会环境支撑要素。社会环境支撑要素主要包括法律、体制、制度软环境。

3. 集装单元化的发展

集装单元化的概念源于装卸搬运方式的演进，自古有之。近代，特别是20世纪50年代以来，随着运输业的迅速发展，以及运输工具的大型化、高速化，一件一件完成的低效率装卸已成为物流过程中的“瓶颈”。集装单元化是解决这一问题的最有效的方法，它于20世纪30年代初随着叉车和托盘的出现而开始使用，之后发展极为迅速。

从使用功能而言，集装单元化技术使装卸搬运工具发展成为储存工具、运输工具、货物流通工具乃至商场售货工具。集装单元器具的使用范围已扩大到物流的全过程。现代物流技术已经离不开货物的集装单元化。

7.1.2　集装单元化的类型

集装单元化有若干典型的方式，通常使用的集装单元主要有以下几种类型：

（1）集装箱系统。它将大型容器发展成为集装箱，将半挂车演变成大型的台车。集装箱系统是当前集装箱单元发展的最高阶段。

（2）托盘类。它以托盘为主体，从平托盘发展到柱式托盘、箱式托盘、轮式托盘和专用托盘。集装箱系统和托盘类是集装单元化的两大支柱。

（3）捆扎型。它用绳索、钢丝或打包铁皮把小件的货物扎成一捆或一叠，这是简单的集装单元化，如成捆的型钢、木材，成扎的铝锭等。

（4）其他容器。它包括柔性集装袋、集装网和罐式集装箱等。

7.1.3 集装单元化的特点与原则

1. 集装单元化的优点

(1) 通过标准化、通用化、配套化和系统化来实现物流功能作业的机械化、自动化；

(2) 物品移动简单，可减少重复搬运次数，缩短作业时间，提高效率，提高装卸机械的机动性；

(3) 可改善劳动条件，降低劳动强度，提高劳动生产率和物流载体利用率；

(4) 物流各功能环节易于衔接，容易进行物品的数量检验，清点交接简便，可减少差错；

(5) 货物包装简单，可节省包装费用，降低物流功能作业成本；

(6) 容易高堆积，可减少物品堆码存放的占地面积，充分灵活地运用空间；

(7) 能有效地保护物品，防止物品破损、污损和丢失。

2. 集装单元化的缺点

其缺点包括：作业有间歇，需要宽阔的道路和良好的路面，托盘和集装箱的管理烦琐，设备费一般较高，由于托盘和集装箱自身的体积及重量的原因而使物品的有效装载减少。不过，这些缺点与其优点相比是次要的，只要从实际情况出发，采取一些积极措施，这些问题是不难解决的。

3. 集装单元化的原则

为了充分发挥货物集装单元化的优越性，降低物流费用，提高经济效益，在实现集装单元化时，必须遵循以下几个基本原则：

(1) 标准化原则。集装单元标准化是物流系统中各相关设备制定标准规格的依据，集装单元器具标准化是物流合理化的核心问题之一。集装器具的材质、性能的标准化既有利于集装器具的大量生产、维修、管理，也有利于保证其通用性。

国际上有国际标准化组织标准（ISO），我国有国家标准（GB），一个企业也有企业标准。企业标准应与国家标准基本一致，国家标准也正在逐步向国际标准靠拢，以利于国际贸易的开展。

(2) 系统化原则。集装单元化技术涉及网络系统各环节，必须有系统观念，合理解决物流系统各环节间的“二律背反”问题，从全局考虑追求系统整体的效益与成本投入的最佳效益。

例如，为了实现“门到门”的集装箱运输，不仅需要配套的起重、运输工具，还需要考虑桥梁的通过能力；在一个企业内实施货物的集装单元化计划时，也必须统筹考虑。

(3) 一贯化与直达化原则。集装单元一旦形成，不宜随意分拆，应该尽可能保持原状送达最终用户。

(4) 综合效益最大化原则。推广应用集装单元化技术，将给物流系统带来巨大的综合效益。需要注意的是，在实施的过程中必须尽可能实现集装器具的循环使用，组织集装箱和托盘等集装器具的回流与回收，这样才能充分发挥集装单元化的最大优势。

近年来，货物的集装单元化已受到重视，我国开始制定各种标准，采取各种措施来提高整个社会物流的集装单元化程度。但是，目前货物和商品的集装率还很低；在商业储运系统中，托盘的使用还不普遍；集装单元化的进展也较迟缓，因而问题相当严重，造成的经济损失也不小。为了改变目前的物流行业的落后状况，逐步实现物流现代化，发展货物的集装单元化已是当务之急。

7.1.4 集装单元化技术

集装单元化技术是指实施集装化作业系统所涉及的各种技术，分为硬技术和软技术两大类。硬技术包括集装器具的制作、材料、检测和维修等方面的技术，以及与物流设备（如运输工具、装卸机械以及货架等）有关的技术。软技术包括与实施集装单元化有关的作业方法、作业流程、管理程序和系统的规划与设计等。

集装单元化技术的应用使物流系统的相关技术发生了很大的变化。例如，集装箱联运系统的实施就催生出各种大型集装箱起重机械、专用的集装箱货轮及公路、铁路运输工具，以及用于装箱的小型叉车。由于集装箱具有良好的保护货物的功能，集装箱堆场不需要仓库建筑物，箱内货物的包装也可以简化，因此集装单元化技术是提高物流合理化水平、改善物流系统综合机能的有效途径。

集装单元化技术是物流系统中的一项先进技术，它是适合于机械化大生产，便于实施自动化管理的一种现代科学技术。它是现代化大生产将自动化装置运用于物流活动的产物，其生命力在于科学技术的发展。在推广应用集装单元化技术的过程中必须注意三个问题：一是集装单元化系统中必须具有配套的装卸搬运设备和运送设备；二是必须注意集装箱和托盘等集装器具的合理流向及回程货物的合理组织；三是必须实行集装器具的标准化、系列化和通用化。只有物流管理技术不断发展，集装单元化技术才会不断发展和完善，才会实现物流现代化。

7.2 集装箱

7.2.1 集装箱概述

集装器具主要有三大类，即托盘、集装箱和其他集装器具。

集装箱是为了便于物品运送而专门设计的，在一种或多种运输方式中无须中途换装。集装箱具有耐久性，因而能反复使用，还设有便于搬运和装卸的装置，很容易从一种运输方式转换为另一种运输方式。

1. 集装箱的定义

集装箱（container，如图 7—1 所示）是指具有一定强度、刚度和规格，专供周转使用的大型装货容器。使用集装箱转运货物，可直接在发货人的仓库装货，运到收货人的仓库卸货，中途更换车、船时，无须将货物从箱内取出换装。香港称之为“货箱”，台湾称之为“货柜”。

集装箱是一种运输设备，应满足下列要求：

(1) 具有足够的强度，可长期反复使用；

(2) 适于一种或多种运输方式运送，中途转运时，箱内货物无须换装；

(3) 具有快速装卸和搬运的装置，特别便于从一种运输方式转换为另一种运输方式；

(4) 便于货物装上和卸下；

图 7—1　集装箱

(5) 具有 1 立方米及以上的容积。

集装箱这一术语不包括车辆和一般包装（见 GB/T 1992—1985 中的 1.1 条）。

2. 集装箱的特点

集装箱作为一种集合运输包装，具有其他包装形式无法比拟的优点：

(1) 强度高、保护防护能力强，因而货损小。

(2) 功能多，本身就是一个小型的储存仓库。因此，使用集装箱可以不再配置库房。

(3) 可以重叠码放，有利于提高单位地面的存储数量，在车站、码头等待外运时占地也较少。

(4) 在几种集装方式中，尤其是在散杂货集装方式中，集装箱的集装数量较大。集装箱的装载量与自重之和最高可达 30 吨以上。

(5) 集装箱还具有标准化装备的一系列优点，例如，尺寸、大小、形状有一定规定，便于对装运货物和承运设备做出规划、计划；可统一装卸、运输工具，简化装卸工艺，通用性、互换性强。

但是，集装箱也存在比较明显的缺点，限制了集装箱在更广的范围运用。其缺点主要有：

(1) 自重大，因而无效运输、无效装卸的比重大。在物流过程中，许多劳动消耗于箱体本身，增加了货物的运费。

(2) 本身造价高，在每次物流中的分摊成本较高。

(3) 由于货物流向的原因，集装箱有回空现象，不仅造成了运输能力的浪费，而且严重影响了集装箱的使用率。

7.2.2　集装箱的种类

装载不同种类的货物需要不同种类的集装箱，它们在外观、结构、强度、尺寸等方面都不尽相同。集装箱可按其用途、箱体材料、箱体构造、外部尺寸和运输方式进行分类。

1. 按用途分类

(1) 干货集装箱。干货集装箱（dry cargo container，如图 7—2 所示）也称杂货集装箱，是一种通用集装箱（general propose container)，也是实践中最常见的集装箱。它是一种具有集装箱基本结构，但不需调控温度，内部也不安装其他特殊设备，适用于一般件杂货装运的封闭集装箱，其箱门设于一端或侧面，是使用最广、数量最大的一类集装箱。这种集装箱适用于装载一般件杂货，如玩具、电子产品、日常用品等。不受温度变化影响的各类固体散货、颗粒或粉末状的货物都可以用这种集装箱装运。为了防止装载杂货时箱内货物移动和倒塌，在箱底和侧壁上设有系环，以便系紧货物。

图 7—2　干货集装箱

通用集装箱既强调装运货物的通用性，也强调运输和贸易的通用性。有些集装箱，如我国的部分铁路集装箱，虽然也符合上述基本特点，但由于不能实行国际联运或国内水陆联运，因此不属于通用集装箱。

(2) 保温集装箱。保温集装箱（insulated container）箱内有隔热层，箱顶有能调节角度的进出风口，可利用外界空气和风向来调节箱内温度，密闭时能在一定时间内不受外界气温影响，适宜装运对温湿度敏感的货物。

对于一些需要冷藏和保温的货物，为了运输和暂时保存的需要，集装箱内部装有温度控制设备，箱体也采用隔热保温材料或隔热保温结构。保温集装箱又可分为三种：

1) 冷藏集装箱（如图 7—3 所示）。它是以运输冷藏食品为主，能保持所设定温度的集装箱。

2) 隔热集装箱。这种集装箱能保持一定的低温，以保证箱内物品在低温下保质、保鲜且不会冻结。箱壁一般采用隔热材料来防止温度过高，以保持货物的鲜度。通常用干冰作制冷剂，保温时间可达 72 小时左右。

3) 通风集装箱。这种集装箱在箱内设有通风装置（如排风扇、通风孔通风栅栏等），适用于装运水果、蔬菜等不需要冷冻而需要通风的货物。

(3) 罐式集装箱。罐式集装箱（tank container，如图 7—4 所示）是适用于装运各种液体、气体及部分颗粒体的特殊形式的集装箱，常用于装运如酒类、油类或化学品类等液体货物。其结构是在一个金属框架内固定一个液罐，液罐由罐体和箱体框架两部分组成，装货时货物由罐顶部装货孔进入，卸货时则由排货孔流出或从顶部装货孔吸出。罐式集装箱有单罐与多罐之分，罐体四角由支柱、撑竿构成整体框架。

罐式集装箱与罐式车辆的不同之处在于，这种集装箱的周边尺寸可按通用集装箱的尺寸制造，像通用集装箱一样装运而不与车辆连成整体，因而比罐式车辆更灵活机动。

(4) 通风集装箱。通风集装箱（ventilated container）是一种具有空气调节能力的集装

图 7—3 冷藏集装箱

图 7—4 罐式集装箱

箱，内设通风装置（如排风扇等），或在集装箱上设通风孔（如图 7—5 所示）、通风栅栏，甚至采用金属网等通风材料制造箱壁。

图 7—5 通风集装箱的通风孔

通风集装箱是为了防止由于箱内外温差引起箱内壁或货物表面形成水汽而设计的。其外表与干货集装箱相同，是一种带有箱门的密闭式集装箱，为了通风，一般在侧壁或端壁及箱门上设有 4～6 个通风口。这种集装箱适于装载不需要冷冻而需要通风、防止潮湿的货物，如水果、蔬菜等。如将通风孔关闭，也可作为干货集装箱使用。

（5）散装集装箱。散装集装箱（bulk container，如图 7—6 所示）是一种密闭式集装箱，有玻璃钢制和钢制两种。前者由于侧壁强度较大，因此一般装载麦芽和化学品等相对密度较大的散货，后者则用于装载相对密度较小的谷物。散装集装箱顶部的装货口应设水密性能良好的盖，以防雨水侵入箱内。

散装集装箱的箱顶一般都开有 2～3 个装货口，通常为圆形或方形，端壁门下部开有 2 个卸货口。

图 7—6　散装集装箱

（6）动物集装箱。动物集装箱（pen container，如图 7—7 所示）是一种装运鸡、鸭、鹅等活家禽和牛、马、羊、猪等活家畜的集装箱。为了遮蔽阳光，箱顶采用胶合板覆盖，侧面和端面都有用铝丝网制成的窗，以便有良好的通风。侧壁下方设有清扫口和排水口，并配有能上下移动的拉门，可把垃圾清扫出去，此外还装有喂食口。动物集装箱在船运时一般应放置在甲板上，因为甲板上空气流通，便于清扫和照顾。

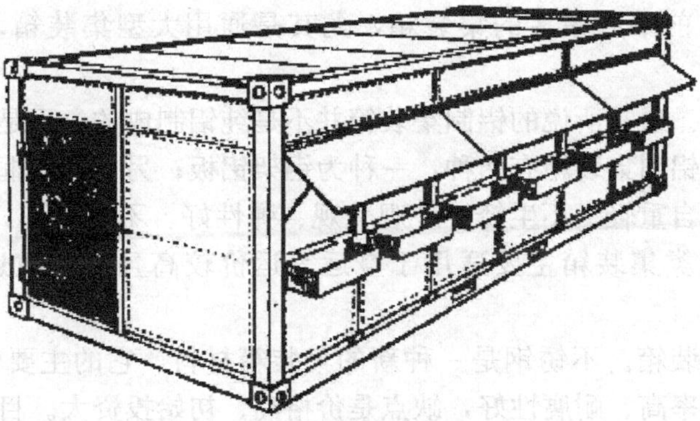

图 7—7　动物集装箱

（7）汽车集装箱。汽车集装箱（car container，如图 7—8 所示）是一种运输小型汽车的专用集装箱。这种集装箱分为单层和双层两种，其特点是在简易箱底上装有一个钢制框架。因为小汽车的高度为 1.35～1.45 米，如装在 8 英尺（2.438 米）的标准集装箱内，其容积要浪费 2/5 以上，所以出现了双层集装箱。这种双层集装箱的高度有两种：一种为 10.5 英尺（3.2 米），另一种为 17 英尺（5.18 米）。可见，汽车集装箱一般不是国际标准集装箱。

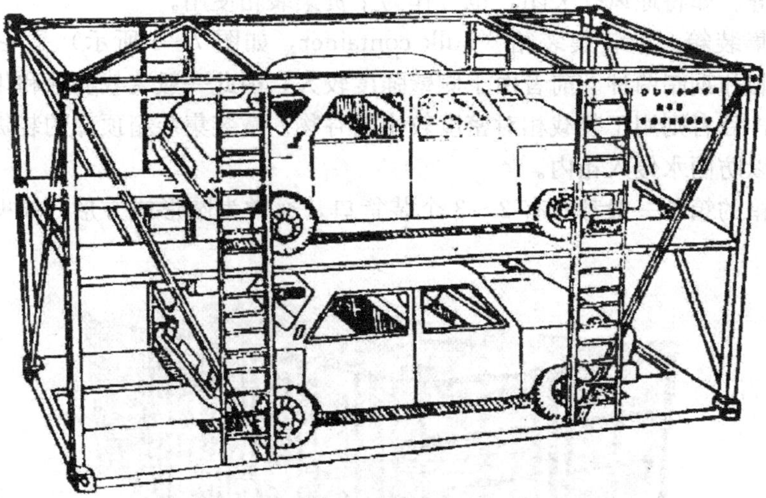

图 7—8　汽车集装箱

（8）服装集装箱。服装集装箱（garment container）的特点是，在箱内的侧梁上装有许多根横杆，每根横杆上垂下若干条皮带扣、尼龙带扣或绳索，成衣利用衣架上的钩，直接挂在带扣或绳索上。这种服装装载法属于无包装运输，不仅节约了包装材料和包装费用，而且减少了人工劳动，提高了服装的运输质量。

2. 按箱体材料分类

（1）钢制集装箱。其框架和箱壁板皆由钢材制成，最大的优点是强度高、结构牢、焊接性和水密性好、价格低、易修理、不易损坏，主要缺点是：自重大、抗腐蚀性差；由于自重大，降低了装货量；而且每年一般需要进行两次除锈涂漆，使用期限较短，一般为 11～12 年。

钢制集装箱是目前采用最多的集装箱，尤其是通用大型集装箱，绝大部分是钢制集装箱。

（2）铝制集装箱。通常所说的铝制集装箱并不是纯铝制成的，而是各主要部件使用了适量的各种轻铝合金。铝制集装箱有两种：一种为钢架铝板；另一种仅框架两端用钢材，其余用铝材。主要优点是自重轻、不生锈、外观美观、弹性好、不易变形，主要缺点是造价高、受碰撞时易损坏。这类集装箱主要适用于空运等运价较高且对无效运载要求严格的运输方式。

（3）不锈钢制集装箱。不锈钢是一种新的集装箱材料，它的主要优点是强度高、不生锈、外观美观、使用率高、耐腐性好，缺点是价格高、初始投资大。目前一般多用不锈钢制作罐式集装箱。

（4）玻璃钢制集装箱。玻璃钢集装箱是在钢制框架上装上玻璃钢复合板制成的。主要优点是隔热性、防腐性和耐化学性均较好，强度大，能承受较大应力，易清扫，修理简便，集装箱内容积较大等；主要缺点是自重较大、造价较高。

3. 按箱体构造分类

（1）侧开门、前开门、前后双开门及顶开门四种形式的集装箱。前、后、侧开门的集装箱方便叉车及作业车进入箱内进行装卸搬运作业；顶开门集装箱适合吊车装运。

（2）折叠式集装箱。它是一种四个侧壁和顶板在空箱时可折叠平放到台座上的集装箱，当需要装运时可再支装成箱。这种集装箱的特点是适于无回头货的单程运输，返运时折叠起来，可减少占用的运力。

（3）拆解式集装箱。它由顶板、台座和四个侧壁靠组件组装而成，必要时可全部拆解，其特点与折叠式集装箱相同。

（4）台架式和平台式集装箱。台架式集装箱（如图 7—9 所示）是没有箱顶和侧壁，甚至连端壁也去掉，只有底板和四个角柱的集装箱。此类集装箱的特点是可利用各种机械方便地从前、后、左、右及上方进行装卸作业，适合装卸长大件和重货件，如重型机械、钢材、管材、木材、钢锭等。

平台式集装箱（如图 7—10 所示）是在台架式集装箱的基础上进行简化而只保留底板的一种特殊结构的集装箱。此类集装箱的特点是可利用各种机械从前、后、左、右及上方进行装卸作业。

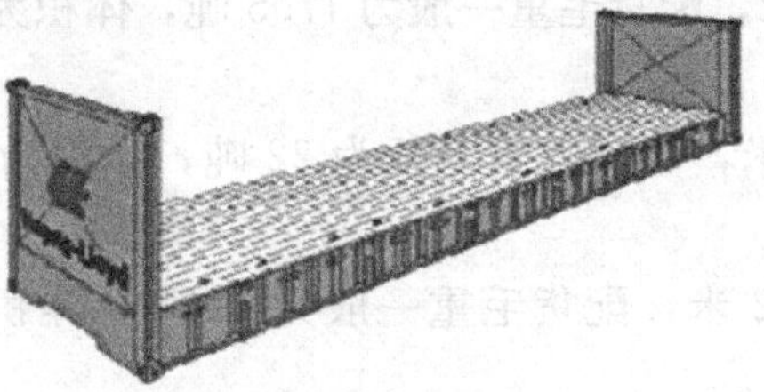

图 7—9　台架式集装箱

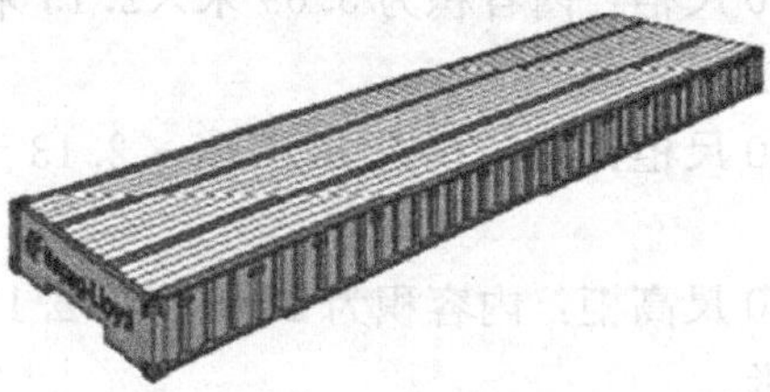

图 7—10　平台式集装箱

平台的长度、宽度与国际标准集装箱的箱底尺寸相同，可使用与其他集装箱相同的紧固件和起吊装置。这类集装箱的采用突破了过去一直认为集装箱必须有一定容积的观念。

（5）抽屉式集装箱。这类集装箱箱体由一定尺寸的抽屉组成，打开箱门后便可抽出抽屉装取货物，一般为小型集装箱，主要用于装运仪表、仪器、武器、弹药及贵重物品。

（6）隔板式集装箱。它是一种箱内有若干隔板分隔的集装箱，隔板可组合拆卸拼装，适用于装运需分隔的物品。

（7）敞顶式集装箱。敞顶式集装箱（如图 7—11 所示）也叫开顶集装箱。这种集装箱没有刚性箱顶，但有折叠式或可折式顶梁支撑的用帆布、塑料布或涂塑布制成的顶棚，其他构件与通用集装箱类似。这种集装箱适用于装运大型货物和重货，如钢铁、木材，特别是像玻璃板等易碎的重货，利用吊车从顶部吊入箱内不易损坏，而且也便于在箱内固定。

4. 按外部尺寸分类

目前，国际标准集装箱的宽度均为 8 英尺，高度有小于 8 英尺、8 英尺、8.6 英尺、9 英尺、9.6 英尺五种；长度有 40 英尺、30 英尺、20 英尺和 10 英尺四种。

此外，还有一些国家自行颁布集装箱的标准，一些集装箱运输领域的先驱者（主要是美国的海陆公司和麦逊公司）根据公司的具体条件，制定自己使用的集装箱标准。

目前，国际上通常使用的干货柜有：20 尺货柜，外尺寸为 20 英尺×8 英尺×8.6 英尺；40 尺货柜，外尺寸为 40 英尺×8 英尺×8.6 英尺；近年使用较广的 40 尺高柜，外尺寸为 40 英尺×8 英尺×9.6 英尺。

其他按公制单位和内容积描述的集装箱规格有：

图 7—11 敞顶式集装箱

20 尺柜：内容积为 5.69 米×2.13 米×2.18 米，配货毛重一般为 17.5 吨，体积为 24～26 立方米。

40 尺柜：内容积为 11.8 米×2.13 米×2.18 米，配货毛重一般为 22 吨，体积为 54 立方米。

40 尺高柜：内容积为 11.8 米×2.13 米×2.72 米，配货毛重一般为 22 吨，体积为 68 立方米。

45 尺高柜：内容积为 13.58 米×2.34 米×2.71 米，配货毛重一般为 29 吨，体积为 86 立方米。

20 尺开顶柜：内容积为 5.89 米×2.32 米×2.31 米，配货毛重一般为 20 吨，体积为 31.5 立方米。

40 尺开顶柜：内容积为 12.01 米×2.33 米×2.15 米，配货毛重一般为 30.4 吨，体积为 65 立方米。

20 尺平底货柜：内容积 5.85 米×2.23 米×2.15 米，配货毛重一般为 23 吨，体积为 28 立方米。

40 尺平底货柜：内容积 12.05 米×2.12 米×1.96 米，配货毛重一般为 36 吨，体积为 50 立方米。

5. 按运输方式分类

(1) 联运集装箱。联运集装箱是能满足物流系统多种运输形式，能在转运节点进行快速转运，无须对箱内装运物重组的集装箱。一般而言，这种集装箱需满足国际联运要求，符合国际标准，尤其是国际海上运输大型集装箱，应为 20 英尺（6.096 米）及 40 英尺（12.192 米）两种标准箱。

联运集装箱的主要特点是外形尺寸及吊装装卸构造标准化，这便于保持海运、大型集装箱装箱车及铁路运输的连贯性。个别国家和地区采用不与国际联运接轨的联运形式，这种联运集装箱与国际联运集装箱有所区别。

(2) 海运集装箱。由于国际集装箱运输以远洋运输为核心，因此海运集装箱和国际联运集装箱是相同的。

(3) 铁路集装箱。铁路集装箱是铁路系统为适应货车运输要求和满足小范围铁路—水路、铁路—陆路联运的需要而采用的具有一定专用性的集装箱。我国的铁路集装箱分为大型箱、中型箱和小型箱。大型箱是指装载量在 20 吨以上的集装箱，如我国铁路目前通用的 20 英尺箱、40 英尺箱；中型箱是指装载量在 5～20 吨的集装箱，如我国铁路目前通用的 5 吨箱、10 吨箱；小型箱是指装载量在 5 吨以下的集装箱，如我国铁路目前通用的 1 吨箱。由于我国的内陆运输仍以铁路为主，因此铁路集装箱在我国有很大的保有量。

(4) 空运集装箱。它是适合于航空货运及航空行李运输的集装箱。空运集装箱有以下几个特点：

1) 集装箱自重小，箱材厚度小，有利于减少无效运输，尽量增加空运量，因此集装箱的材质一定是铝合金。

2) 空运集装箱需要装入飞机货舱中，其形状受飞机货舱形状及大小的制约，且由于机型很多，这种集装箱难以形成通用规格尺寸。一架飞机需要配备若干种集装箱，才能保证有效装运。

7.2.3 集装箱的标准

集装箱标准对集装箱的发展具有常重要的意义，在整个物流系统中，集装箱标准化也是十分重要的一个环节。集装箱的标准不仅与集装箱本身有关，而且与各种运输设备、装卸机具，乃至车站、码头、仓库的设施有关。

为了充分发挥集装单元化的作用，有效地开展多式联运和国际贸易，必须大力推行集装箱标准化。集装箱标准按使用范围分类，有国际标准、国家标准、地区标准和公司标准四种。

1. 国际标准集装箱

国际标准集装箱是指根据国际标准化组织第 104 技术委员会（ISO/TC104）制定的国际标准来建造和使用的国际通用的标准集装箱。

集装箱标准化历经了一个发展过程。国际标准化组织第 104 技术委员会自 1961 年成立以来，对集装箱国际标准作过多次补充、增减和修改，现行的国际标准共 13 种，其宽度均相同（2 438 毫米），长度有四种（12 192 毫米、9 125 毫米、6 058 毫米、2 991 毫米），高度有四种（2 896 毫米、2 591 毫米、2 438 毫米、2 438 毫米）。常用国际集装箱标准规格见表 7—1。

表 7—1　国际集装箱标准规格

型号	外部尺寸（毫米）			总重量	最小内部尺寸（毫米）			最小内部容积
	高	宽	长	（千克）	高	宽	长	（立方米）
1A	2 438	2 438	12 192	30 480	2 195	2 300	11 997	60.5
1AA	2 591	2 438	12 192	30 480	2 350	2 300	11 998	65.7
1B	2 438	2 438	9 125	25 400	2 195	2 300	8 930	45
1BB	2 591	2 438	9 125	25 400	2 350	2 300	8 930	48.3
1C	2 438	2 438	6 058	20 320	2 195	2 300	5 867	29.6
1CC	2 591	2 438	6 058	20 320	2 350	2 300	5 867	31.7
1D	2 438	2 438	2 991	10 160	2 195	2 300	2 802	14.1

说明：在上述七个规格中，国外普遍发展 1AA 型和 1CC 型两种大型集装箱。

2. 国家标准集装箱

各国政府参照国际标准并考虑本国的具体情况来制定本国的集装箱标准。

我国现行国家标准《集装箱外部分类、尺寸和定额质量》（GB/T1413—1998）中的 5 吨、10 吨集装箱主要用于国内运输，20 吨、30 吨集装箱主要用于国际运输。我国用于铁路、公路和水路运输的集装箱的型号、规格和总量如表 7—2 所示。

表 7—2 我国集装箱的型号规格

型号	外部尺寸（毫米）			总重量	最小内部尺寸（毫米）			最小内部容积
	高	宽	长	（千克）	高	宽	长	（立方米）
1A	2 591	2 438	12 192	30 480	2 350	2 330	11 998	65.7
1CC	2 591	2 438	6 058	20 320	2 330	2 330	5 867	32.1
10D	2 438	2 438	4 012	10 000	2 197	2 330	3 823	19.6
5D	2 438	2 438	1 968	2 197	2 197	2 330	1 780	9.1

3. 地区标准集装箱

此类集装箱标准是由地区组织根据该地区的特殊情况制定的，仅适用于该地区。根据欧洲国际铁路联盟（VIC）制定的集装箱标准而建造的集装箱就是地区标准集装箱。

4. 公司标准集装箱

某些大型集装箱船公司根据本公司的具体情况和条件来制定集装箱标准，这类集装箱主要在该公司运输范围内使用，如美国海陆公司的 35 英尺（10.668 米）集装箱。

此外，目前世界上还有不少非标准集装箱。比如，非标准长度集装箱有美国海陆公司的 45 英尺（13.176 米）及 48 吨集装箱，非标准高度集装箱主要有 9 英尺（2.7432 米）和 9.5 英尺（2.8956 米）两种高度的集装箱，非标准宽度集装箱有 8.2 英尺宽度的集装箱等。由于经济利益的驱动，目前世界上越来越多的 20 英尺（6.096 米）集装箱的总重达 24 吨，而且普遍受到欢迎。

7.2.4 集装箱的标记

集装箱在大宗货物运输中起着不可忽视的作用。根据不同货物种类的运输要求，集装箱的结构、强度、尺寸等也不相同，这样就形成不同种类的集装箱，这些集装箱在流通中的识别和管理很容易出现问题。为了解决这些问题，国际标准化组织制定了集装箱标记。国际标准化组织规定的标记有必备标记和自选标记两类，每一类标记中又分为识别标记和作业标记。

1. 必备标记

（1）识别标记。主要包括：

1）箱主代号，即集装箱所有人代号。国际标准化组织规定，箱主代号由 4 个大写的拉丁文字母表示，前三位由箱主自己确定，第四个字母一律用 U 表示。

2）顺序号，又称箱号，用 6 位阿拉伯数字表示。不足 6 位时，则在有效数字前用“0”补足 6 位，如“053842”。

3）核对数字，是用来核对箱主代号和顺序号记录是否准确的依据。它位于箱号后，以 1 位阿拉伯数字加一方框表示。

(2) 作业标记。主要包括：

1) 额定重量和自定重量标记。额定重量即集装箱总重，自重即集装箱空箱质量（或空箱重量），ISO688 规定应以千克和磅同时表示。

2) 空陆水联运集装箱标记。由于该集装箱的强度仅能堆码两层，因此国际标准化组织对该集装箱规定了特殊的标志，该标记为黑色，位于侧壁和端壁的左上角，并规定标记的最小尺寸为：高 127 毫米，长 355 毫米，字母标记的字体高度至少为 76 毫米。

3) 登箱顶触电警告标记。该标记为黄色底各色三角形，一般设在罐式集装箱和登箱顶的扶梯处，以警告登顶者有触电危险。

2. 自选标记

(1) 识别标记。主要包括：

1) 国家和地区代号，如中国为 CN，美国为 US。

2) 尺寸和类型代号（箱型代码），尺寸代号反映了集装箱的尺寸；类型代号可反映集装箱的用途和特征，如 G 表示通风集装箱，B 表示散货集装箱，T 表示罐式集装箱等。

(2) 作业标记。主要包括：

1) 超高标记。该标记为在黄色底上标出黑色数字和边框，贴在集装箱每侧的左下角距箱底约 0.6 米处，同时贴在集装箱主要标记的下方。所有高度超过 2.6 米的集装箱均应贴上此标记。

2) 国际铁路联盟标记。所有符合《国际铁路联盟条例》规定的集装箱均可获得此标记。该标记是在欧洲铁路上运输集装箱的必要通行标记。

3. 通行标记

(1) 安全合格牌照。该牌照表示集装箱已按《国际集装箱安全公约》（CSC）的规定，经有关部门检验合格，符合有关的安全要求，允许运营。

安全合格牌照的内容包括：

1) 批准国、批准证书号和批准日期；

2) 出厂日期；

3) 集装箱制造厂商产品号；

4) 最大总重。

(2) 检验合格徽。要求在集装箱上粘贴安全合格徽，主要是为了确保集装箱不对人身安全造成威胁。此外，集装箱还必须确保在运输过程中不对运输工具的安全造成威胁。所以，国际标准化组织要求各检验机关必须对集装箱进行各种相应检验，并在检验合格后，在集装箱门上粘贴代表该检验机关的合格徽。

7.3 托　盘

托盘（pallet）是一种重要的集装器具，是物流领域中为适应装卸机械化而发展起来的一种集装器具。托盘的发展可以说与叉车同步。因叉车与托盘的共同使用而形成的有效装卸系统大大促进了装卸活动的发展，使装卸的机械化水平大幅提高，运输过程中长期存在的装卸瓶颈问题逐步得以解决。所以，托盘的出现有效地促进了物流水平的提高。

托盘的出现也促进了集装箱和其他集装方式的形成和发展，现在，托盘已是与集装箱同样重要的集装方式，成为集装系统的两大支柱之一。

7.3.1 托盘概述

1. 托盘的定义

托盘最初是在装卸领域出现并发展的，在应用过程中又进一步发展成为储存设施，并成为物流系统化的重要装备机具，对现代物流的形成以及物流系统的建立发挥了不小的作用。

我国对托盘的定义为：用于集装、堆放、搬运和运输的放置单元负荷的货物和制品的水平平台装置（GB/T 4122.1—1996 中的 4.27 条）。托盘是由木材、金属、纤维板制作的低平台，作为储运补给品的一个单元，是一种装卸物资的轻便平台。使用托盘便于用叉车、搬运车或吊车等装卸搬运单元物资或小数量货物。

现在，因使用简单、方便，托盘在集装领域中备受青睐。

2. 托盘的特点

托盘和集装箱在许多方面优缺点互补，因而许多难以利用集装箱的地方往往可以利用托盘，托盘难以完成的工作则可以由集装箱完成。

托盘的优点主要有：

(1) 自重量小，用于装卸、运输时所消耗的劳动强度小，无效运输及装卸负荷相对于集装箱而言较小。

(2) 返空容易，由于造价低，又很容易互相联系代用，因此可以互以对方的托盘抵补，减少返空量，即使有返空也较容易操作。

(3) 装盘容易，装盘后采用捆扎紧包等技术处理，使用快捷简便。

(4) 装载量适宜，组合量较大。装载量虽比集装箱小，但也能达到一定的数量，比一般包装的组合量大得多。

(5) 节省包装材料，降低包装成本。

托盘也有一些缺点，比如，在保护产品性能方面不如集装箱好，不宜露天存放，需要有仓库等配套设施等。

中国物流与采购联合会托盘专业委员会 2011 年对国内多家托盘生产企业、托盘使用及销售企业进行初步调查的结果显示，目前我国拥有的各种类型托盘总数为 16 000 万～20 000 万片，实际数量可能远不止于此，此外每年增产约 2 000 万片。其中，木制平托盘约占 85%，塑料平托盘约占 12%，钢制托盘、复合材料托盘以及纸制托盘合计约占 3%。复合材料平托盘和塑料托盘所占的比例上升较快。

7.3.2 托盘的分类

托盘的种类繁多，结构各异。常见的托盘主要有以下几种。

1. 平托盘

我们平时所说的托盘一般指的是平托盘（flat pallets），它是一种通用托盘。平托盘几乎是托盘的代名词，因为平托盘使用范围最广，使用量最大，通用性最好。

平托盘的定义（ISO/R455 中的定义）为：在承载面和支撑面间夹以纵梁，构成可集装物料，可使用叉车或搬运车等进行作业的货盘。

根据 GB/T 2934—2007，联运通用平托盘的托盘平面尺寸为：1 200 毫米×1 000 毫米和 1 100 毫米×1 100 毫米。优先推荐 1 200 毫米×1 000 毫米的托盘。主要尺寸及公差如表 7—3 所示。

表 7—3　　**平托盘外部尺寸**　　单位：毫米

代号	公称尺寸	长度		宽度		叉孔高度	
		尺寸	公差	尺寸	公差	尺寸	公差
TP1	80×1 000	800	±3	1 000	+3	使用托盘搬运车：100 使用叉车或其他机具：70	+50
		1 000		800			
TP2	80×1 200	800		1 200			
		1 200		800			
TP3	1 000×1 200	1 000		1 200			
		1 200		1 000			

按不同的标准，平托盘可以进行以下分类。

(1) 按台面分类。按承托货物台面，平托盘可以分为单面型、单面使用型、双面使用型、单面四向型、单面使用四向型、双面使用四向型、单面单翼型、单面使用单翼型、双面使用双翼型等九种。

(2) 按叉车叉入方式分类。按叉车叉入方式，平托盘可以分为单向叉入型、双向叉入型、四向叉入型三种。其中，单向叉入型只能从一个方向叉入，因而在叉车操作时较为困难。四向叉入型可从四个方向进叉，因而叉运较为灵活。

(3) 按制造材料分类。按制造材料，平托盘可以分为以下五种：

1) 木制平托盘。木制平托盘（如图 7—12 所示）制造方便，便于维修，自重也较轻，是使用较为广泛的平托盘。

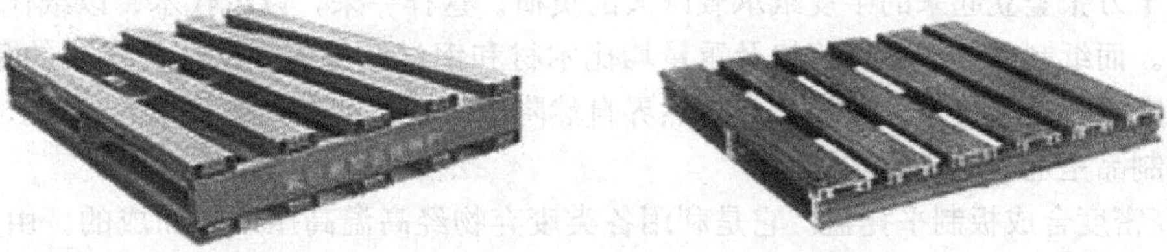

图 7—12　木制平托盘

2) 钢制平托盘。是用角钢等异型钢材焊接制成的平托盘（如图 7—13 所示）。与木制平托盘一样，也有各种叉入型和单面、双面使用型等各种类型。

钢制平托盘一般自重较大，人力搬运较为困难。它的最大特点是：强度高，不易损坏和变形，维修工作量较小。用钢材制成的翼形平托盘有优势，不但可使用叉车装卸，也可利用两翼套吊吊具进行吊装作业。

3) 塑料制平托盘。是用塑料模制成的平托盘，一般是双面使用型，两向叉入或四向叉入，由于其强度有限，因此很少有翼形的平托盘。

塑料制平托盘如图 7—14 所示。最主要的特点是：自重轻，美观，整体性较好，无味无毒，易冲洗消毒，不腐烂，不助燃，无静电火花，可回收，耐腐蚀性能强，可着各种颜色加以区分。

图 7—13　钢制平托盘

图 7—14　塑料制平托盘

此外，塑料制平托盘是整体结构，不存在透钉刺破货物的问题，是仓储的重要工具，适合周转使用。但塑料制平托盘的承载能力不如钢制、木制的平托盘。

4）纸制平托盘。纸制平托盘（如图7—15所示）多采用高强度蜂窝纸芯与高强度卡纸、纤维板组合而成。它利用可靠的力学原理来实现托盘的机械性能，以满足常规运输的要求。纸制托盘均为一次性托盘，有重量轻、成本低、出口免检、处理简便等优点，其缺点是承载量小。

图 7—15　纸制平托盘

我国是继美国、日本、荷兰之后，第四个能够生产蜂窝复合纸板的国家。在国际上，这种新型材料已越来越受到重视。从材料力学的角度来讲，纸的强度并不高，但其直立之后的立面强度是其他状态下的 75 倍。如果再对纸进行固化处理，则可使每层纸的立面硬度增大数百倍，将这些纸制成特制的蜂窝状结构的纸板，可使千万张竖立起来的牛皮纸承载巨大的负荷。这样一来，以纸代木、以纸代钢就可以成为现实。而纸制品的成本、价格及重量均比木材和钢材低得多。从环境保护的角度来看，纸的来源广泛，是可再生的资源，在自然界自然降解后，不存在污染环境的问题。因此，广泛应用纸制品是适应时代要求的。

5）高密度合成板制平托盘。它是利用各类废弃物经高温高压压制而成的。由于它使用的是再生环保材料，因而具有抗高压、承重性能好、成本低的特点，并且避免了传统木托盘的木结、虫蛀、色差、湿度高等缺点，适合各类货物的运输，尤其是重货（化工、金属类产品）的成批运输，也是替代木托盘的最佳选择。

使用平托盘堆垛时，上层托盘的重量完全压在下层的货物上，因此，下层货物必须堆码平整，具有一定的耐压力。这样就使托盘货物的种类和堆垛的高度都受到限制，有些异型货物或者质量比较差的纸箱包装不能使用平托盘。

2. 柱式托盘

柱式托盘（post pallets）是在平托盘的基础上发展起来的，其特点是在不挤压货物的情况下可进行码垛（一般为四层）。多用于包装物料、棒料管材等的集装。

图 7—16 中显示的柱式托盘还可以作为可移动的货架、货位；不用时可叠套存放，节约空间。近年来，柱式托盘在国外推广迅速。

柱式托盘的基本结构是在托盘的四个角上装有固定式或可卸式的柱子（如图 7—17 所示）。柱式托盘的柱子部分用钢材制成，按柱子固定与否可分为固定柱式托盘和可卸柱式托盘两种。

图 7—16　柱式托盘

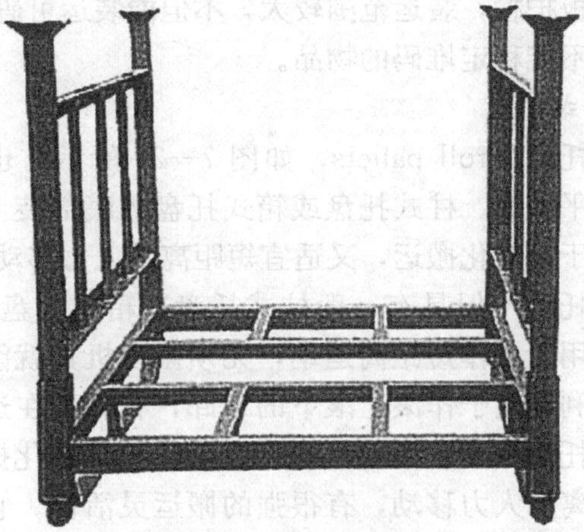

图 7—17　柱式托盘的结构

固定柱式托盘的四角支柱与底盘固定连在一起，支柱多用型钢制作，柱脚略放大，与下一层托盘联结，有的柱顶加设横撑，以增加稳定性。可卸柱式托盘在实践中使用比较广泛，它以平托盘为基体，立柱下端附设各种形式的小插件，嵌入平托盘的铺板和纵梁，这类托盘拆装方便，既可做平托盘使用，又可节约空托盘占用的空间。

柱式托盘的主要作用有：利用立柱支撑重量物，往高叠放，而不担心压坏下部托盘上的货物；防止托盘上放置的货物在运输和装卸过程中发生塌垛现象。

3. 箱式托盘

箱式托盘（box pallets，如图 7—18 所示）也是在平托盘的基础上发展起来的，多用于散件或散状物料的集装，金属箱式托盘还用于热加工车间集装热料。一般下部可叉装，上部可吊装，并可进行码垛（一般为四层）。性能参数为外形尺寸：长×宽×高（单位：毫米）。

箱式托盘的基本结构（如图 7—19 所示）是沿托盘四周用板式、栅式、网式等各种平面组成箱体。箱板有固定式、折叠式和可卸式三种。由于四周栏板不同，箱式托盘又有各种不同的名称，如四周栏板为栅栏式的托盘也称笼式托盘或集装笼。

图 7—18　箱式托盘

图 7—19　箱式托盘的结构

箱式托盘的主要特点是：其一，防护能力强，可有效防止塌垛，防止货损；其二，由于四周有护板护栏，装运范围较大，不但能装运可码垛的外形整齐的包装货物，而且可装运各种异形的不能稳定堆码的物品。

4. 轮式托盘

轮式托盘（roll pallets，如图 7—20 所示）也称物流台车，由平托盘、柱式托盘或箱式托盘的底部装上脚轮而成，既便于机械化搬运，又适宜短距离的人力移动。

这种托盘不但具有一般柱式托盘、箱式托盘的特点，而且可利用轮子作短距离运动，无须搬运机具就能实现搬运，还可利用轮子作滚上滚下的装卸，有利于在运输车或船内移动托盘位置，所以轮式托盘既便于机械化搬运，又适宜短距离的人力移动，有很强的搬运灵活性。它适用于企业工序间的流搬运，也可在工厂或配送中心装上货物运到商店，直接作为商品货架的一部分。

图 7—20 轮式托盘

5. 特种专用托盘

托盘制作简单、造价低，除上述带有一定通用性，适合装运多种中小件杂散的包装货物以外，在某些领域也可制造出装载效率高、装运方便、满足某种物品的特殊要求的专用托盘。

现在各国采用的专用托盘不计其数，都在某些特殊领域发挥着重要作用，其中比较典型的有以下六种：

(1) 航空托盘。航空货物或行李托运用托盘，一般采用铝合金制造，为适应各种飞机货舱及舱门的限制，一般制成平托盘，托盘上所载物品以网格覆罩固定。

(2) 平板玻璃集装托盘。这种托盘又称平板玻璃集装架，能支撑和固定立放的平板玻璃，在装运时，平板玻璃顺着运输方向放置以保持托盘货载的稳定性。

平板玻璃集装托盘有若干种，使用较多的是 L 形单面装放平板玻璃单面进叉式托盘、A 形双面装放平板玻璃双向进叉式托盘、吊叉结合式托盘及框架式双向进叉式托盘等。

(3) 油桶专用托盘。这是专门装运标准油桶的异型平托盘。托盘为双面型，两个面皆有帮助型固定油桶的波形槽或侧挡板，油桶卧放于托盘上，由于波形槽或挡板的作用，不会发生滚动位移。同时，还可几层叠垛，解决桶形物难以堆高码放的问题，方便存储。

(4) 货架式托盘。这是一种框架形托盘，框架正面尺寸比平托盘略宽，以保证托盘能放入框架内，框架的深度比托盘宽度小，以保证托盘能码放在架上。架子下部有四个支脚，形成了叉车进叉的空间。货架式托盘实际上是托盘货架的一种，是货架与托盘的一体物。这种货架式托盘叠高组合，便成了托盘货架，可将货载托盘送入内部放置。

(5) 长尺寸货物托盘。这是一种专门用于装运长尺寸材料的托盘，这种托盘叠高码放后便成了组装式长尺寸货架。

(6) 轮胎专用托盘。轮胎的特点是耐水、耐蚀，但怕挤、怕压，轮胎专用托盘较好地解决了这个问题。利用轮胎专用托盘，可多层码放，不会造成挤压，大大地提高了装卸和储存效率。

7.3.3　托盘的标准

1. 托盘标准化的意义

托盘虽然只是一个小小的器具，但具有重要的衔接功能、广泛的应用性，对其他设备具有举足轻重的连带性，在提高装卸搬运、保管、运输和包装等各个物流环节的效率时处于中心位置，因此，托盘的尺寸影响着包装尺寸、车厢尺寸、集装单元尺寸。

托盘的尺寸与货架、运输车辆以及集装箱的尺寸有制约关系，只有当它们的规格相互协调时，系统才能合理化。货架的尺寸与运输车辆的尺寸之间并没有直接的对应关系，但是它们都要与托盘的尺寸相匹配。因此，在确定物流系统各种设备的基本参数时，所选用的托盘规格是首先要考虑的因素。由此可见，托盘标准化是提高物流系统效率与效益的必要条件。其他设备的规格也要与托盘的规格相匹配、相协调，以便提高物流系统的整体效率。所以，托盘标准化在物流标准化中起到纽带作用，具有重要地位。

2. 托盘标准化的现状

托盘标准化是实现托盘联运的前提，也是实现物流机械和设施标准化的基础及产品包装标准化的依据。

但是，现在各国的国家标准规定的托盘尺寸各不相同。如，美国是 48 英寸×40 英寸（1 219 毫米×1 016 毫米）；加拿大、墨西哥为 1 000 毫米×1 000 毫米；澳大利亚为 1 165 毫米×1 165 毫米；欧洲各国中以 1 200 毫米×800 毫米为标准的国家最多，但是英国、德国及荷兰有 1 200 毫米×800 毫米及 1 200 毫米×1 000 毫米两种托盘存在，北欧各国拥有统一的 1 200 毫米×800 毫米托盘。英国的托盘统一政策制定得较晚，造成了两种托盘规格的并存。日本、韩国、新加坡、中国台湾等国家和地区规定的标准是 1 100 毫米×1 100 毫米，东南亚各国还没有统一的标准托盘的规格。由于 1 100 毫米×1 100 毫米托盘与 ISO 国际标准集装箱相匹配，因此普及率很高。

各国特别是欧洲各国在制定托盘规格时都会考虑以下因素，即与桥梁、隧道、运输道路及货车站台设施相适应，以及与货车、卡车等车辆宽度相匹配，并根据托盘规格决定仓库支柱的间距、货架等尺寸，所以一旦改变托盘规格，将涉及一系列复杂问题。

3. 国际标准化组织规定的托盘规格

为了达到国际联运的目的，托盘的规格应有国际统一标准。但是，由于世界各国使用托盘的历史不同，因此各国的托盘尺寸均有所不同。根据 ISO6780《联运通用平托盘的重要尺寸及公差》的规定，现有的托盘被分为四个系列。

（1）1200 系列。1200 系列托盘有两种尺寸，即 1 200 毫米×800 毫米和 1 200 毫米×1 000毫米。其中，1 200 毫米×800 毫米托盘也称欧洲托盘，这种托盘应用广泛，欧洲各国、加拿大、墨西哥等国多采用此种标准托盘。1 200 毫米×1 000 毫米托盘多用于化学工业。

（2）1100 系列。1100 系列托盘的尺寸为 1 100 毫米×1 100 毫米，这个尺寸系列是根据发展较晚的国际集装箱的最小宽度尺寸 2 330 毫米确定形成的。日本、韩国、新加坡、中国台湾等国家和地区制定的标准托盘即为这个系列。由于 1100 系列的托盘与 ISO 国际标准集装箱相匹配，因此普及率很高。

（3）1140 系列。1140 系列托盘的尺寸为 1 140 毫米×1 140 毫米，此系列是对 1100 系列的改进，目的是充分利用集装箱的内部空间。

(4) 1219 系列。1219 系列托盘的尺寸为 1 219 毫米×1 016 毫米，这是美国托盘的标准。

世界上占主导地位的国家使用的托盘多属于上述四种，这些都是各国根据自己国家的基本情况而制定的标准化规格，如果变更，将付出很大的代价。如前所述，不管把这四种托盘规格统一为哪一种，各国的利益损失都会很大，因此，不具有强制力的国际组织无法强制执行。

在这四种托盘中，1 100 毫米×1 100 毫米规格的托盘是为了与现在流行于世界的 ISO 国际集装箱相匹配而设计的。另外，欧美运输车辆的载物台尺寸比较小，也便于使用这种规格的托盘。国际上通用的托盘在大力发展国际贸易的东南亚各国已被广泛地使用。

如果全世界都使用统一规格的托盘进出口货物，车辆的载物台等也统一规格，则可能出现非常便利而又高效的物流。要促进世界经济更好地发展，统一托盘规格是非常必要的，世界各国必须为此而努力。

4. 我国的托盘规格

1996 年我国颁布了国家标准 GB/T2934—1996《联运通用平托盘主要尺寸及公差》，将联运托盘的平面尺寸定为：800 毫米×1 200 毫米、800 毫米×1 000 毫米、1 000 毫米×1 200毫米三种（见表 7—4），载重量均为 1 吨。在此前后还陆续颁布过 GB/T3716—1996《托盘名词术语》、GB/T4995—1996《联运通用平托盘性能要求》、GB/T4996—1996《联运通用平托盘检验方法》、GB/T10486—1989《铁路货运钢制托盘》等，为我国物流中托盘的使用创造了条件。

表 7—4　　GB/T2934—1996 联运平托盘外形尺寸系列

代号	公称尺寸（毫米）	长度公差	宽度公差	叉孔高度尺寸	公差	载重量（千克）
TP1	800×1 000	±3	±3	使用托盘搬运车：100 使用叉车或其他机具：70	±6	1 000
TP2	800×1 200					
TP3	1 000×1 200					

我国规定托盘的平面尺寸为：1 200 毫米×1 000 毫米和 1 100 毫米×1 100 毫米，优先推荐 1 200 毫米×1 000 毫米；平面尺寸的制造公差应为±3 毫米或±6 毫米；两对角线长度之差应不超过原对角线长度的 1%；平面度要求托盘铺板的偏离与预定水平面的垂直偏差应不超过 7 毫米，铺板的特意突出部分可超过 7 毫米。

7.3.4 托盘的使用

1. 托盘在使用中应注意的问题

在托盘的使用过程中，难免会造成托盘的破损，而破损的托盘如果不经修理继续使用，不仅会缩短托盘的寿命，而且有可能造成货物的破损和人身伤亡事故。因此，应做好托盘的维护与保养工作，保证托盘处于良好的状态。

在使用托盘时应注意：使用叉车进行操作时，应避免直接地推拉或者撞击托盘；使用叉车叉取货物时，应保证叉车工作臂完全进入托盘内，提升货物时叉车工作臂应始终保持水平；货物在托盘上应当摆放得均匀平整，使托盘表面受力均匀；避免一些非操作性的损坏，做好日常管理，比如，对不使用的托盘进行遮盖，禁止非工作人员对托盘进行操作。

2. 托盘货物的堆码方式

托盘货物的堆码方式主要有四种基本类型（如图 7—21 所示）。

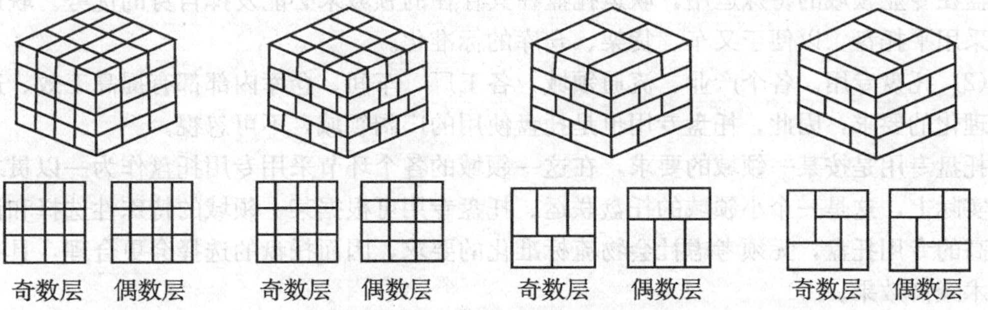

（a）重叠式 （b）纵横交错式 （c）正反交错式 （d）旋转交错式

图7—21 托盘货物的堆码方式

（1）重叠式。托盘上各层货物以相同的方式码放，上下完全相对应，各层之间不会出现交错的现象，如图7—21（a）所示。这种码垛方式的优点是：作业方式简单，作业速度快，而且包装物的四个角与各边垂直并重叠，承载能力强，能承受较大的荷重，同时在货体底面积较大的情况下，可保证足够的稳定性。这种方式的缺点是：各层面之间只是简单地排列，缺少咬合，在货体底面积不大的情况下，稳定性不够强，容易发生塌垛。

（2）纵横交错式。纵横交错式如图7—21（b）所示，相邻两层货物的摆放旋转90°，一层呈横向放置，另一层呈纵向放置，各层之间有一定的咬合效果，但咬合强度不高。这种方式装盘也较简单，如果配以托盘转向器，装完一层之后可利用旋转器旋转90°，工人只用同一装盘方式便可实现纵横交错装盘，劳动强度与重叠式相同。重叠式和纵横交错式适合自动装盘机进行装盘操作。

（3）正反交错式。在同一层中，不同列的货物都以90°垂直码放，相邻两层货物码放是旋转180°的交错形式（如图7—21（c）所示）。使用这种方式，各层之间咬合强度较高，相邻层之间不重叠，因而码放后稳定性很高，但操作较为麻烦，而且包装体之间不是垂直面互相承受载荷，所以下部货体容易被压坏。

（4）旋转交错式。旋转交错式如图7—21（d）所示，第一层相邻的两个包装互为90°，两层间的码放相差180°，这样相邻两层之间互相咬合交叉，托盘货体稳定性较高，不易塌垛。其缺点是：码放难度大，且中间形成空穴，会降低托盘的装载能力。

3. 托盘的使用管理方式

托盘的使用管理方式有两种，一种是托盘联运，另一种是托盘专用。

（1）托盘联运。托盘联运又称一贯托盘运输，是指通过装卸、运输、转运、保管、配送等物流环节，将载货托盘货体原封不动地从发货人处送达收货人的一种“门到门”运输方式。

由于采用了托盘，因此，在物流过程中的各个环节，可以托盘货物整体作为处理对象，而不需要逐个处理每件货物，这样就可以大大减少人力装卸次数，节省劳务费用，防止事故及货损的发生，节省包装及包装费用，加快物流速度，取得良好的效益。

托盘联运是个社会化问题，很难在一个行业、一个部门或一个地区自行解决。因此，要解决托盘联运问题，必须在全社会实行统一的托盘技术和托盘管理制度。实行联运的托盘有固定的尺寸标准和有限的种类，不是所有的托盘都能进入联运领域，所以实行托盘联运限制了托盘在专业领域的特殊运用，联运托盘在其存在的领域未必能发挥自身的优势。联运托盘等都采用平托盘，以便于叉车、货架、仓库的标准化。

(2) 托盘专用。各个产业、流通领域，各工厂、车间、仓库内部都有提高工效、追求物流合理化的要求，因此，托盘专用也是托盘使用的广阔领域，不可忽视。

托盘专用是按某一领域的要求，在这一领域的各个环节采用专用托盘作为一以贯之的手段，实际上，这是一个小领域的托盘联运。托盘专用可根据某一领域的特殊性选择和设计效率最高的专用托盘，无须考虑社会物流标准化的要求，因而托盘的选择会更合理，具有较好的技术经济效果。

平板玻璃专用托盘是托盘专用的典型例子。平板玻璃产量很大，具有较广阔的流通领域，但这种产品不可能利用通用联运平托盘，也很难采用其他形式的托盘。平板玻璃专用托盘解决了其他种类托盘不能解决的立装、紧固等问题，形成了这一领域的“门到门”贯通运输。

由于专用托盘的运用有时要配以专用机具、设施，会降低这些机具设施的使用效率，因此限制了它的发展。

7.4 其他集装器具

除了集装箱、托盘这两种运用范围广、适用于多种货物装运的主体集装化设备与器具之外，还有集装袋、集装网、货捆等多种集装化器具在某些领域发挥着特殊的作用。

7.4.1 集装袋

1. 集装袋的定义

集装袋（flexible freight bags，如图 7—22 所示）又称柔性集装箱。它是集装单元器具的一种，配以起重机或叉车，就可以实现集装单元化运输。它适用于装运大宗散状、粉粒状物料。

图 7—22 集装袋

集装袋的特点是结构简单、自重轻、可以折叠、返空所占空间小、价格低廉。其性能参数如表 7—5 所示。

表 7—5　　集装袋的性能参数

适用类型	重复使用型/一次使用型
形状	圆桶形/方形/圆锥状
提升方式	顶面/底面/侧面
排料口	有/无
材料	橡胶/塑料/帆布
充填重量	0.5/1.0/1.5/2.0/2.5/3 吨
容积	500/640/840/1 000/1 250/1 500/1 750/2 000 立方米

采用集装袋可以提高装卸效率，降低费用，减少物流损失。由于集装袋体轻又可以折叠，因此与同样用途的金属容器相比，在整个物流过程中易于处理，在返空、清洗、存放方面更有优势。

常用的集装袋是重复使用型。一次使用型集装袋多为圆形，其构造强度虽较重复使用型小得多，但足以保证一次性使用的强度要求，在实际使用中往往不止使用一次，大多数可使用 5 次左右。由于集装袋装卸货物、搬运都很方便，装卸效率明显提高，因此近年来发展很快。

2. 集装袋的分类

(1) 按集装袋形状分类。可分为圆筒形集装袋和方形集装袋两种（如图 7—23 所示），一般以圆筒形居多，集装袋的分类和代号见表 7—6。

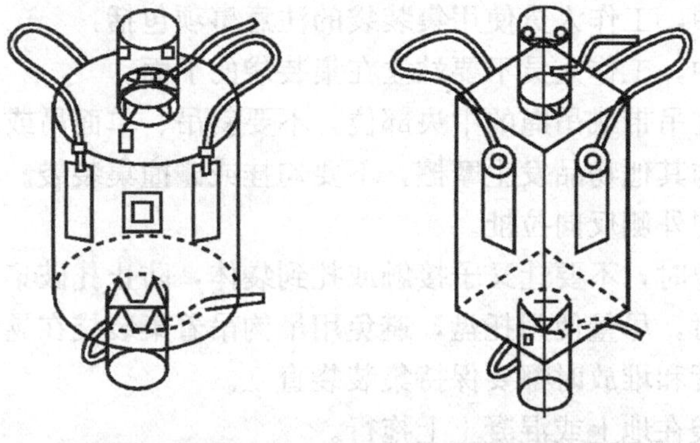

圆筒形集装袋　　方形集装袋

图 7—23　集装袋的两种形状

表 7—6　　集装袋的分类和代号

形状	结构		代号
圆筒形	有出料口	非全开口	YF
		全开口	Y
	无出料口		YW
方形	箱形		FX
	半敞形		FB
	全敞形		FQ

近年来，由于方形集装袋有较高的装载效率，能保证运输的稳定性，相同容量的方形集装袋的高度比圆形集装袋的高度可以降低 20%左右，因此方形集装袋发展非常迅速。方形

集装袋又可以分为以下几种：

1）箱形：方形袋体，只可打开上盖。

2）半敞形：方形袋体，除上盖以外，另有一个侧面可以敞开。

3）全敞形：方形袋体，整个袋体可以平摊成一个平面。

（2）按适装物品形状分类。可分为粉粒体集装袋和液体集装袋两种。两种集装袋在构造及材质的选择上均有区别。

（3）按吊带设置方式分类。可分为顶部吊带集装袋、底部托带集装袋和无吊带集装袋三种。顶部吊带在顶部袋口处，底部托带是指四根吊带从底部托起，从上部吊运。顶部吊带集装袋、底部吊带集装袋在装卸时均可叉可吊，而无吊带集装袋只能依靠叉车装卸。

（4）按装卸料方式分类。可分为上部装料下部卸料两个口集装袋、上部装料并卸料一个口集装袋两种。

（5）按集装袋材质分类。可分为涂胶布袋、涂塑布袋、交织布袋三种。

集装袋的制作材料主要是聚丙烯纺织材料，也可采用天然纤维织帆布材料，表面涂覆材料有 EVA 塑料、乳胶、聚丙烯及聚氯乙烯等。随着现代化学工业的发展，人造纤维材料已有了很高的强度，因此可制成大型的、大容积的包装容器。

3. 在装卸运输作业中使用集装袋的注意事项

集装袋在我国的使用范围正在扩大，特殊用途（如装运电石、矿物品等）的集装袋的出口量也在增长。因此，集装袋产品的市场需求潜力很大，发展前景十分广阔。

在装卸运输作业中，工作人员使用集装袋的注意事项包括：

（1）在吊装作业中，工作人员不要站立在集装袋的下面。

（2）要将吊钩挂在吊带或吊绳的中央部位，不要斜吊、单面吊或斜拉吊集装袋。

（3）作业中不要与其他物品发生摩擦，不要勾挂或碰撞集装袋。

（4）不要将吊带向外侧反向拉扯。

（5）使用叉车作业时，不要让叉子接触或扎到袋体，防止扎破集装袋。

（6）在车间搬运时，尽量使用托盘，避免用吊钩吊着集装袋在晃动中搬运。

（7）在装货、卸货和堆放时都要保持集装袋直立。

（8）不要将集装袋在地上或混凝土上拖行。

（9）不得不在室外保管集装袋时，应将其放在货架上，并用不透明篷布遮盖严实。

（10）使用后，用纸或不透明篷布将集装袋包好，存放在通风处。

7.4.2 集装网

集装网是用高强纤维材料制成的集装工具，它的装运方式与集装袋相似。集装网主要装运包装货物和无包装的块状货物，每个网络通常一次装运 500～1 500 千克，在装卸中采取吊装方式。

集装网比集装袋更轻，因而运输中的无效运输更少；价格较低，可节省集装费用。它的主要缺点是对货物的防护能力差，因而应用范围受到较大限制。

7.4.3 罐体集装

罐体集装与罐式集装箱类似，但不属于集装箱系列，而单独构成专用的系列，其集装能力有时超过罐式集装箱。

这种集装方式有两个典型的代表体系，分别为水泥散装罐和石油、燃料油罐。

1. 水泥散装罐

它是指专用于运输散装水泥的一种器具。采用专用的罐式散装汽车（如图 7—24 所示），经过配送节点将水泥运至用户。需求量大的用户，可不经配送节点直运至用户的散装仓库。在各个节点，水泥的装卸依靠管道进行，采用气力或重力装卸方法，这种节点被称为水泥散装中转站。

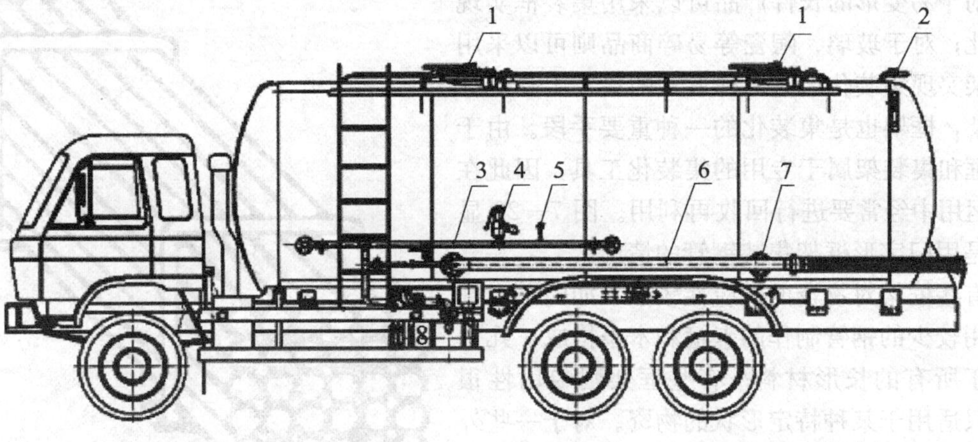

1—进料口　2—排气阀　3—进气管路　4—外接气源接口
5—气压表　6—出料管路　7—出料碟阀　8—空压机

图 7—24　罐式散装水泥车外形图

这种专用集装系统的主要缺点是专门设备不可能载货返程而只能空返，造成运力浪费以及费用的增加。

2. 石油、燃料油罐

它是指专用于运输石油、燃料油的油罐。运输石油、燃料油时，油罐放置于专用车或专用油船上，其物流过程为：专用大型油罐车或专用油船将油运至中转库，一般是大型地下油库或油罐，再由油罐分运至各加油站，在加油站完成对用户的服务。

这种集装方式全部采用专用设备，运输效率高且安全，是油品运输的主体形式，在这一领域，罐式集装箱的应用反而较少。

7.4.4　货　捆

货捆是依靠捆扎将货物组合成大单元的集装方式。许多条形及柱形的强度比较高的、无须防护的材料（如钢材、木材，各种棒、柱建材，以及能进行捆扎组合的铝锭、其他金屑锭等）采用两端捆扎或四周捆扎的方式，可以组合成各种各样的捆装整体。图 7—25 显示的是长型圆钢捆扎成集装货件的情形。

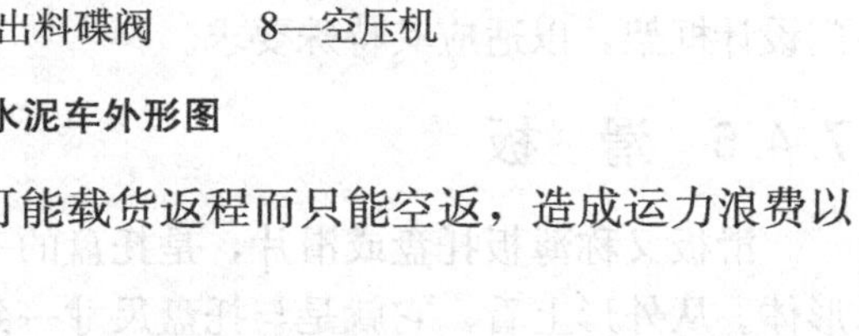

图 7—25　长型圆钢的捆扎

货捆主要适用于木材、钢材等长件货物。比如，主要木材出口国的木材流通就大多采用货捆方式。俄罗斯在木材流通中采用半刚性吊索将木材捆成货捆，在整个运输过程中不解捆。其采用的半钢性吊索由交通部门统一制造维修，归铁路部门所有，货主可租用。美国的货捆则采用了“活捆”方式，既利用了货捆的优点，提高了船舶装卸效率，又克服了“死捆”降低舱容利用率的缺点。

7.4.5 框　架

对于易变形的长件产品可以采用集装框实现集装化；对于玻璃、陶瓷等易碎商品则可以采用集装架实现集装化。这两种形式的集装工具统称为框架，框架也是集装化的一种重要手段。由于集装框和集装架属于专用的集装化工具，因此在实际运用中经常要进行回收再利用。图 7—26 显示的是用门字形框架集装钢管的情形。

有些框架对物资的适应性较强，如门字形框架由用较少的钢管制作的卡箍和木条构成，几乎可用于所有的长形材料；有些框架则专用性很强，只适用于某种特定形状的物资。对于一些外观特殊的物资，若要进行框架集装，往往需要专门设计框架，以适应其特殊要求。

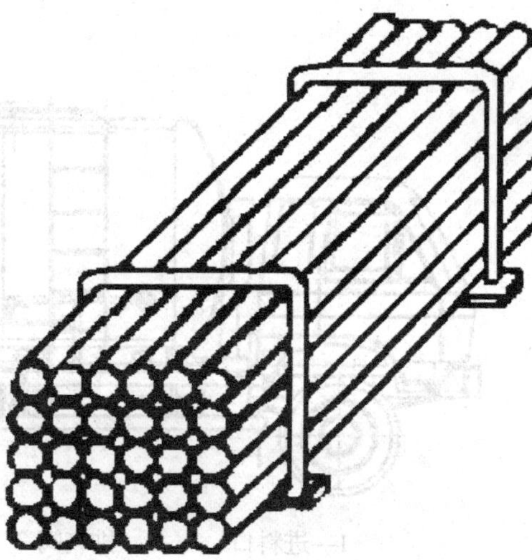

图 7—26　门字形框架

7.4.6 滑　板

滑板又称薄板托盘或滑片，是托盘的一种变形体。从外形上看，它就是与托盘尺寸一致的、带翼板（勾舌、卷边）的平板（如图 7—27 所示）。与托盘一样，滑板也可用于承放货物组成装卸单元。与滑板相匹配的装卸搬运机械是带推拉器的叉车。取货时，先用推拉器的钳口夹住滑板的壁板，同时将叉车的货叉向前伸，以便把滑板货体拉到货叉上；卸货时，只需对准货位，用推拉器将滑板货体推出货叉即可。

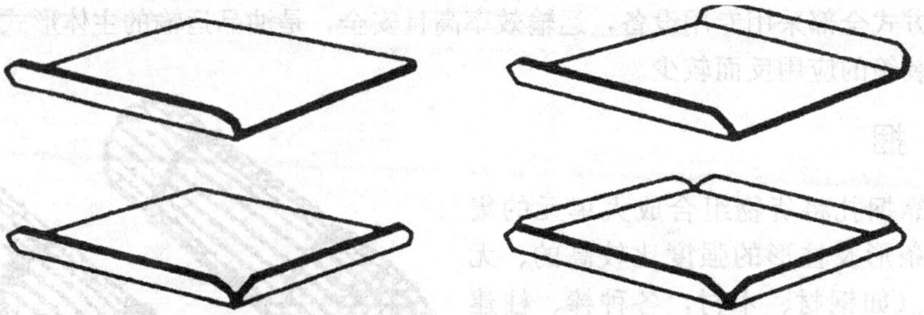

图 7—27　各种形状的滑板

滑板一般由塑料制成，塑料制滑板比木制、纸制滑板更好，有以下八个优点：

（1）载物面经过特殊加工，所以摩擦系数较大，滑板上所载的货物不易发生滑动、塌垛等事故；

(2) 结实耐用，可以反复使用，并能承受强度很大的操作；
(3) 有较强的耐水及耐化学侵蚀的特性；
(4) 易用水清洗，可防止细菌繁殖，比一般集装器具卫生，适于装运食品及医药用品；
(5) 在装运冷冻物或在严寒地带使用时也有很高的强度；
(6) 重量轻，只相当于木质托盘的1/20，采用滑板集装时，滑板的重量在运输中可忽略不计；
(7) 更薄，可节省储存空间；
(8) 可大幅降低集装成本，节约费用。

7.4.7 半挂车

半挂车相当于一种带轮的大型集装箱，按照ISO的定义，半挂车不属于集装箱的范畴。对于铁路运输来说，半挂车经常是平板车的运输对象；对于水路运输来说，半挂车经常是滚装船的运输对象；而对于公路运输来说，半挂车本身就是一种运输工具，它既可以单独由牵引车牵引，又可以组合成车列由牵引车牵引。显然，在铁路和水路运输方式下，半挂车起着集装的作用，是一种集装工具。

半挂车产生于美国。在20世纪50年代集装箱大发展以前，铁路运输为了与公路运输竞争，发展了在平板货车上装运半挂车的运物形式，在长途货运中发挥了铁路与公路各自的优势。目前，美国铁路运输拥有的半挂车数及其完成的运量仍然超过集装箱。在加拿大、澳大利亚和欧洲的一些国家，半挂车也得到了较快的发展。现在铁路平板车和大型货船不仅装运半挂车，而且将牵引车一起装运，形成了“滚动公路”、“浮动公路”，使公路、铁路、水路三种运输方式的结合更加紧密，有效地促进了物流的合理化。

7.5 集装化物流的主要装备

为了完成集装箱的装卸、搬运和堆垛作业，需采用装卸效率高、安全可靠的集装箱专用设备。不同的物料搬运技术、装备工艺、作业场所，需配备不同的集装箱物料搬运装备机械系统。按作业场所和物料搬运装备工艺，常分为集装箱船装卸装备、集装箱堆场装卸装备、集装箱货运站装卸装备。

7.5.1 集装箱船装卸装备

集装箱船装卸机械系统主要实现船岸交接，对停靠的集装箱船舶进行装卸作业。一般情况下，常采用岸边集装箱装卸桥，在多功能综合码头上则多采用多用途桥式起重机、多用途门座起重机和高桥轮胎式起重机等。下面主要介绍岸边集装箱装卸桥和多用途门座起重机。

1. *岸边集装箱装卸桥*

南京港是我国较早开展国际集装箱运输的河口港，建成于1987年，被美国工程师协会誉为“国际机械工程史上的里程碑”。美国帕西科公司（Paceco）和麦逊航运公司（Matson）联合研制的世界上第一台岸边集装箱装卸桥，由美国麦逊航运公司1958年安装在加利福尼亚州阿拉美达港的英雪纳码头上，于1987年8月15日被美国英雪纳码头公司（Encinal）总裁王正本赠送给与其合资的南京国际集装箱码头有限公司。目前，该集装箱装卸桥已经作为历史遗迹，保存于南京国际集装箱码头有限公司的岸边。

岸边集装箱装卸桥（如图 7—28 所示）是集装箱船与码头前沿之间装卸集装箱的主要设备，简称岸桥。它由前门框、后门框及拉杆组成，门架、桥架支承在门架上，起重小车可沿着桥架上铺设的轨道运行，整机可沿着与岸平行的轨道运行。岸桥使用伸缩式集装箱专用吊具，并装有吊具防摇装置。岸桥具有较高的生产率，目前我国港口设置的岸桥多为普通型（第一代）岸桥，每小时平均生产率为 25TEU。随着集装箱运输船舶的大型化，对岸桥也提出了新的要求，岸桥除了外伸距加大以外，其他技术参数也相应提高。

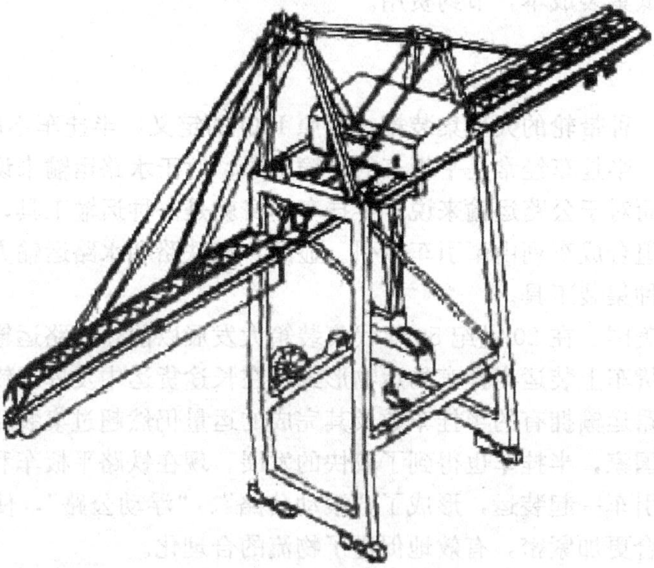

图 7—28　岸边集装箱装卸桥

（1）岸桥的分类。岸桥有各种不同的结构形式，可以按不同的标准进行分类。

1）按主梁结构形式，可分为单箱形梁结构岸桥、双箱形梁结构岸桥、板梁与桁梁混合结构岸桥以及全桁架结构岸桥。

2）按行走小车牵引方式，可分为自行小车式岸桥、全绳索牵引小车式岸桥、半绳索牵引小车式岸桥和导杆牵引小车式岸桥。

自行小车式岸桥是将起升机构和小车运行机械都装设在小车架上，小车可自主行走，这种结构形式比较简单。全绳索牵引小车式岸桥是将起升机构驱动装置与小车行车驱动装置都装设在机器房内，而不是装设在小车车架上，小车行走靠钢丝牵引。这种结构形式减少了小车自重，小车牵引性能好。半绳索牵引小车式岸桥兼有自行小车式岸桥和全绳索牵引小车式岸桥的优点。导杆牵引小车式岸桥也是将起升驱动装置和小车行车驱动装置都装设在机器房内，但小车的行走牵引不是用钢丝绳，而是用一套摆动导杆机构。这种小车行走速度较快，启动和加速性能好。

3）按岸桥主梁净空高度，可分为俯仰视式主梁岸桥、升缩式主梁岸桥和弯折式（鹅颈式）主梁岸桥（如图 7—29 所示）。

俯仰视式主梁岸桥在工作时仰起 45°，其主梁下的净空能安全地避开船的上层建筑，主梁的顶部高度不会影响航线；不工作时，主梁仰至 80°并挂好钩。

俯仰视式主梁岸桥　　升缩式主梁岸桥　　弯折式（鹅颈式）主梁岸桥

图 7—29　岸桥的一种分类

伸缩式主梁岸桥可通过一套驱动机钩进行伸缩，作业时前主梁向海侧方向伸出，不工作时可将前主梁收缩到陆侧框架内，这种岸桥主要适用于对净空高度要求严格的场所。这种形式的前主梁是悬臂架，通常采用桁架结构，以减轻主梁质量。

弯折式（鹅颈式）主梁岸桥将前主梁做成可弯折的形式，作业时主梁可旋转，由水平位置仰起呈弯折形式，可保证起重机最高点不超过允许的净空高度，其形状像鹅颈，所以俗称鹅颈式主梁岸桥。

4）按供电方式，可分为滑触线供电岸桥、电缆卷筒供电岸桥和柴油发电机供电岸桥。

5）按接卸船型，可分为巴拿马型岸桥和超巴拿马型岸桥。我们把能通过巴拿马运河的最大船型称为巴拿马型，这类船的载重量为 7 万吨，船宽 32.32 米。而载箱能力更大、不适于通过巴拿马运河的船舶，常被称为超巴拿马型。

(2) 岸桥的结构特点。岸边集装箱装卸桥的结构形式依据其作业特点和操作功能而定。目前，世界上的近千台岸边集装箱装卸桥因制造厂、码头的不同而呈现不同的样式，但其基本形式差别不大。前大梁、主梁、后大梁由海侧、陆侧门框支撑，并通过梯形架连接的前后拉杆进行悬挂。海侧、陆侧门框由斜撑、门框横梁连接在一起。运行小车通过起升钢丝绳悬挂专用集装箱吊具，沿着安装在前大梁、主梁、后大梁上的轨道前后运行。驱动机构和电气设备一般设置在主梁和后大梁上。为方便驾驶员操作，驾驶室一般设置在运行小车后下部并随小车运行。

岸边集装箱装卸桥由于具有效率高、车船作业简单、适用性强的特点而运用于吞吐量较大的集装箱码头。

(3) 岸桥的主要技术参数。岸桥的主要技术参数描述了岸桥的特征和主要技术性能，包括起重量、几何尺寸、工作速度、控制与供电、防摇要求和生产率等。我们对前三个参数简要介绍如下。

1）起重量。岸桥的起重量包括额定起重量、总起重量和有效起重量。额定起重量是起重机能够吊起的重物或物料连同可分吊具或属具质量的总和。40ft 型集装箱的最大质量为 30.5 吨，20ft 型集装箱为 24 吨；吊具质量因吊具类型的不同而不同，固定式吊具 20ft 型的自重为 1.5 吨，40ft 型的自重为 2.5 吨；组合式吊具 20ft 型的自重为 5 吨，40ft 型的自重为 7 吨；伸缩式吊具的自重为 10～11 吨。

2）几何尺寸。几何尺寸参数与集装箱的船型、箱型、甲板上堆装层数、码头作业条件、堆场上的装卸工艺及作业方式有关。这些尺寸参数包括起升高度、外伸距、后伸距、轨距、基距以及横梁下净空高度等。

① 起升高度。它是指船舶在满载低水位时，能起吊舱底最下一层箱的总高度。起升高度通常为轨面以上的起升高度和轨面以下的下降深度两者之和。它根据船舶的型深、吃水、潮差、码头标高、甲板堆装层数和集装箱高度确定。

② 外伸距。它是指海侧轨道中心线到集装箱吊具中心铅重线之间的最大水平距离。外伸距主要根据集装箱运输船型、装卸工艺及作业方式来确定，在确定外伸距时还应考虑船舶倾斜的影响，船舶倾角一般按3°考虑。

③ 后伸距。它是指岸桥陆侧轨道中心线到吊具中心铅垂线之间的最大水平距离。

④ 轨距。它是指岸桥大车行走的两条轨道中心线的水平距离。轨距大小对岸桥的稳定性和轮压有一定影响，轨距太小对稳定不利。一般岸桥的轨距为16米，随着岸桥的大型化，轨距也越来越大。

⑤ 基距。它是指同一条轨道上左右两侧大车行走机械的大平衡梁支点之间的中心距离。基距对岸桥的稳定性和轮压有一定影响，同时还应注意到，当40ft型集装箱通过时不能与腿柱内侧相碰。

⑥ 横梁下净空高度。它是指横梁下面到轨道之间的垂直距离。净空高度应能满足流动搬运设备（如火车、集卡，特别是跨运车）的通行要求。一般来说，若不使用跨运车，火车或集卡装一层箱时横梁下净空高度理论尺寸只需6米，如装双层箱则需9米；若使用跨运车，装三层箱的跨运车净空高度尺寸则需15米。

3）工作速度。岸桥的工作速度包括：起升（下降）速度、小车运行速度、大车运行速度和大梁俯仰速度等。

① 起升速度。起升速度又分为满载起升速度和空载起升速度。满载起升速度是指吊具下起吊额定起重量时的起升速度，又称额定速度。空载起升速度是指集装箱吊具下不带集装箱时的起升速度，空载起升速度一般为满载起升速度的两倍。

② 小车运行速度。随着岸桥的外伸距的增大，提高小车运行速度对提高岸桥生产率有重要意义，小车行走速度最初为120米/分钟，之后提高到150米/分钟，目前已超过160米/分钟，甚至更快。

③ 大车运行速度。大车运行机构主要用来将岸桥从一个舱位移到另一个舱位，是非工作性机构，一般对速度要求不太高。但在国外的某些港口，其大车运行速度也呈现增快的趋势。

④ 大梁俯仰速度。大梁俯仰属于非工作性操作。在岸桥不工作时，为了便于船舶靠离码头，大梁呈伸起状态，进行装卸时才将大梁放下，因此其俯仰一次时间较长，一般在4分钟左右。

工作速度应根据下列原则确定：

① 满足整个集装箱码头装卸工艺及效率的要求。

② 对各机构的工作速度进行合理的分配。

③ 采取减摇装置等技术措施，以减少因小车高速行走导致吊具摆动而引起的对口困难。

④ 与工作速度有关的装置应尽可能与装卸机械通用，以便维修。

目前，岸边集装箱装卸桥的起升速度一般为：满载50～55米/分钟，空载120～130米/分钟，相应的生产率为30～50TEU/小时。小车行走速度在140米/分钟以上时，应在吊具上安装减摇装置。由于岸边集装箱装卸桥行走机构并不是频繁工作的机构，因此大车行走速度一般仅为 25～45 米/分钟。

2. 多用途门座起重机

多用途门座起重机（如图 7—30 所示）是一种用于集装箱装卸，同时兼顾其他货物（如件杂货，特别是重件）装卸作业的起重机械，适用于集装箱吞吐量不大，同时又兼有件杂货等装卸作业的中小型码头。该机主要根据集装箱装卸要求设计，同时兼顾了其他货物的装卸要求。

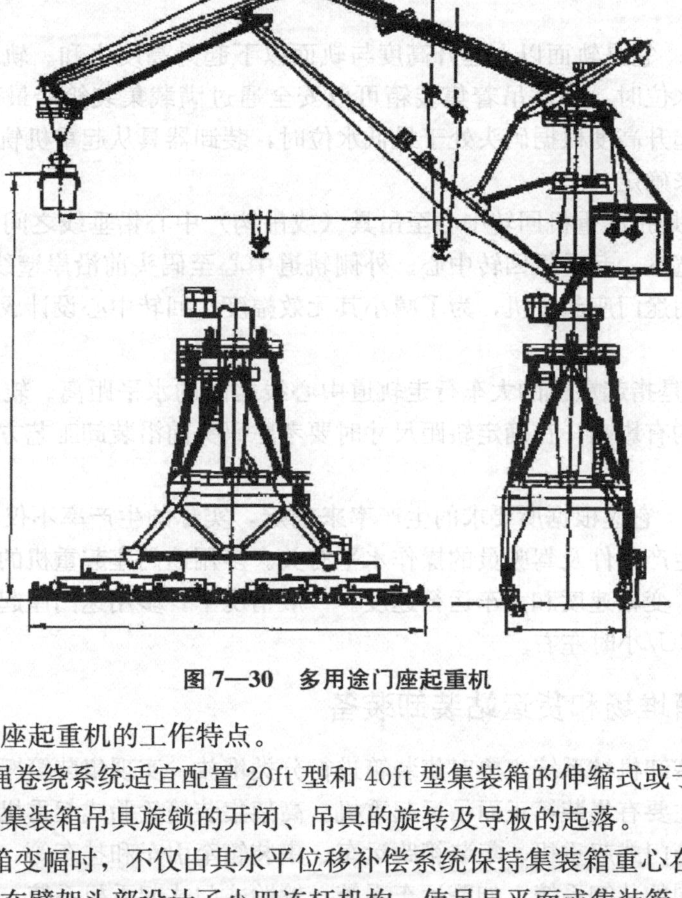

图 7—30　多用途门座起重机

（1）多用途门座起重机的工作特点。

1）起升钢丝绳卷绕系统适宜配置 20ft 型和 40ft 型集装箱的伸缩式或子母式吊具，驾驶员能在驾驶室控制集装箱吊具旋锁的开闭、吊具的旋转及导板的起落。

2）吊起集装箱变幅时，不仅由其水平位移补偿系统保持集装箱重心在变幅过程中沿近似水平移动，而且在臂架头部设计了小四连杆机构，使吊具平面或集装箱上下平面能保持水平位移，这不仅有利于减小变幅机构功率，而且有利于改进集装箱进出船舱和堆码作业。

3）起重机回转时，吊具的回转与起重机回转同步运行，回转方向相反，吊起的集装箱纵向轴线能与起重机轨道保持平行，以方便集装箱对位，提高装卸效率。

4）当集装箱内的货物装载出现偏心移动的情况时，多用途门座起重机可以通过增加连接吊具部位的起升钢丝绳的间距或在吊具上装设重心自动调节装置等方式，使集装箱不至于因重心的偏移而发生过大的偏移。

5）用于装卸集装箱的多用途门座起重机，对起升机构的升降速度能够微调，启动、制动平稳，避免吊具与集装箱或集装箱与集装箱之间的冲击碰撞。

6）能够根据装卸的不同要求，方便地更换装卸器具（集装箱吊具、吊钩和其他器具）。

多用途门座起重机的臂架有连杆组合臂架和单臂架两种类型，其结构与通用门座起重机类似。组合臂架的结构较复杂，整机自重和轮压较大。单臂架的结构比较简单，自重轻，轮压小，造价低，较适用于中小型港口。但这种机型使臂架头部下垂的起升钢丝绳长度增加，起吊集装箱时吊具的摆幅大，吊具对箱或集装箱对位较困难，会影响集装箱的装卸效率。

多用途门座起重机采用电力驱动，电气控制有直流调速、交流变频调速等方案。

（2）多用途门座起重机的主要技术参数。

1）起重量。多用途门座起重机的起重量要求满足装卸 20ft 型和 40ft 型集装箱的要求，因此，起重量应为集装箱的最大总质量与吊具质量之和。目前多用途门座起重机的起重量多为 40 吨。

2）起升高度。它是轨面以上起升高度与轨面以下起升高度之和。轨面以上起升高度按照码头处于最高水位时，吊具吊着集装箱可以安全通过满载集装箱船最高箱位的顶部来确定。轨面以下的起升高度根据码头处于最低水位时，装卸器具从起重机轨道顶面至满载船舶货舱底部的距离来确定。

3）幅度。它是指起重机回转中心至吊具（或吊钩）中心铅垂线之间的最大距离。幅度大小是根据船舶宽度、起重机回转中心、外侧轨道中心至码头前沿岸壁线的距离等确定的。对于轨距大的多用途门座起重机，为了减小其无效幅度，回转中心设计成向水侧轨道偏移一定的距离。

4）轨距。它是指起重机的大车行走轨道中心线之间的水平距离。轨距的大小对起重机的轮压、稳定性均有影响，在确定轨距尺寸时要考虑码头前沿装卸工艺方案和码头基础承载能力。

5）工作速度。它应根据所要求的生产率来确定，实际的生产率不仅取决于起重机的工作速度，而且与生产条件及驾驶员的操作水平有关。多用途门座起重机的工作速度包括起升速度、回转速度、变幅速度和大车运行速度。一般情况下，多用途门座起重机装卸集装箱的生产率可达 25TEU/小时左右。

7.5.2 集装箱堆场和货运站装卸装备

集装箱堆场装卸机械系统主要对集装箱进行分类堆放，实现集装箱搬运和堆垛作业，所采用的机械设备主要有集装箱正面吊运起重机、高架集装箱轮胎式起重机、集装箱叉式装卸车、轮胎式集装箱门式起重机、集装箱跨运车、集装箱牵引车和挂车等。水平运输可采用不同的机械组成不同的装卸系统，如跨运车系统、轮胎式门式起重机系统、轨道式门式起重机系统、叉车系统等。该系统能有效利用堆场，减少堆场铺面的面积，有效防止集装箱损坏，适用于陆地面积较小的码头，我国大部分集装箱码头采用该系统。

1. 集装箱正面吊运起重机

集装箱正面吊运起重机是一种用来完成装卸、堆码和水平运输的装卸搬运车辆，是集装箱堆场作业的重要机型，具有机动性强、作业效率高、安全可靠、操作简便等优点。

（1）集装箱正面吊运起重机的工作特点。集装箱正面吊运起重机通过安装在伸缩的臂架头部的吊具起吊集装箱，由过臂架的伸缩、俯仰和吊具的回转、侧移、倾斜等实现集装箱的装卸和堆码作业。起重装置装在无轨运行的轮胎底盘车上，可以实现水平运输。其主要特点有：

1）能进行集装箱的多层堆码和跨箱作业。多数集装箱正面吊运机可堆码 4 个箱高，有的可达5～6个箱高，可跨3排箱作业。

2）能带载作业。集装箱正面吊运起重机可以通过臂架的伸缩和俯仰来实现变幅，同时可以进行跨箱作业和联合动作。

3）能在吊具上安装吊爪作业。在吊具上安装吊爪后，吊爪可从箱底部抓起集装箱；当集装箱载重量不大时，甚至可以连同集装箱半挂车一起抓吊，便于实现铁路和公路联运。

4）能将吊具换装成吊钩作业。在需要时，可将集装箱吊具换装成吊钩，这样就可以用于重件装卸作业。

（2）集装箱正面吊运起重机的总体构造特点。集装箱正面吊运起重机由起重装置、底盘、动力装置、工作装置和驾驶室几部分组成，其基本构造如图7—31所示。

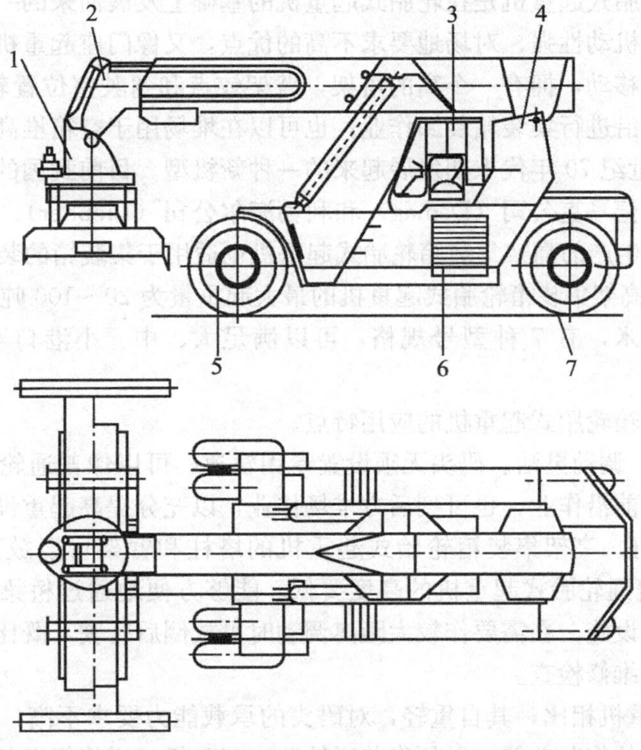

1—吊具　2—臂架系统　3—驾驶室　4—车架　5—驱动桥　6—发动机　7—转向桥

图7—31　集装箱正面吊运起重机的构造

起重装置和工作装置用来进行集装箱的装卸作业，是吊运起重机的重要部分，主要包括集装箱吊具、臂架系统和液压系统，可伸缩臂架通过俯仰油缸和臂架后铰轴与车架连接，工作装置各部分的运动是通过液压系统的驱动来实现的。

底盘通常为轮胎式无轨运行机构，包括支承系统、传动系统、转向系统和制动系统。动力装置通常采用内燃机驱动，是该机能量的供应系统。由于吊运机起吊载荷和自身的质量大，动力装置不仅要为载荷起升、整机行走提供较大能量，而且要为吊具、转向、制动和发电等辅助系统提供能量，因此所需的总动力较大。根据各种机型工作性能的不同要求，一般选用200千瓦左右的多缸柴油机。

驾驶室的设置要求是：既要有良好的视野，又要有安全舒适的工作条件。国外已有公司开发出了符合航空驾驶舱标准的吊运机驾驶室，为驾驶员安全、舒适、高效地工作创造了良好的环境，驾驶室一般设置在吊运起重机的中部上方。

集装箱正面吊运起重机除行走部位由内燃机通过传动系统直接驱动外，其他转向、制动和工作装置部分均采用液压驱动。液压系统包括起升液压系统、吊具液压系统、转向液压系统和制动液压系统，这些系统根据其功能要求由油泵、管道、阀件及其他附件组成。完善的安全保护系统对保证集装箱正面吊运起重机的安全作业起着十分重要的作用，主要包括整机防倾保护、臂架最大仰角限位保护、起升保护、旋锁动作保护、限制带载高速保护和制动保护等。

2. 高架集装箱轮胎式起重机

高架集装箱轮胎式起重机是在轮胎式起重机的基础上发展而来的一种起重机械。它既具有轮胎式起重机的机动性强、对场地要求不高的优点，又像门座起重机一样能在变幅过程中保持货物近似水平移动，拥有一个高的塔架，臂架铰点和驾驶室位置较高，方便装卸作业。它既可以在码头前沿进行集装箱装卸作业，也可以在堆场用于空箱堆高作业。高架集装箱轮胎式起重机是20世纪70年代末期发展起来的一种新机型。目前我国的一些港口已配置了这种起重机。德国的德马克公司（Demag）和利勃海尔公司（Liebher）、意大利的维珍利亚公司（Regglane）等生产的高架集装箱轮胎式起重机也适用于集装箱的装卸。目前，意大利维珍利亚公司生产的高架集装箱轮胎式起重机的最大起重量为20～100吨，最大幅度为24～50米，最小幅度为7米，有7种型号规格，可以满足大、中、小港口不同船型装卸作业的要求。

（1）高架集装箱轮胎式起重机的应用特点。

1）机动性强、调动灵活。码头无须设置专用轨道，可以像普通轮胎式起重机一样随意行走，既可在码头前沿作业，也可到后方堆场作业，以充分提高起重设备的利用率。

2）通过性能好。高架集装箱轮胎式起重机的塔柱和臂架可以放下，放倒后的高度为4.5～5.0米，比普通轮胎式起重机的高度要低，能够方便地通过桥梁、涵洞、航空管道及港口内其他的架空设施，在需要作较大距离调动时可放倒后行驶，既比较安全和方便，也便于对上部结构进行维修检查。

3）与门座起重机相比，其自重轻，对码头的承载能力要求不高，而在卸船作业时具有与门座起重机一样的作业功能，无须像普通轮胎式起重机一样将靠近起重机周边的货物移开后再装卸距离较远的货物。

4）具有变幅时的水平位移补偿功能。采用补偿滑轮组使货物在变幅过程中可近似水平移动，不仅降低了变幅机构功率，而且改善了它的作业特性。

5）适用的船型范围广。目前国外生产的高架集装箱轮胎式起重机具有多种型号和规格，工作幅度为7～50米，起重能力最大可达100吨，可以适应各类型海河港口的船舶装卸作业。

6）在上部和下部均设置了驾驶室，为驾驶员的操作提供了良好的视野。塔柱上设置的主驾驶室主要用于船上货物的装卸作业；下驾驶室装在转台上，主要用于操纵臂架、塔柱的起升和放平。在长距离运行时，驾驶员可在下驾驶室操作。

7）现场安装方便、维修简单。可以在塔柱和臂架呈放平状态时进行安装，安装完毕后，塔柱和臂架可以通过自身的设备竖立起来，起重机可以在放倒的状态下进行维修，比较方便。

(2) 高架集装箱轮胎式起重机的结构特点。

高架集装箱轮胎式起重机的机构配置与其他起重机类似，主要特点是：上部有一高塔柱，臂架铰点位置较高，并装设了水平位移补偿滑轮组。塔柱结构要求具有足够的强度和刚度，且自重要轻，臂架、塔架、转台等结构件一般采用低合金、高强度结构钢。

高架集装箱轮胎式起重机可以带载变幅，其高度大，重心高，需要在各个运动部位配置较为完善和可靠的保护装置。这种起重机采用全液压传动，结构简单，自重轻，能源消耗比门座起重机要少，机动性好，适应性强，适合在大、中、小港口作业。目前，由于该机型造价高，维修技术要求也比较高，因此在我国的港口使用得不太普遍。

3. 轮胎式集装箱门式起重机

轮胎式集装箱门式起重机（简称轮胎式场桥，如图 7—32 所示），是用于集装箱物流系统中堆场的专用机械，主要用于集装箱的装卸、搬运和堆码作业。

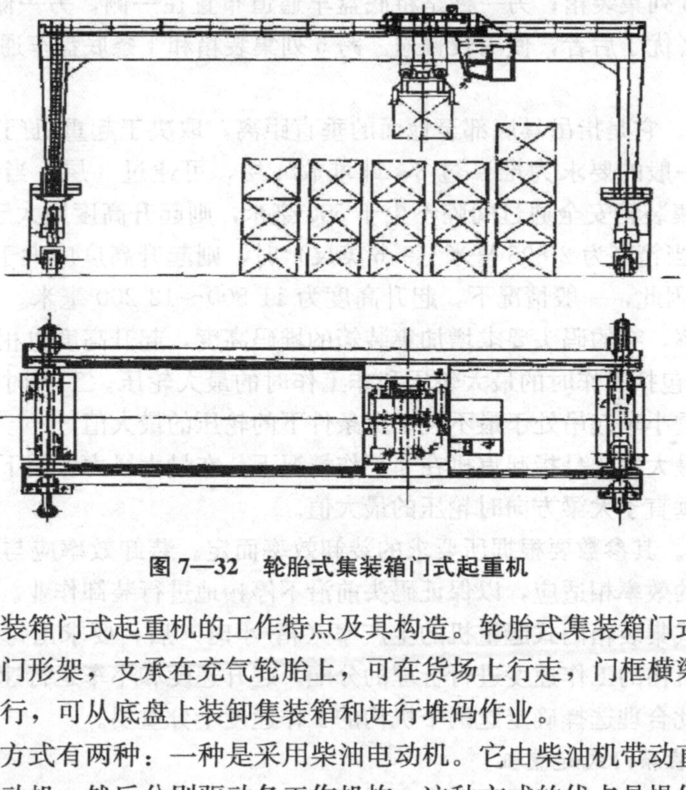

图 7—32　轮胎式集装箱门式起重机

(1) 轮胎式集装箱门式起重机的工作特点及其构造。轮胎式集装箱门式起重机由前后两片门框和底梁组成门形架，支承在充气轮胎上，可在货场上行走，门框横梁上的起重小车可沿横梁上的轨道运行，可从底盘上装卸集装箱和进行堆码作业。

该机型的驱动方式有两种：一种是采用柴油电动机。它由柴油机带动直流发电机，直流发电机带动直流电动机，然后分别驱动各工作机构。这种方式的优点是操作性能好、受气温变化影响小、易于维修，缺点是动力装置的质量较大。另一种方式是柴油机液压驱动。它由柴油机带动液压泵，由液压泵带动液压马达，再分别驱动各工作机构。这种方式的优点是加速性能好、运行平衡、动力装置自重轻，缺点是维护保养要求高，由于液压受气温影响较大，因而气温的变化会对操作性能带来一定的影响。目前，轮胎式集装箱门式起重机普遍采用柴油机电动方式。

轮胎式集装箱门式起重机在货场上只能按直线行走。当需要从一个堆场转移到另一个堆场时，由于跨度大，如像一般流动式起重机那样采用自由转向，则转弯半径很大，会占用相当大的堆场面积，因而在集装箱专用码头和中转站均采用90°直角转向。为了适应集装箱码头货场大型化和自动化的需要，提高起重机的自动化水平，轮胎式集装箱门式起重机大车安装了直线行走自动控制系统。

该机型的主要特点是机动灵活，堆场面积利用率高，可堆3～4层集装箱，且易于实现自动化控制，是目前集装箱专用码头货场广泛采用的搬运和堆码机械。

(2) 轮胎式集装箱门式起重机的主要技术性能参数。

1) 起重量。额定起重量按所起吊的集装箱最大质量来决定。根据ISO国际集装箱标准，1AA、1A、1AX型集装箱的最大总重为30.5吨。

2) 跨距。它是指轮胎式起重机两侧行走轮中心线的距离，取决于起重机所需跨越的集装箱的列数和底盘车轨道的宽度。通常是跨6列集装箱和1条底盘车通道，或跨3列集装箱和1条底盘车通道。

如跨6列集装箱和1条底盘车通道，有两种布置形式：一种是将底盘车通道布置在中间，两边各排列3列集装箱；另一种是将底盘车通道布置在一侧，另一侧排列6列集装箱。相比较而言，前者优于后者，使用较普遍。跨6列集装箱和1条底盘车通道的跨度的最小尺寸为23.5米。

3) 起升高度。它是指吊具底部至地面的垂直距离，取决于起重机门架下堆放的集装箱的层数和高度。一般的要求为堆4过3，即堆放4层，可通过3层。当箱高为1 591毫米(8.6英尺)时，集装箱安全通过间隔不少于500毫米，则起升高度应大于4×2 591＋500＝10 864（毫米）。当箱高为2 896毫米（9.6英尺）时，则起升高度应大于4×2 896＋600＝12 184（毫米）。因此，一般情况下，起升高度为11 500～12 200毫米。为了提高堆场面积利用率和工作效率，有的码头要求增加集装箱的堆码高度，起升高度也相应地增大了。

4) 轮压。它包括工作时的最大轮压和非工作时的最大轮压。工作时的最大轮压是指在工作情况下，起重小车起吊处于最不利工况条件下的轮压的最大值。

非工作时的最大轮压是指起重机在非工作情况下，在最大风力作用下，仅带吊具而不起吊集装箱、风向垂直于大梁方向时轮压的最大值。

5) 工作速度。其参数要根据所要求的装卸效率而定。装卸效率应与码头前沿配置的岸边集装箱起重机的效率相适应，以保证码头前沿不停顿地进行装卸作业。

在确定轮胎式集装箱门式起重机的生产率（箱/小时）后，要求出每个工作循环所需的时间，然后对各机构的工作速度进行合理的分配。起升速度和小车运行速度对起重机生产率的影响较大，因此合理选择确定这两个机构的工作速度十分重要。

4. 轨道式集装箱门式起重机

轨道式集装箱门式起重机（简称轨道式场桥）是集装箱物流系统中常用于堆场的另一种专用机械，主要用于装卸、搬运和堆码作业。其主梁两端带有悬臂，整个门架支承在有轨运行的台车上，可沿专门铺设的钢轨行走。

与轮胎式场桥相比，轨道式场桥的跨度大，堆码层数多，一般可堆放5～6层集装箱，可跨多列集装箱及一个车道，因而堆存能力大，堆场面积利用率高。该种机型结构简单，可采用电力驱动，操作容易，维修方便，易于实现自动化控制，无废气污染。但由于该机沿专门铺设的轨道运行，因此机动性差，只能在专用的固定堆场作业。

(1) 轨道式场桥的分类。轨道式场桥按其用途可分为三种结构形式。

1）无悬臂式。主要用于铁路集装箱物流系统中的转运站，跨度不大，起升高度可堆码3层、通过4层集装箱。

2）单悬臂式。主要用于水路—铁路、公路—铁路的集装箱中转站或集装箱码头堆场后方，跨度和起升高度也不是很大。

3）双悬臂式。主要用于集装箱码头和大型集装箱中转站，起升高度和跨度通常比前两种大。

(2) 主要技术参数。

1）起重量。它的确定方法与轮胎式场桥相同，起吊40英尺集装箱（1AA型）的额定起重量为30.5吨。

2）跨度和悬臂伸距。它们与货场作业方式有关，在跨度范围内堆放的集装箱列数越多，则跨距越大，国际集装箱码头货场使用的轨道式场桥的跨度在34～50米范围内一般是比较合理的。

3）起升高度。起升设计与堆场上需要堆放的集装箱的层数有关，通常按堆码5层，并能通过第5层的高度来设计。

4）门框通过宽度和基距。门框通过宽度是指沿起重机轨道线门框通过集装箱的最小宽度。对于40英尺集装箱，其门框通过宽度可为14米。基距是指同一侧轨道上两个支承中心之间的距离。基距的大小对于起重机的稳定性有很大影响。

5）工作速度。它与起重机生产率和装卸方式相适应，以保证集装箱码头的作业系统能有效地进行船舶装卸作业。在考虑起升机构、小车运行机构、大车行走机构的工作速度时，应注意轨道式场桥的生产率要略大于岸边集装箱起重机的生产率。

6）轮压。它包括工作状态下的最大轮压和非工作状态下的最大轮压，是基础设计的依据。轮压越大，对基础的要求也越高。轮压的大小除与起升载荷、整机自重及重心位置等因素有关外，还与跨度、大小、车轮数目等有关。

5. 集装箱叉车

集装箱叉车的主要特点为：不仅可用于集装箱堆场装卸、堆码和搬运作业，而且可用于装卸船和拆装箱作业。

(1) 集装箱叉车的结构特征。集装箱叉车通常分为重箱用叉车和空箱堆码（堆高）用叉车，空箱堆高用叉车的升降高度较大。在集装箱堆场上，重箱可堆3～4层，空箱可堆5～6层。集装箱叉车是集装箱码头常用的一种专用机械，根据货叉设置的位置，可分为正面集装箱叉车和侧面集装箱叉车两种。正面集装箱叉车是指货叉设置在车体正前方的叉车，而侧面集装箱叉车是指货叉和门架设置在车体侧面的叉车。为了便于装卸集装箱，通常配有标准货叉及顶部起吊和侧面起吊的专用吊具。

(2) 集装箱叉车的应用特点。集装箱叉车的优点是：机动灵活，可一机多用，既可用于水平运输，又可用于堆码、搬运及装卸作业；使用方便，性能可靠，与集装箱正面吊运起重机等机械相比，机械的购置费用低。但是，使用集装箱叉车占用通道面积大（通过宽度需14米），集装箱只能堆放两列，影响堆场面积的利用；满载情况下前轴负荷轮压较大，对码头前沿和堆场通道路面的承载能力要求高；维护费较高，该机特别适用于空箱作业，一般只用于集装箱吞吐量不大的综合性码头。

集装箱叉车适用于短距离搬运，合理搬运距离为50米左右。当搬运距离超过50米时，使用集装箱叉车搬运是不经济的，通常在这种情况下可采用集装箱牵引车和半挂车。

7.5.3 集装化物流装备的控制系统

1. 集装化物流装备控制系统概述

随着经济的发展，集装化物流装备的机型、规格越来越多，在性能、速度、效率和电气传动控制技术等方面不断提高和改进。目前，我国在集装化码头使用的物流装备为码头前沿的岸边集装箱起重机，为适应运输船舶的大型化、标准化，缩短船期，加速周转，其吊具下的额定起重量、伸距、起升高度均逐渐增加，运行参数也不断提高。码头后方堆场机械也得到提高和改进，如轮胎式集装箱门式起重机，不仅在跨度、堆高和操控性能方面可以与轨道式集装箱门式起重机相媲美，而且具有集装箱跨运车的机动性，装卸效率也相当高。

随着电力电子技术、微电子技术、电气自动化技术及自动控制技术的发展，集装化物流装备的控制系统不断更新，先进的控制方案得到推广应用，有效地保证了集装化物流装备控制性能的改善，适应了现代物流发展的需要。

当前，交流变频驱动、单机半自动及自动化控制、电气摇摆控制、集装箱全自动无人导引控制等新技术的应用，代表着集装化物流装备控制系统技术发展的新方向。

交流变频驱动及控制技术的发展主要体现在以下方面：

(1) 新型电力电子元件（IGBT 等）的应用，提高了变流装置的可靠性，简化了元件驱动电路，改善了输出波形，降低了电气噪声。

(2) 全交流变频（VVVF）技术在主要机构上广泛应用，扩大了功率范围。

(3) 脉宽调制（PWM）控制技术的应用，使电源功率因数 $\cos\theta$ 接近于 1，下降过程中的制动能量可回馈电网，实现节能。

(4) 新型控制技术（如无转速传感器、矢量控制、直接力矩控制、全数字控制等）的应用，改善了控制性能，有利于控制系统实现通用化、智能化。

自动化控制技术的发展主要体现在以下方面：

(1) 集装箱岸边起重机半自动化操作得到普及，电气摇摆控制技术得到实际应用。

(2) 集装箱轮胎式起重机大车自动纠偏技术得到应用。

(3) 集装化物流装备的自动化定位系统得到应用。

2. 岸边集装箱起重机控制系统

岸边集装箱起重机是专业化集装化码头前沿作业的主要装备，随着集装箱运输船舶不断大型化，岸边集装箱起重机的规格扩大，性能有了较大提高，其控制系统的相关技术也有了很大的发展。近年来，岸边集装箱起重机电气控制技术的发展主要体现在以下方面：

(1) 采用全交流变频调速系统以及耐用、廉价的交流鼠笼式异步电动机，其调速性能达到或超过了晶闸管直流调速系统，降低了维护成本和工作量，提高了整机的工作可靠性。

(2) 采用自动化操作手段辅助驾驶员进行操作，既解决了实现全自动化操作的难题，又提高了驾驶员的操作水平及岸边集装箱起重机作业的效率。

我国各集装化专业码头装备的岸边集装箱起重机，其电气驱动基本分为直流驱动、交流驱动及交直流混合驱动三类。

直流驱动的基本形式有 G-M 系统（直流发电机—电动机系统）和 V-M 系统（直流电动机调速系统）。G-M 系统适应电网波动，能实现恒功率控制，但质量大、噪声大、维修工作量大。V-M系统有良好的控制特性，能实现恒功率控制，且质量小、无噪声、效率高、维修工作量小，但对电网要求较高。G-M系统和V-M系统均适用于位能和反应负载，广泛应用于提升或行走驱动机构。

交流驱动的基本形式有涡流制动器调速、晶闸管定子调压调速。随着电力电子技术和自动控制技术的发展，现代电气传动大都采用交流驱动方案。由于鼠笼式异步电动机成本低廉、维修量小，因此应用日趋广泛。

3. 轮胎式集装箱门式起重机控制系统

(1) 电气控制技术的发展。为适应集装箱物流装备自动化运行的需要，在光电控制技术、微电子技术、智能控制技术、计算机技术的推动下，自动化控制技术在轮胎式集装箱门式起重机中得到广泛的应用，使轮胎式集装箱门式起重机成为当今集装箱堆场的主导机型。近年来，电气控制技术的发展主要体现在以下几个方面：

1）采用全交流变频驱动，提高了整机的系统性能，减少了维护工作。全交流变频驱动是20世纪90年代出现的新一代电力驱动技术，其最大优点是：以坚固耐用、价格低廉的交流鼠笼电动机取代价格昂贵的直流电动机，既免除了大量繁杂的整流子电刷维护、更换工作，又可获得与晶闸管供电的直流驱动相同的控制特性。

2）采用吊具减摇装置消除或有效限制小车和大车行走及制动时集装箱吊具产生的纵向和横向摇摆，提高了对箱速度和工作效率。目前，减摇装置采用的方式主要有机械式控制、盘式制动器控制、电气直接力矩控制、力矩马达控制及液压马达控制等。

3）采用大车行走纠偏装置。大车行走纠偏方式为分手动和自动两类。手动纠偏依靠人工控制操作，简单易行，无须特殊装置，但可导致劳动强度增大，作业效率降低。大车行走自动纠偏通过多种传感方式检测大车行走状态，分别自动调整大车两侧的电机运行速度，实现自动纠偏，从而提高了整机自动化水平和作业效率。目前，大车行走自动纠偏主要有感应线圈式、光电图像计算机识别式、无源感应式、陀螺仪式、专用软件式及全球定位（GPS）式等多种形式。

(2) 电气驱动技术的发展。轮胎式集装箱门式起重机是集装箱场堆专用机械，因此采用自发电系统。早期的电气驱动基本采用直流驱动，20世纪90年代出现交流变频驱动。采用全交流变频驱动后，其驱动系统维护成本降低80%，维修成本降低50%，应用前景广阔。

(3) 液压减摇装置的特点。集装箱门式起重机吊具减摇装置用于消除或限制因小车和大车行走机构的电动机启动而产生的集装箱吊具的纵向和横向摆摇，使驾驶员能迅速对箱装卸，提高工作效率。

液压减摇装置的主要特点有：

1）液压马达与其控制装置分开布置，四套液压马达减摇钢丝绳组件在小车结构架上有较大的间距，加大了减摇钢丝绳与吊具间的角度，增大了钢丝绳张力的水平分力，并用动滑轮组增倍，实现高效减摇。

2）采用恒压变量泵，降低能耗，减少系统发热，改善性能。变量泵系统只在吊具为上升工况时才在全流量额定压力下运行，在其他状态下均为小流量运行，功率消耗和发热量较小。

3）采用一套液压减摇装置可实现小车运行和大车运行两个垂直方向的减摇作用，弥补了机械减摇装置在大车运行方向不具备减摇作用的不足。

(4) 大车行走的纠偏。早期的大车行走自动纠偏方式以感应线圈式为主。预埋感应电缆工程量大，又易受电磁干扰，实际应用时受到限制。

采用光电图像计算机识别方式，是把摄像机装于大车架下，将摄像头对准大车行走油漆基准线，将摄取的图像信号传输给自动纠偏控制单元，进行计算机处理识别后，检测出偏移信号，以此控制大车两侧电机分别加速或减速，实现自动纠偏。

实践证明，此方法实用有效，经济性好。在吊具大车行走达120～130米/分钟额定速度时，运行可靠，偏差在±100毫米以内，大大提高了作业效率。

本章小结

集装单元化是提高物流作业效率的基本技术手段，新的国家标准《物流术语》中明确了集装化、集装单元和集装单元器具等基本概念。物流标准化与集装单元化是实现物流机械化的基础，也是物流现代化的基础，因此受到了人们的普遍关注。本章重点阐述了目前最典型的、应用最广泛的两种集装化系统——集装箱系统和托盘系统，还介绍了集装袋、集装网、罐体集装、货捆、框架、滑板等集装器具以及集装化物流的主要装备。在物流系统设计中，物流集装单元设计是第一步，应该引起读者的关注。

关键术语

集装单元化　集装箱　托盘　集装袋　集装网　罐体集装　货捆　框架　滑板　半挂车　岸桥　轮胎式场桥　多用途门座起重机　集装箱正面吊运起重机

思考与练习题

1. 什么是集装单元化？集装单元化有哪些原则？

2. 简述集装箱的分类。

3. 谈谈集装箱标准化的现状和意义。

4. 什么是托盘？托盘有哪些种类？各有什么特点？

5. 托盘货物的堆码方式和托盘的使用方式各有哪些？

6. 集装箱和托盘各有哪些优缺点？

7. 除了托盘、集装箱之外，还有哪些集装器具？

8. 按作业场所和物料搬运装备工艺分类，集装箱物料搬运装备机械系统可以分为哪几种？

9. 试说明集装箱正面吊运起重机的主要工作特点。

10. 为适应现代物流发展的需要，集装化物流装备控制系统发展了哪些新技术？

案例分析

速度优先时代的集装单元化运输

物流是经济活动的基础组成部分，全球化经济意味着物流活动要在全球范围内进行，物流的变革和发展必须适应时代的要求。现在提倡“快速物流”，就是要求物流活动必须加快速度，适应供应链管理时代的全球化经济的运作要求。

加快物流速度可以采取多种措施。比如，合理规划以避免在调度和选择路径方面产生偏差，降低库存以加快物流周转速度，建立现代配送中心以提高货物分拣的效率，等等。但是，作为物流活动中心环节的运输以及其两端的装卸搬运活动对于物流系统快速顺畅运行的影响始终是人们关注的焦点。

提高物流作业效率的第一步是将需要处理的货物规整成规格化的货物单元，以便实现集装单元化输送。只有实现了货物单元标准化、规格化，才能实现物流作业机械化、自动化以提高作业效率。

代表性的集装单元化器具是集装箱和托盘。集装箱主要用于干线运输，以托盘为基底的货物单元则广泛应用于生产线，在配送与库存作业的具体环节发挥着独特的作用。托盘货物单元在运输中也是基础物流作业的单元，与车辆等运输工具以及集装箱等相配合，可以实现集装单元化系统的运作。

一、发展托盘运输的意义

(1) 托盘运输可以大大提高作业效率，在装卸作业中一台叉车的托盘作业效率可以超过10个劳动力的人工搬运效率。

(2) 车辆等待时间缩短，周转率加快，从而提高了车辆及有关物流设施的使用效率。

(3) 消除繁重的体力劳动，因货物码放整齐而计数方便、减少差错，同时也改善了作业环境。

(4) 可减少人力，降低人工费用及物流成本。在我国人工费用逐步上升的情况下，这一优点将由现在的不大明显变得越来越明显。

(5) 减少由于人工搬运产生的疲劳或操作差错而导致的货物损坏。

托盘运输也带来一些负面效应，例如，托盘本身具有一定的体积和重量，随同货物运输要消耗一些运输资源，但是考虑到整个系统效益的提高，这些付出是值得的。

二、大力发展集装单元化运输技术与装备

集装单元化运输技术装备中有关集装箱运输的设施和设备在国际上已经定型，处于稳定的规范化发展阶段。集装箱运输装备与物流现代化水平有密切关系，各国的发展水平存在很大差异，我国与发达国家相比还有一定差距，需要迎头赶上。

1. 集装单元的组拆技术与装备

以托盘为基底的集装单元在货物码垛时既要考虑到充分利用空间，又要考虑到货垛的稳定性。一般来说，上下层货物的码放模式应该有所变化，使其相互咬紧，增加货垛抗塌能力（见图7—21）。为了防止货物崩塌，有时还需人工或机械以绳、带、胶条将货物捆牢，或者用塑料薄膜将单元体包裹起来。

为了提高码垛作业效率，需要实行机械化作业。产业界开发了各种形式的码垛机和码垛机器人（见图7—33）。针对货物的不同特性，进行作业的机械手可以采取抓取、夹取以及吸盘等方式。在大批量作业的现场，还有专用的托盘码垛机和拆垛机。图7—34中显示的平推式瓶罐码垛机体积庞大，不是按件进行码垛拆垛作业，而是按层进行码垛拆垛作业，效率大大提高。

图 7—33　托盘码垛机器人

图 7—34　平推式瓶罐码垛机

2. 运输、输送技术与装备

在运输车辆方面，为满足环保和安全的要求，厢式货车得到广泛使用。其中，侧开门厢式货车（见图 7—35）的车厢两侧采用滑动门或柔性拉门，便于叉车从货车两侧快速进行装卸作业；还有一种翼展式厢式货车（见图 7—36），其顶棚纵向中轴线将顶棚一分为二，可以作为轴线将顶棚向上叠折，叉车从侧面进行装卸作业，非常方便快捷。

图 7—35　侧开门厢式货车

图 7—36　翼展式厢式货车

为保持车厢良好的密闭性和坚固性，后开型车厢仍然占主导地位。从车厢尾部进行装卸作业可以使用叉车、升降台或装卸桥等设施，也可以在装卸地点设置高站台和货车货台并以搭板对接将货物送进车厢。为防止某些装卸地点没有配套设备，还出现了自携式升降设备（见图 7—37），可随车作业。

三、托盘标准化和托盘共用系统

1. 托盘作业一贯化

要保证托盘货物单元运输的高效率，必须实施托盘作业一贯化。如果托盘只能在工厂内部使用，发货时要留下托盘，只发运货物，到达收货点时再将货物码放在对方托盘上进入存放场所。这样，托盘的使用范围受到限制，每一个物流环节都要发生托盘更替，反复地装盘、卸盘，必然会降低运输系统效率，增大货物受损的可能性。

可采取的合理措施是：在形成托盘货物单元以后，在物流系统各个环节始终保持托盘货

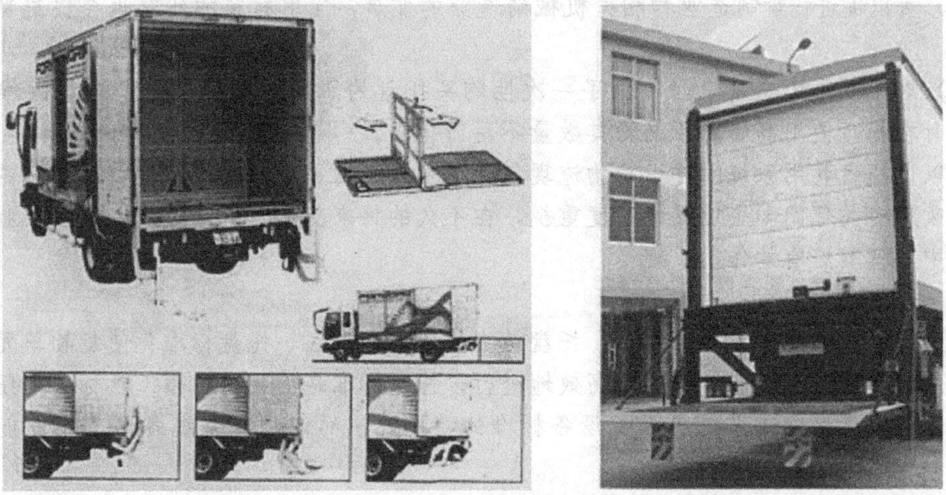

图 7—37　自携式升降设备

物单元的原态，直至送达最终用户。这样可以全程顺利实施托盘作业，即实现托盘作业一贯化。实施托盘作业一贯化的障碍是难以回收随同货物发往四面八方的托盘，对于发货企业来说，这是依靠自身力量不可能完成的任务。

2. 托盘共用系统

为了解决托盘作业一贯化过程中出现的托盘问题，必须依靠社会的力量，建立某种形式的社会化托盘回收系统。这种系统有两种模式：

(1) 交换制。在托盘货物单元每次转运时，收货方需要向发货方提供同等数量的空托盘与载货托盘进行交换，使发货方拥有的托盘数量不会减少。在物流系统中，空托盘由供应链的末端向上游移动，其方向与货物单元的流向正好相反。

交换制系统存在的问题是：托盘的清洗维修等工作无人负责，收货方往往把质量较差的托盘交换给别人，因此托盘的损坏很严重。

(2) 租赁制。这是现在国际上应用较普遍的体系，它由一个独立的经济实体即托盘租赁公司经营运作。托盘租赁公司拥有数量足够多的托盘，并在各地建立托盘回收网点。托盘使用单位有需求时，只要向托盘租赁公司租用所需数量的托盘，当托盘货物送达最终用户后，只要将空托盘送到就近的托盘回收站，按约定的规则支付租金即可。托盘的补充、维护和清洗等工作全部由托盘租赁企业承担，其托盘管理和维护活动可以一直延伸到托盘使用企业的生产与库存作业现场。

上述托盘共用系统具有以下几个优点：

(1) 有助于托盘作业一贯化在全社会范围内推广，从而大大提高物流系统的效率和降低流通费用。以循环使用的托盘代替一次性使用的托盘符合可持续发展的要求。

(2) 提高托盘的使用效率，可以节约1/3左右的托盘，具有巨大的经济效益。特别是现在大多数托盘是木制的，一棵成材大树只能制6个托盘，节约托盘对于保护自然资源也很有意义。

(3) 可以引导托盘用户使用标准托盘，有助于托盘标准化的推行，进一步推动物流系统设备标准化与协调化。

(4) 可以促进托盘制造业和相关机械制造业的发展，代用材料的研究也会促进新材料的开发。

(5) 对于托盘用户来说，节约了一次性购买托盘的费用，并且免除了托盘的维修等麻烦，同时在托盘使用高峰时不必为其数量不足而担心。

可以说托盘共用系统的建设是物流现代化不可缺少的一环。我国托盘共用系统的建设已经得到政府有关部门和企业界的高度重视，在不久的将来必定会成功建成，并且在物流规范化进程中发挥其应有的作用。

3. 托盘标准化

托盘标准化具有多方面的意义。托盘是货物单元的基底，托盘标准化使货物单元得以规范化，从而使物流作业能够顺畅而高效地进行；托盘标准是货架和运输工具标准的纽带，托盘标准化可以带动物流系统各相关设备标准的协调，从而使物流系统各环节作业能够顺畅衔接。

我国原有的托盘标准没有充分考虑国情，也没有全面地沿用国际标准。中国物流与采购联合会托盘专业委员会成立后，组建了托盘国家标准修订小组，经过近三年的努力，已经提出新的方案并且经审定通过，于2008年3月1日起公布实施。

托盘国家标准的新方案的提出充分考虑了目前我国1 200毫米×1 000毫米规格托盘使用最普遍，而近年来1 100毫米×1 100毫米规格托盘生产量及占有率提升幅度最大的现状，在GB/T2934—2008《联运通用平托盘主要尺寸及公差》新的国家标准中最终确定了1 200毫米×1 000毫米和1 100毫米×1 100毫米两种托盘规格，且特别注明1 200毫米×1 000毫米为优先推荐规格。

由于产品规格具有多样性，托盘国家标准不是强制性标准而是指导性标准，因此其实施与推广之路仍然会漫长而艰巨。建立托盘共用系统，也是推行托盘标准化的有效方式之一。

四、集装单元化运输的应用前景

快速物流是在供应链环节需要提高快速反应能力的背景下提出的，作为快速物流的前提，集装单元化在推动物流系统合理化方面的作用也越来越受到关注。在速度至上的今天，集装单元化运输必将得到更好的发展机遇，相关的技术与装备的研发与生产也会得到更大的发展。无论是物流企业还是物流技术装备企业，只要把握时机、顺应潮流，一定能够在全球化经济的浪潮中发展壮大。

讨论题

货物的运输、仓储、装卸搬运等功能环节，都需要将零碎的、散乱的、不规则的、不标准的、不系列化的物品进行集装单元化操作，使之易于运输、仓储、装卸搬运等物流作业。请你联系国内物流业实际，举出三种不同货物的集装单元化基本作业流程。

第8章

物流信息技术与装备

本章要点

物流作业效率的高低，很大程度上取决于物流信息的通畅程度与管理系统的先进程度。物流信息技术在物流系统中得到广泛应用，用于物流信息采集的技术众多，主要包括各种自动识别技术和电子信息技术。

本章将系统介绍物流信息技术的概念，具体阐述物流信息服务系统、条形码、无线射频识别、全球定位系统和地理信息系统等技术及其装备的基本知识及应用特点。

8.1 物流信息技术与装备概述

8.1.1 物流信息概述

1. 物流信息的概念

物流信息的广泛应用是现代物流的重要标志，对于确保物流企业正常运行具有极其重要的作用。20世纪90年代以来，传统物流逐渐向现代物流转变。现代物流信息包括运输合理化、仓储自动化、包装标准化、装卸机械化、加工配送一体化、信息管理网络化等方面的信息。

物流信息是相对于其他信息而言的，专指物流活动中产生的信息，反映在各种物流活动的知识、资料、图像、数据、文件等中。狭义的物流信息是指与物流活动有关的信息。在物流活动的管理与决策中，运输工具的选择、运输路线的确定、在途货物的追踪、仓库的有效利用、订单管理等，都需要详细和准确的物流信息，因为物流信息对运输管理、库存管理、订单管理等物流活动具有支持保证的作用。广义的物流信息不仅指与物流活动有关的信息，而且包含其他与流通活动有关的信息，主要有商品交易信息和市场信息。在现代经营管理活动中，物流信息与商品交易信息、市场信息相互交叉与融合，有着密切的联系。

物流信息化是一个国家流通现代化的主要标志，也是其综合国力的体现。物流的信息化有助于形成一个高效、畅通、可调控的流通体系，减少流通环节，节约流通费用，实现科学的物流管理，提高流通的效率和效益。

2. 物流信息的作用

物流信息的作用体现在许多方面，从系统的角度来看主要表现在：

(1) 信息是物流活动的组织基础。作为一个多环节的复杂系统，物流活动是由许多子系统构成的，通过物质实体的运动把各子系统相互联系在一起，通过物流信息来实现相互沟通和基本资源的调度。因此，组织物流活动必须有信息作为基础，保证物流信息的畅通，才能使物流活动正常而有规律地进行。

(2) 信息是物流系统计划决策的依据。计划是一个企业管理活动最基本的职能。计划决策确定了经营管理活动的目标，编制计划是预先决策需要做什么以及如何去实现目标，而编制计划的一个重要依据就是各类可靠的信息。物流系统的计划决策信息通常包括市场信息、环境信息和内部信息。这些是编制物流系统计划的重要依据，对物流活动具有全局性的影响。

(3) 信息是进行物流控制的手段。在控制物流系统的过程中，对反映执行情况的信息必须掌握，以达到对物流活动进行控制的目的。控制的方法有两种，一种是利用指挥调度，使物流活动按照预定的计划以及各项标准顺利进行；另一种是在物流活动中对产生的信息予以反馈。了解物流活动状态，并与标准信息进行比较，找出偏差，及时调整物流活动或修正计划，可以实现对物流过程的控制。

当前全球经济一体化、物流无国界的趋势加剧，物流业正向高科技、现代化和信息化发展。电子数据交换技术与互联网的应用，使物流质量、效率和效益的提高更多地取决于信息管理技术，信息的作用日益增强。今天，在流通过程中的各个环节，信息比以往任何时候都更加重要，每种物资到达每个地点的时间和数量、离开每个地点的时间和数量、在途的时间和数量、生产量和需求量等各种信息，对整个生产过程的控制和管理将起到至关重要的作用。

8.1.2 物流信息技术的定义与构成

1. 物流信息技术的定义

物流信息技术是指建立在计算机和网络通信技术平台上，在物流的各个功能环节采用的各种信息技术，包括硬件技术和软件技术两大类。

2. 物流信息技术的构成

物流信息技术主要由通信、软件、面向行业的业务管理系统三大部分组成，包括基于各种通信方式的移动通信手段、全球定位系统技术、地理信息系统技术、计算机网络技术、自动化仓库管理技术、智能标签技术、条形码技术、无线射频识别技术、电子数据交换技术等。在这些尖端技术的支撑下，形成了由移动通信、资源管理、监控调度管理、自动化仓储管理、业务管理、客户服务管理、财务处理等多种信息技术集成的一体化现代物流管理体系。

从构成要素看，物流信息技术作为现代信息技术的重要组成部分，本质上都属于信息技术范畴，可以分为四个层次：

(1) 物流信息基础技术，即有关元件、器件的制造技术，是整个信息技术的基础。例如微电子技术、光子技术、光电子技术、分子电子技术等。

(2) 物流信息系统技术，即有关物流信息的获取、传输、处理、控制的设备和系统的技术，建立在信息基础技术之上，是整个信息技术的核心。主要包括物流信息获取技术、物流信息传输技术、物流信息处理技术及物流信息控制技术。

(3) 物流信息应用技术，即基于管理信息系统、优化技术和计算机集成制造系统而设计出的各种物流自动化设备和物流信息管理系统，例如自动化分拣与传输设备、自动导向搬运车、集装箱自动装卸设备、仓储管理系统、运输管理系统、配送优化系统、全球定位系统及地理信息系统等。

(4) 物流信息安全技术，即确保物流信息安全的技术，主要包括密码技术、防火墙技术、病毒防治技术、身份识别技术、访问控制技术、备份与恢复技术及数据库安全技术等。

8.1.3 物流信息技术的应用

在我国，各种物流信息技术已经广泛应用于物流活动的各个环节，对企业的物流活动产生了深远的影响。

1. 物流自动化技术装备的应用

物流自动化技术装备的集成和应用的关键环节是配送中心。配送中心每天需要拣选的货物品种多、批次多、数量大，因此国内的烟草、医药、邮政等行业的配送中心引进了物流自动化分拣设备。其中一种是电子标签辅助拣货系统，它在拣选货架上配有可视的电子显示屏，拣货系统与配送中心物流管理信息系统相连，动态地提示被拣选的物品和数量，指示操作人员拣选，提高了货物拣选的准确性和速度；另一种是货物拣选后的自动分拣，将条形码或电子标签贴在被识别的物体（一般为集装后的运输单元）上，由传送带送入分拣口，再由装有识读设备的分拣装置进行分拣，使货物进入各自的通道，完成不同货物的分拨过程。

立体仓库及其巷道堆垛机近几年来在国内的机械制造、汽车、纺织、卷烟等行业得到应用。国产堆垛机在行走速度、噪声、定位精度等技术指标上有了很大的改进，运行也比较稳定，如昆船集团生产的巷道堆垛机被红河卷烟厂等多家企业应用。但是与国外著名厂家相比，在堆垛机的一些精细指标，如最低货位极限高度、高速（80 米/秒以上）运行时的噪声、电机减速性能等方面还存在不小的差距。

2. 物流设备跟踪和控制技术的应用

目前，物流设备跟踪主要是指对物流的运输载体及物流活动中涉及的物品所在地进行跟踪。物流设备跟踪的手段有多种，可以用传统的通信手段（如电话等）进行被动跟踪，也可以用 RFID 手段进行阶段性的跟踪，但目前国内主要应用 GPS 进行跟踪。应用 GPS 技术跟踪货运车辆与货物的运输情况，可以让货主及车主随时了解车辆与货物的位置与状态，保障整个物流过程得到有效监控，并快速运转。物流 GPS 监控管理系统的构成主要包括运输工具上的 GPS 定位设备、跟踪服务平台（包括地理信息系统和相应的软件）、信息通信机制和其他设备（如货物上的电子标签或条形码、报警装置等）。在国内，部分物流企业为了提高企业的管理水平和客户服务能力，也应用了这项技术。

3. 物流动态信息采集技术的应用

企业竞争的全球化、产品生命周期的缩短和用户交货期的缩短等，都对物流服务的可得性与可控性提出了更高的要求，实时物流理念也应运而生。要保证对物流过程的完全掌控，必须应用物流动态信息采集技术。动态的货物及移动载体本身具有很多有用的信息，例如货物的名称、数量、重量、质量、产地，移动载体（如车辆、轮船等）的名称、牌号、位置、状态等一系列信息。这些信息可能在物流中被反复使用，因此，正确、快速地读取动态货物或载体的信息并加以利用，可以显著地提高物流的效率。在目前流行的物流动态信息采集技术的应用中，条形码技术的应用范围最广，其他的技术还有无线射频识别、磁条（卡）、语音识别、便携式数据终端等。

根据调查统计分析，企业物流信息技术与信息管理的应用具有以下几方面的意义：(1) 可使传统的运输企业的空载率降低 15～20 个百分点；(2) 可提高对在途车辆的监控能力，有效保障货物安全；(3) 可实现网上货运信息发布和网上下单，使商业机会增加 20%～30%；(4) 具有无时空限制的客户查询功能，能有效满足客户对货物在运情况的跟踪和监控，使业务量增加 40%；(5) 通过对各种有形无形资源的合理综合利用，可使运营成本降低 15%～30%；(6) 可使传统仓储企业的配载能力提高 20%～30%，库存准确率和发货准确率超过 99%；(7) 可使数据输入的误差减少，库存和短缺损耗减少；(8) 可使劳动力成本降低约 50%，生产力提高 30%～40%，仓库空间利用率提高 20 个百分点。

8.1.4 物流信息技术的发展趋势

现代物流以各种信息技术为核心，应用数据采集系统、电子商务、电子数据交换、仓储管理系统、供应链管理系统、全球定位系统等信息技术，实现物流单体数字化、物流过程信息化、物流网络数据化、物流中心管理数字化，最终促使物流与信息流相融合而实现一体化。物流信息技术的发展趋势是：

(1) 物流动态信息采集技术将成为物流发展的突破点。在全球日益重视供应链管理的背景下，及时掌握货物的动态信息和品质信息已成为企业盈利的关键。但是，由于受到自然条件、气候、通信、技术、法规等因素的影响，物流动态信息采集技术的发展一直受到很大的制约，远远不能满足现代物流发展的需求。借助新的科技手段，完善物流动态信息采集技术，将成为物流领域的下一个技术突破点。

(2) 无线射频识别技术将成为未来物流领域的关键技术。无线射频识别技术是一种利用射频通信实现的非接触式自动识别技术。RFID 标签具有体积小、容量大、寿命长、可重复使用等特点，可支持快速读写、非可视识别、移动识别、多目标识别、定位及长期跟踪管理。RFID 技术与互联网、通信等技术相结合，可实现全球范围内的物品跟踪与信息共享。从上述物流信息技术的应用情况及全球物流信息化的发展趋势来看，物流动态信息采集技术的应用正成为全球范围内重点研究的领域。我国作为物流领域的发展中国家，已在物流动态信息采集技术的应用方面积累了一定的经验，例如条形码技术、接触式磁条（卡）技术的应用已经十分普遍，但在一些新型的前沿技术（例如 RFID 技术等）的研究和应用方面还比较落后。

RFID 技术应用于物流行业，可大幅提高物流管理与运作效率，降低物流成本。另外，从全球的发展趋势来看，随着 RFID 相关技术的不断完善和成熟，RFID 产业将成为一个新兴的高技术产业群，成为国民经济新的增长点。因此，RFID 技术有望成为现代物流业快速发展的助推剂。

(3) 物流信息安全技术将日益得到重视。借助网络技术发展起来的物流信息技术，在享受网络飞速发展带来的巨大好处的同时，也可能遭遇安全危机，例如网络黑客无孔不入的恶意攻击、病毒的肆虐、信息的泄密等。应用安全防范技术，保障企业的物流信息系统或平台安全、稳定地运行，是企业将长期面临的一项重大挑战。

8.2 物流信息服务系统

在竞争日趋激烈的今天，提供优质的客户服务是物流企业获得竞争优势的必要条件，否则企业将很难在市场上生存。为此，许多企业应用信息技术，纷纷建立客户服务中心来提高服务水平和增加销售量。物流信息服务系统是一种与客户建立关系、留住和发展客户、时刻掌握客户需求的重要工具。它作为企业提供客户服务和掌握客户需求的统一平台，可以有效地提高客户服务质量，其功能也将随着现代信息技术的应用而不断完善。

物流不是简单的货物流转，而是对货物流转系统化、总体化的管理过程，其中，信息的传递是这种管理能够实施的重要前提，对物流的管理主要是对信息的管理。随着物流公司业务的扩展，如果无法有效快捷地应对客户的货运跟踪查询，为客户提供优良的服务，就会制约公司的进一步发展。物流信息服务系统能够保证物流企业和物流部门与客户之间的信息传递顺畅。

目前，物流信息服务系统有多种，如物流企业的车辆货物GPS/GIS跟踪系统、物流企业呼叫中心、物流短信系统（包括微信、QQ）等，限于篇幅，这里只介绍物流短信系统。

1. 物流短信系统的定义

物流短信系统利用全球移动通信系统（GMS）等对运行中的运输车辆进行大致定位和短信通知。对于物流公司或者需要类似服务的公司来讲，其设备是基于若干手机（驾驶员持有）和呼叫中心的呼叫短信解码系统。作业中的驾驶员发送的短信可以采用事先约定的编码，以缩短短信发送时的输入时间，所有驾驶员都将服务内容通过手机发送到解码器，解码器接收短信，并通过计算机进行解码，翻译成请求服务的内容，就可以知晓请求服务的客户端的状态。

2. 物流短信系统的特点

（1）支持多种接入方式。支持电话、传真、手机、电子邮件、互联网等的接入与呼出，支持模拟、数字和ISDN接入，支持中国一号信令/中国七号信令。

（2）支持多种硬件设备。支持Dialogic语音卡、NMS语音卡、eicon语音卡、维卡等多种型号的硬件设备。

（3）支持多种开发工具。支持COM组件、JAVA类结构，支持多种编程语言。

（4）支持多种操作系统。支持Windows、Linux等操作系统，支持．net结构系统的所有界面均采用B/S结构。只需在服务器端安装系统软件，在任何地方进行操作时都无须安装任何专门的软件。

（5）支持全新的软件系统构造技术，支持面向未来的网络架构。

（6）支持IVR（交互式语音应答）、ACD（智能话务分配）、语音信箱、传真回复与群发、电话会议及全部软交换功能。

（7）保留音乐、电话接回、电话会议等多种电话处理方式。

（8）具有强大的管理功能。

（9）具有图形化的统一界面，可以很方便地实现用户管理、坐席管理、电话管理、客户管理、个人语音信箱管理、系统参数设置、交换机参数设置等目标。

（10）具备很好的开放性、扩展性和完备的二次开发能力。能够满足系统的未来发展和功能扩充之需，便于系统容量的增加、支撑功能的增强以及与其他系统的兼容。

（11）注重业务层的应用。在立足基本业务功能的同时，系统着重考虑灵活的处理方式、人性化的设计、规范的业务流程，以及各种信息资源的合理整合。

（12）可移植性强。

3. 物流短信系统的主要功能

（1）基本资料模块。包括员工资料管理、网点管理、区域管理、目的地管理、部门岗位设置、结算类型等基础数据等。

（2）客户关系管理。新增客户资料，包括客户编号、客户名称、客户地址、电话、手机、收件员、签收是否短信回复等。

（3）客户来电显示。可支持客户多个电话及手机的呼叫号转接显示。

（4）人工话务。可以转人工进行话务处理。

（5）运单自动查询。客户输入运单编号，系统自动语音播报货物当前状态。

（6）客户自助下单。输入客户名称、货物的数量和重量等，系统自动进行下单处理。

（7）投诉处理。可以转人工进行投诉处理。

（8）短信调度。采用短信方式对业务员进行调度。

4. 物流短信服务平台的应用——物流短信签收系统

对于物流企业而言，跟踪货物的状态非常重要。企业为了加强自身管理，或给客户提供更高水平的服务，往往需要在第一时间掌握货物的状态。以往由于通信手段落后，因此对货物状态信息几乎很难进行及时反馈。近年来，手机短信技术发展迅速，使之成为可能。为了解决物流跟踪问题，已出现了专门为物流企业开发的货物签收管理系统（如图 8—1 所示）。物流公司的派送人员可通过手机将货物状态及签收信息实时发送给公司短信中心，短信中心的物流签收系统会自动记录，并可实时送达客户或发布到公司网站上。其特色在于有效地利用了手机短信技术，解决了长期困扰物流企业的货物签收状态实时管理问题。物流短信签收系统的特点是：可实时跟踪货物、软件硬件投入成本低、操作简单、跟踪信息自动采集显示。

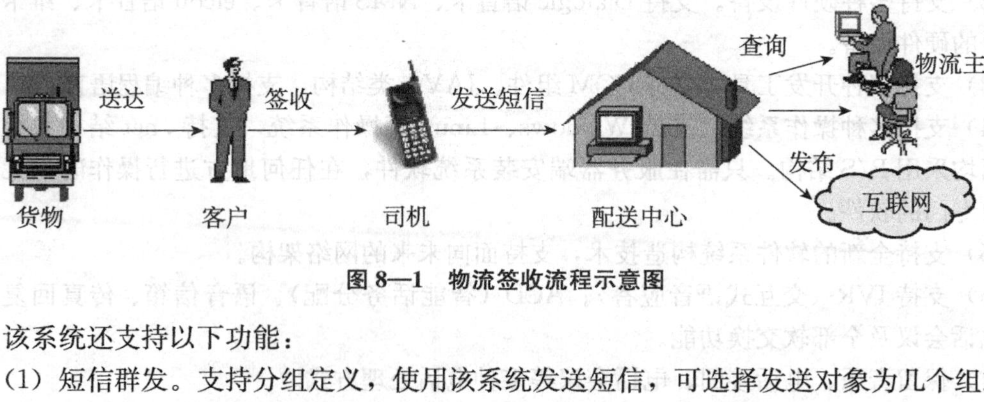

图 8—1 物流签收流程示意图

该系统还支持以下功能：

（1）短信群发。支持分组定义，使用该系统发送短信，可选择发送对象为几个组或者几个人，该功能还可用于企业对内发布通知以及对外进行广告宣传。

（2）电话号码簿管理。

（3）常用短信管理。用户可维护一些常用短信息，进行新增、删除、修改等操作。这些短信可以在发送时直接选取。

8.3 条形码技术与设备

8.3.1 条形码技术概述

1. 条形码技术的定义

条形码技术是在计算机技术与信息技术的基础上发展起来的一项集编码、印刷、识别、数据采集和处理于一体的新兴技术。其核心内容是利用光电扫描设备识读条形码符号，从而实现机器的自动识别，并快速准确地将信息录入计算机进行数据处理，以达到自动化管理的目的。条形码成本低，是一种广泛应用于商业、邮政、图书管理、仓储、交通等领域的自动识别技术，具有输入速度快、准确度高、成本低、可靠性强等优点，在当今的自动识别技术中占有重要的地位。

目前，条形码技术主要包括以下三方面内容：

(1) 符号技术。符号技术主要研究各种码制条形码的编码规则、特点及应用范围、条形码符号的设计及制作、条形码符号印刷质量的控制等。只有按规则编码且符合质量要求的条形码符号才能最终被识读器识别。

(2) 识别技术。识别技术主要由条形码扫描和译码两部分构成：扫描是利用光束扫读条形码符号，将光信号转换为电信号，这部分功能由扫描器完成；译码是将扫描器获得的电信号按一定的规则翻译成相应的数据代码，然后输入计算机（或存储器），这个过程由译码器完成。

(3) 条形码应用系统设计。条形码应用系统由条形码、识读设备、计算机及通信系统组成。应用的范围不同，条形码应用系统的配置也不同。一般地，条形码应用系统的应用效果主要取决于系统的设计。系统设计主要考虑三个因素：条形码设计、符号印制和识读设备。

2. 物流条形码的码制

物流条形码是标识货运单元的唯一标志。货运单元是由若干消费单元组成的稳定的和标准的产品集合，是完成收发货、运输、装卸、仓储等物流业务所必需的一种物流包装单元，是多个或多种商品的集合，应用于现代化的物流管理。物流条形码提供的信息应能支持供应链各节点企业间的物流业务的协调，满足对物流全过程的控制需要，为营销、生产、管理层面的决策提供支持。标准的编码系统可以保证代码的全球唯一性，因此可以克服内部编码（专有编码）的局限，在指示产品、服务、位置的代码之间不会产生歧义。与商品条形码不同，物流条形码是用以标识物流过程中具体实物的一种特殊代码，是生产厂家、配送中心、运输公司、消费者等环节共享的数据。

物流条形码的码制是指条形码的类型，每种类型的条形码符号都由符合特定编码规则的条和空组合而成，都有固定的编码容量和条形码字符集。国际上常见的物流条形码有EAN13码、交叉二五条形码、EAN/UCC128条形码以及39码（如表8—1所示）。

表8—1　物流条形码的种类、特点及其应用领域

码制	特点及应用领域
EAN13码	是国际通用符号体系，是一种定长、无含义的条形码，没有自校功能，常用在单个大件商品的包装箱上。

续前表

码 制	特点及应用领域
交叉二五条形码	是一种连续、非定长、具有自校功能，且条、空都表示信息的双向条形码。常用于定量储运单元的包装箱上。
EAN/UCC128 条形码	是一种连续性强、非定长、有含义的高密度代码，是物流条形码实施的关键。印刷要求不高，比较容易识别。
39 码	是离散型的字母式码制，自校验，长度可变，广泛用于物流管理系统，以及汽车制造、机械加工、工业自动化等领域。

一个完整的条形码的组成次序依次为：静区（前部）、起始符、数据符、分割符（中部，主要用于 EAN 码）、校验字符、终止符、静区（后部）（如图 8—2 所示）。

图 8—2　条形码的组成

（1）静区。指条形码左右两端外侧与空的反射率相同的限定区域，它能使阅读器进入准备阅读的状态。当两个条形码相距距离较近时，静区有助于对它们加以区分。静区的宽度通常应不小于 6 毫米。

（2）起始/终止符。指位于条形码前端和末端的若干条与空，标志着条形码的开始或结束，同时提供了码制识别信息和阅读方向的信息。

（3）数据符。指位于条形码中间的条、空结构，它包含条形码所表达的特定信息。

（4）校验字符。在条形码码制中定义了校验字符，有些码制的校验字符是必需的，有些码制的校验字符是可选的。校验字符是通过对数据符进行一种运算而确定的。

8.3.2　条形码设备

1. 条形码识别系统

条形码识别系统是由条形码符号设计、制作及扫描识读组成的自动识别系统。它的构成元素包括：条形码、条形码识读装置、通信系统、处理器以及执行机构。条形码识读装置是条形码系统的基本设备，它的功能是译读条形码符号，即把条形码条符宽度、间隔等信号转换成不同时间长短的输出信号，并将该信号转化成计算机可识别的二进制编码，然后输入计算机。它由扫描器和译码器组成。条形码识别系统设备可以完成条形码的读入，以及条形码信息的通信与传输。

（1）条形码的读入。条形码的读入是由扫描器和译码器完成的。扫描器又称光电读入器，它装有照亮被读条形码的光束检测器件，对条形码符号进行扫描，接收条形码的反射光，利用光电转化技术获取条形码信息，将产生的模拟信号放大、量化后传送给译码器处理。译码器则用来分析扫描器读入的信号，并解读出条形码的编码信息。

（2）条形码信息的通信与传输。经扫描并被译码的信息通常需要传送到中央处理计算机进行处理，一般在条形码译码器内部由单片机或者专用集成电路来完成译码及传送。它采用串行接口或键盘接口与中央处理计算机连接。由于条形码识别与生产控制流程、信息管理作业等相关，因此，还需要建立相应的条形码采集系统，将各点、位获取的条形码信息通过网络传输，集中进行处理。

在早期的条形码识别系统装备中，扫描器和译码器是分开的。近年推出的设备大多已合成一体，整个设备完整、方便、灵巧。只要计算机配置了网络控制器之类的接口软、硬件，这个条形码系统就能同时处理多个条形码识读装置输入的条形码信息。

2. 条形码识读器

（1）条形码识读器的工作原理。条形码识读器是用于读取条形码所包含的信息的设备，通常包括以下几部分：光照、接收装置、光电转换部件、译码电路、计算机接口。条形码识读器的基本工作原理为：由光源发出的光线经过光学系统照射到条形码符号上，被反射回来的光经过光学系统在光电转换器上成像，使之产生电信号，信号经过电路放大后产生模拟信号（它的强弱与照射到条形码符号上被反射回来的光成正比），经过滤波、波形整形后，形成与模拟信号对应的方波信号，最后经译码器解读为计算机可以直接接受的数字信号（如图 8—3 所示）。

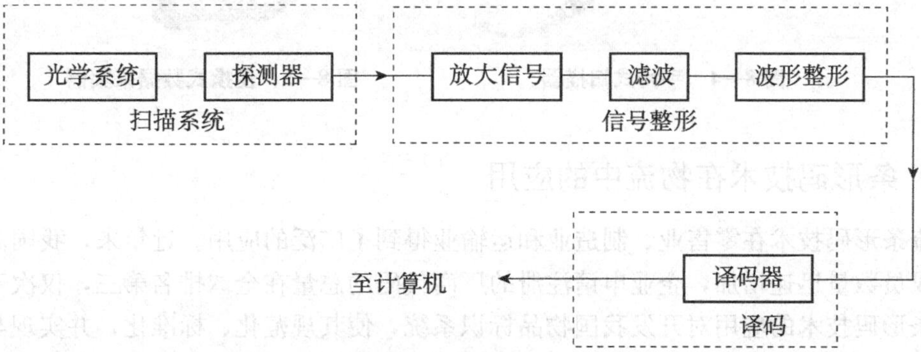

图 8—3　条形码扫描器识别条形码的原理

（2）条形码识读器的分类。条形码识读器主要分为以下几种：

1）光笔扫描器。外形似笔的手持小型扫描器。

2）台式扫描器。固定的扫描装置，手持带有条形码的卡片或证件在扫描器上移动来完成扫描。它适用于不便使用手持式扫描器阅读条形码信息的场合。如果工作环境不允许操作者一只手处理附有条形码信息的物体，而另一只手操作手持式扫描器，就可以选用台式扫描器自动扫描。这种扫描器大都固定安装在某一位置上，用来识读在某一范围内出现或通过的条形码符号。

3）手持式扫描器（如图 8—4 所示）。能手持和移动使用的、内部装有控制光束的自动扫描装置的较大的扫描器，用于静态物品扫描，阅读时只需将读头接近或轻触条形码即可完成自动读取。

4）固定式光电及激光快速扫描器。它由光学扫描器和光电转换器组成，是现在物流领域应用较多的固定式扫描设备，安装在物品运动的通道边，对物品进行逐个扫描。

5）卡式条形码阅读器。可以用于医院病案管理、身份验证、考勤和生产管理等领域。

这种阅读器内部的机械结构能保证标有条形代码的卡式证件或文件在插入滑槽后自动沿轨道做直线运动，在卡片前进的过程中，扫描光点将条形码信息读入。

6）便携式数据采集器（如图8—5所示）。为了适应现场数据采集的需要，可将这种扫描器带到物体前对其条形码符号进行扫描，扫描与计算机之间的通信不同时进行。它拥有自己的内部存储器，可以存储一定量的数据，并在适当的时候将这些数据传输给计算机。

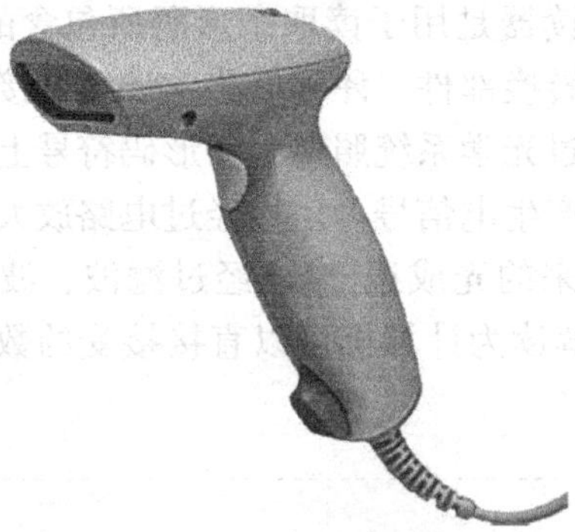

图8—4　手持式扫描器

图8—5　便携式数据采集器

8.3.3　条形码技术在物流中的应用

物流条形码技术在零售业、制造业和运输业得到了广泛的应用。近年来，我国商品条形码系统成员数量迅速增加，企业申请注册的厂商代码的总量在全球排名第三，仅次于美国和日本。条形码技术的应用对开发我国物品标识系统，使其规范化、标准化，并实现与国际标准相兼容，以提高我国的计算机应用水平，推进生产自动化、管理现代化，促进国内市场经济的繁荣，增强我国产品的国际竞争力，具有深远的意义。

1. 条形码技术在零售业中的应用

（1）销售作业。利用销售点实时信息系统（POS），在商品上贴上条形码，就能快速、准确地利用计算机进行销售和配送管理。其过程为：对销售商品进行结算时，通过光电扫描读取商品条形码信息，信息通过POS传入后台计算机，然后传到收款机终端，收款机开出收据，同时，通过计算机进行信息处理以掌握商品进销存的情况。

（2）订货作业。在零售商店的货架上每种商品的陈列处都贴着价格卡，其用途有二：一是向顾客告知商品价格；二是可按卡上所标注的订货点，计算商品所剩的陈列量是否低于设定的订货点，若需订货，以手持式条形码扫描器读取价格卡上的商品条形码，就可自动输入商品货号。连锁店总部定期将订货簿发给各零售分店，订货簿上有商品名称、商品货号、商品条形码、订货点、订货单位、订货量等，工作人员拿着订货簿核对各种商品以确认所剩陈列数，计算订货量。

（3）库存作业。应用条形码技术，可在库存物资（尤其是规格包装、集装、托盘货物）入库时自动扫描并输入计算机，由计算机处理后形成库存信息，并输出库区位、货架、货位的指令，出库程序则与POS条形码的应用程序相同。

(4) 配送中心的进货验收作业。对整箱进货的商品，其包装箱上有条形码，放在输送带上经过固定式条形码扫描器的自动识别，可接收指令传送到存放位置附近。对整个托盘进货的商品，叉车驾驶员可用手持式条形码扫描器扫描外包装箱上的条形码标签，利用计算机与射频数据通信系统将存放指令下载到叉车的终端机上。

(5) 补货作业。基于条形码进行补货，可确保补货作业的正确性。有些拣货错误源于之前的补货作业错误。商品进货验收后，被移到保管区，需适时、适量地补充到拣货区。为了避免补货错误，可在储位卡上印上商品条形码与储位码的条形码，当商品移动到位后，以手持式条形码扫描器选取商品条形码和储位码条形码，由计算机核对是否正确，这样即可保证补货作业的正确。

(6) 拣货作业。拣货有两种方式：一种是按客户的订货情况进行拣取的摘取式拣货；另一种是先将所有客户对各商品的订货汇总，一次拣出，再按客户的订货情况进行分配，即整批拣取，二次分拣，称为播种式拣货。对于摘取式拣货作业，在拣取后用条形码扫描器读取拣取的商品上的条形码，即可确认拣货的正确性。对于播种式拣货作业，可使用自动分货机，当商品在输送带上移动时，由固定式条形码扫描器判别商品货号，指示移动路线与位置。

(7) 交货时的交点作业。交货时的交点作业通常有两种形式：一种是由配送中心出货前复点数量；另一种是交由客户当面或事后确认。对于这两种形式，由于在拣货的同时已经以条形码确认过，因此无须进行复点作业，双方也无须在交货时逐一核对。

(8) 仓储配送作业。对商品进行自动辨识，也可以采用磁卡、IC卡等其他方式。但对于物流仓储配送作业而言，由于大多数的储存货品都备有条形码，因此利用条形码进行自动识别与资料收集是最便宜、最方便的方式。商品条形码上的资料经条形码读取设备读取后，可正确、便捷地将商品资料自动输入，从而达到自动登录、控制、传递和沟通的目的。

2. 条形码技术在制造业中的应用

(1) 生产线上的产品跟踪。在日常生产中，应用条形码技术可对产品的生产过程进行跟踪。首先由商务中心下达生产任务单，任务单跟随相应的产品流动。然后在每一生产环节开始时，用生产线终端扫描任务单上的条形码，更改数据库中的产品状态。最后在产品下线包装时，打印并粘贴产品的客户信息条形码。

(2) 产品标签管理。在产品下线时，产品标签由制造商打印并粘贴在产品包装的显著位置，产品标签将成为跟踪产品流转的重要标志。若产品制造商没有提供条形码标签或标签损坏，可利用系统提供的产品标签管理模块，重新生成所需的标签。

(3) 产品入库管理。入库时，识读器扫描条形码标签，同时录入商品的存放信息，将商品的特性信息及存放信息一同存入数据库，存储时检查是否重复录入。通过条形码传递信息，可以有效地避免人工录入的失误，实现数据的无损传递和快速录入，将商品的管理推进到更深层次——个体管理。

(4) 产品出库管理。根据商务中心产生的提货单或配送单，选择相应的产品出库。为方便出库备货，可根据产品的特征进行组合查询，可打印查询结果或生成可用于移动终端的数据文件。产品出库时，要扫描产品上的条形码，对出库产品的信息进行确认，同时更改其库存状态。

（5）仓库内部管理。在库存管理中，一方面，条形码可用于存货盘点，通过手持无线终端，收集盘点产品信息，然后将收集到的信息由计算机进行集中处理，从而形成盘点报告；另一方面，条形码可用于出库备货。

（6）货物配送。条形码在配送管理中具有重要的意义。配送前将配送商品资料和客户订单资料下载到移动终端中，到达配送客户处之后，打开移动终端可调出客户相应的订单，然后根据订单情况挑选货物并验证其条形码标签，确认配送完一个客户的货物后，移动终端会自动校验配送情况，并做出相应的提示。

（7）保修维护。维修人员使用条形码识读器识读客户信息条形码标签，确认商品的资料。维修结束后，录入维修情况及相关信息。

3. 条形码技术在运输业中的应用

公路运输、铁路运输、航空运输等许多行业都存在货物的分拣搬运问题，因为大批量的货物需要在很短的时间内准确无误地装到指定的车厢内或飞机上。应用物流条形码技术可使包裹或货物自动分拣到不同的运输机上，要做到这一点，只需将预先打印好的条形码标签贴在发送的物品上，并在每个分拣点装设一台条形码扫描器。

典型的分拣搬运作业从收货开始，送货卡车到达后，叉车司机在卸车时用手持式扫描器识别所装卸的货物，条形码信息通过无线数据通信技术传给计算机，计算机向叉车司机发出作业指令并显示在叉车的移动式终端上，要求叉车司机把货物送到某个库位存放，或者直接送到拣货区或出库站台。在收货站台和仓库之间一般都有运输机系统，叉车把货物放到输送机上后，输送机上的固定式扫描器识别货物上的条形码，计算机确定该货物的存放位置，输送机沿线的转载装置根据计算机的指令把货物装载到指定的巷道内。随后，巷道堆垛机把货物送到指定的库位。出库时，巷道堆垛机取出指定的托盘，计算机随即向叉车司机发出作业指令，要求其把货物直接送到出库站台，或者为拣货区补充货源。

在自动化系统中，物流条形码技术的优势充分体现出来。当人们乘坐飞机时，条形码标签根据需要被打印出来，贴在每件行李上。条形码标签是一个纸牌，贴在行李的手把上。根据国际航空运输协会（IATA）的要求，条形码应包含航班号和目的地等信息。当运输系统把行李从登机处运到分拣系统时，一组通道式扫描器（通常由 8 个扫描器组成）包围了运输机的各个侧面，即上下、前后、左右。

8.4 无线射频识别技术与设备

8.4.1 无线射频识别技术概述

1. 无线射频识别技术

无线射频识别（RFID）技术是一种非接触式的自动识别技术，其基本原理是：利用射频信号的空间耦合（电感耦合或者电磁耦合），实现对物体的自动识别（如图 8—6 所示）。先将无线射频标签安装在物体上，当物体进入无线射频识别系统阅读器的阅读范围时，标签和阅读器之间进行非接触式信息通信，标签向阅读器发送自身信息如 ID 号（识别身份的号码）等，阅读器接收这些信息并进行解码，然后传输给后台处理计算机，完成整个信息处理过程。

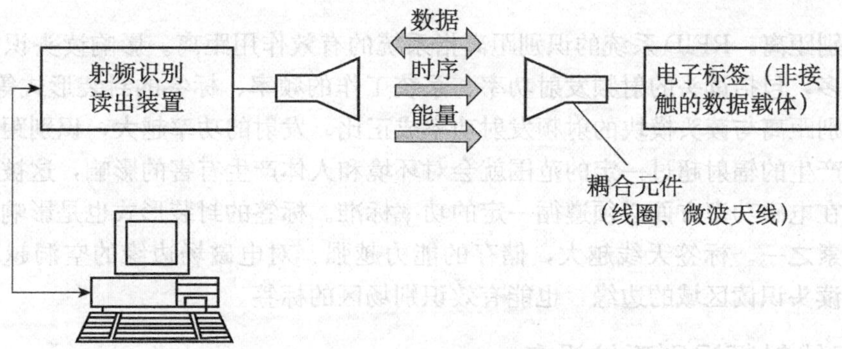

图 8—6　无线射频识别技术的工作原理

2. 无线射频识别的分类

RFID 系统可以有很多不同的分类方式，一般来讲有以下几种（如表 8—2 所示）。

表 8—2　　无线视频识别的分类

分类依据	类别	主要特征
标签供电方式	有源 无源 半有源	依靠电池供电无源 电磁耦合供电半有源系统 电池起激活作用
数据调制方式	主动式 被动式 半主动式	有源系统 无源系统 半有源系统
标签的可读写性	可读写 只读 一次写入，多次读出	标签可读写，适时修改数据 不能写入数据，作为标识卡 用户可以一次性写入的卡，写入后数据不能更改
系统工作频率	低频 高频 超高频	LF：30～300KHz HF：3～30MHz UHF：300～968MHz

3. 无线射频识别的基本参数

可以用来衡量无线射频识别技术的技术参数比较多，包括使用的频率、读头的发射功率、识别距离、执行的协议标准、识别速度、数据传输速率、芯片内存、标签封装标准、识别速率、可同时识别的标签数、防冲撞性能，以及其他一些非量化性能，如可读写性能、接口形式等。在这些参数中，有的是针对标签的，有的是针对读头的，有的是两者兼有的。有些技术参数会相互影响和相互制约，如识别距离就可以表示成若干其他参数的集合函数。下面着重介绍 RFID 系统的两个主要参数：工作频率与识别距离。

(1) 工作频率。RFID 系统的工作频率很大程度上决定了射频标签的应用范围、技术可行性以及系统成本的高低。在无线通信信道中，射频信号只能以电磁耦合或者电磁波传播的形式表现出来，因此，RFID 系统的工作性能必定要受到电磁波空间传输特性的影响。

要设计识别距离较远又具有较强穿透能力的产品，就要用到双频技术，即将低频和高频两个频率特征集成到一枚芯片上，使其既具有低频的穿透能力，又具有高频的识别距离和通信速度。这样 RFID 系统就能够广泛地应用于动物识别领域、导体材料受干扰的环境及潮湿的环境。

（2）识别距离。RFID系统的识别距离指系统的有效作用距离。影响读头识别标签的距离的因素很多，包括读头的射频发射功率、系统工作的频率、标签的封装形式等。RFID系统的有效识别距离与读头模块的射频发射功率成正比。发射的功率越大，识别距离越远。但是，电磁波产生的辐射超过一定的范围就会对环境和人体产生有害的影响，这被称为电磁污染，因此，在电磁功率方面必须遵循一定的功率标准。标签的封装形式也是影响系统识别距离的主要因素之一。标签天线越大，储存的能力越强，对电磁场边缘的空洞越不敏感，所以，即使在读头识读区域的边缘，也能有效识别场区的标签。

8.4.2 无线射频识别系统设备

在具体的应用过程中，根据不同的应用目的和应用环境，RFID系统的组成会有所不同，但从其工作原理来看，一般都由信号发射机（如标签）、信号接收机（如阅读器）、编程器（如读写器）、发射接收天线几部分组成（如图8—7所示）。

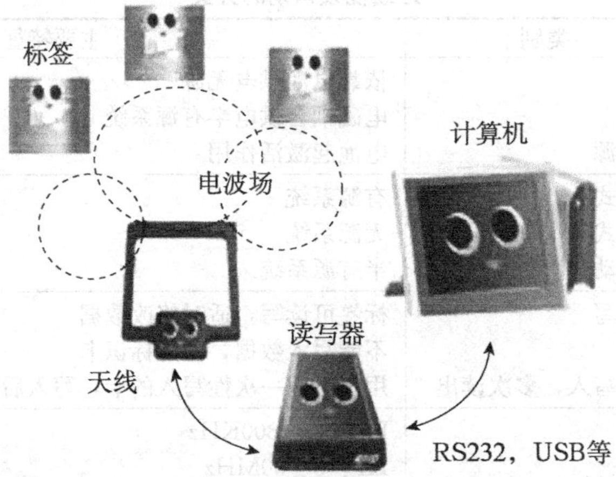

图8—7 无线射频识别系统组成示意图

1. 信号发射机

在RFID系统中，出于不同的应用目的，信号发射机会以不同的形式存在，典型的形式是标签（TAG）。标签相当于条形码技术中的条形码符号，用来存储需要识别的传输信息。另外，与条形码不同的是，标签必须能够自动或在外力的作用下，把存储的信息主动发射出去。标签一般是带有线圈、天线、存储器与控制系统的低电集成电路。

按照不同的分类标准，标签可以分成不同的类别。

（1）按照标签获取电能的方式，可以分成主动式标签与被动式标签。

（2）按照内部使用存储器的类型，可以分成只读标签与可读写标签。

（3）按照标签中存储数据的能力，可以分成用于标识目的的标识标签与便携式数据文件。

2. 信号接收机

在RFID系统中，信号接收机一般叫做阅读器。支持的标签类型与完成的功能不同，阅读器的复杂程度明显不同。阅读器的基本功能就是提供标签数据的传输途径。另外，阅读器还提供相当复杂的信号状态控制、奇偶错误校验与更正功能等。

3. 编程器

只有可读写标签系统才需要编程器。编程器是向标签写入数据的装置。编程器写入数据一般是离线完成的，也就是预先在标签中写入数据，等到开始应用时直接把标签粘贴在被标识项目上。在图 8—7 中，信号接收和编程都由读写器完成。

4. 天线

天线是标签与阅读器之间传输数据的发射、接收装置，在实际应用中，除了系统功率之外，天线的形状和相对位置也会影响数据的发射和接收，此外，需要专业人员对系统天线进行设计、安装。

8.4.3　无线射频识别技术在物流系统中的应用

与其他自动识别技术相比，RFID 系统具有无须接触、自动化程度高、耐用可靠、识别速度快、适应各种工作环境、可实现高速和多标签同时识别等特点，具有更加广泛的用途，如门禁系统、自动化生产线、物品监视、汽车监控等。可以说，RFID 将是用途最广泛的自动识别技术之一。RFID 技术在物流与供应链管理上也得到了非常广泛的应用。

(1) 无线射频识别在车辆管理中的应用。RFID 不仅用于交通管理部门对车辆的管理，而且广泛用于物流、供应链作业中的车辆管理。基于 RFID 技术的实时交通督导和最佳路线电子地图有望在实践中得到应用。应用 RFID 技术实时跟踪车辆，可通过交通控制中心的网络在各个路段向驾驶员报告路况，指挥车辆绕开拥堵路段，并用电子地图实时显示路况。另外，公共汽车站可实时跟踪显示公共汽车到站时间及自动显示乘客信息，给乘客提供很大的便利。采用 RFID 技术能实现交通指挥的自动化、法制化，有助于改善交通状况。此外，RFID 在铁路运营跟踪管理方面也得到了较普遍的应用。

(2) 生产物流的自动化及过程控制。在生产流水线上应用 RFID 技术实现自动控制、监视，可提高生产率，改进生产方式，节约成本。如美国福特汽车公司在装配流水线上应用射频卡，以尽可能大量地生产用户定制的汽车，用户可以从上万种选项中选定自己所需车的颜色、引擎型号及轮胎式样等。公司的装配流水线上配置了一个高度组织的、复杂的 RFID 控制系统，可重复使用的射频卡含有装配汽车的所有详细的要求，在每个工作点处都有读写器，这样可以保证汽车在流水线各个环节上正确地完成装配任务。

(3) 高速公路的自动收费系统。高速公路上的人工收费站由于效率低下而成为交通瓶颈。将 RFID 技术应用在高速公路自动收费上，能够充分体现它非接触识别的优势，在车辆高速通过收费站的同时自动完成收费。据测试，采用这种自动收费方式，车辆通过自动收费卡口时的车速可保持在 40 公里/小时，与停车领卡交费相比，可节省 30%～70% 的时间。

(4) 无线射频识别库存跟踪系统。将 RFID 标签贴在托盘、包装箱或元器件上，无须打开产品的外包装，系统就可以成箱成包地进行识别，实现对商品从原料、半成品、成品、运输、仓储、配送、上架到最终销售，甚至退货处理等所有环节的实时监控，极大地提高自动化程度，大幅降低差错率，提高供应链的透明度和管理效率。

(5) 邮包物流跟踪。可以采用一次性无源标签和隧道式天线来进行邮件处理。一次性标签被粘贴在传递中的邮包上。在邮包被送达各个国家和地区的机场后，这些厚重的邮包将利用输送带来转运。而隧道式天线被设置在转运的输送带上，以确保邮包被送往正确的目的地。当附有 RFID 标签的邮包经过隧道式天线时，不管邮包在输送带上的位置与方向如何，天线都能正确无误地接收数据。

RFID 技术可以保证数据被百分之百地精确接收，即使是需要高速传递的重要信件，也能通过输送带运送，并且不需要耗费人力来监督输送带和系统的运行。当无线射频标签经过接收范围时，数据可以方便、快速地被读写。当 RFID 标签上的数据被接收后，这些信息都被传递到主要的控制系统，此时系统的确认机制将被启动。如果邮包被送错输送带，警示灯马上闪烁并指示将错误的邮包导入到正确的输送带上。

(6) 停车智能化管理系统。无须停车，系统就可自动识别车辆的合法性，完成放行（禁止通行）、记录等管理工作，从而节约时间，提高工作效率，杜绝管理费的流失。

(7) 铁路货运编织调度系统。由于读写器安装在铁路沿线，火车按既定路线运行时，就可得到火车的实时信息及车厢内的物品信息，了解火车的身份，监控火车的完整性，以防止车厢遗留在铁轨上引发事故，同时有利于在车站将车厢重新编组。

(8) 无线射频识别在军事物流中的应用。RFID 的一个特别的应用领域就是军事物流。在战争期间，对军用物品和医院的伤病员、战俘、平民等的管理可采用 RFID 技术，同时结合 GPS 技术，以提高物资流通的效率。

(9) 集装箱识别系统。将记录了集装箱位置、物品类别、数量等数据的标签粘贴在集装箱上，借助射频识别技术，就可以确定集装箱在货场内的确切位置，在移动时可以将更新的数据写入射频卡。系统还可以识别未被允许的集装箱移动，有利于管理和安全。

8.5 全球定位系统技术与设备

8.5.1 全球定位系统概述

全球定位系统（global positioning system，GPS）是利用卫星、地面监控部分和信号接收机对对象进行动态定位的系统（包括我国自主研制的北斗卫星导航系统）。

GPS 是依靠卫星导航来对地面目标进行定位与跟踪的一种技术。GPS 主要应用在导航系统、城市交通疏导系统、车辆监控系统、固定点的定位测量和人员救生系统等方面。GPS 由空间卫星系统、地面监控系统、用户接收系统三大子系统构成（如图 8—8 所示）。

(1) 空间卫星系统。空间卫星系统由均匀分布在 6 个轨道平面上的 24 颗（其中 3 颗为备用）高轨道卫星构成，轨道高度为 2 万公里，每颗卫星都配有精度极高的原子钟，各轨道平面相对于赤道平面的倾角角度为 55°，轨道平面间距为 60°，在每一轨道平面内，各卫星的间隔为 90°。GPS 空间卫星的这种分布方式，可以保证在地球上的任何地点都能连续同步地观测到至少 4 颗卫星，从而提供全球范围从地面到 2 万公里高空之间任一载体高精度的三维位置、三维速度和系统时间信息。

(2) 地面监控系统。地面监控系统由均匀分布在美国本土和三大洋的美军基地上的 1 个主控站、5 个监测站和 3 个数据注入站构成。这些子系统的功能是：对空间的卫星系统进行监测、控制，并向每颗卫星注入更新的导航电文。主控站是整个 GPS 系统的核心，它的功

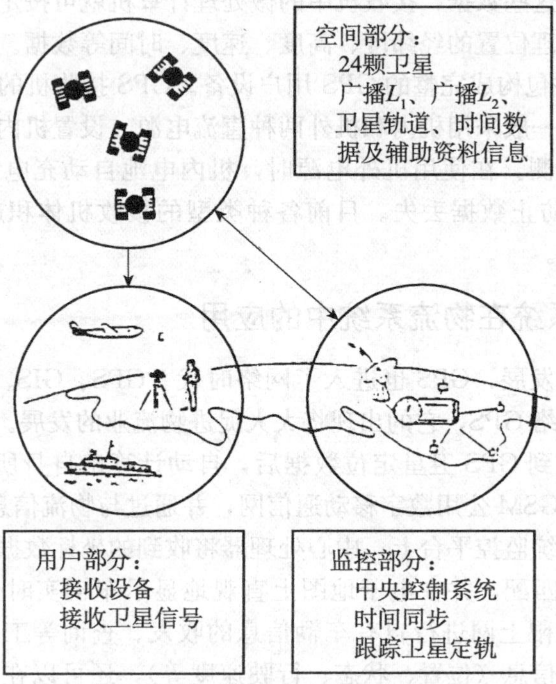

图 8—8　全球定位系统的构成

能是为全系统提供时间基准，监视、控制卫星的轨道，处理监测站送来的各种数据；编制各卫星星历，计算和修正时钟误差及电离层对电波传播造成的偏差，在卫星失效时及时调用备用卫星等。监测站负责对诸多卫星进行连续跟踪和监视，测量每颗卫星的位置和距离差，采集气象数据，并将观测数据传输给主控站进行处理，5 个监控站均为无人值守的数据采集中心。

(3) 用户接收系统。用户部分主要是 GPS 接收机（汽车导航仪，如图 8—9 所示），其主要功能是：捕获按一定卫星截止角所选择的待测卫星，并跟踪这些卫星的运行。当接收机捕获跟踪的卫星信号后，即可测量出接收天线至卫星的伪距离和距离的变化率，解调出卫星

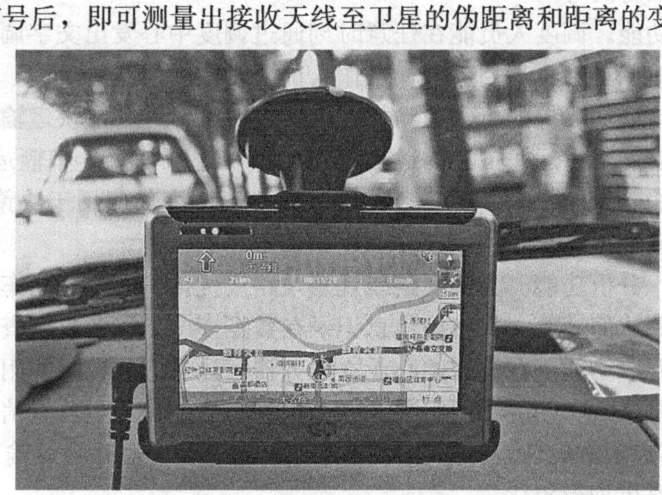

图 8—9　汽车导航仪（车载终端）

轨道参数等数据。根据这些数据，接收机中的微处理计算机就可按定位解算方法进行定位计算，计算出用户所在地理位置的经纬度、高度、速度、时间等数据。接收机硬件和软件以及GPS数据的后处理软件包构成完整的GPS用户设备。GPS接收机的结构分为天线单元和接收单元两部分。接收机一般采用机内和机外两种直流电源。设置机内电源的目的是在更换机外电源时不中断连续观测。在使用机外电源时，机内电池自动充电。关机后，机内电池为RAM存储器供电，以防止数据丢失。目前各种类型的接收机体积越来越小，重量越来越轻，便于野外观测使用。

8.5.2 全球定位系统在物流系统中的应用

随着互联网的蓬勃发展，GPS也进入了网络时代。GPS、GIS、GSM等先进技术的强强联合造就了现在的网络GPS，它的出现将大大促进物流业的发展。

GPS接收机在接收到GPS卫星定位数据后，自动计算出自身所处的地理位置的坐标，经GSM通信机发送到GSM公用数字移动通信网，并通过与物流信息系统连接的DDN专线将数据送到物流信息系统监控平台上，中心处理器将收到的坐标数据及其他数据还原后，与GIS系统的电子地图相匹配，并在电子地图上直观地显示车辆实时坐标的准确位置。网络GPS用户可用自己的权限上网进行自有车辆信息的收发、查询等工作，在电子地图上清楚直观地掌握车辆的动态信息（位置、状态、行驶速度等），还可以在车辆遇到危险或出现意外事故时进行各种必要的遥控操作。

网络GPS在物流管理中发挥的功能有：

（1）实时监控功能。在任意时刻可发出指令，查询运输工具所在的地理位置（经度、纬度、速度等信息）并在电子地图上直观地显示出来。

（2）双向通信功能。网络GPS的用户可使用GSM的话音功能与驾驶员进行通话，或使用本系统安装在运输工具上的移动设备的汉字液晶显示终端进行汉字信息的收发。驾驶员通过按下相应的服务键、动作键，将该信息反馈到网络GPS，质量监督员可在网络GPS工作站的显示屏上确认其工作的正确性，了解并控制整个运输作业的准确性（发车时间、到货时间、卸货时间、返回时间等）。

（3）动态调度功能。调度人员能在任意时刻通过调度中心发出文字调度指令，并得到确认信息。可进行运输工具待命计划管理，操作人员通过在途信息的反馈，在运输工具未返回车队前即做好待命计划，可提前下达运输任务，减少等待时间，加快运输工具周转速度。

（4）运能管理功能。将运输工具的运能信息、维修记录信息、车辆运行状况登记信息、驾驶人员信息、运输工具的在途信息等多种信息提供给调度部门用于决策，以提高重车率，尽量减少空车时间和缩短空车距离，充分利用运输工具的运能。

（5）数据存储、分析功能。为实现路线规划及路线优化，事先规划车辆的运行路线、运行区域、何时应该到达何地等，并将该信息记录在数据库中，以备日后查询、分析使用。

（6）服务质量跟踪功能。在监控中心设立服务器，让有相应权限的用户在异地能方便地获取自己需要的信息（如车辆的运行状况、在途信息、运能信息、位置信息等用户关心的信息），同时可将与客户索取的位置信息相对应的地图传送过去，并将运输工具的历史轨迹反映在上面，使该信息更加形象化。

（7）分析与辅助决策功能。可分析运输工具的运行状态，了解运输工具是否需要较大的修理并预先做好修理计划，计算运输工具的平均无差错时间，动态衡量该型号车辆的性价比。依据资料库存储的信息，可随时调阅每台运输工具以前的工作资料，并可根据各管理部门的不同要求制作各种不同形式的报表，使各管理部门能更快速、更准确地做出判断及提出新的要求。

现代物流系统具有物流节奏快、物流结构与路线复杂、信息量大、实时性要求高等特点。传统的凭主观经验管理物流的方法已经无法适应形势，只有采用信息技术，通过计算机实时联机发送和接收信息，才能使仓库的物流计划、物流调度及物流输送各过程的信息相互沟通，使物流与仓储进货、销售、生产相互协调，获得预期的社会效益和经济效益。

8.6 地理信息系统技术与设备

8.6.1 地理信息系统概述

1. 地理信息系统的概念

地理信息系统（geographical information system，GIS）又称空间信息系统（spatial information system)，是由计算机软硬件、地理数据和用户组成的，通过对地理数据的采集、输入、存储、检索、操作和分析，生成并输出各种地理信息，从而为工程设计、土地利用、资源管理、城市管理、环境监测、管理决策等应用服务的系统，是计算机科学、遥感与航测技术、计算机图形学、计算机辅助设计、应用数学、地理学、地质学等学科综合发展的产物。GIS 也可简单定义为采集、模拟、处理、检索、分析和表达地理空间数据的计算机信息系统，是有关空间数据管理和空间信息分析的计算机系统。

GIS 处理、管理的对象是多种地理空间实体数据及其关系，包括空间定位数据、图形数据、遥感图像数据、属性数据等，用于分析和处理在一定地理区域内分布的各种现象和过程，解决复杂的规划、决策和管理问题。GIS 不仅应用范围涉及国民经济的许多领域，如交通、能源、农林、水利、测绘、地矿、环境、航空、国土资源综合利用等，而且与国防安全密切相关。

2. 地理信息系统的分类

按不同的划分标准，GIS 可分为以下几种不同的类型。

(1) 按 GIS 的功能，可分为工具型 GIS 和应用型 GIS 两种。工具型 GIS 常称为 GIS 工具、GIS 开发平台、GIS 外壳、GIS 基础软件等，没有具体的应用目标，通常为一组具有 GIS 功能的软件包。工具型 GIS 是 GIS 研究和开发的核心内容，是一组具有图形图像数字化、数据管理、查询检索、分析运算和制图输出等 GIS 基本功能的软件包，通常能适应不同的硬件条件，软件的功能强、性能稳定。应用型 GIS 则具有具体的应用目标、一定的规模、特定的服务对象、特定的数据和用户。应用型 GIS 是在工具型 GIS 的支持下建立起来的。

(2) 按 GIS 的研究对象的性质和内容，可分为全国性的综合 GIS、区域性的 GIS、专题性的 GIS。全国性的综合 GIS 是以一个国家为研究和分析对象的系统，按全国统一标准存储包括自然地理和社会经济等要素的全面信息，为全国提供咨询服务。区域性的 GIS 是以某个地区为研究和分析对象的系统。专题性的 GIS 是以某个专业、问题或对象为主要内容的系统，也是应用最多、最普遍的系统。

（3）按GIS的数据结构，可分为矢量型GIS、栅格型GIS和混合型GIS。当空间数据是由矢量数据结构表示，即用坐标精确地表示点、线、面等地理实体时，这种GIS称为矢量型G1S。当空间数据是由栅格数据结构表示，即以规则的像元阵列来表示空间地物或现象的分布时，这种GIS称为栅格型GIS。混合型GIS是指矢量、栅格数据结构并存的GIS。

8.6.2 地理信息系统的功能和构成

1. 地理信息系统的功能

GIS的基本功能是：将表格类数据（无论它来自数据库、电子表格文件，还是直接在程序中输入）转换为地理图形显示出来，使显示的结果可浏览、操作和分析。其显示范围可以大到全世界，小到非常详细的街区，显示对象包括人口、销售情况、运输路线以及其他内容。GIS的基本功能如下：

（1）空间信息查询和分析功能。空间信息的查询和分析是G1S的基本功能。GIS不仅能提供静态的查询和检索，而且可以进行动态的分析，包括拓扑空间查询、缓冲区分析、叠置分析、空间集合分析、地学分析、数字高程模型的建立、地形分析等。

（2）数据的存储和管理功能。地理信息数据库管理系统是数据存储和管理的高新技术，包括数据库定义、数据库的建立与维护、数据库操作、通信功能等。

（3）可视化功能。GIS通过对跨地域的资源数据进行处理、分析，揭示其中隐含的模式，发现其内在的规律和发展趋势，而这些在统计资料和图表中并不能很直观地表达出来。GIS把空间和信息结合起来，实现了数据的可视化。对于许多类型的地理信息，最好是以地图或图形的方式显示出来。GIS将数据进行集成并以三维动画、图像或多媒体的形式输出，使用户能在短时间内对资源数据有一个直观的、全面的了解。

（4）制图功能。制图是GIS最重要的一种功能，对多数用户来说，也是用得最多最广的一个功能。GIS的综合制图功能包括专题地图制作，可以在地图上显示出地理要素，并赋予数值范围，同时可以放大和缩小，以表明不同的细节层次。根据GIS的数据结构及绘图仪的类型，用户可获得矢量地图或栅格地图。GIS不仅可以为用户输出全要素地图，而且可以根据用户需要分层输出各种专题地图，如行政区划图、土壤利用图、道路交通图、等高程图等，还可以通过空间分析得到一些特殊的地学分析用图，如坡度图、坡向图、剖面图等。

（5）辅助决策功能。GIS技术已经被用于辅助完成一些任务，可以用来帮助人们在低风险、低犯罪率的地区及距离人口聚集地近的地区进行新房选址。所有的这些数据都可以用地图的形式简洁而清晰地显示出来，或者出现在相关的报告中，使决策的制定者不必再浪费精力来分析和理解数据。

2. 地理信息系统的构成

一个典型的GIS包括四个基本部分：计算机系统（硬件、软件）、地理数据库系统、系统维护人员和用户。

（1）计算机系统。计算机系统可分为硬件系统、软件系统。GIS计算机硬件系统由输入设备、存储设备、输出设备、计算机以及服务器等组成。计算机通过局域网向服务器发出数据查询、数据分析以及控制输出设备的请求，服务器则响应请求提供服务。一般的GIS软件包括操作系统软件、数据输入软件、数据查询和分析软件、图像处理软件、网络管理软件和信息输出软件。

(2) 地理数据库系统。地理数据库系统由数据库和地理数据库管理系统组成。地理数据库管理系统（DBMS）主要用于数据维护、操作和查询检索。地理数据库是GIS应用项目重要的资源与基础，其建立和维护是一项非常复杂的工作，涉及许多步骤，需要技术和经验，需要投入大量的人力与开发资金，是推动GIS应用项目的技术瓶颈之一。

(3) 系统维护人员。任何先进技术的引进和开发应用，都必须拥有掌握该技术的人才。GIS系统的维护人员通常可分为业务操作人员、软件技术人员、科研人员、管理人员等。

(4) 用户。由于GIS含有大量的地理位置等综合信息，可以广泛地应用于资源开发、环境保护、城市规划建设、土地管理、农作物调查、交通、能源、通信等方面，因此用户很多。

3. 地理信息系统的工作流程

一般来说，GIS的工作流程包括以下五个方面：

(1) 数据采集与输入。建设GIS的首要工作是建立地理数据库，而建立地理数据库的第一步是确定其数据源并获取数据。GIS的数据源是多种多样的，总体上可分为空间数据和属性数据两大类。空间数据也称为几何图形与图像数据，它包括现在的和历史的地形图、专题图及遥感影像等，其中，地形图是空间数据最重要的数据源。属性数据也称为文档与表格数据，它包括所有与地理要素有关的特征信息，如某个街区的面积、人口、绿化率及配套设施等。

在收集好各种数据资料之后，还必须对这些数据资料进行分类和标准化。分类就是将数据按客观的特征进行归纳、分层和分级，以便今后系统对这些数据进行扩充、更新和维护。标准化就是确定数据的统一格式和编码，这有利于保障数据的正确性及对数据进行检索与分析。在完成数据资料的收集，并经过分类和标准化处理以后，可将数据输入计算机。

数据的输入方法主要有：图形数据输入（如管网图的输入）、栅格数据输入（如遥感图像的输入）、测量数据输入（如GPS数据的输入）和属性数据输入（如数字和文字的输入）。

(2) 数据编辑与处理。GIS中的数据类型多种多样，即使是同一种类型数据的质量也可能有很大的差异，为了保证系统数据的规范和统一，建立满足用户需求的数据文件，现代的GIS技术提供了许多工具来编辑和处理系统数据。数据处理的任务和操作内容有：数据变换、数据重构和数据抽取。

(3) 数据存储与管理。数据存储，即将数据以某种格式记录在计算机内部或外部存储介质上。属性数据管理一般直接利用商用关系数据库软件（如Oracle、SQL server等）进行管理。但是，当数据量很大而且是多个用户同时使用数据时，最好使用一个数据库管理系统来帮助存储、组织和管理空间数据。

(4) 空间统计与分析。空间统计与分析是GIS的核心，是GIS最重要和最具有魅力的功能。它以地理事物的空间位置和形态特征为基础，以空间数据与属性数据的综合运算（如数据格式转换、矢量叠合、栅格数据叠加、算术运算、关系运算、逻辑运算）为特征，提取与产生空间信息。

(5) 数据显示与输出。地理数据经过运算处理、统计分析后，其结果就被显示在屏幕上。当操作人员对该结果感到满意之后，就可形成产品输出。GIS的产品输出设备主要有显示器、绘图仪和打印机。GIS的产品输出形式有矢量图、栅格图、统计图表以及其他形式的数字产品等。对于矢量图，按图的内容可分为输出地形图、专题图和剖面图等；按地理实体的空间形态可分为输出点状符号图、线状符号图、面状符号图、三维立体图和渲染图等。栅格图的输出不采用符号化的方法，它利用人的直观视觉变量（如灰度、颜色、模式）来表示各空间位置的实体的特征，其方法是：将空间范围划分为规则的制图单元，并将制图单元作为像元来输出栅格图。统计图表通常用来输出属性数据，常用的输出形式有柱状图、饼图、折线图和散点图等。此外，统计报表也是使用得较多的形式，它将数据直接表示在表格中输出。

8.6.3 地理信息系统在物流系统中的应用

1. 地理信息系统在物流分析中的模型类型

GIS 技术应用于物流分析，主要是指利用 GIS 强大的地理数据功能来完善物流分析技术。国外已经开发出了利用 GIS 为物流提供专门分析的工具软件。完整的 GIS 物流分析软件集成了车辆运输路线模型、网络物流模型、分配集合模型、设施定位模型和空间查询模型等。

（1）车辆运输路线模型。用于解决在一个起始点、多个终点的货物运输中如何降低物流作业费用，并保证服务质量的问题，包括决定使用多少辆车、每辆车的行驶路线等。

（2）网络物流模型。用于解决寻求最有效的分配货物路径问题，也就是物流网点布局问题。如将货物从 N 个仓库运往 M 个商店，由于每个商店都有固定的需求量，因此需要确定从哪个仓库提货送给哪个商店的运输成本最小。

（3）分配集合模型。可以根据各个要素的相似点把同一层上的所有或部分要素分为几个组，以解决确定服务范围和销售市场范围等问题。

（4）设施定位模型。用于确定一个或多个设施的位置。在物流系统中，仓库和运输路线共同组成了物流网络，仓库处于网络的节点上，节点决定着线路。如根据供求的实际需要并结合经济效益等原则，需要决定在既定区域内设立的仓库数量、每个仓库的位置和规模、仓库之间的物流关系等，可以应用此模型。

（5）空间查询模型。比如，可以查询以某一商业网点为圆心在某半径内的配送点的数目，以此判断哪一个配送中心距离最近，为安排配送做好准备。

GIS 技术在汽车导航和交通管理工程中的研究与应用在中国刚刚起步，在国外则起步较早，已经取得了一定的成果。美国研制了应用于城市的道路交通管理系统，该系统利用 GIS 建立道路数据库（在数据库中包含各种现实的数据资料，如通路的准确位置、路面状况、沿路设施等），该系统于 1995 年正式运行，为加强城市道路交通管理起到了重要作用。

2. 地理信息系统在物流信息系统中的作用

（1）GIS 在配送中心信息系统中的应用。通过客户邮编和详细地址字符串，自动确定客户的地理位置（经纬度）和客户所在的区站、分站和投递段。通过基于 GIS 的查询、以地图形式表现的辅助决策，实现对投递路线的合理调度和客户投递排序。

（2）GIS 在客户服务端的应用。客户通过物流信息系统调用数据库查询，查询结果能够实现可视化，如地图或图表显示；还可实现分析功能，如计算两地间的距离。

（3）GIS 在查询货物动态情况方面的应用。如果汽车安装了 GPS，物流企业或客户通过对物流业务系统的调用，可随时查询在途货物的动态情况。如果汽车没有安装 GPS，则要求司机每隔一定的时间用手机向总部汇报当前所在的位置。

3. 地理信息系统在物流电子商务中的应用

当 GIS 与互联网以及无线通信技术相结合时，发挥的作用就更大了。应用地理信息技术，可进一步提高企业实现电子商务的竞争实力。针对客户在地理信息方面的需求，以业务数据图形化管理和业务机构、业务对象图形化编辑为核心，从客户、产品、业务结构三个管理层面上实现业务的全面图形化管理。用特定的地图符号在地图上表示客户的地理位置，不同类型的客户（如普通客户和会员客户、单位客户和个人客户等）采用不同的代号表示。通过 GIS 的查询功能或在地图上点击客户符号，可以显示此客户符号的属性信息，并可以编辑属性。通过业务系统调用地理信息系统，以图形的方式显示业务系统的各种相关操作结果的数值信息。由上级机构基于综合评估模型和 GIS 的查询功能，实现对下级机构区域的拆分、合并。由总公司基于广告投放综合评估模型和 GIS 的查询功能，实现广告投放区域的选择。

在电子商务环境中，供应商必须全面、准确、动态地掌握散布在全国各个中转仓库、经销商、零售商以及各种运输环节中的产品流动状况，并以此制定生产和销售计划，及时调整市场策略。因此，电子商务的发展进一步推动了现代物流业的迅速发展。

将 GIS 技术融入物流配送过程，就能更容易地管理物流配送中货物的运输、仓储、装卸、递送等各个环节，并对其中涉及的问题（如运输路线的选择、仓库位置的选择、仓库的容量设置、装卸策略、运输车辆的调度和递送路线的选择等）进行有效的处理和决策分析。只有适应现代物流的要求，才有助于物流配送企业有效地利用现有资源，降低消耗，提高效率。随着电子商务、物流和 GIS 自身的发展，GIS 技术将成为全程物流管理中不可缺少的组成部分。

本章小结

物流信息技术是指应用于物流各环节中的信息技术，是现代物流的核心系统，是物流现代化的重要标志。在竞争激烈的市场经济中，信息技术发挥着越来越重要的作用。为了处理急剧增加的各种信息，提高信息处理的效率和质量，信息系统应运而生。信息系统是以加工处理信息为主的人机集成的系统。随着全球经济一体化发展进程的加速，电子商务发展步伐的加快，物流信息技术的作用将更加突出。

常用的物流信息技术有：呼叫中心与物流短信系统、电子数据交换技术、条形码技术、无线射频识别技术、全球定位系统技术、地理信息系统技术等，通过这些技术在现代物流系统中的应用，提高了物流运作的效率。

条形码技术是在计算机的应用实践中产生和发展起来的一种自动识别技术，提供了一种对物流中的货物进行标识和描述的方法。条形码是实现 POS 系统、EDI、电子商务、供应链管理的技术基础，是实现物流管理现代化、提高企业管理水平和竞争能力的重要技术手段。

RFID 技术是一种非接触式的自动识别技术，它通过射频信号自动识别目标对象来获取相关数据。识别工作无须人工干预，可适应各种恶劣环境。

GPS 系统具有在海、陆、空进行全方位实时三维导航与定位能力，在物流领域可以应用于汽车定位、跟踪调度等。

GIS系统是多种学科交叉的产物，它以地理空间数据为基础，采用地理模型分析方法，适时地提供多种空间的和动态的地理信息，是一种为地理研究和地理决策服务的计算机信息系统。其基本功能是：将表格型数据（无论它来自数据库、电子表格文件，还是直接在程序中输入）转换为地理图形显示，使显示的结果可浏览、操作和分析。其显示范围可以大到全世界，小到非常详细的街区，显示对象包括人口、销售情况、运输线路和其他内容。

关键术语

物流信息　物流信息技术　物流信息服务系统　物流短信系统　条形码　条形码技术　无线射频识别技术　全球定位系统　地理信息系统

思考与练习题

1. 简述物流信息的定义和特点。
2. 简述物流信息技术的发展趋势。
3. 简述物流短信系统的应用。
4. 条形码技术的优越性主要有哪些？
5. 条形码设备主要有哪些？
6. 简述条形码技术在物流中的应用。
7. 简述无线射频识别的定义和分类。
8. 无线射频识别系统主要由哪些部分组成？
9. 无线射频识别系统在物流系统中主要有哪些应用？
10. 简述全球定位系统的定义和特点。
11. 全球定位系统主要由哪些部分组成？
12. 全球定位技术在物流领域有哪些应用？
13. 简述地理信息系统的定义和特征。
14. 简述地理信息系统的分类。
15. 地理信息系统在物流系统中有哪些应用？

案例分析

从家乐福看物流信息技术在零售业的应用

物流信息技术的应用有利于提高零售物流的运作效率，降低物流成本，使得商品销售价格降低，从而极大地提高零售企业的竞争力。根据零售行业品种多、批次多、数量大的实际情况，寻找合理、匹配的物流信息技术应用模式将有助于更好地实现零售信息化，实现供应商、零售商、客户三者间的有效沟通，完善零售价值链，提升企业的竞争力。

1. 零售业物流信息技术概述

零售业物流信息化就是通过条形码技术、电子数据交换技术、全球定位系统、无线射频识别技术、地理信息系统等物流信息技术，对零售业物流的各个环节的信号、数据、消息、情况等进行系统的智能采集和分析处理，并配合决策支持技术，对零售企业物流系统中涉及的各个流通环节及部门进行有效的组织、协调和控制，从而实现零售企业物流管理和决策的高效率和高质量，进而降低物流成本，提高企业的竞争力。具体地说，信息技术对零售业物流的作用有：信息传递高效、方便、准确，便于零售业内部及与供应商的沟通互动；通过对商品需求与供应商的实时调整，实现库存适量化，在拥有配送中心的前提下，各门店无须设立仓库；降低商品配送的差错率，减少不当运输、搬运活动，提高搬运、运输效率；加强与供应商的联系；便于卖场合理布局、商品及附属类别的确定、商品的组合以及陈列。

2. 家乐福物流信息技术管理经验

走进家乐福超市，会发现它明亮、宽敞而洁净，各种商品的陈列既营造出刺激消费的氛围，又便于寻找，在这个繁荣而有序的卖场每年惊人的销售额和吸引成千上万顾客等业绩的背后，有一个强大的物流信息系统在做支撑。

(1) 供应商管理系统优化。像家乐福这样的超级量贩零售商场，不可能靠自己的流动资金去运作，必须有源源不断的各类供应商将质优价低的商品送来销售。供应商管理库存(vendor managed inventory，VMI) 是一种重要的物流运作模式，其核心思想在于零售商放弃商品库存控制权，而由供应商掌握供应链上的商品库存动向，即由供应商依据零售商提供的每日商品销售资料和库存情况来集中管理库存，为零售商下订单或连续补货，从而实现对顾客需求变化的快速反应。VMI 不仅可以大幅提高快速反应（QR）系统的运作效率，即加快整个供应链 VMI 面对市场的响应速度，较早地得知市场上准确的销售信息，而且可以最大限度地降低整个供应链的物流运作成本，达到挖潜增效、开源节流的目的。

正是由于看到了 VMI 的上述特殊功效，家乐福在引进 QR 系统后一直努力寻找合适的战略伙伴以实施 VMI 计划。经过慎重考虑，家乐福最后选择了其供应商雀巢公司。就这样，家乐福持续不断地优化着自己的供应商管理系统，始终在超市中保持领先优势。

(2) 实时数据支持决策。家乐福的业务数据处理非常及时准确。每天处理大量的有关商品、交易额等的数据是令每个超市都头疼的问题，人工处理不及时或有误差，将使决策层无法掌握准确的数据并进行及时的分析，从而使企业的经营存在风险隐患。家乐福应用信息化系统后，通过软件的开放接口，将 POS 机数据及时处理并传递到软件系统中，无论有多少商品，当天有多少交易额，只需要通过接口程序，就能掌握当天的商品交易情况，了解商品是否适销，进行交易额的汇总、交易数据的分析等。

(3) 提高客户满意度。家乐福对顾客的重视体现在“高度回转”上，也体现在为顾客提供一次购足、货品新鲜和免费停车（有上千平方米的地下停车场）等方面。顾客是家乐福真正的上帝。然而，面对宽松的购物环境与失窃这对令许多商家都难以解决的矛盾，家乐福选择了加速电子监控队伍培训这条路，避免顾客触及监视的目光而产生反感，同时减少不应有的损失。在各大商场都能做到的售后服务方面，家乐福有何特别之处呢？在顾客进行过失性退货时，家乐福宁愿牺牲自己的利益，因为顾客的失望可能会给家乐福带来更大的损失。

3. 我国零售业物流信息技术应用的现状

与世界领先的零售业物流信息技术相比，我国零售业物流信息系统的应用仍然处于起步阶段。国内零售企业投资建设物流信息化系统的不在少数，但多半侧重于引进一些物流信息技术（如 POS、EDI、EOS 系统等)，应用层次较低，而且较少从企业物流管理的实际需要出发理性规划信息系统。目前，我国零售业物流信息化存在以下几方面问题：

(1) 物流与信息流未能有效结合。物流信息化是建立在需求细分的基础上的，我国连锁零售企业在进行信息系统开发时，往往直接委托给软件公司开发，或者直接购买相关专业软件，其实际的物流作业与信息系统是相互独立的，信息系统提供的数据只是起参考作用，并未真正发挥重要作用，未能使物流与信息流有效结合。

(2) 门店系统作用有限。门店系统不仅要收银作业、采集数据，而且必须辅助决策、支持门店管理。可以通过门店系统了解门店详细的经营情况，实现门店库存商品的动态管理，为配送调度、及时补货、保持最优库存量等物流环节提供信息保障。目前，我国连锁零售企业的门店系统还处于基础的应用阶段，有些甚至仅仅停留在规范收银作业的层次，未对门店所采集的数据做深度加工挖掘。

(3) 与供应商的信息共享不够。零售供应链管理是利用现代信息技术的首要理念，通过对零售业的物流、信息流、业务流进行集成，在供应商、零售商和客户之间形成一条紧密的价值链。但我国零售企业在与供应商合作方面尚未形成规模优势，零售企业和供应商缺乏信息沟通，未能建立起有效的共享机制，对零售业供应链普遍支持不够。

(4) 未能正确处理物流信息化与基础管理之间的关系。零售企业的物流信息化建设与其物流基础管理存在相互依存的关系。企业通过信息化所引入的POS、EDI、EOS等现代物流信息技术，虽然凝结了现代物流管理的思想和方法，但这些信息系统必须结合企业的实际需要，通过企业基本的管理活动来充分发挥作用。许多零售企业往往忽视了技术信息化与管理信息化是一个有机的整体，片面地重视物流技术信息化，强调物流信息系统硬件、软件的先进性，忽视日常的基础管理与物流观念的提升，结果使信息化设备大多成为摆设。

资料来源：王晓英：《从家乐福看物流信息技术在零售业的应用》，载《网络财富》，2008 (6)。

讨论题

根据家乐福物流信息技术管理经验，试结合我国零售业物流信息技术应用的现状，对我国零售业物流信息建设提出合理化建议。

第9章

现代物流技术与装备的发展

本章要点

随着现代物流的发展，应用各种高新技术和设备进行系统集成，可以实现物流自动化、智能化、快捷化、网络化、信息化，以实现适合我国国情的现代物流技术与装备的跨越式发展。

本章将结合对现代物流技术与装备的实用化、节能化和环保化的要求，分别阐述冷链物流技术与装备、电子商务物流技术与装备、绿色物流技术与装备的发展，并预测我国物流技术与装备的发展趋势。

9.1 现代物流技术与装备的发展概述

9.1.1 现代物流对物流技术与装备的新要求

现代物流对物流技术与装备的新要求主要有以下几个方面。

1. 满足生鲜类食品安全卫生的实用性要求

随着社会经济的发展和生活、工作节奏的加快，人们对生鲜冷冻食品的需求越来越大，与此同时，食品的安全卫生和营养问题日渐受到广泛关注，对食品物流冷链提出了新的要求。在目前的肉类、豆制品、奶制品及水产品市场上，非冷链条件下储存食品的现象仍然相当普遍。在冷链物流中，一旦冷链中断，食品就会变质，丧失营养及风味，食品安全将无法得到有效保障。应用冷链设备，使易腐的生鲜食品从产地收购、加工、储存、运输、销售，直到消费的各个环节都处于适当的低温环境之中，可以保证食品的质量，减少食品的损耗，防止食品变质和污染，从而达到保鲜的目的。

2. 进一步实现与电子商务的无缝结合

21世纪是消费多样化、生产小量化、流通高效化的时代，对物流服务的要求越来越高，客户对物流的个性化要求也越来越多，因此，物流服务的优质化是今后发展的重要趋势。7R服务已成为高效、迅速、准确、安全的物流优质服务的目标。据调查，物流费用已不再是客户选择的唯一标准，人们更多地注重物流服务的质量。网上购物、网上消费等电子商务的兴起，更要求物流服务与电子商务无缝结合。

能否及时配送是当前电子商务与物流服务无缝结合的一个瓶颈，因此开发或应用智能化的物流配送管理系统势在必行。企业通过物流配送将商品直接送到客户手中，力求为客户提供高品质的配送服务，一个最基本的问题是明确企业的客户的位置。配送管理系统通过地理编码将客户在电子地图上定位，并以此为基础实现对物流配送的智能化处理，包括根据企业运作实际设计客户订单分配方案，进行车辆动态调度、配送路径规划、站点选址分析等。物流配送管理系统充分利用地理信息系统和互联网，以电子地图为依托，以客户位置为基础，将客户信息和企业的配送作业通过 Web 方式集成在一起，让客户、管理人员和员工能通过多种方式（如 PC、手机、PDA 等）以不同的权限访问企业的物流配送系统，获取各自所需的信息。同时，整个物流配送系统以客户的需求为驱动力，从挖掘客户需求、提供及时的商品配送到高效率的售后服务，一切以客户为中心，在提高物流配送效率、降低企业配送成本的同时，提升客户服务水平，提高客户忠诚度，发展企业的潜在客户，扩大企业的市场份额。

3. 满足设备标准化的要求

标准化包括硬件设备的标准化与软件接口的标准化。标准化可以实现不同物流系统的对接，使客户对系统同时有多种选择。通过实现标准化，可以轻松地与其他企业生产的物流装备或控制系统对接，为客户提供多种选择和系统实施的便利性。模块化可以满足客户的多样化需求，客户可按不同的需要自由选择不同功能模块，灵活组合，增强系统的适应性。

4. 满足越来越高的客户服务水平的要求

客户服务要求速度更快、准确度更高和稳定性更好，而配送任务的增加显然对快速的客户响应提出了新的挑战。要在极短的时间内完成拣选、配送任务，必须不断提高物流设备的运行速度和处理能力。除了追求更快的运行速度之外，还要追求更高的准确度。没有准确性，速度再快也将失去意义。只有积极采用先进的技术，才能满足客户对物流的高准确度的要求。客户的即时性需求对物流系统的稳定和可靠运行提出了很高的要求，为保证物流系统连续安全运行，物流装备的高稳定性、高可靠性越来越受到重视，物流装备的保用期逐渐延长。

5. 满足绿色物流的要求

环保与可持续发展越来越成为当今社会的主流意识之一，企业在选择物流技术与设备时将更关注环保与节能方面的问题。实现“绿色”也就是要达到环保要求，这涉及两个方面：一是与牵引动力的发展以及制造、辅助材料等有关；二是与使用有关。在牵引动力方面，一要提高牵引动力，二要有效利用能源，减少污染物排放，使用清洁能源及新型动力。例如，开发和研制低噪声、低排放的物流运输装备，开发生产企业的废物回收物流系统及装备，以满足绿色物流的要求。在使用方面，包括对物流装备的维护、合理调度、恰当使用等。

6. 满足节能和降低物流费用的要求

据估算，物流成本占到商品价值的 30%～50%。许多企业从管理实践中认识到，在企业制造、市场及物流三个重要方面，能为企业提高利润的最有效手段是降低物流成本，因此许多企业都在寻找降低物流各环节成本的途径（如采用自动订货系统、改变运输方式、加强库存管理与控制、优化配送模式等），同时寻求整个物流系统的合理化和最优化。为了降低物流成本，运输工具趋于大型化和高速化。

9.1.2 我国现代物流技术与装备的应用现状

近年来，物流的高速发展使先进的物流装备得到了应用，但从整体上看，我国物流装备的发展并不能满足 21 世纪全新物流任务的要求，具体表现在以下几个方面：

(1) 物流基础设施建设的多元化投入太少。长期以来，我国的物流基础设施投入较少，发展比较缓慢。虽然近些年也新建了一些较先进的仓储物流设施，但从总体来看，中低端应用较多，有些 20 世纪五六十年代建造的仓库仍在使用，自动化立体仓库等高端的仓储货架系统还不多见，使用计算机的现代化仓库较少。

(2) 物流技术与装备的标准不统一。我国尚处于物流装备发展的起步阶段，既缺少行业标准，又没有行业组织，致使各种物流技术与装备标准不统一，难以相互衔接与配套。

(3) 物流技术与装备的供应商数量众多，但规模普遍偏小，发展不规范。

(4) 现代物流一体化的观念尚未形成。物流企业只重视单一装备的质量与选型，没有通盘考虑整个系统如何达到最优化。

(5) 绝大多数物流企业仍将价格作为选择物流技术与装备的首要因素，忽视对内在品质与安全指标的考察。

(6) 部分物流企业对物流技术与装备的作用缺乏足够的认识，在系统规划、设计时带有盲目性，造成使用上的不便或资源的浪费。

9.1.3　我国现代物流技术与装备的发展

借鉴国外物流装备发展的先进经验，结合我国物流业发展的实际情况及存在的主要问题，可以采取如下措施来加快我国物流装备的发展。

(1) 加快物流装备标准的制定工作。物流装备标准化对于提高物流运作效率有至关重要的作用，统一的标准有利于各种设备之间的相互衔接与配套，有利于物流企业之间的业务合作，从而缩短物流作业时间，提高生产效率，改进物流服务，进而降低物流成本在生产总成本中所占的比重。

(2) 加大对物流装备的投资力度，注重多元化投资。对物流装备的实际应用情况进行调查研究，注重发展技术含量高的物流装备，有意识地淘汰陈旧落后、效率低、安全性能差的物流装备，配置先进的物流机械装备，如运输系统中的新型机车、大型汽车、特种专用车辆，仓储系统中的自动化立体仓库、高层货架，搬运系统中的起重机、叉车、集装箱搬运设备、自动分拣和监测设备等。

(3) 规范物流装备供应商的经营行为，鼓励它们扩大经营规模，提高技术水平和设计能力，从而为物流企业提供更好的物流装备。

(4) 引导物流企业在选择物流装备时不仅注重装备的价格，而且注重装备的质量、安全性能以及对整个系统的作用，结合自身的实际需要选择合适的物流装备，使整个系统的效益最优。

(5) 提高物流企业对物流装备在物流发展中的作用的认识，使它们在进行物流设备系统规划、设计时能通盘考虑，避免使用不便和资源浪费。

(6) 物流企业要把物流装备管理纳入物流管理的范围。物流装备是物流成本的一部分，应重视物流装备的管理和研究，提高物流装备的使用效率，尽量减少物流装备的闲置时间。同时应该注重对物流装备安全性能的检测和维修，防止装备非正常损坏，保障其正常运行；减缓装备磨损速度，延长其使用寿命。

9.2 冷链物流技术与装备

随着食品安全问题受到广泛关注，人们更加关心食品流通各环节的质量保障，也必将对冷链物流给予更多的关注。冷链物流是食品安全链条的重要组成部分，是食品安全的保证，这一点越来越得到人们的认可。

9.2.1 冷链物流概述

1. 冷链物流的定义

冷链物流（cold chain logistics）也叫低温物流（low temperature logistics），是一种特殊的物流形式，其主要对象是易腐食品（包括原材料及产品），所以国外普遍称其为易腐食品冷藏链（perishable food cold chain）。

冷链物流泛指冷藏冷冻类产品在生产、储藏运输、销售及消费前的各个环节中始终处于规定的低温环境中，以保证产品质量、减少产品损耗的一项系统工程。它是随着制冷技术的进步、物流的发展而兴起的。冷链物流是一门综合性、交叉性的应用科学，是以冷冻工艺学为基础、以制冷技术为手段的低温物流过程。

2. 冷链物流的适用范围

一般而言，冷链物流的适用范围包括：

(1) 初级农产品。包括蔬菜、水果、肉、禽、蛋。

(2) 水产品、花卉产品。

(3) 加工食品。包括速冻食品，禽、肉、水产等包装熟食，冷饮和奶制品。

(4) 快餐原料。

(5) 特殊商品。如药品等。

冷链物流运送的主要是冷链食品。冷链食品一般有果蔬、肉类、水产品、奶制品、冷饮和速冻食品。冷链食品涵盖了群众平时食用的大部分农副产品，与群众的生活息息相关，在群众的生活中随处可见冷链食品的踪影。在冷链食品中，一部分是群众生活的必需品，它的增长相对平缓，特别是近几年，随着人民生活水平的提高，传统农副食品在群众的食品消费中所占的比重变小；另一部分新兴的冷链食品（如速冻食品和冷饮）还有很大的增长潜力。相信随着城市人口的增长和城市化率的提高，冷链食品的消费量还会有很大的增长。

由于食品冷链是以保证易腐食品的品质为目的，以保持低温环境为核心要求的供应链系统，因此比一般常温物流系统的要求更高、更复杂，建设投资也更大，是一个庞大的系统工程。由于易腐食品的时效性要求冷链各环节具有更高的组织协调性，因此，食品冷链的运作始终与能耗成本相关联，有效控制运作成本将有利于食品冷链的发展。

3. 我国冷链物流存在的问题

从总体上来看，目前我国冷链物流的现状不容乐观，与发达国家相比，还存在很大的差距，与国内的其他产品的物流相比，也处于相对落后的状态，主要表现在：

(1) 完整独立的冷链物流体系尚未形成。我国目前尚未形成完整的冷冻冷藏链，从起始点到消费点的物品存储效率和效益无法得到控制，缺乏供应链上下游之间的整体规划与协调，在一些环节的发展中存在严重的失衡和无法配套的现象，影响了冷冻冷藏资源的整合。

就冷链体系整体而言，我国的冷链物流尚未形成体系，目前大约90%的肉类、80%的水产品、大量的奶制品和豆制品还是在没有冷链保证的情况下运销的。

据调查，我国果品种植面积已占世界果品种植面积的18%，年产量占世界总产量的13%；蔬菜种植面积占世界蔬菜种植面积的35%，年产量占世界总产量的40%。但是，由于我国果蔬采收和流通设施落后，造成果蔬采收后腐损严重，物流成本高。有关部门估算，全国每年果品腐损近1 200万吨，蔬菜腐损近1.3亿吨，按每公斤一元计算，经济损失达上千亿元。冷链物流发展的滞后在很大程度上影响了食品产业的发展。

(2) 冷链物流的硬件设施陈旧落后。冷藏仓储基础设施建设滞后，现代化的冷冻冷藏车严重不足，而目前正在运营的冷藏运输设施陈旧，制冷技术和工艺落后，缺乏符合规范的保鲜冷藏运输车厢和温度控制设施。同时，目前我国在冷冻设施方面与发达国家的差距也很大。

目前我国冷库总容量为700多万立方米，很多冷库仅限于肉类、鱼类的冷冻贮藏，而且利用率不高。大多数相关的企业规模小、水平低，加工产品的质量不稳定，成本高、效益差。

从上述情况看，中国目前的冷链物流设施不足，现有设施陈旧，发展和分布不均衡，无法为易腐商品流通提供充分的低温保障。由此产生两个直接后果：一是易腐商品特别是初级农产品的损耗量大，由于运输过程中的损耗高，整个物流费用占到易腐商品成本的70%，而按照国际标准，易腐商品物流成本最高不超过其总成本的50%；二是食品安全方面存在巨大隐患。

(3) 冷冻冷藏技术落后，管理亟待加强。目前国内许多冷冻冷藏企业的制冷技术仍比较落后，沿用老的制冷工艺和技术，在冷冻冷藏质量监控、车间环境温度和洁净度控制、卫生管理和包装技术等方面与国际标准有较大的差距。目前，我国冷冻食品无论是数量还是品种都远远不能满足市场的需求，产品的保质期较短，处理技术和解冻技术较落后，冷冻链不健全，大多数速冻食品机械还主要依赖进口。

(4) 冷链物流的市场化程度很低，第三方介入很少。我国易腐商品除了外贸出口的部分外，国内销售部分的物流配送业务多由生产商和经销商完成，冷链物流的第三方物流发展严重滞后，服务网络和信息系统不够健全，不仅影响了冷链物流的在途质量、准确性和及时性，而且导致冷链物流的成本居高不下，商品损耗很大。

(5) 冷链物流缺乏上下游的整体规划和整合。由于我国农业产业化程度和产供销一体化水平不高，虽然产销量很大，但在初级农产品和易腐商品供应链上，既缺乏冷链物流的综合性专业人才，也缺乏供应链上下游之间的整体规划与协调，因此在一些环节的发展中存在严重的失衡和无法配套的现象，例如：在冷库建设中重视肉类冷库建设，轻视果蔬冷库建设；重视经营型冷库建设，轻视产地加工型冷库建设；重视大中型冷库建设，轻视批发零售冷库建设。整体发展规划的欠缺影响了冷链物流的资源整合以及行业的发展。

9.2.2　冷链物流技术

1. 冷链物流的核心技术

冷链物流作为一项系统工程，涉及的技术领域广泛而复杂。其中，冷链标准和认证技术是宏观层面涉及的一项重要的核心技术。而在微观层面上，服务产品流转过程的冷藏技术、保持品质和安全的保鲜技术、包装技术、服务设施的节能技术以及提供高效运作、快速反应处理的自动化技术和信息技术是不同环节涉及的核心技术。概括起来，冷链物流系统的核心技术主要包括：冷链标准及认证技术、冷链冷藏技术、冷链保鲜技术、包装技术、冷链节能技术、冷链自动化技术及信息技术。对于每一项核心技术而言，因其服务的对象、环节不同，所涉及的关键技术及配套的相关技术也不同（如表9—1所示）。

表9—1　冷链物流系统包含的各类技术

核心技术	对象或环节	关键技术	相关技术
冷链标准及认证技术	管理技术、服务	统计标准设施与装备标准、技术方法标准	图像设计、安全、统计信息等
冷链冷藏技术	贮藏、流通装备、特殊装备	贮藏工艺、制冷技术、隔热层技术等	汽车技术、加工技术等
冷链保鲜技术、包装技术	初级农产品	保鲜工艺、包装工艺等	外观设计、冷藏技术
冷链节能技术	制冷、温控、气调	冷凝技术、变频技术等	自动温控、传感技术等
冷链自动化技术及信息技术	进货、搬运、储存等	自动搬运传输、自动控制、红外线识别等技术	机械、设计、优化、空间定位等技术

另外，冷链所包含的制冷技术、保温技术、产品质量变化机理和温度控制及监测等技术是支撑冷链的技术基础。监控困难是冷链的一个特点。冷链管理不是单点的管理，不能依靠某一点来进行控制，而必须从产品的生产、储存、运输、销售等诸多环节进行控制，因此冷链的运作既需要制定严格的管理制度，也需要提高操作人员的素质，这是保证冷链管理顺利实施的重要因素之一。

2. 冷链物流技术的应用现状

从冷链物流标准技术体系看，我国现行的冷链物流相关标准有《鲜、冻肉运输条件》、《进出口肉类储运卫生规范》和《出口冷冻食品类商品运输包装检验规程》等国家和行业标准，标准的制定均参考了国际标准，但因为标准的制定起步晚，在国内有很多标准仍属空白或尚不完善，在实际应用中企业多采用国际标准与国家、行业标准互相补充。国内一些龙头企业对各类先进的保鲜、包装技术以及节能技术的应用已经相当成熟。自动化测量温控技术、无线射频识别技术、空间定位技术、动态信息监控技术亦逐步从局部应用转向更大范围的推广。总体而言，随着冷链需求市场的快速发展，国内冷链物流系统的技术体系已经初步确立。

然而，与世界先进国家相比，我国的冷链物流系统技术仍存在诸多问题，主要反映在以下几个方面：

（1）国家冷链物流标准的制定及应用仍需不断完善与提高。国内目前已经出台的相关标准存在交叉重叠，同时尚有诸多方面存在空白，标准制定的系统性、战略性和统筹性仍需要增强。诸多国际通行的冷链物流标准和规范在我国仍只在小范围得到应用，导致我国大多数冷链物流相关企业的管理仍游离于国际标准之外。

（2）流通领域的保鲜、包装技术亟待提高。我国农副产品流通量很大，其中80%以上的生鲜食品是在常温状态下进行保存、流通和初加工的。目前需要在冷链中保鲜的多为初级产品，加强保鲜新技术和包装新材料的应用，已经成为刻不容缓的研究课题。

(3) 冷链节能意识需要不断增强，节能方案的设计水平有待提高。冷链物流环节涉及多种能源的利用，特别是电、油和水等基础能源的应用。目前我国建设和使用的冷链设施大多只考虑冷链环节的能源的应用，对节能减排考虑不够。提升现有冷链技术的使用效果，促进现有冷链设施的节能改造和节能新技术的综合应用，已经成为极其迫切的任务。

(4) 由信息技术驱动的供应链式冷链物流管理模式有待提升应用水平。冷链物流强调时效性，要求在快速反应和有效客户反应方面具有更强的管理能力。目前，我国冷链物流相关企业的管理模式单一，冷链技术单一，不能以信息技术为支撑来实施冷链物流供应链集成管理，诸多需要实时管理的环节仍然停留在粗放式的人工管理的水平，导致冷链物流的总体管理水平难以提高。

9.2.3 冷链物流装备

冷链物流装备的要求高，需要特殊的足以保证商品在整个供应链过程中始终处于规定的温度（低温）状态的预冷站、冷库、冷藏车、冷柜、冷箱等冷冻、冷藏和空调系统及保冷隔热相关设施。冷链物流装备主要有以下几种类型：

(1) 冷库。冷库（如图 9—1 所示）是冷链物流发展的基础，是冷链物流的仓储地，也是冷链物流体系的重要组成部分。我国的许多冷库是由其他建筑改建而成的，存在诸如冷库装卸平台过窄、无库门密封、手动装卸等一系列缺陷和安全隐患。很多冷库只限于肉类、鱼类的冷冻贮藏，而且在生产淡季或遇到原料资源不足时，冷库往往处于闲置状态，利用率不高。目前我国正在建设的冷库多采用高层货架立体库房模式，今后还将建立具备完善制冷系统和监控体系的新型冷库。

图 9—1　某冷库及其内部设备

（2）冷藏车。冷藏车（如图 9—2 所示）是冷链物流主要的运输设备。目前我国生鲜农产品冷藏运输主要采用公路运输和铁路运输两种形式，目前公路冷藏运输的运量只占 25%，铁路冷藏运输的运量占 55%左右，而欧美国家公路冷藏运输的运量占 60%～80%。购置冷藏车的投资比较大，是普通货车的 3～5 倍。

（3）物流保温箱。物流保温箱（如图 9—3 所示）是 20 世纪 80 年代初在发达国家出现的一种高效物流技术装备。使用时，将冷冻货物和冷藏货物分别装于不同温度的保温箱中，这些保温箱的温控是通过不同温度的蓄冷剂来实现的，之后可与常温货物一同装载在普通货车中进行配送。这不仅能充分保证冷冻冷藏货物的配送质量，而且可有效利用普通货车的配送能力，并减少冷藏车的购进量，降低配送成本，也更加环保和节能。例如，对于一些高档食品（比如巧克力），顾客都希望买到比较新鲜的；一些生物制品（比如疫苗、胰岛素之类的药品）对温度、时间的要求很高，所以经销商通常不会一次购进很多并备足存货。现在冷链物流中的运输工具主要是冷藏车，但即使是像敦豪（DHL）这样的快递龙头企业，也只将其用于大批量的货物运输。而对于小批量、多频次的物品，如果采用物流保温箱加蓄冷剂的冷链运输方式，则可以降低运输成本。

图 9—2　冷藏车

图 9—3　物流保温箱

采用物流保温箱加蓄冷剂的冷链运输方式，企业自行运作会面临前期投入大、运作成本高、专业管理难度大等问题。因此，越来越多的企业会考虑选择第三方物流承担冷链物流业务，以避免自营冷链物流所带来的基础设施、设备、网络及人力等方面的高投入，比如保温箱和蓄冷剂都不需要企业自己购买，而是由物流公司提供。同时，企业无须考虑运作和管理方面的问题，而是由外包的冷链物流公司解决运输中温度链不断掉等难题。即使存在货物品种的多样性、少量性和发货地的零散性等问题，冷链物流公司也可以充分整合资源，采用多式联运以发挥第三方冷链物流的优势。

有关专家表示，从冷链物流的发展趋势、市场的需求导向以及企业的长期发展来看，以高性能保温箱配合蓄冷材料保证低温的第三方冷链物流是未来医药生产和经销企业的重要选择。如中铁快运推出的蓄冷新技术在三个方面填补了我国冷链物流市场的空白：首次采用小型周转保温箱解决小批量、多批次、零散货物的冷链运输问题；首次将蓄冷式小型集装单元组合应用于巧克力等高档食品的远距离运输；首创了全国网络型物流企业的冷链快递业务，实现“门到门”的冷链快递配送服务。

9.3　电子商务物流配送

9.3.1　电子商务物流配送概述

1. 电子商务物流配送的定义

目前，国内外的各种物流配送虽然大都跨越了简单送货上门的阶段，但仍是传统意义上的物流配送，因此在经营中存在传统物流配送无法克服的种种弊端，尚不具备或基本不具备信息化、现代化、社会化的新型物流配送的特征。电子商务作为数字化的生存方式，代表着未来的贸易方式、消费方式和服务方式。因此，要进一步完善整体生态环境，打破原有物流行业的传统格局，建设和发展以商品代理和配送为主要特征，物流、商流、信息流有机结合的社会化物流配送中心，建立电子商务物流配送体系，使网下各种物流配送畅通无阻，从而达到最佳的电子商务境界，这就是电子商务物流配送（简称电商物流配送），如图 9—4 所示。

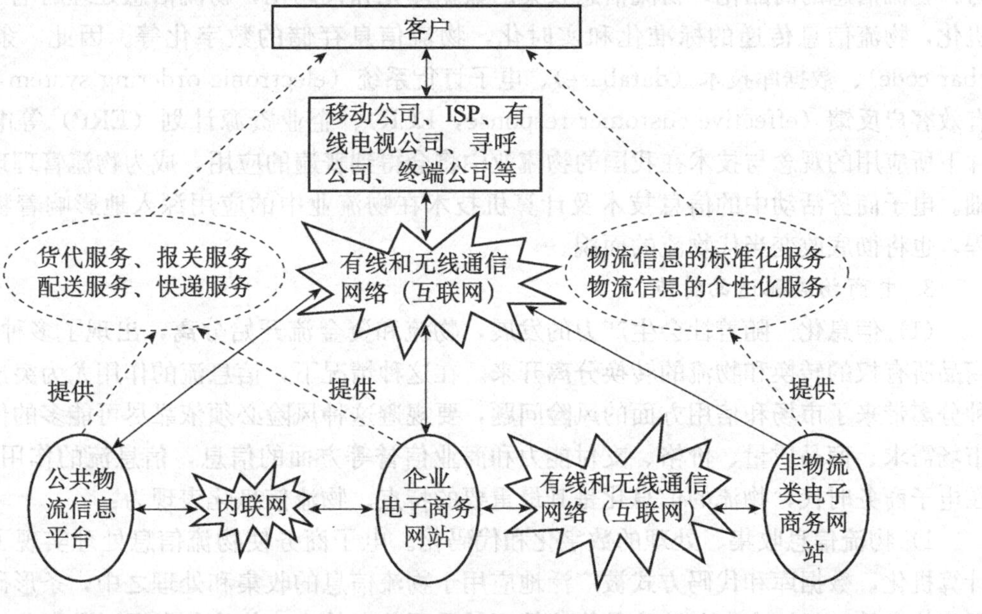

图 9—4　电商物流配送示意图

电子工具和网络通信技术的应用，使交易各方的时空距离几乎为零，有力地促进了信息流、商流、资金流的有机结合，甚至可以做到同步处理，例如，用户通过上网浏览来查询、挑选商品，用鼠标点击确认支付方式就可以完成整个购物过程。电子商务成为越来越受人们重视的一种新的商品贸易活动。据商务部电子商务司测算，2014 年中国电子商务交易额（包括 B2B 和网络零售）达到 13 万亿元，同比增长 25%；国家统计局数据显示，2014 年全国网络零售保持高速增长，全年网上零售额同比增长 49.7%，达到 2.8 万亿元。

可以断言，电商物流配送在我国具有广阔的发展空间，电子商务的大发展必然带动我国电商物流配送的大发展。电子商务贸易无国界，互联网可以在瞬间使处于全球任何地点的双方达成交易，但提升交割速度还有赖于电商物流配送的发展。

2. 电子商务与物流的关系

电子商务虽然是一种以虚拟方式进行的商业活动，但它与物流也有着密切的联系。

（1）虚拟方式需要物流实体系统的支持。电子商务在虚拟的空间完成交易过程，该交易只是实体的表征，即只是以信息化方式完成了交易意向的表示，确定了交易契约和实现电子付款等。这个过程不能代替真正的交付商品或提供服务的活动，交易的最终完成还要依靠实体性的支持系统。

首先，要建立一个比较完善的货物的流动链，能快速提供电子商务活动中承诺的对上下游的货物配送或服务，使商品流通的周转次数越来越多，周转时间越来越短；其次，在每个物流环节上要有不同的实体过程，如包装、加工、搬运、仓储、送货等；最后，要形成一个包括各种实体过程在内的更大的物流网络，设置网络中物流的各个据点，以确保电子商务交易所需的商品流通。因此，电子商务离不开物流。

（2）电子商务提供了新的物流手段和工具。电子商务时代必然要求物流信息化，表现为：物流信息的商品化，物流信息收集的数据库化和代码化，物流信息处理的电子化和计算机化，物流信息传递的标准化和实时化，物流信息存储的数字化等。因此，条形码技术（bar code）、数据库技术（database）、电子订货系统（electronic ordering system，EOS）及有效客户反馈（effective customer response，ECR）、企业资源计划（ERP）等电子商务条件下所应用的观念与技术在我国的物流业中将会得到普遍的应用，成为物流管理现代化的基础。电子商务活动中的信息技术及计算机技术在物流业中的应用深入地影响着物流管理过程，也将彻底改变当代物流的面貌。

3. 电商物流配送的特点

（1）信息化。随着社会生产力的发展，物流和资金流开始分离，出现了多种交易方式，商品所有权的转换和物流的转换分离开来。在这种情况下，信息流的作用尤为突出。因为这种分离带来了市场和信用方面的风险问题，要规避这种风险必须依靠尽可能多的信息，比如市场需求、商品质量、价格、支付能力和商业信誉等方面的信息，信息流的作用日益重要。在电子商务时代，物流的信息化是其最重要的特点。物流信息化表现为：

1）物流信息收集、处理的数字化和代码化。电子商务使物流信息处理实现了电子化和计算机化，数据库和代码方式被广泛地应用于物流信息的收集和处理之中，条形码技术、数据库技术等已经被人们公认为是物流管理的重要信息技术。物流信息通过数字化实现传递标准化和实时化，大大提高了效率。

2）物流管理与先进的集成化管理技术相结合。具有战略管理性质的物流管理借助信息化手段，可以与当代先进的集成化管理技术和快速反应系统（如电子订货系统及有效客户反馈、企业资源计划等）相结合，更好地降低成本，更有效地实现企业目标。

3）物流信息商品化。在电子商务活动中，通过数字化加工，物流信息也成为一种商品，它可以“打包”出售给有需要的客户，例如当今出现的专司物流的企业，不仅提供实体商品，而且提供物流信息服务。

（2）自动化。自动化的基础是信息化，核心是机电一体化，外在表现是无人化，效果是节省劳动力、增强物流作业能力、提高劳动生产率、减少物流作业的差错等。实现物流自动化的设施非常多，如条形码/语音/射频自动识别系统、自动分拣系统、自动存取系统、自动导向运输车、货物自动跟踪系统等。这些设施在发达国家已普遍用于物流作业流程中，而在我国，由于物流业起步晚，发展水平低，自动化技术的普及还需要相当长的时间。

（3）网络化。电子商务这种虚拟交易方式也造就了物流领域的网络化。这个网络能超越时空将有关方面综合在一起，形成一个四通八达的系统。物流领域网络化的基础也是信息化，这里所说的网络化有两层含义：

一是配送系统的计算机通信网络。物流配送中心与供应商或制造商的联系要通过计算机网络实现，与下游顾客之间的联系也要通过计算机网络实现，比如物流配送中心向供应商发出订单这个过程，就可以使用计算机通信方式，借助增值网（value added network，VAN）上的电子订货系统（EOS）和电子数据交换（EDI）技术来自动实现，物流配送中心通过计算机网络收集下游客户的订货信息的过程也可以自动完成。

二是组织的网络化，即形成企业内联网（Intranet）。比如，台湾的电脑业在 20 世纪 90 年代创造出了“全球运筹式产销模式”，这种模式的基本理念是：按照客户订单组织生产，生产采取分散形式，即将全世界的电脑资源都利用起来，采取外包的形式将一台电脑的所有零部件、元器件、芯片外包给世界各地的制造商去生产，然后通过全球的物流网络将这些零部件、元器件和芯片发往同一个物流配送中心进行组装，由该物流配送中心将组装的电脑迅速发给订户。这一过程需要高效的物流网络支持。

物流的网络化是物流信息化的必然结果，是电子商务物流活动的主要特征之一。当今世界，互联网等全球网络资源的可用性及网络技术的普及为物流的网络化提供了良好的外部环境，物流网络化趋势不可阻挡。

（4）智能化。智能化是物流自动化、信息化的一种高层次应用。物流作业过程中涉及大量的运筹和决策，如库存水平的确定、运输（搬运）路径的选择、自动导向运输车的运行轨迹和作业控制、自动分拣机的运行、物流配送中心经营管理的决策支持等，这些问题都需要借助大量的知识才能解决。在物流自动化的进程中，物流智能化是不可回避的技术难题，而专家系统、机器人等相关技术在国际上已有比较成熟的研究成果，为实物流智能化创造了条件。物流的智能化已成为电子商务物流发展的一个新趋势。

（5）柔性化。柔性化本来是为实现“以顾客为中心”理念而在生产领域提出的，但要真正做到柔性化，即真正地根据消费者需求的变化来灵活调节生产工艺，没有配套的柔性化的物流系统是不可能的。20 世纪 90 年代以来，国际生产领域纷纷推出柔性制造系统（flexible manufacturing system，FMS）、计算机集成制造系统（computer integrated manufacturing system，CIMS）、制造资源计划（MRPⅡ）、企业资源计划（ERP）以及供应链管理等概念和技术，这些概念和技术的实质是将生产、流通进行集成，根据需求端的需求组织生产，安排物流活动。因此，柔性化的物流正是适应生产、流通与消费的需求而发展起来的一种新型物流模式。这就要求物流配送中心根据消费需求“多品种、小批量、多批次、短周期”的特点，灵活组织和实施物流作业。

9.3.2　我国电商物流配送发展中存在的问题

发展电商物流配送是我国企业参与国际竞争的需要，是缩短与发达国家物流业差距的一次机遇，具有良好的前景。随着社会的发展和科技的进步，我国的物流行业也随着网络技术的飞速发展达到了一个新的发展阶段。虽然我国的电子商务物流行业近年来得到了长足的发展，但是仍存在以下问题：

（1）电子商务物流企业的基础设施尚不完善，新技术、新装备应用相对较少。许多电子商务物流企业对现代物流的概念、地位及作用认识不够，物流设施陈旧，物流管理的电子化程度还较低，不能满足迅速发展的电子商务的要求。

（2）电子商务物流发展的制度有待完善。相关制度主要是指融资制度、产权转让制度、人力资源使用制度、市场准入或退出制度、社会保障制度等。企业在努力提高自身物流效率时，必然涉及各种物流资源在企业内部及企业与市场之间重新配置。由于上述制度尚不健全，因此企业在根据经济合理原则对物流资源进行再配置时会遇到阻力。

（3）商业环境相对较差，造成电商物流配送服务需求不足，而且专业化服务程度低。我国企业中自营物流的占大多数，导致专业的物流代理服务得不到充分利用。大批功能单一的货代企业的服务范围窄，横向联合能力薄弱，不能提供完整的供应链服务，无法满足客户在时间和服务质量方面的要求。

（4）物流人才严重缺乏，无法为新的物流配送体系的建立提供足够的智力支持。现阶段物流行业不能满足电子商务发展要求的首要原因是物流配送方面的人才短缺。国外在物流和配送方面的教育和培训非常发达，形成了比较合理的物流和配送人才的教育培训体系。相比之下，我国在物流和配送方面的教育还比较落后。

9.3.3 电子商务物流业的发展趋势

在电子商务时代，由于企业销售范围的扩大，企业和商业销售方式及最终消费者购买方式的转变，使得送货上门等业务成为极其重要的服务业务，促进了物流行业的兴起。物流行业是指能完整提供物流机能服务，以及运输配送、仓储保管、分装包装、流通加工等服务以收取报偿的行业。物流企业主要包括仓储企业、运输企业、装卸搬运企业、配送企业、流通加工企业等。信息化、全球化、多功能化和一流的服务，已成为电子商务时代的物流企业追求的目标。

1. 信息化

在电子商务时代，要提供最佳的服务，物流系统必须有良好的信息处理和传输系统。比如，美国洛杉矶西海报关公司与码头、机场、海关信息联网，当货物从世界各地起运时，客户便可以从该公司获得到达的时间、到泊（岸）的准确位置等信息，让收货人与各仓储、运输公司等做好准备，使商品在几乎不停留的情况下，快速流动、直达目的地。又如，IBM公司只需按动键盘，即可连接USCO公司进行订货，通常在几小时内便可把货物送到客户手中。良好的信息系统能提供优质的信息服务，从而赢得客户的信赖。

在大型的配送公司中，一般会建立有效客户反馈（ECR）和准时制（just in time，JIT）系统。ECR至关重要，有了它，就可做到客户需要什么就生产什么，而不是生产出产品等着顾客来买。仓库商品的周转次数每年为20次左右，若利用客户反馈这种有效手段，可增加到24次。这样，可使仓库的吞吐量大大增加。通过JIT系统，可从零售商店很快地得到销售反馈信息。在配送过程中，不仅实现了内部的信息网络化，而且增加了配送货物的跟踪信息，从而大大提高了物流企业的服务水平，降低了成本，增强了竞争力。

如今，商品与生产要素在全球范围内以空前的速度自由流动。EDI与互联网的应用，使物流效率的提高更多地依赖于信息管理技术的进步。电子计算机的普遍应用提供了更多的需求和库存信息，提高了信息管理科学化水平，使产品流动更加容易和迅速。物流信息化不仅是指商品代码和数据库的建立，而且包括运输网络合理化、销售网络系统化和物流中心管理电子化等。要实现物流信息化，目前还有很多工作要做。可以说，没有现代化的信息管理，就没有现代化的物流。

2. 全球化

全球化的物流模式使企业面临新的问题，例如，如何将货物从一个地方运到另一个地方，如何设计合适的配送中心，如何提供良好的服务，等等。另一个难题是难以找到素质较高、能力较强的管理人员。因为全球化物流涉及大量的有关合作伙伴的贸易问题，所以必然需要处理管理方面的问题。此外还会遇到信息共享问题。很多企业为了保守内部的秘密而不愿意与物流企业共享信息，因此，要想通过建立信息处理系统来及时地获得必要的信息，对物流企业来说是个难题。同时，在将来的物流系统中，能否做到尽快将货物送到客户手中，是决定能否提供优质服务的关键因素之一。客户发出订单后，可能要求第二天就拿到货物，而不希望到货时间无法确定。同时，客户还会考虑所花费用与所得到的服务是否相称。

全球化战略的趋势，使物流企业与生产企业更紧密地联系在一起，形成了社会大分工。生产厂家致力于制造产品、降低成本、创造价值，物流企业则致力于从事物流服务。例如，在配送中心，完成进口商品的代理报关业务、暂时储存、搬运和配送、必要的流通加工，实现从商品进口到送交消费者手中的一条龙服务。

3. 多功能化

在电子商务时代，物流发展到集约化阶段，一体化的配送中心不仅提供仓储和运输服务，而且必须开展配货、配送和各种提高附加值的流通加工服务项目，也可按客户的需要提供其他服务。现代供应链管理即通过从供应者到消费者供应链的综合运作，使物流达到最优化。企业追求全面的、系统的综合效果，而不是单一的、孤立的局部效果。

作为一种战略概念，供应链也是一种产品，而且是可增值的产品；供应链管理的目的不仅是降低成本，更重要的是提供用户期望以外的增值服务，以形成和保持竞争优势。从某种意义上讲，供应链是物流系统的充分延伸，是产品与信息从原料到最终消费者之间的增值服务。

在经营形式上，可采取合同型物流方式。这种形式的配送中心与公用配送中心不同，它通过签订合同为一家或数家企业（客户）提供长期服务，而不是为所有客户服务。这种配送中心有的由公用配送中心来管理，有的自行管理；也有可能所有权属于生产厂家，交由专门的物流公司进行管理。

供应链系统物流完全适应了流通业经营理念的全面更新。以往，商品经制造、批发、仓储、零售各环节间的多层次、复杂的途径，最终到达消费者手中，而现代流通业已简化为商品在制造后由配送中心送到各零售点。它使未来的产业分工更加精细、产销分工更加专业化，大大提高了社会的整体生产力和经济效益，使流通业成为整个国民经济活动的中心。

另外，在这个阶段有许多新技术，例如准时制、销售时点（point of sale，POS）信息管理系统。新技术的应用促使商店将销售数据及时反馈给工厂的配送中心，既有利于厂商按照市场需求调整生产，也有利于配送中心调整配送计划，使企业的经营效益跨上一个新台阶。

4. 一流的服务

在电子商务时代，物流业是介于供货方与购货方之间的第三方，以服务为第一宗旨。从当前物流的现状来看，物流企业不仅要为本地区服务，而且要提供长距离的服务。因为客户不但希望得到很好的服务，而且希望服务点不是一处，而是多处。因此，如何提供高质量的服务便成了物流企业管理的中心课题。

随着社会分工的不断细化和专业化程度的不断提高，第三方物流服务将借助电子商务，在发展的形式、速度和范围等方面有更大的突破，如提供配货、配送和各类提高附加值的流通加工服务项目，以及其他按客户的需求提供的服务。电子商务涉及企业流程的再造和资源的重新配置，因此在进行物流信息系统需求分析时，需综合考虑合同、保险、单证、语言等诸多因素。具体来说，电子商务环境中的第三方物流企业应做好以下工作：综合应用电子信息技术，从顾客需求出发，开展第三方物流的流程重新设计，注重综合集成管理，重视联运代理的组织功能，为"全能"型企业提供电子商务环境中的物流流程再造，为供应商、消费者提供灵活高效的物流服务。

9.4 绿色物流技术与装备

9.4.1 绿色物流的内涵

物流活动包括运输、仓储与保管、装卸搬运、包装、流通加工等。绿色物流（green logistics）是指在物流过程中既抑制物流对环境造成的危害，又实现对物流环境的净化，使物流资源得到充分利用。

绿色物流的目标是：在实施物流活动时，不仅考虑其经济效益，而且考虑其社会效益，走节约资源、保护环境的可持续发展之路。它是社会可持续发展思想在物流领域的具体化，是人与自然相互依赖和协调发展的要求。

如今经济的发展强调可持续发展，即经济的发展必须建立在保护地球环境的基础上。物流活动过程却会对环境产生很多不利的影响，比如，汽车运输产生的废气会污染环境，商品包装物、衬垫物等会形成垃圾，且存在火灾隐患。在环境污染越来越严重、环保问题越来越受到重视的现代社会，物流企业不能只考虑经济利益，还必须遵守环保法规，减少噪声、废气污染，注重社会效益，努力实现绿色物流。

为了保护环境，有的国家已经开始限制公路运输，鼓励铁路运输；要求汽车在繁华的市区装卸货物时关闭发动机，以减少废气排放量。有的国家规定，对于电视机、电冰箱等大件废弃旧家电，由生产企业负责回收和再利用。从环保的角度来看，对现有的物流体系进行改进，需要形成一个环境共生型的物流管理系统，形成一种能促进经济和社会同时健康发展的物流系统，即物流系统向环保型和循环型转变。

9.4.2 我国与发达国家在绿色物流方面的差距

物流行业必须把有效利用资源和保护地球环境放在发展的首位，建立全新的包括从产品的生产、消费到废弃的全过程的信息流与物质流循环的绿色物流系统。目前，世界各国都将绿色作为物流业发展的重点，积极开展绿色环保物流的专项技术研究（如，在物流系统和物流活动的规划与决策中尽量采用对环境污染小的方案，采用排放量小的货车车型，通过近距离配送、夜间运货以减少交通拥堵、节省燃料和降低排放等），促进新材料的研发和推广应用，进行回收物流的理论和实践的研究，积极出台相应的绿色物流政策法规等，努力为物流绿色化和可持续发展奠定基础。

美国经济高度发达，是世界上最早发展物流业的国家之一。美国政府推行自由经济政策，其物流业务数量巨大，因而促使美国对绿色物流给予更多的关注。美国政府不断通过宏观政策加强引导，确立了以现代物流发展带动社会经济发展的战略目标，并明确其近期、远期目标。一般地，企业在实际物流活动中会在物流的运输、配送、包装等方面应用各种先进技术，如电子数据交换、准时制、配送规划、绿色包装等，为物流活动的绿色化提供强有力的技术支持和保障。

我国物流业的起步较晚，绿色物流刚刚兴起，人们对它的认识还十分有限，在绿色物流的理论研究和实际应用方面尚处于起步阶段，在绿色物流的理念、政策以及技术上与国际上技术先进的国家均存在较大的差距，主要表现在：

（1）理念上的差距。一方面，政府和企业的观念仍未转变，绿色物流的意识尚未确立。仅有物流的意识而没有绿色化的概念，缺乏发展的前瞻性，未能紧跟时代的步伐。另一方面，经营者和消费者有关物流绿色化经营消费的观念仍非常淡薄，几乎没有绿色物流的意识。经营者展现给我们的应是绿色产品、绿色标志、绿色营销和绿色服务，消费者追求的应是绿色消费、绿色享用和绿色保障，而其中的绿色通道即“物流环节”，这些在国内都没有引起足够的重视和关注。

（2）政策上的差距。一些发达国家的政府加强对绿色物流的政策性引导，制定了诸如控制污染发生源、限制交通量和控制交通流的相关政策及法规，还从物流业发展的合理布局方面考虑，为物流的绿色化打好基础。尽管我国自 20 世纪 90 年代以来一直致力于环境污染方面的政策及法规的制定和颁布，但针对物流行业的还不是很多。另外，由于物流涉及的有关行业、部门、系统众多，而这些部门又都自成体系，独立运作，各做各的规划，各搞各的设计，各建各的物流基地或中心，导致物流行业无序发展，造成资源的巨大浪费，也使物流运作上出现环保问题的风险加大。

（3）技术上的差距。要实现绿色物流，不仅要树立绿色物流的意识，而且要制定和遵循物流政策，更要掌握和应用绿色技术。与发达国家相比，我们的物流技术和对绿色物流的要求有较大的差距。比如，我国的物流业还没有形成较大规模，基本上是各自为政，没有全面的规划，存在物流行业内部的无序发展和无序竞争状态，对环保造成很大的压力；在机械化方面，物流的机械化程度和先进性与绿色物流的要求还有距离；在物流材料的使用方面，与绿色物流倡导的可重用性、可降解性也存在很大的差距；在物流的自动化、信息化和网络化方面，与绿色物流的要求差距更大。

我国经济已经成为全球经济的一部分，必须加快物流绿色化建设，加快物流企业的调整和整合，否则就会失去竞争力。一旦国外在物流业的绿色化方面设置准入壁垒，我国稚嫩的物流业就将遭受巨大打击。因此，发展绿色物流是参与全球物流业竞争的重要基础。

9.4.3　我国发展绿色物流的技术途径

1. 建立绿色运输体系

目前，国内整车物流领域一直以公路运输为主，而公路运输对环境的污染最大，表现在运输工具消耗大量能源、运输过程中排放大量有害气体、产生噪声污染等方面。为此，我国政府部门对运输污染采取了严格的管理措施。此外，企业为了节省经济成本和社会成本，也有建立绿色运输体系的自我要求。企业实现绿色运输的主要措施有：

（1）提高水路、铁路运输比重。由于水路、铁路运输批量大，对环境污染较小，在整车运输和大宗物料的运输上，应提高水路运输、铁路运输以及多式联运的比重。据统计，在整车物流领域，水运的成本要比陆路运输低20%～30%。目前我国广州港、天津港、上海港等都在大规模投资建设滚装码头，汽车滚装船的生产技术不断提高，我国汽车总装厂集中在武汉、天津、广州、上海等沿海沿江城市，近年来我国铁路运力也明显提高，这些都是实施水运、铁路运输的有利条件。

（2）合理运用JIT模式。在JIT方式下，零配件必须按照汽车制造企业的实际消耗，及时、准确地送达整车生产线，实现汽车装配企业的"零库存"。它由日本丰田公司最先实行，已经为越来越多的汽车制造企业所采用。但是JIT也有弊端：虽然总装厂的零库存降低了储存成本，但是必然导致零配件的小批量频繁供货，运输成本急剧增加。企业要使物流总成本最低，应保持一个适当的订货批量。从环境角度看，JIT以增加运输成本为代价，尤其是远距离企业间的运输，必然大量利用公路网，使货运从铁路、水运转到公路，增加燃油消耗，带来空气污染和噪声污染。

2. 合理选用绿色物流装备及材料

合理使用和调度物流装备，尽可能选择环保型装备，减少噪声及污染排放。如用电动叉车代替内燃机叉车，减少港口作业、仓库作业的环境污染，选择符合国家排放标准的货运汽车等。

3. 推进运输设备改进

推进运输设备的改进或改良，主要包括以下三个方面：

（1）发展替代能源。在全球能源危机及环境污染日益严重的情况下，发展替代能源不仅能降低能耗和污染，而且能提高运输工具的运行速度及配送效率。目前的替代能源主要有煤油混合料和煤油水混合料、乳化燃料、太阳能、电能等。

（2）研制使用更清洁的能源、更节能的发动机。在运输过程中使用传统的柴油和汽油发动机，不仅油耗大、尾气排放量大，而且噪声也大。目前一种可行的方式就是将发动机改为电动的，这样就可以减少污染，更有效地利用能源。

（3）开发尾气净化技术。由于运输工具特别是汽车在运行过程中具有较大的分散性和流动性，因而给净化处理技术带来了一定的限制。在净化处理方面，主要的措施有：提高燃油的燃烧率，安装防污染处理设备，开发新型发动机。

4. 实施绿色包装

目前，不少企业在对产品进行包装时仍然较多地把注意力集中在对商品使用价值的保护上，对环保问题则很少考虑。实际上，发展绿色包装不但可以降低能耗和物耗、降低成本、减少污染，而且可以改善企业形象，增强消费者对企业的认同感和信任感，从而提高产品的竞争力。

（1）充分利用可回收容器。我国是发展中大国，人均资源不足，废弃物利用率却很低，例如，纸的回收率仅为15%。与此同时，我国每年要用大笔外汇进口数十万吨纸浆，在造成资源浪费的同时导致外汇流出。为解决这一问题，在物流包装中应广泛采用可回收容器。可回收容器一直是物流系统的组成部分，大多数可再利用的包装品为金属或塑料包装等。

(2) 工业物流成组化。在工业包装中，通常将个别商品和零部件用箱、包、盒及桶来成组化以提高操作管理的效率。用这些容器来使零散商品成组化，也称集装化。成组化的基本方法包括刚性容器形成单位载荷的成组化方法和承载工具的成组化方法。所有类型的成组化都是为了提高材料搬运效率，节省包装资源，防止产品泄漏和污染环境，从而实现绿色包装。

(3) 绿色材料技术的应用。绿色包装材料是具有良好的使用性能或功能、对生态环境污染小、易降解、易回收、再生利用率高或能进行有效循环利用且对人体无危害的材料。目前对绿色包装的研究在某种程度上来说就是包装材料的可重复利用性以及可降解性的研究，所以包装材料技术是绿色包装顺利实施的关键。绿色材料不仅包括容易处理的纸质材料，而且包括可降解的塑料、金属包装，甚至包括可食用包装。从产品的生命周期来看，纸包装并非就是完全意义上的绿色包装，因为造纸业对环境污染较严重，虽然可回收，但每次回收制成的再生纸会降低质量等级。现在广泛使用的塑料，只要攻克不可降解的技术难关，就能成为21 世纪最重要的绿色材料。

5. 提高企业的信息化水平

目前，许多生产企业的各部门基本上实现了信息化管理，但是企业内各部门之间、企业与物流服务提供商之间、企业与供应商之间，以及企业之间的横向信息沟通及信息交换却少之又少，亟待加强。通过应用信息技术、互联网技术，能增强信息交流，提高决策的合理性、有效性，对物流各环节进行实时跟踪、有效控制与全程管理，从而优化整条供应链的物流甚至整个行业的物流。

9.5 我国物流技术与装备的发展趋势

物流技术与装备涉及物流活动的每个环节，整个物流过程中的包装、运输、装卸、储存、信息化、流通加工等功能作业环节均需要相应的物流技术与装备。因此，物流技术与装备作为生产力要素，对于发展现代物流、改善物流状况、促进物流业转型升级、推动社会生产生活现代化具有十分重要的作用。

9.5.1 我国物流技术与装备发展现状

1. 市场广阔，发展快速

进入 21 世纪，我国物流行业的发展步伐加快，特别是 2009 年《物流业调整振兴规划》的出台，使得社会各行业普遍重视物流的保障和促进作用。近年来，在物流相关领域面临劳动力成本、土地成本和仓储租金上涨的情况下，许多企业采用机械化和自动化设备取代人工的物流作业，提升土地利用率，为物流装备企业带来了广阔市场和发展机遇，国内涌现出一批颇具规模的物流装备生产商，有些龙头企业在国际市场上也获得了一定声誉。货架、托盘、叉车等传统实用性物流设备以 20%～30%的速度增长，明显高于 GDP 的增速。目前，我国叉车保有量已经超过 150 万台，托盘保有量超过 9 亿片，工业货架年产量超过 60 万吨；以高架库、立体库、全自动化物流系统、物流配送中心、机械或自动化输送分拣系统为代表的物流系统机械化与自动化设备，持续多年保持近 30%的增长。我国的物流装备市场规模超过了日本、美国和欧洲国家，成为全球最大的市场。

2. 传统物流装备市场竞争激烈，产业集中度得到提升

货运车辆、叉车、货架作为物流装备中运输、搬运和仓储的传统产品，在得到发展的同时面临激烈竞争。由于我国企业缺乏核心技术，产品普遍集中在中低端市场，导致市场过度集中，产品同质化，销售竞争加剧，甚至形成恶性竞争，利润空间极小。但激烈的竞争也推动了企业市场集中度的提高。东风、一汽、重汽、福田、陕汽等五家商用车企业占整个重卡市场的80%以上；合力、杭叉、龙工、柳工等国内主流叉车企业的市场份额接近60%；南京音飞、江苏六维、南京华德、上海精星、东联仓储、厦门鹏远等几大货架企业的市场占有率超过60%。集中度的提升是行业转型升级发展的关键，可以改变行业小、散、乱差的局面，有利于行业适度竞争和建立行业自律，对产业未来的长期健康发展具有积极意义。

3. 企业多角度、多方位寻求创新和升级

（1）以技术创新推动产品升级。在货运车辆领域，引进国际先进技术快速提升我国品牌产品性能取得突破。2009年中国重汽引进德国曼技术发动机技术，并研发LNG天然气车辆，使得国内同类产品接近国际先进水平，销售持续增长。在叉车领域，我国内燃叉车占比仍为77%，电瓶叉车一直是林德、永恒力、力至优等国际品牌的天下，但仓储业现代化对电瓶叉车的需求量明显增加，国际品牌在取得高端客户市场和高利润的同时，也推动了我国企业电瓶叉车的开发和应用。

（2）服务多元化，延伸价值链。在激烈竞争的形势下，物流装备企业也在积极探索多种经营方式，突出表现为：一是对二手市场给予关注，使得二手市场日趋活跃；二是以租赁代销售，保障高端客户使用装备的最佳生命期，减少维修损耗，保障物流运行；三是重视维修保障，从配件销售等后市场获取利润。

（3）物流系统推动装备上下游集成发展。将货架、自动化库、控制系统、输送分拣有效整合从而为客户提供一体化服务，促使我国物流系统集成加快发展，2013年物流系统设备集成的市场需求的增长速度超过了30%，每年新建的立体库超过300座。目前自动化立体库建设规模越来越大，自动化立体库平均货位超过1万，高度超过20米，系统越来越复杂，应用范围越来越广。北京机械工业自动化研究所、北京起重运输机械设计研究院、昆明船舶设备集团有限公司、中国普天、今天国际、五强科技等都是行业的精英。它们将物流装备产业链的企业连接起来，实现了产业一体化、服务一体化和价值一体化。将运输和装卸作业一体化，这也是装备系统化的一个方向，其典型装备有车辆随车吊、随车尾板、可调高度的升降平台等，这些都可用于运输和仓储作业的无缝连接。

（4）借助现代物联网信息技术推动装备智能化。移动互联技术给物流装备企业带来了新的机遇，将现代信息技术融合传统物流装备，促使行业不断涌现新型产品和技术。典型技术如中国重汽开发的运输车辆车队管理系统，这是一套集汽车远程控制、汽车运行轨迹和状态实时反馈、汽车故障远程诊断等功能于一体的车辆控制系统。它通过分析发动机转速、车速，可以帮助客户评估驾驶水平和操作技巧，从而降低车辆油耗；通过实时监控车辆的运行数据，可以更好地实现车辆的控制和管理；通过发动机运行数据的信息传递，可以实现车辆的远程故障诊断，帮助客户快速排除行车故障。另外，路车公司开发的车辆主动安全技术可有效提示车辆行驶路径，防止因司机疲劳驾驶和路况不明造成危险；永恒力叉车开发的智能高位叉车可实现叉车行驶取货与仓储管理系统的一体化匹配，减轻仓储管理人员和叉车司机的劳动强度，通过信息手段降低存取货差错率。

9.5.2　物流技术与装备的发展趋势

1. 市场的持续快速增长趋势

当前，我国的发展仍处于可以大有作为的重要战略机遇期、结构调整的关键期和经济增长速度的转换期。宏观经济的稳定增长将给物流业稳定增长打下基础，特别是电子商务物流的高速发展，不仅将带动物流信息化与标准化发展，促进物流机械化与自动化发展，而且将积极促进传统产业物流转型升级，这些都为物流技术与装备市场带来新的机遇。

2. 物流技术与装备的标准化趋势

当前，物流行业发展越来越表现出企业横向扩张以整合物流资源、降低物流成本的趋势，对运输和仓储领域装备的标准化提出要求。当前困扰仓储资源整合的关键是包装的循环共享，而托盘作为基础单元标准首当其冲。我国托盘国家标准已超过 6 个，并且均在执行，这些还不包括地方和企业标准。如此混乱的市场环境直接导致我国托盘在使用中基本上是在企业内部周转，对以托盘为基础的社会包装循环和流通产生了严重制约。困扰运输领域资源共享的标准是甩挂运输。甩挂运输要求半挂车、牵引车具有相同标准的鞍座、半挂车，这在以往的车辆标准中均未规范，最近国家正在修订《货运车辆外扩尺寸与载荷》（GB1589），已结合车辆宽度考虑了托盘尺寸，为实现甩挂运输规定了鞍座标准。

3. 物流技术与装备的绿色化趋势

由于环境和资源的双重压力，物流发展的绿色化已迫在眉睫，这同时也对物流技术装备的绿色化提出了更高要求。货运车辆除了在发动机燃油技术方面执行国四标准外，实现车辆轻量化以及推广使用液化天然气是未来的发展方向；要推广使用电瓶和天然气叉车；制定货架国家标准，避免货架对钢材的过度消耗；减少一次性包装的使用，推动标准化包装机器的循环使用是未来的趋势。

4. 物流技术与装备的专业化趋势

不同专业领域需要不同的物流技术装备的支撑。今后一个时期，电商、冷链、烟草、汽车、家电、服装、危化品等专业物流将继续稳定增长，并且对物流技术与装备提出个性化需求。电商因包裹配送的多品种、小批量、高频次特征，要求物流企业用机械化和自动化的快速分拣技术取代大量的人工分拣，以提高分拣的准确率，降低劳动成本；商品汽车的运输车要求专业化的运输装备；冷链的运输和仓储需要实现温控，并且保证温控条件下的装备性能满足物流要求；危化品对物流技术装备的安全性、环保性和防腐蚀性都有特殊要求。传统的物流装备企业必须将市场细分到每个行业，才能将共性和个性更好地结合起来，量身定制，为客户提供满意的服务。

5. 行业组织的作用日益重要

物流技术与装备行业组织将在行业发展中发挥着越来越重要的作用。中国物流与采购联合会十分重视物流技术与装备工作，专门成立了物流装备专业委员会，并且与中国物流技术协会一体化运作。物流装备专业委员会发挥中国物流与采购联合会拥有众多客户资源的优势开展工作，通过将物流企业和装备企业的供需相衔接，有效地开发了物流领域运输和仓储两类装备的客户资源。中国物流与采购联合会下设全国物流标准化委员会，技术装备的标准化也是其重要任务，该委员会致力于制定国家和行业标准，以及标准的贯彻和落实。物流技术与装备行业组织将发挥平台作用，推动企业发展。

9.5.3 《物流业发展中长期规划（2014—2020年）》为物流技术与装备发展提供方向

2014年6月，国务院总理李克强主持召开国务院常务会议，讨论通过了《物流业发展中长期规划（2014—2020年）》（以下简称《规划》）。物流新技术开发应用工程作为十二大工程之一，被纳入该规划。《规划》提出：支持货物跟踪定位、无线射频识别、可视化技术、移动信息服务、智能交通和位置服务等关键技术攻关，研发推广高性能货物搬运设备、快速分拣技术和自动化仓储物流技术，加强沿海和内河船型、货运车辆等重要运输技术的研发应用。完善物品编码体系，推动条码和智能标签等标识技术、自动识别技术以及电子数据交换技术的广泛应用。推广物流信息编码、物流信息采集、物流载体跟踪、自动化控制、管理决策支持、信息交换与共享等领域的物流信息技术。鼓励新一代移动通信、道路交通信息通信系统、自动导引车辆、不停车自动交费系统以及托盘和包装等集装单元化循环使用等技术的普及。推动北斗导航、物联网、云计算、大数据、移动互联等技术在产品可追溯、在线调度管理、全自动物流配送、智能配货等领域的应用。

《规划》还提出：加强物流核心技术和装备研发，推动关键技术装备产业化，鼓励物流企业采用先进适用的技术和装备。加快食品冷链、医药、烟草、机械、汽车、干散货、危化产品等专业物流装备的研发，提升物流装备的专业化水平。积极发展标准化、厢式化、专业化的公路货运车辆，逐步淘汰栏板式货车。推广铁路重载运输技术装备，积极发展铁路特种、专用货车以及高铁快件等运输技术装备，加强物流安全检测技术特别是安全预防装备的研发和推广应用。吸收引进国际先进物流技术，提高物流技术自主创新能力。

本章小结

现代物流技术的核心是物流管理和运作的电子化、信息化、网络化和智能化。21世纪物流技术将根据物流对物流技术的新要求，继续沿着这个方向发展和创新。现在的物流技术与装备已经呈现多元化发展的趋势，传统单一的物流技术类型已经逐渐减少，多项技术的融合以及跨领域结合的趋势越来越明显，多学科、多领域、多区域的合作对于物流是影响深远且富有成效的。

随着科学技术的发展，在信息化社会中，无论是物流新技术的开发利用，还是物流新装备的投入使用，都促进了现代物流技术与装备的新发展。冷链物流技术与装备的出现可以保证食品的安全卫生和营养，从而为广大消费者提供新鲜的果蔬、肉类、水产品、奶制品、冷饮和速冻食品等，给人们的生活带来方便。

随着网络技术和电子技术的发展，人类进入了电子商务时代，电子商务与传统的物流紧密联系，将物流发展带入一个新的领域。

为了实现经济的可持续发展，减少货物流转过程中对环境造成的破坏，绿色物流的理念应运而生，让人们必须站在与环境共生的立场来不断推进物流管理的全方位发展。

总体来看，我国在物流装备方面必须紧跟国际先进水平，不断深入研究和推广应用物流新技术及新装备，采用不同于传统的物流运作模式，推动我国物流业快速发展。

关键术语

冷链物流　电子商务物流　绿色物流

思考与练习题

1. 简述现代物流对物流技术的新要求。
2. 简述现代物流装备的发展趋势。
3. 简述冷链物流的定义和适用范围。
4. 冷链物流系统包含的技术有哪些?
5. 简述电子商务与物流的关系。
6. 简述电子商务物流的特点。
7. 什么是绿色物流?
8. 简述我国与发达国家在绿色物流方面的差距。
9. 实现绿色物流的主要技术途径有哪些?
10. 我国物流技术与装备的发展有哪些趋势?
11. 《物流业发展中长期规划(2014—2020年)》为物流技术与装备的发展指明了哪些方向?

案例分析

麦当劳的冷链物流技术

1990年，中国的第一家麦当劳餐厅在深圳开张。就在许多人还没听说过“物流”这个词的时候，麦当劳已将世界上最先进的物流模式带进了中国。一整天的繁华喧嚣过后，来自麦当劳物流中心的大型白色冷藏车悄然停在店门前，卸下货物后又很快开走。尽管一切近在眼前，但很少有人能透过这个场景窥视到麦当劳每天所需原料所经历的复杂旅程。这些产品究竟如何保持新鲜，又是怎样在整条冷链中实现平滑无隙的流转的呢?

1. 高质量的需求

在麦当劳的冷链物流中，质量永远是权重最大、被考虑最多的因素。麦当劳重视品质的精神，在每一家餐厅开业之前便可见一斑。餐厅选址完成之后，首要工作是在当地建立生产、供应、运输等一系列的网络系统，以确保餐厅有高品质的原料。无论何种产品，只要进入麦当劳的采购和物流链条，就必须经过一系列严格的质量检查。

为了炸出符合质量要求的薯条，麦当劳要求供应商提供的土豆要有较长的果型，芽眼不能太深，同时淀粉和糖分的含量必须控制在一定范围之内。而且，麦当劳对薯条的规格都有量化的要求，长度为5英寸的薯条要达到总量的20%左右，3～5英寸的达到50%左右，3英寸以下的仅为20%～30%。

在面包生产过程中，麦当劳要求供应商在每个环节加强管理。比如，装面粉的桶必须有盖子，而且要有颜色，不能是白色的，以免意外破损时有碎屑混入面粉而不易分辨；各工序间运输一律使用不锈钢筐，以防杂物碎片进入食品。早在1990年麦当劳进入中国时，就采用了一种名为“HACCP”的程序，即包装好的面包在被送入麦当劳餐厅之前，要经过金属探测器的检查这最后一道工序，一旦面包中含有小小的金属类物质，探测器就会发出警报。

麦当劳餐厅使用的鸡蛋由专业养鸡场提供，要经过特殊的消毒工序来杀灭鸡蛋表面对人体有害的沙门氏菌。麦当劳的供应商必须在鸡蛋产下来3天内运到工厂，按标准检测鸡蛋的大小、新鲜度，然后清洗、消毒、打油（起保护膜的作用），冷藏保存。麦当劳还要求餐厅必须在45天内用完冷藏的鸡蛋，以保持新鲜美味。

麦当劳对于质量的敏感源于其对市场走向的判断。消费者对食品安全的要求越来越高，低价竞争只能对供应链产生伤害，价格竞争将被质量竞争所取代。为此，麦当劳愿意在别人无暇顾及的领域付出额外的努力。比如，麦当劳要求运输鸡块的冷冻车车内温度要达到−22℃，并为此统一配备了单价高达53万元的8吨标准冷冻车。同样的旅程，用5吨的平板车盖上棉被一样可以操作，成本可以节省一半以上。但是，麦当劳对于这种可能影响最终产品质量的行为坚决禁止。“打个比方，在麦当劳看来，冰淇淋化了之后再冻上，就不是冰淇淋了，只能算是牛奶和冰晶的混合体。”其物流供应商这样形容麦当劳的立场。正如餐厅并不是麦当劳的全部，运输中的质量控制也只是麦当劳冷链物流的一部分，在它的背后，有技术先进的食品加工制造商、包装供应商及分销商等构成的采购网络支撑，更有遍及世界各地的运销系统承载，还有准确快速的财务统计及分析软件助阵。

2. 独特的外包模式

谈到麦当劳的冷链物流，不能不说到夏晖物流公司，它与麦当劳的合作至今在很多人眼中还是一个谜。麦当劳没有把物流业务分包给不同的供应商，夏晖公司也从未移情别恋，这种独特的合作关系不仅仅建立在忠诚的基础上。麦当劳之所以选择夏晖公司，关键在于后者为其提供了优质的服务。

随着商品流通市场买方地位的日益增强，消费者的选择越来越多，流通链也越来越长，麦当劳要求夏晖公司提供一种网络化的支持，这种网络能够覆盖整个国家或者整个地区，不同环节之间需要高效的无缝对接。与麦当劳合作了整整30年的夏晖公司，流通网络的整合能力不断得到提高，拥有其他公司无法比拟的经验。即便如此，对于夏晖公司来说，在中国完成这项工作也并非轻而易举。“在北京、上海、广州这些大城市，至今也没有形成网络化的物流系统。从批发站订购货品，然后用面包车运送，还是很多企业通用的方法。在这种单批量送货模式下，不仅无法保证产品的质量，而且直接导致物流市场的低价竞争。”夏晖公司的一名物流经理对此颇有感触。他认为，这种低价竞争将会给中国的物流市场带来很大的压力。

麦当劳对物流服务的要求是比较严格的。在食品供应中，除了基本的食品运输之外，麦当劳要求物流服务提供商提供其他服务，涉及信息处理、存货控制、贴标签、生产和质量控制等诸多方面，这些“额外”的服务虽然成本比较高，但它使麦当劳在竞争中获得了优势。“如果你提供的物流服务仅仅是运输，运价是一吨4角，而我的价格是一吨5角，但我提供的物流服务当中包括了信息处理、贴标签等工作，麦当劳也会选择我做物流服务提供商的。”为麦当劳服务的一位物流经理说。

另外，麦当劳要求夏晖公司提供一条龙式物流服务，包括生产和质量控制在内。为此，在夏晖公司设在台湾的面包厂中，全部采用了统一的自动化生产线，制造区与熟食区被区隔开，厂区装设了空调与天花板以隔离落尘保持清洁，采用了严格的食品与作业安全标准。所有设备由美国SASIB公司专业设计，每小时生产24 000个面包。在专门设立的加工中心，物流服务提供商为麦当劳提供所需的切丝、切片生菜及混合蔬菜，拥有生产过程温度自动控制、连续式杀菌及水温自动控制功能的生产线，每小时的生产能力达1 500公斤。此外，夏晖公司还负责为麦当劳上游的蔬果供应商提供咨询服务。

3. 餐厅与物流中心有序的对接

麦当劳的餐厅经理需要接受一项专门的培训——对销售、进货和库存量进行预测。这项复杂而琐碎的工作，也是他们每天的必修课。

在以一周为单位的进货周期中，餐厅经理需要预先估计安全库存，在每周二与配销中心联系，对冷藏货下订单。麦当劳认为，订货量太多或太少都是不允许的，太多会增加成本，积压资金，使产品品质下降；太少则会使营业额和利润下降，并对公司信誉和员工士气产生不利影响，而紧急订货会导致成本上升。订单被配销中心接受之后，周三、周五分批进货。餐厅订货组要按时完成盘存报告，其中包括货品的编号、名称、计算单位、库存及货品盘点表、每日送货及退货单、损耗表、产品销售日报表、周报表、月报表、餐厅调拨单等。每天，餐厅经理都要把订货量与进货周期进行对照，一旦发现问题，立刻进入紧急订货程序。虽然不鼓励紧急订货，但一经确认，两小时后货品就会被送到餐厅门口。

送货和接货也有固定的程序和规范。在货物被装车之前，必须根据冷冻货物对温度的敏感程度，由外向里按照苹果派，鱼、鸡、牛肉，薯条的顺序装车；接货时，则要对这些情况进行核查。接货的检查项目包括：提前检查冷藏和冷冻库温度是否正常，记录接货的时间和地点，检查单据是否齐全，抽查产品的接货温度，检验产品有效期（包括估计是否有足够的使用时间），检查包装是否有破损和污染，糖浆罐是否溢漏，二氧化碳罐压力是否正常。最后才是核对送货数量，签字接收。

及时响应麦当劳餐厅的需求，则是物流供应商发挥的特有作用。物流中心的一切管理工作细致有序，先进的设备也为物流质量提供了必要的保障。

麦当劳利用夏晖公司设立的物流中心，为其各个餐厅完成订货、储存、运输及分发等一系列工作。这个物流中心恰似一个具有造血功能的“心脏”，每时每刻不断地向分布于大江南北的各家麦当劳餐厅输送着新鲜血液，使得整个麦当劳系统得以正常运作。通过它的协调与连接，使每一个供应商与每一家餐厅达到畅通与和谐，为麦当劳餐厅的食品供应提供最佳的保证。目前，夏晖公司斥巨资在北京、上海、广州都设立了食品分发中心，同时在沈阳、武汉、成都、厦门建立了卫星分发中心和配送站，与设在香港和台湾的分发中心一起，建立起全国性的服务网络。

例如，为了满足麦当劳冷链物流的要求，夏晖公司在北京投资5 500多万元，建立了一个占地面积达12 000平方米、拥有世界领先水平的多温度食品分发物流中心，其中干库容量为2 000吨，存放麦当劳餐厅用的各种纸杯、包装盒和包装袋等不必冷藏冷冻的货物；冻库容量为1 100吨，设定温度为−18℃，存储派、薯条、肉饼等冷冻食品；冷藏库容量超过300吨，设定温度为1℃～4℃，存储生菜、鸡蛋等需要冷藏的食品。冷藏和常温仓库设备都是从美国进口的设备，设计细致而精心，以最大限度地做到保鲜。在干库与冷藏库、冷藏库与冷冻库之间，均有一个隔离带，用自动门控制，以防止干库的热气与冷库的冷气互相干扰。干库中还设计了专用卸货平台，使运输车在装卸货物时能恰好封住对外开放的门，从而防止外面的灰尘进入库房。该物流中心配有先进的装卸、储存、冷藏设施，载重达5～20吨的多种温度控制运输车有40余辆，还配有电脑调控设施用以控制所规定的温度，可检查每一批进货的温度。从设立至今，夏晖公司设在北京的物流中心已向麦当劳餐厅运送货物近1 000万箱。

4. 标准化管理与跟踪管理

餐厅与物流中心之间的精细对接，只是麦当劳冷链物流顺畅流转的前提，要在操作中保证一切不出纰漏，标准化和跟踪技术至关重要。在食品供应链管理中，安全性和稳定性日益受到企业的关注。供应链的链条越来越长，安全体系则越来越薄弱，在29 000多家麦当劳餐厅组成的大家族中，任何一家餐厅发生食品安全问题，对全球的麦当劳都会造成无可挽回的损失。冷链物流中的标准化，正是麦当劳努力将危机扼杀在萌芽之中而采取的手段。

麦当劳的冷链物流标准，涵盖了温度记录与跟踪、温度设备控制、商品验收、温度监控点设定、运作管理系统的建立等领域。即便是在手工劳动的细小环节，也有标准把关，比如一台8吨标准冷冻车，装车和卸车的时间被严格限制在5分钟之内，根据货品的需要，还会使用一些专用的搬运器械，以避免在装卸过程中出现意外的损失。在中国，麦当劳还在考虑应用一些国家制定的物流业服务标准和技术标准，以便把工作细化到MRP或者VMI系统的各个节点，进而对整个流程实施控制和跟踪。

有了这些标准，麦当劳的下一步工作就是对所有产品实施在途跟踪。坐在办公室中的物流经理，怎么知道货车发出之后货物是否处在冷冻状态？身处低价竞争的市场环境，这种担心并非多余。一台8吨标准冷冻车的冷机价值48万元，运行500小时之后就必须进行一次大修，不少企业在这种情况下选择了“偷工”，货车从北京出发到上海，冷机只在一头一尾的路段是开放的，在中间路段则被关闭。由于唯一的证据就是油耗，因此几乎没人能知道其中的内幕。不过，有了温度跟踪和货物跟踪技术，一切便变得完全透明。

夏晖公司在中国并没有使用昂贵的跟踪技术和手段，而是选择了一种类似于民航飞机上黑匣子的技术。借助由清华大学开发的这种技术和工具，不仅可以记录车的位置，而且可记录车的状态。只要在事后打开记录，相关的发车停车时刻、温度变化等数据就会一览无余。

在不少企业还把标准化和跟踪系统当作一种技术来处理时，麦当劳已经利用它们构建起了一套有效的食品安全管理系统。在麦当劳看来，在生产、储存中只要有需要，不论普通食品还是冷冻食品，都应该设置这种标准。目前，麦当劳正在积极引入一套由美国食品物流协会开发的认证体系，并希望把这种适用于美国航天员的食品标准逐步扩展到整个食品行业。

资料来源：http：//tz. clb. org. cn/zhaoshanganli/20070419/11510. html.

讨论题

1. 麦当劳的冷链物流技术主要有哪些？
2. 如何理解冷链物流技术与冷链物流管理的关系？

第 10 章 物流技术与装备的综合应用

本章要点

一个完整的物流过程通常由运输、仓储、装卸、搬运、包装、配送、流通加工、信息处理等环节组成。没有现代物流技术与装备的支撑，要在物流的实施与运作过程中实现高效、低成本、安全满意的物流服务，要求各个物流环节实现高度的机械化、自动化和信息化，将是十分困难的。

实际上，每个物流功能环节或多或少地涉及物流技术与装备的应用。比如，货物运输要依靠铁路、公路、水路、航空、管道等多种运输方式或多式联运，货物的中转、移位要依靠自动化程度较高的物料装卸搬运技术与装备，货物的储存要依靠货架技术、自动存取技术和立体仓库，货物的配送要依靠分拣技术、车辆调度技术、车辆配载技术、路径优化技术、GPS/GIS 技术，等等。

本章结合国内某高校物流实验室物流技术与装备的应用实际，综合分析一个具体物流项目或物流工程的运作所应考虑的方方面面，包括整体功能布局、装备结构原理、设备采购选型、成本测算、系统操作规范与要求等。

10.1 某高校物流实验室的总体架构与平面布局

某高校物流实验室物流装备平面布局示意图和外观图如图 10—1、图 10—2 所示，表 10—1 为其主要设备清单。

整个物流实验室的实验用房的使用面积为 200 平方米，设备近 400 台（件），设备总价值 250 多万元。实验室包括商业配送中心和智能物流技术两个系统，具有一个功能相对完善的商业配送中心的物理环境（含模拟门店和模拟供应商），配置了相应的物流配送管理软件、运输管理软件。可通过软件权限管理，让每个学生扮演配送中心的不同角色，对业务流程进行分步骤的或者全流程的数据操作，使学生了解和掌握物流配送中心的业务流程。实验室同时建立了以无线射频识别技术、条形码技术、室内定位技术、机器人技术等为基础的智能物流技术实验教学环境。实验室的主要装备包括配送中心立体仓库、日本安川 UPJ6 自由度搬运机器人、自动导向搬运车（AGV）、电子标签辅助拣货系统、S-ID 自动跟踪定位系统、RFID 系统等。

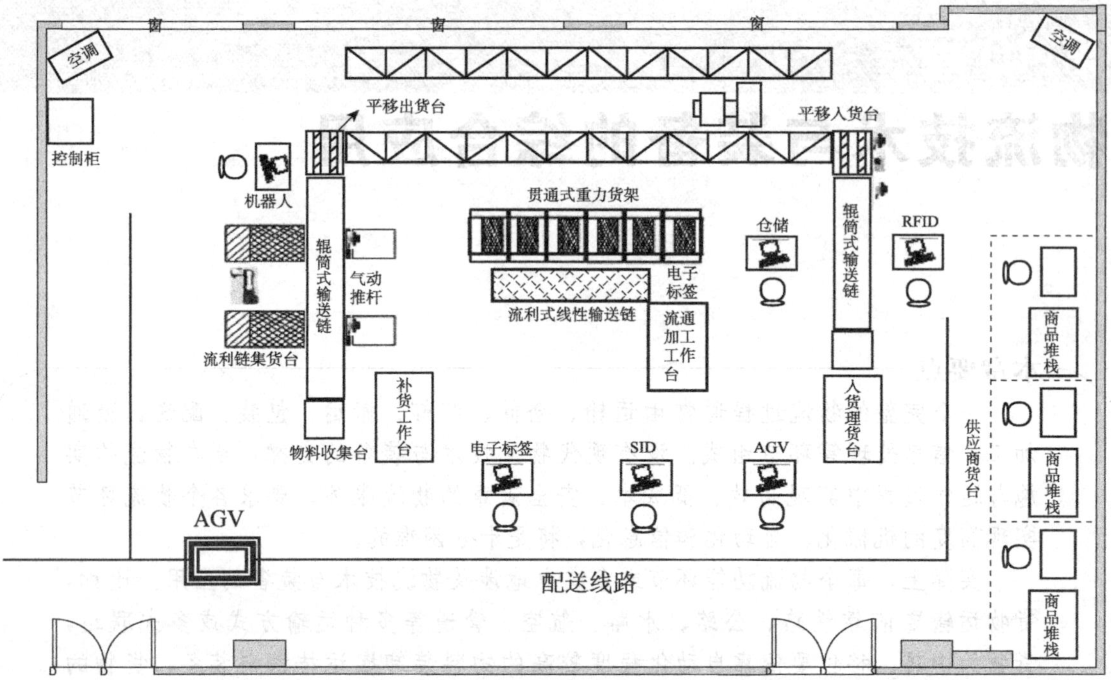

图 10—1　某高校物流实验室平面布局示意图

图 10—2　某高校物流实验室外观图

表 10—1　　物流实验室主要设备清单

序号	仪器名称	配置型号	数量	预测单价（元）
1	配送中心立体仓库	喷塑货架，2 排 5 层 12 列，共 120 个仓位	1 套	12 200
2	自动堆垛机	有轨巷道式堆垛机	1 台	76 500
3	自动导向搬运车（AGV）	QXLMPS—011/1	1 台	97 500
4	带自动推杆辊筒式线性输送链	出库区带二维链的辊筒式输送链，尺寸为 3 米×0.47 米×0.75 米	1 套	15 800
5	辊筒式线性输送链	入库区辊筒式输送链，尺寸为 2 米×0.47 米×0.75 米	1 套	6 500
6	2 米长流利式线性输送链	尺寸为 2 米×0.47 米×0.75 米	1 套	4 900
7	1 米长流利式线性输送链	尺寸为 1 米×0.47 米×0.75 米	2 套	3 200
8	带平移功能出/入货台	尺寸为 0.6 米×0.47 米×0.75 米	2 套	5 000
9	电子标签辅助拣货系统	含日本爱欧公司电子标签、系统控制器、订单显示器、红外扫描枪和系统控制软件（用于播种式和摘取式辅助拣货）等	1 套	31 100
10	贯通式重力货架	QXLMPS—005/3	2 套	3 200
11	堆垛机电气控制柜	含西门子 S7—200PLC 1 台及 MM420 变频器 2 台、PPI 总线模块等电气设备 1 批	1 台	20 700
12	系统设备电气控制柜	含西门子 S7—200 PLC 及 PPI 总线模块等电气设备	1 台	18 000
13	现场智能传感器	条形码识读器 1 台，条形码秤 1 台，条形码枪 2 把，美国 BANNER 传感器 7 个	1 批	18 000
14	WMS 仓库管理软件	LOGIS-WAREHOUSE2000	1 套	27 000
15	RFID 标签	RFID 芯片	200 个	12 000
16	机器人配套设备	含手操器、气动夹具、计算机控制软硬件系统等	1 套	12 500
17	条形码打印机	INTERMEC—C4	1 台	2 800
18	RF 无线数据采集系统	主机为 CASIO IT—500	2 套	26 800
19	无线手持数据采集终端	CASIO DT—900	2 台	3 990
20	POS 软硬件系统	百威标准型 POS9000	5 套	7 100

10.2 仓储系统技术与装备

10.2.1 堆垛机系统

堆垛机仓储系统由巷道式堆垛机（见图 10—3）、堆垛机控制柜（见图 10—4）、喷塑货架、一个平移入货台（见图 10—5）和一个平移出货台（见图 10—6）构成。其中喷塑货架为 2 排 5 层 12 列，共 120 个仓位，堆垛机控制柜根据 PPI 通信协议与“仓储”计算机进行数据交换。

堆垛机由三个电机控制，实现 X、Y、Z 三个方向的全方位控制。堆垛机的行走电机的功率为 0.27 千瓦、升降电机的功率为 0.37 千瓦、叉伸电机的功率为 65 瓦。行走电机、升降

图 10—3　巷道式堆垛机

图 10—4　堆垛机控制柜

图 10—5　平移入货台

图 10—6　平移出货台

电机和叉伸电机都有抱闸制动功能。行走电机和升降电机各由一台西门子 MM440 变频器控制，叉伸电机由继电器切换控制正反转。堆垛机的定位信号由安装在堆垛机上的 5 个光电传感器、3 个微动开关和 4 个限位开关提供。

前后行走定位（见图 10—7）：行走定位由两个光电传感器提供，并安装有前后极限限位，当走到极限位置时切断变频器的使能，强迫行走电机停止运转。前后行走定位的光电信号采集原理为：在堆垛机前后行走过程中，光电信号传输到可编程控制器（PLC）后作为列的计数信号。堆垛机前后行走到指定列，如果第一个光电传感器被认址片挡住，则信号传输到 PLC，再由 PLC 控制变频器减速。当两个光电传感器都被认址片挡住后，认址成功，变频器停止输出，电机抱闸制动，堆垛机停止前后行走。

上下升降定位（见图 10—8）：升降定位由 3 个光电传感器提供，并安装有上下极限限位，当走到极限位置时切断变频器的使能，强迫升降电机停止运转。上下升降定位的光电信号采集原理为：在上升（下降）过程中，光电信号传输到 PLC 后作为层的计数信号。堆垛机上升（下降）到指定层，如果上方（中间）的光电传感器被认址片挡住，则信号传输到 PLC，再由 PLC 控制变频器减速。当上方和中间两个光电传感器都被认址片挡住后，认址成功，变频器停止输出，电机抱闸制动，堆垛机停止上升（下降）。

图 10—7　前后行走定位

图 10—8　上下升降定位

该堆垛机系统充分展现了 PLC 与变频器在顺序控制系统的协同下连贯动作的控制技术。

10.2.2　输送链系统

输送链系统由 1 个输送链控制柜、2 个单相电子调速辊筒式输送链、1 个收集台、2 个流利式输送链、2 个气动推杆和 1 个空气压缩机构成。其中，输送链控制柜（见图 10—9）中的 200 系列 PLC 根据 PPI 通信协议与 PC 机进行数据交换。由空气压缩机（见图 10—10）为动力源的气动系统的推杆为气动控制，统一由一台空气压缩机集中供气，气动电磁阀由 PLC 控制。辊筒式输送链（见图 10—11）的单相电子调速输送链由单相电子调速器（见图 10—12）控制单向运行。流利式输送链的结构如图 10—13 所示。

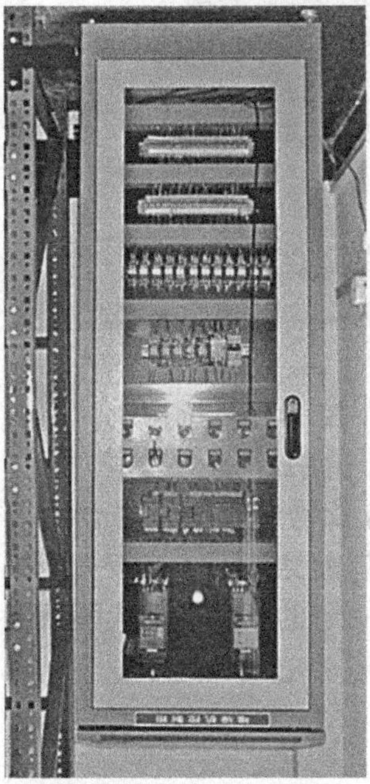

图 10—9　输送链控制柜

图 10—10　空气压缩机

图 10—11 辊筒式输送链

图 10—12 调速器

图 10—13 流利式输送链

该输送链系统展现了物流控制软件对各种不同类型输送链的调度控制。

10.2.3 条形码信息传输系统

条形码信息传输系统由条形码扫描仪（VS800）和“仓储”控制计算机构成。条形码扫描仪通过串行口（COM4）将条形码数据传送给“仓储”控制计算机。

VS800 激光条形码扫描仪设计为省电模式，当长时间没有货物经过时，将会转入休眠模式，达到节省电能、延长激光头寿命的目的。用手在扫描窗口前晃几下，或按一下休眠唤起按钮即可恢复运行。在该系统中，程序具有在货物入库时以一定的频率自动唤醒条形码阅读器的功能。

10.3 机器人搬运系统技术与装备

在该物流实验系统中，使用日本安川 UPJ6 机器人将流利链上的整箱货物搬运到自动导向搬运车上。机器人搬运系统（见图 10—14）由机器人控制计算机、机器人主体、机器人手操器（见图 10—15）和机器人控制箱（见图 10—16）等构件组成。其中，机器人控制箱与机器人控制计算机之间采用的是以太网通信方式。

图 10—14　机器人搬运系统

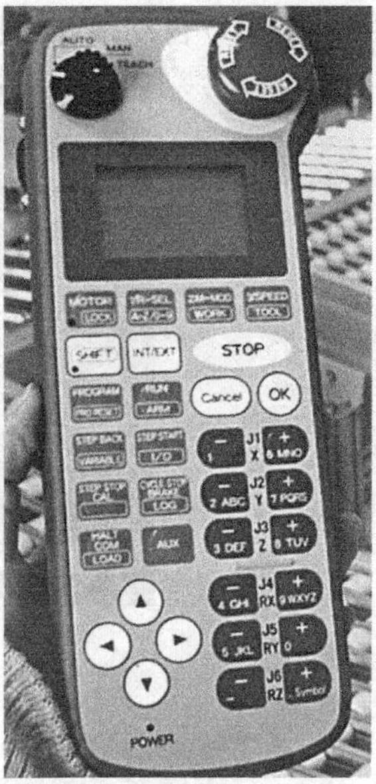

图 10—15　机器人手操器

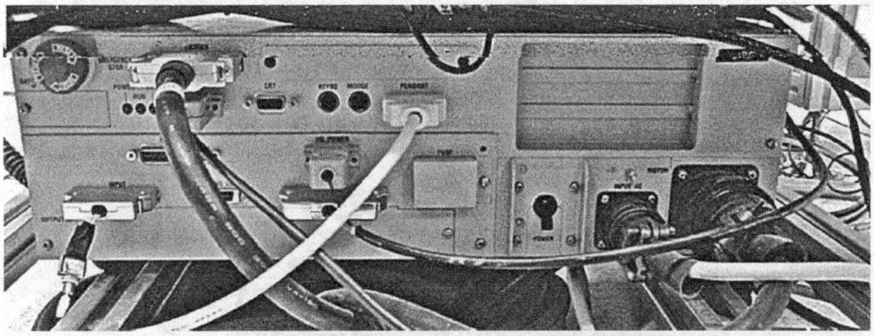

图 10—16　机器人控制箱

在机器人搬运系统中，机器人主体具有六个自由度的运动方向。如果要对机器人的通信方式进行设置，或者修改其他参数，需要通过一台显示器和一个键盘连接到机器人控制箱上。

10.4　自动跟踪定位系统技术与装备

在该物流实验系统中，采用一套超声波跟踪定位系统（S-ID 系统）对实验室内负责配送的自动导向搬动车（AGV）进行自动跟踪定位。在 AGV 上安装一个 S-ID 信号发射机，在室内天花板上的适当位置装有若干（三个以上）S-ID 接收机，通过三点测量原理可精确解算出信号发射机所在的 AGV 的坐标，这一坐标信号又可通过以太网直接显示在“当前储位”的电子显示标签上。利用这一系统可随时跟踪 AGV 的行走路线，并在“动作确认”这一时刻自动校核车的位置是否与“目标储位”相吻合，从而使这种配送作业的正确率得到了极大的提高。

S-ID 自动跟踪定位系统由 S-ID 2161 系列控制器（见图 10—17）、S-ID 接线箱、安装在天花板上的 8 个 S-ID 信号接收机（见图 10—18）、安装在 AGV 上的 S-ID 信号发射机（见图 10—19）和 S-ID 自动跟踪数据采集计算机组成。

图 10—17　S-ID2161 控制器

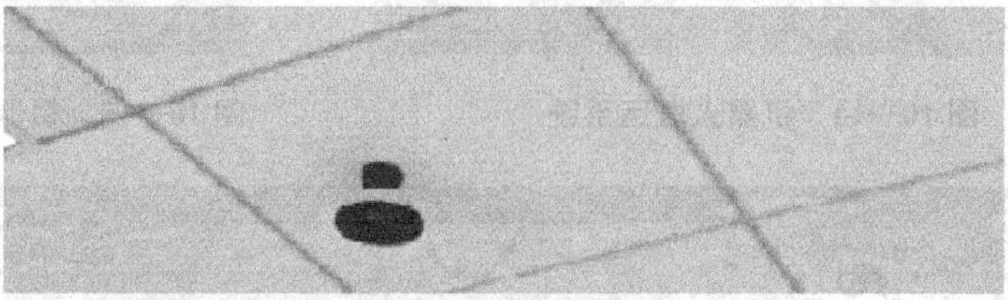

图 10—18　装在天花板上的 S-ID 信号接收机

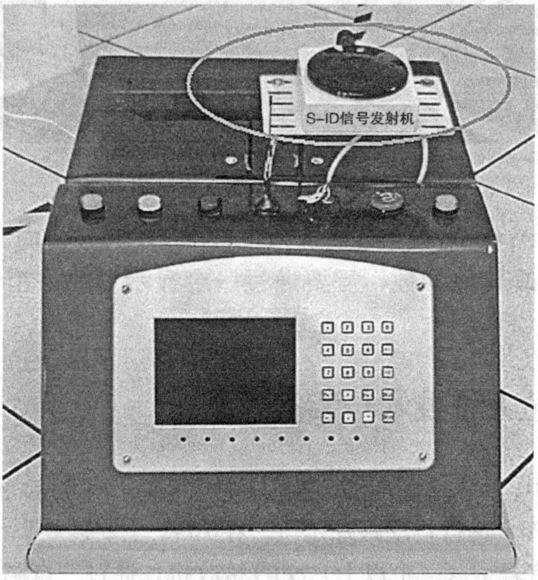

图 10—19　安装在自动导向搬运车上的 S-ID 信号发射机

S-ID 自动跟踪定位系统的坐标数据采集系统是自行开发的，S-ID 控制器与计算机之间通过以太网进行通信。S-ID 系统的构成示意图如图 10—20 所示，其工作原理如图 10—21 所示，应用示例如图 10—22 所示。

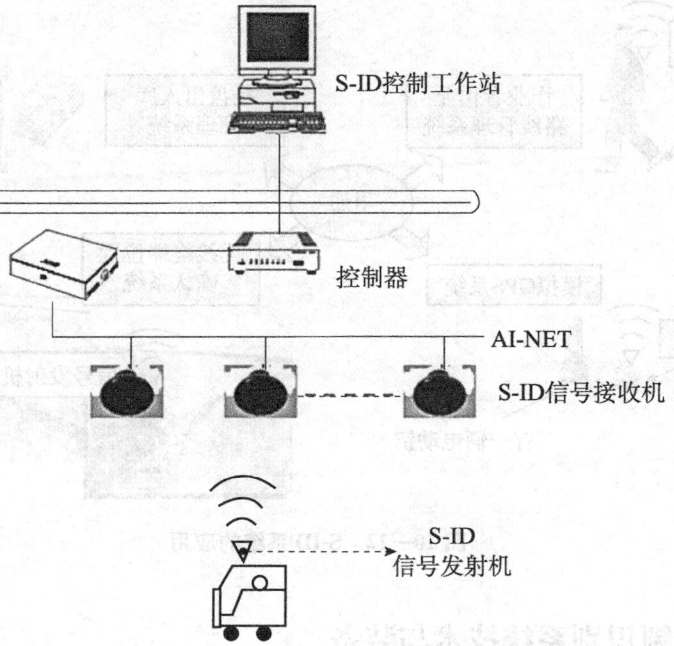

图 10—20　坐标数据采集系统

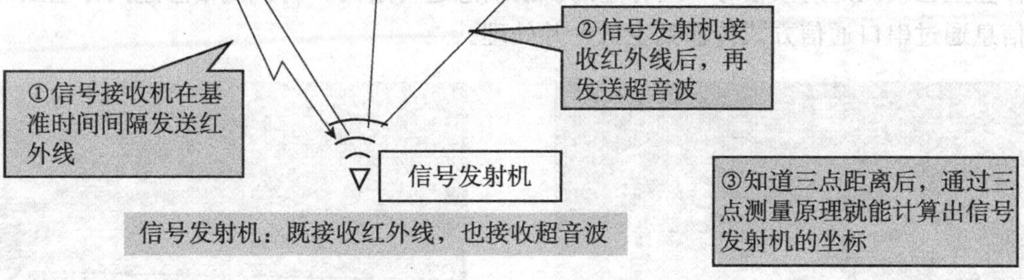

图 10—21　S-ID 系统工作原理

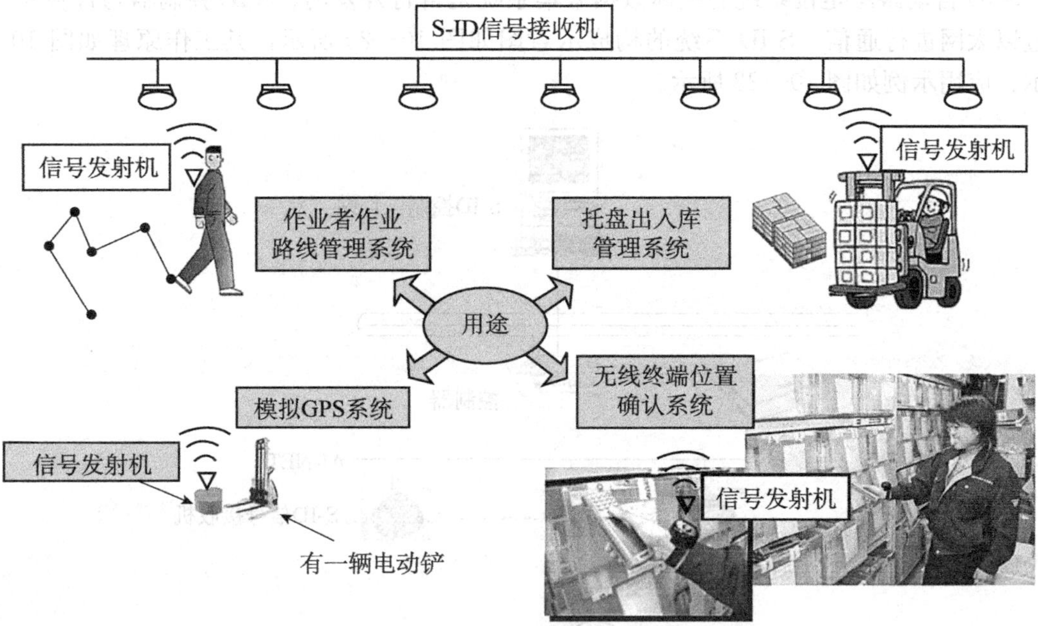

图 10—22　S-ID 系统的应用

10.5　无线射频识别系统技术与装备

在该物流实验系统中，RFID 标签的硬件系统由 RFID 标签、RFID 控制器、一对射频天线（射频收发器）和 RFID 射频数据采集计算机组成。

RFID 标签（见图 10—23）含有可用于识别其所依附的目标物的相关信息数据。贴有 RFID 标签的商品或者物流盒经过射频天线之间的射频区域，控制计算机就能读到该 RFID 标签上的信息数据。在该系统中，所有标签都贴在周转箱内侧的某个固定位置。

RFID 控制器（见图 10—24）的任务是控制射频收发器发射射频信号。通过射频收发器识别标签上已编码的射频信号，对标签的识别信息进行解码；将识别信息连同标签上的其他相关信息通过串口通信方式传输到主机一并处理。

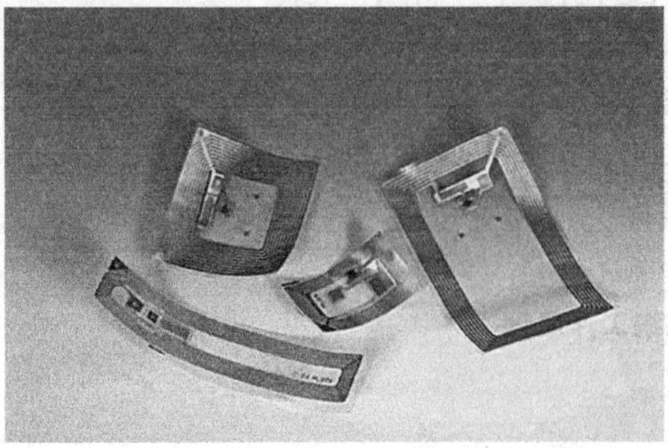

图 10—23　RFID 标签

图 10—24　RFID 控制器

射频天线（见图 10—25）用于发射和接收信号。一些 RFID 系统由一根天线来同时完成发射和接收，另一些 RFID 系统则由一根天线来完成发射，而由另一根天线来完成接收。该系统中使用了后者。

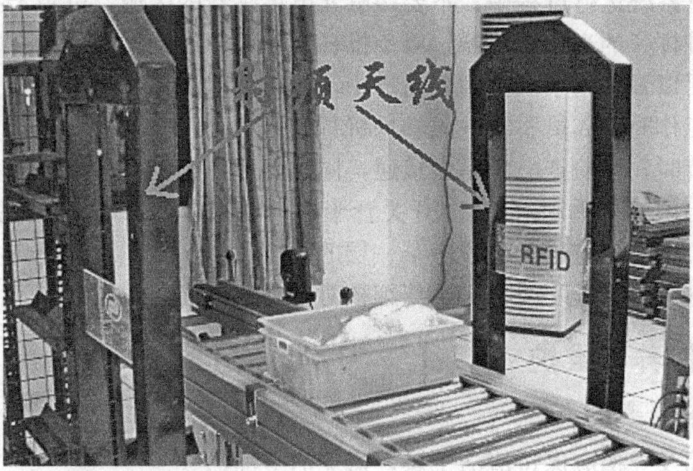

图 10—25　立体库输入系统的射频天线

10.6　实验室操作规范与设备养护

10.6.1　实验室操作规范

（1）入货时，把物流盒放到入货台，物流盒应置于辊筒式输送链靠近入货理货台一侧，条形码要正对辊筒式输送链的右方，以便被条形码阅读器扫描（如图 10—26 所示）。

图 10—26　入库时物流盒的放置

注意：如果要连续入库多个物流盒，基于堆垛机叉板（叉板叉伸长度比较长）的硬件特性，每两个物流盒之间的间距不小于0.5米。

(2) 在实验室系统运行过程中，不要接触光电传感器的区域，以免干扰信号影响程序运行；也不要接触推杆旁的光电传感器，以免推杆误伤人员。

(3) 不要将手以及任何东西伸到辊筒链中，以防危险。

(4) 堆垛机工作时，人员不要进入堆垛机行走区内。

(5) 启动系统时，要检查电源是否接通，同时打开控制柜内的空气开关，将堆垛机控制柜和输送链控制柜内的“手动/自动”开关置于自动状态（PLC输入点亮），以保证堆垛机的叉板伸在中间位置，对应层的位置为某一层的下方。

(6) 每一次进入运行程序时都必须仔细核对堆垛机的当前位置。

10.6.2 设备保养与维护

1. 出入货台养护要点

(1) 皮带表面及导槽应保持清洁干燥，避免沾上油污。

(2) 电机传动滚子链需每周涂刷黄油一次。

(3) 通过张紧，使皮带保持适度张力，不能打滑。

(4) 皮带打滑现象可通过张紧尾部尼龙轮调节。

2. 动力辊筒线养护要点

(1) 进行电机维护，保持清洁干燥。

(2) 电机传动滚子链需每周涂刷黄油一次。

(3) 通过张紧，使链条保持张力，避免跳齿。

参考文献

1. 曲衍国，张振华．物流技术装备．北京：机械工业出版社，2014.
2. 缪兴锋．现代物流技术与装备实务．武汉：华中科技大学出版社，2014.
3. 朱长征．物流信息技术．北京：清华大学出版社，2014.
4. 王喜富．物联网与智能物流．北京：清华大学出版社、北京交通大学出版社，2014.
5. 王伟，孙金丹．物流设备应用与管理．杭州：浙江大学出版社，2014.
6. 魏国辰．物流机械设备运用与管理．北京：中国财富出版社，2014.
7. 翟政凯．现代自动化立体物流技术研究与实现．沈阳理工大学硕士学位论文，2014.
8. 王佳．港口散货汽车作业物联网流程设计与挖掘研究．北京交通大学硕士学位论文，2014.
9. 叶飞．基于物流化铁路货运站设施设备协调配置研究．北京交通大学硕士学位论文，2014.
10. 程国全，王转，张庆华．物流技术与装备．北京：高等教育出版社，2008.
11. 陈子侠，蒋长兵．现代物流管理教程．北京：中国物资出版社，2007.
12. 冯爱兰，王国华．物流技术装备．北京：人民交通出版社，2005.
13. 周全申．现代物流技术与装备实务．北京：中国物资出版社，2002.
14. 王国华．现代物流技术与装备．北京：中国铁道出版社，2004.
15. 裴少峰，曹利强，梁彤伟．物流技术与装备学．广州：中山大学出版社，2006.
16. 姜宏．物流运输技术与实务．北京：人民交通出版社，2001.
17. 彭彦平，王晓敏．物流与包装技术．北京：中国轻工业出版社，2004.
18. 刘北林．流通加工技术．北京：中国物资出版社，2004.
19. 赵萌．现代物流包装设计．杭州：浙江大学出版社，2006.
20. 吴一清．中国物流与装备指南．北京：中国企业管理出版社，2003.
21. 邓爱民，张喜军．物流设备与运用．北京：人民交通出版社，2003.
22. 方庆琯，王转主编．现代物流设施与规划．北京：机械工业出版社，2004.
23. 何民爱．物流装备与运用．南京：东南大学出版社，02008.
24. 简晓春，蒋工亮．物流机械设备．北京：人民交通出版社，2008.
25. 孔令中．现代物流设备设计与选用．北京：化学工业出版社，2005.
26. 罗毅，王清娟．物流装卸搬运设备与技术．北京：北京理工大学出版社，2007.
27. 鲁晓春．现代物流基础设施与设备．北京：中国物资出版社，2006.
28. 鲁晓春，吴志强．物流设施与设备．北京：清华大学出版社、北京交通大学出版社，2005.
29. 李文斐，张娟，朱文利．现代物流装备与技术实务．北京：人民邮电出版社，2005.
30. 田奇．仓储物流机械与设备．北京：机械工业出版社，2008.
31. 魏国辰．物流机械设备运用与管理．北京：中国物资出版社，2007.
32. 谢家平．物流设施与设备．北京：中央广播电视大学出版社，2007.
33. 于承新，赵莉．物流设施与设备．北京：经济科学出版社，2007.
34. 张弦．物流设施与设备．上海：复旦大学出版社，2006.
35. 周银龙．物流装备．北京：人民交通出版社，2004.
36. 耿雪霏．RFID 技术在物流管理中的应用．应用科技，2005（3）.
37. 秦同瞬，杨承新．物流机械技术．北京：人民交通出版社，2002.

38. 王大平．物流设备应用与管理．杭州：浙江大学出版社，2005.
39. A. A. 麦斯霍夫．自动化立体仓库机．北京：机械工业出版社，1984.
40. 阎光伟．物流与信息技术．北京：中国经济出版社，2008.
41. 刘浩，吴祖强．物流信息技术．北京：中国商业出版社，2007.
42. 欧阳文霞．物流信息技术．北京：人民交通出版社，2001.
43. 牛鱼龙．GPS 知识与应用．深圳：海天出版社，2005.
44. 严余松．物流信息与技术．成都：西南交通大学出版社，2006.
45. 方轮．物流信息技术与应用．广州：广东华南理工大学，2006.
46. 陈述彭，鲁学军，周成虎．地理信息系统导论．北京：科学出版社，2000.
47. 游战清，李苏剑．无线射频识别技术（RFID）理论与应用．北京：电子工业出版社，2004.
48. 万志坚．现代物流技术应用实务与案例分析．北京：中国物资出版社，2006.
49. 郝渊晓．现代物流技术学．广州：中山大学出版社，2001.
50. 陈子侠．基于 GIS 物流配送线路优化与仿真．北京：经济科学出版社，2007.
51. 陈子侠．现代物流学理论与实践．杭州：浙江大学出版社，2003.
52. 裴少峰．现代物流技术学．广州：中山大学出版社，2001.
53. 张旭凤．运输与运输管理．北京：北京大学出版社，2004.
54. 王述英．物流运输组织与管理．北京：电子工业出版社，2006.
55. 喻小贤．物流运输管理．北京：高等教育出版社，2005.
56. 隽志才．运输技术经济学．北京：人民交通出版社，2003.
57. 彭国勋．物流运输包装设计．北京：印刷工业出版社，2006.
58. 孙宏岭，武文斌．物流包装实务．北京：中国物资出版社，2007.
59. 王长琼．绿色物流．北京：化学工业出版社，2004.
60. 周云霞．电子商务物流．北京：电子工业出版社，2008.

图书在版编目（CIP）数据

物流技术与物流装备 / 陈子侠等编著 . —2 版 . —北京：中国人民大学出版社，2015. 5
21 世纪物流管理系列教材
ISBN 978-7-300-21367-5

Ⅰ. ①物… Ⅱ. ①陈… Ⅲ. ①物流—技术—高等学校—教材②物流—设备管理—高等学校—教材
Ⅳ. ①F252

中国版本图书馆 CIP 数据核字（2015）第 113968 号

21 世纪物流管理系列教材
物流技术与物流装备（第二版）
陈子侠　蒋　军　彭建良　编著
Wuliu Jishu yu Wuliu Zhuangbei

出版发行	中国人民大学出版社		
社　　址	北京中关村大街 31 号	**邮政编码**	100080
电　　话	010－62511242（总编室）		010－62511770（质管部）
	010－82501766（邮购部）		010－62514148（门市部）
	010－62515195（发行公司）		010－62515275（盗版举报）
网　　址	http://www.crup.com.cn		
经　　销	新华书店		
印　　刷	天津鑫丰华印务有限公司	**版　　次**	2010 年 3 月第 1 版
规　　格	185 mm×260 mm　16 开本		2015 年 7 月第 2 版
印　　张	20.25 插页 1	**印　　次**	2024 年 11 月第 6 次印刷
字　　数	496 000	**定　　价**	36.00 元

教师教学服务说明

中国人民大学出版社管理分社以出版经典、高品质的工商管理、统计、市场营销、人力资源管理、运营管理、物流管理、旅游管理等领域的各层次教材为宗旨。

为了更好地为一线教师服务，近年来管理分社着力建设了一批数字化、立体化的网络教学资源。教师可以通过以下方式获得免费下载教学资源的权限：

在中国人民大学出版社网站 www. crup. com. cn 进行注册，注册后进入“会员中心”，在左侧点击“我的教师认证”，填写相关信息，提交后等待审核。我们将在一个工作日内为您开通相关资源的下载权限。

如您急需教学资源或需要其他帮助，请在工作时间与我们联络：

中国人民大学出版社　管理分社

联系电话：010－82501048，62515782，62515735

电子邮箱：glcbfs@crup. com. cn

通讯地址：北京市海淀区中关村大街甲 59 号文化大厦 1501 室（100872）